45
9

E.1264.
c.49.d.23.

# COLLECTION
# DES MÉMOIRES

RELATIFS

## A L'HISTOIRE DE FRANCE.

---

HISTOIRE DE TANCRÈDE, PAR RAOUL DE CAEN. — HISTOIRE DE LA PREMIÈRE CROISADE, PAR ROBERT LE MOINE.

PARIS, IMPRIMERIE DE LEBEL,
Imprimeur du Roi, rue d'Erfurth, n. 1

# COLLECTION
# DES MÉMOIRES

RELATIFS

## A L'HISTOIRE DE FRANCE,

DEPUIS LA FONDATION DE LA MONARCHIE FRANÇAISE JUSQU'AU 13ᵉ SIÈCLE.

AVEC UNE INTRODUCTION, DES SUPPLÉMENS, DES NOTICES
ET DES NOTES;

PAR M. GUIZOT,

PROFESSEUR D'HISTOIRE MODERNE A L'ACADÉMIE DE PARIS.

## A PARIS,

CHEZ J.-L.-J. BRIÈRE, LIBRAIRE,

RUE SAINT-ANDRÉ-DES-ARTS, Nº 68.

1825.

# FAITS ET GESTES

DU

# PRINCE TANCRÈDE

PENDANT L'EXPÉDITION DE JÉRUSALEM;

Par RAOUL DE CAEN.

# NOTICE
# SUR RAOUL DE CAEN
### ET
# ROBERT LE MOINE.

---

Nous ne possédons, sur ces deux historiens des croisades comme sur tant d'autres, que les renseignemens qu'ils nous ont eux-mêmes transmis çà et là et par occasion, en racontant les faits dont ils avaient été témoins. Bien peu d'hommes au XIIe siècle songeaient à occuper l'avenir de leur personne et de leur vie; quiconque avait servi quelque prince illustre, ou assisté à de grandes choses, pouvait se plaire à en perpétuer le souvenir; mais à défaut d'un tel sujet, la destinée des individus était si peu importante, leurs sentimens et leurs idées si peu développés, qu'ils passaient ignorés les uns des autres, et sans qu'il leur vînt en pensée qu'on pût jamais s'enquérir de ce qu'ils avaient été. Les détails biographiques, les mémoires particuliers et d'un intérêt purement moral, pour ainsi dire, appartiennent aux temps de grande civilisation, de vanité et de loisir. Si quelque événement analogue aux croisades s'accomplissait de nos jours, il n'aurait pas un historien qui ne devînt à son tour l'objet d'une histoire. Les hommes qui avaient vu et raconté la conquête de la Terre-Sainte demeuraient si obscurs qu'à peine parvenons-nous à découvrir la date de leur naissance et de leur mort.

Raoul était né probablement vers l'an 1080, à Caen, dont il prit son surnom; en 1107 il passa en Syrie, et s'attacha d'abord à Boémond, ensuite à Tancrède, dont il s'intitule le serviteur. Aussi est-ce à faire connaître les exploits de cet illustre chevalier qu'il a spécialement consacré son livre, composition moitié historique, moitié poétique, où les vers se mêlent à la prose, et qui se fait lire avec un intérêt particulier. Elle est dédiée au patriarche Arnoul qui mourut en 1118, et s'étend de l'an 1096 à l'an 1105. Tancrède ne mourut qu'en 1112, et Raoul avait résolu, nous dit-il lui-même, de ne publier son ouvrage qu'après la mort de son héros. Il y a donc lieu de présumer que nous n'en avons qu'une partie; le manuscrit s'arrête en effet au siége d'Apamée et sans en rapporter l'issue. Cette perte est regrettable : quoique souvent obscur et surchargé d'antithèses, Raoul de Caen est un écrivain spirituel, ingénieux, d'une imagination vive, vraie, quelquefois même brillante; son récit contient beaucoup de détails qui manquent ailleurs, et, bien qu'un peu poète, il est souvent moins crédule que ses contemporains; témoin le prétendu miracle de la lance sacrée trouvée à Antioche qui excite sa moquerie. En revanche, sa partialité pour Boémond et Tancrède est évidente, et l'a quelquefois conduit à omettre ou à défigurer des faits sur lesquels presque tous les autres historiens sont d'accord.

L'ouvrage de Raoul de Caen était inconnu lorsque Bongars publia les *Gesta Dei per Francos*. Don Martenne le découvrit en 1716 dans un manuscrit de l'abbaye de Gemblours, et l'inséra en 1717 dans son *Thesaurus novus anecdotorum* [1]. Quelques années après, Muratori en donna dans ses *Scriptores rerum italicarum* [2], une édition plus exacte et qui a servi de texte à notre traduction.

Robert le moine, écrivain moins spirituel que Raoul, est cependant un de ceux qui nous ont conservé sur la première croisade les détails les plus authentiques. Il avait assisté, en qualité d'abbé de Saint-Remi de Rheims, au concile de Clermont; déposé en 1096, il partit pour la Terre-Sainte [3], et se trouva au siége de Jérusalem. A son retour

---

[1] Tom. III, pag. 108. — [2] Tom. v, pag. 285.

[3] Il fut déposé pour n'avoir pas observé la règle de son monastère, et non pour en avoir dissipé les revenus dans son voyage; erreur que M. Michaud a répétée dans sa *Bibliographie des Croisades* (tom. 1, page 25) d'après d'autres érudits. La preuve en est, que sa déposition précéda son départ.

en Europe, il ne put obtenir d'être réintégré dans son abbaye, et se retira dans le prieuré de Sénac, où il composa son livre. Sa narration est simple, claire, et, malgré son extrême crédulité en matière de visions et de miracles, il passa de son temps, et avec raison, pour l'un des historiens les plus exacts et les plus fidèles de ce grand événement. Aussi a-t-il été presque toujours adopté pour guide, et souvent copié par les écrivains postérieurs. Son histoire est l'un des premiers livres imprimés à Paris depuis l'invention de l'imprimerie; la première édition n'offre aucune date; mais, d'après tous les caractères extérieurs, on peut la rapporter à l'an 1470 ou 1472. Plusieurs éditions ont suivi celle-là; nous avons consulté celle qui se trouve dans les *Scriptores rerum germanicarum* de Reuber. On ignore l'époque de la mort de Robert.

F. G.

# HISTOIRE DE TANCRÈDE.

## PRÉFACE.

C'est une noble entreprise de rapporter les actions illustres des princes. Cette utile occupation ne laisse dans l'oubli aucun intervalle de temps ; en célébrant les morts, on récrée ceux qui leur survivent, et l'on prépare de bonnes leçons à la postérité, long-temps avant qu'elle commence. Ainsi l'on fait revivre ce qui est passé, on raconte les victoires, on en fait hommage aux vainqueurs, on flétrit la lâcheté, on élève la vaillance, on repousse le vice, on inspire la vertu, on rend enfin les plus grands services. Nous devons donc nous appliquer avec le plus grand soin à lire ce qui a été écrit, à écrire ce qui mérite d'être lu, afin que lisant les choses anciennes, et écrivant les choses nouvelles, d'un côté nous trouvions dans l'antiquité de quoi satisfaire à notre ardeur de savoir, et de l'autre nous transmettions à la postérité les mêmes ressources.

Comme je m'arrêtais fréquemment et très-sérieusement à de telles réflexions, sont venus se présenter à moi cet heureux pélerinage, ces glorieuses sueurs qui ont rendu à Jérusalem, notre mère, son héritage, détruit l'idolâtrie et relevé la foi, en sorte que chacun a pu, avec raison, battre des mains et s'écrier : « Voici Jérusalem, tes fils sont venus de loin, « et tes filles, Joppé, et beaucoup d'autres villes rui- « nées se sont relevées debout! »

Parmi ceux qui ont coopéré à cette glorieuse entreprise, il m'est échu de combattre en chevalier pour Boémond, lorsqu'il assiégeait Durazzo, pour Tancrède, un peu plus tard, lorsqu'il délivrait Edesse du siége des Turcs. Les conversations journalières de l'un et de l'autre rappelaient sans cesse les Turcs mis en fuite, les Francs résistant avec vaillance, tantôt les ennemis massacrés, tantôt les villes prises sur eux, Antioche enlevée de nuit par artifice, Jérusalem conquise de jour par la force des armes. Mais hélas! en rappelant ainsi le passé, ils disaient aussi comment la paresse nous consume, tandis que les poètes de l'antiquité trouvaient leurs suprêmes délices à écrire. Ceux-là cependant, pourquoi ont-ils composé leurs fabuleuses inventions, tandis que les hommes de nos jours se taisent sur les victoires de la milice du Christ, troupeau de fainéans, qui ne peuvent être comparés qu'aux bourdons de la ruche?

Lorsque ces princes parlaient en public de cés événemens, ils me semblaient très-souvent, je ne sais par quel motif, tourner particulièrement leurs regards vers moi, comme s'ils eussent voulu me dire : « C'est à toi que nous parlons, c'est en toi que nous nous « confions. » Ainsi l'un et l'autre, mais surtout les bontés de Tancrède m'enhardissent, car nul ne fut un seigneur plus bienveillant que lui, nul plus généreux, nul aussi obligeant. Lorsqu'il me pressait ainsi avec une extrême vivacité, mon cœur lui répondait tout bas : « Ce que tu me demandes vivant, si je te « survis, tu le recevras mort; je ne te louerai point « pendant ta vie, je te louerai après ta mort, je t'exal-« terai après que ta carrière sera consommée; car « alors ni celui qui est loué ne s'élève dans son or-« gueil, ni celui qui loue ne tombe dans l'adulation. « Par là l'envieux se taira, celui qui murmure sera « réduit au silence, puisque avec ta mort cesseront « les présens dont tu me combles sans relâche étant « encore en vie; et alors les langues venimeuses ne « pourront nous traiter, moi de vendeur, toi d'ache-« teur de fables. »

A ce motif de différer mon travail s'en est joint aussi un autre. Me défiant moi-même de mes forces, j'attendais que quelqu'un plus habile, ou plus obligé encore par les bienfaits de Tancrède, se livrât avec ardeur à cette entreprise. Mais je vois que les uns sont négligens, les autres engourdis dans leur paresse, et que d'autres, ô crime! murmurent et se refusent à cette tâche. Hélas! que sont devenus ces respects, ces largesses, ces présens dont ce prince, l'honneur des princes, combla tant de fois des hommes obscurs, renvoya tant de coupables absous, enrichit tant de pauvres? J'accepte donc la tâche qui m'a été laissée, non comme digne de la remplir, mais comme indigné de voir que ceux qui en seraient dignes la dédaignent; et comme le poète a dit :

*Est quoddam prodire tenus, si non datur ultra.*

Quoique je ne doive transmettre à nos descendans qu'une œuvre imparfaite, j'espère que la postérité bienveillante ornera ce que les hommes de nos jours m'ont abandonné dénué d'ornement. Ainsi donc, ô lecteur, nous nous devons réciproquement, moi de te supplier humblement, toi de m'excuser, si mon récit est maigre, si ma Minerve, maintenant bien engraissée, comme on dit, demeure trop en arrière d'un sujet aussi brillant, car les choses auxquelles l'élévation de Virgile suffirait à peine, une langue inhabile va essayer de les dire en balbutiant. De ce côté donc je me reconnais très-faible, mais je place mon espoir dans le secours de celui (je veux dire le Christ) dont j'entreprends de chanter le porte-bannière et les triomphes. Après lui, je t'ai choisi, très-docte patriarche Arnoul, pour mon maître, afin que tu retranches dans mes pages les choses superflues, que tu combles les vides, que tu éclaircisses les obscurités, que tu refondes ce qui serait trop sec; sachant que tu n'es étranger à aucune science libérale; toutes les corrections que tu feras me seront douces comme le miel; si après t'avoir eu pour précepteur dans mon enfance, toi étant jeune encore, je puis, devenu homme, trouver dans ta vieillesse un maître qui me corrige.

## CHAPITRE PREMIER.

### Parens de Tancrède.

Tancrède, rejeton très-illustre d'une race illustre, eut pour auteurs de ses jours le Marquis[1] et Emma; du côté de son père, fils de noble origine, et du côté des frères de sa mère, neveu bien plus distingué, car les autres ancêtres de sa famille avaient estimé suffisant d'être célébrés par les voisins de leur territoire, mais les frères de sa mère portèrent au dehors la gloire de leurs hauts faits, et bien au-delà de leur patrie, c'est-à-dire de la Normandie. Qui ne connaît la valeur de Guiscard, dont les bannières victorieuses firent trembler, dit-on, en un même jour, l'empereur grec et l'empereur allemand? car par sa présence il délivra Rome de l'Allemand. Triomphant du roi des Grecs avec sa race belliqueuse, il subjugua toute la contrée. Ses autres frères, au nombre de onze, se contentèrent de conquérir la Campanie, la Calabre et la Pouille. Il faut en excepter Roger, qui ayant vaincu les Gentils en Sicile, s'acquit une gloire qui le plaça le second entre ses frères, après Guiscard. Mais l'intérêt de mon récit, qui m'a déjà occasioné ce retard, ne me permet pas de m'arrêter plus long-temps.

Je reviens maintenant à Tancrède : ni les richesses

---

[1] Le marquis Odon ou Guillaume; son nom et ses États sont incertains.

paternelles ne l'entraînèrent à la mollesse, ni la puissance de ses parens ne l'induisit dans l'orgueil. Dès son adolescence il surpassait les jeunes gens par son adresse dans le maniement des armes, les vieillards par la gravité de ses mœurs, donnant tantôt aux uns, tantôt aux autres, de nouveaux exemples de vertu. Dès cette époque, observateur assidu des préceptes de Dieu, il s'appliquait avec le plus grand soin à recueillir tout ce qu'il apprenait, et à mettre les leçons en pratique, autant du moins que le lui permettaient les mœurs de ses contemporains. Il dédaignait de médire de qui que ce fût, même quand on avait médit de lui : bien plus, se faisant le héraut de la valeur de son ennemi, il disait qu'il fallait frapper, mais non déchirer un ennemi. Quant à lui-même, il n'en voulait rien dire, mais il avait un besoin insatiable qu'on en pût parler ; aussi préférait-il les veilles au sommeil, le travail au repos, la faim à la satiété, l'étude à l'oisiveté, enfin toutes les choses utiles aux choses superflues. La passion seule de la gloire agitait cette ame jeune, et de jour en jour il y acquérait de nouveaux droits ; il s'occupait peu du mal que peuvent faire de fréquentes blessures, et n'épargnait ni son sang ni celui de l'ennemi. Cependant son ame remplie de sagesse était intérieurement tourmentée, et il éprouvait une grande anxiété en pensant que ses combats de chevalier semblaient contrarier les préceptes du Seigneur. En effet, le Seigneur ordonne à celui qu'on a frappé sur la joue, de présenter l'autre joue à son ennemi, et la chevalerie du monde prescrit de ne pas même épargner le sang d'un parent. Le Seigneur nous invite à donner notre tunique et notre manteau à celui qui vient nous en dépouiller; l'obligation du chevalier est d'enlever tout ce qui reste à celui à qui il a déjà pris sa tunique et son manteau. Ces principes contradictoires endormaient quelquefois le courage de cet homme rempli de sagesse, si tant est qu'il soit permis de prendre de temps en temps quelque repos. Mais lorsque la déclaration du pape Urbain eut assuré la rémission de tous leurs péchés à tous les Chrétiens qui iraient combattre les Gentils, alors la valeur de Tancrède se réveilla en quelque sorte de son sommeil; il recueillit de nouvelles forces, ses yeux s'ouvrirent, son courage fut doublé; naguère, comme je viens de le dire, son esprit embarrassé devant les deux routes qui s'offraient à lui, ne savait laquelle choisir, de la route de l'Évangile ou de celle du monde; mais lorsque son habileté dans le maniement des armes fut appelée au service du Christ, cette nouvelle occasion de combattre en chevalier l'embrasa d'un zèle qu'on ne saurait exprimer. Ayant donc fait ses dispositions de départ, en peu de temps il eut préparé tout ce qui lui était nécessaire; et certes il ne fit même pas de grandes dépenses l'homme qui dès son enfance s'était habitué à donner toujours aux autres, même avant de penser à lui. Cependant il rassembla en quantité suffisante des armes de chevaliers, des chevaux, des mulets, et les approvisionnemens nécessaires pour ses compagnons d'armes.

## CHAPITRE II.

*Éloge de Boémond.*

Il y avait dans le même temps un héros de grand nom, dont j'ai rappelé la jeunesse dans ma préface, Boémond, fils de cet illustre guerrier Robert, surnommé Guiscard, et vaillant émule de l'illustration de son père. Son courage avait été vivement excité par les prédications apostoliques qui poussaient alors tous les princes du monde à délivrer Jérusalem du joug des Infidèles. Toutes les places, toutes les villes qui s'étendent sur les bords de la mer, depuis Siponte jusqu'à Oriolo, tout ce qui habitait dans les montagnes, et presque tout ce qui habitait dans les plaines, reconnaissaient son empire; et en outre de ces possessions, tant en villes qu'en châteaux, les montagnes de la Pouille et de la Calabre lui appartenaient en grande partie. Boémond avait deux fois, sous l'autorité de son père, mis en fuite l'empereur des Grecs Alexis : la première fois, sous les yeux même de son père, et devant les murs de Durazzo, la seconde fois, pendant que son père, étant retourné à Rome, l'avait laissé à Larisse avec son armée et comme son lieutenant. Cette double victoire, qui lui avait acquis auparavant une grande gloire, lui faisait craindre maintenant, quoique vainqueur, de passer la mer, même à titre d'ami; car il redoutait les embûches des Grecs, qui ont pour usage constant de maltraiter rudement ceux mêmes qui ont bien mérité d'eux, et qu'ils ont invités à recevoir leurs présens. Que feraient-ils donc étant exaspérés? Que tenteraient-ils après avoir été vaincus plusieurs fois, et que pouvaient attendre d'eux leurs propres vainqueurs? Il fallait porter la destruction chez ce misérable peuple, ou redouter sa puissance. Ces motifs de sollicitude retardaient l'embarquement de Boémond; en conséquence il avait sagement prescrit à tous les hommes vaillans de fortifier leurs propriétés de tout leur pouvoir, et en même temps il avait défendu la sortie de tous les ports. Lorsqu'il apprit que Tancrède était embrasé du même désir que lui, cette nouvelle diminua et accrut en même temps ses inquiétudes; elle les diminua parce qu'il pensa que son parent ajouterait à sa force une nouvelle force; elle les accrut, parce qu'il se trouva contraint à l'improviste de pourvoir à la conclusion d'un traité pour cette expédition.

## CHAPITRE III.

### Tancrède conclut un traité avec Boémond.

Boémond lui ayant donc envoyé beaucoup de richesses, accompagnées de paroles flatteuses, obtint de Tancrède de consentir à combattre sous ses ordres, comme un chef combat sous un roi, étant le second après lui : indépendamment des cajoleries et des richesses qui lui furent offertes, Tancrède avait deux motifs qui le pressaient d'accepter ces propositions, savoir, l'étroite parenté qui l'unissait à Boémond, et la difficulté de s'embarquer et de passer la mer. Buvant tour à tour à ces deux coupes, l'une d'amour, l'autre de crainte, il reconnut bientôt que s'il ne se rendait aux vœux de Boémond en ce qu'il lui faisait demander, d'une part, il pourrait être facilement accusé de jalousie; d'autre part, on pourrait aussi juger nécessaire de le repousser du rivage. En conséquence, les prières et les présens dont Boémond accompagna sa demande trouvèrent promptement accès auprès de Tancrède. Les deux descendans de Guiscard s'étant donc confédérés, toute l'illustre et vaillante race qui marchait à leur suite mit à la voile, et alla débarquer en Épire. Tancrède trouvant alors l'occasion de déployer sa valeur, tantôt courait au-devant des embuscades, tantôt demeurait sur les derrières de l'armée, pour en éloigner les brigands. Et, soit qu'il se portât en avant, soit qu'il marchât à la suite, toujours vaillant, toujours armé, il bravait avec joie tous les périls. Tandis que les autres étaient ensevelis dans le vin ou dans le sommeil, lui, toujours en activité, veillait sur toutes les routes ; l'éclat de son bouclier le disputait à celui de la neige; il égalait dans son ardeur la vivacité de la grêle. Heureuse la vieille femme que Tancrède rencontrait succombant d'inanition, ou celle qui se disposait, en deçà de la rive d'un fleuve dévorant, à le traverser au gué et à pied! à celle qui était affamée, il donnait aussitôt de la nourriture; à celle qui allait passer au gué, son cheval servait de navire; et le chevalier lui-même, se faisant pilote, en remplissait l'office avec empressement.

## CHAPITRE IV.

*Il traverse avec les siens le fleuve Bardal [1], et triomphe des Grecs.*

Heureux d'avoir un tel protecteur, le peuple arriva heureusement auprès du fleuve que l'on appelle Bardal; et ayant dressé son camp sur la rive, il s'y arrêta quelques jours. Le fleuve dévorant présentait un obstacle à la traversée; et les deux rives, couvertes d'ennemis, étaient également menaçantes. Ceux qui se porteraient en avant, pour traverser le fleuve, avaient à craindre de trouver les Turcopoles face à face; ceux qui demeureraient en retard avaient à redouter de les voir arriver sur leurs derrières. Tancrède, voyant que l'armée commençait à murmurer, jeta sa vie au devant du péril, et traversa le fleuve, suivi d'un petit nombre d'hommes, ceux-ci contraints à s'avancer, lui s'y portant tout-à-fait volontairement. Les premiers craignaient qu'une multitude ennemie ne vînt accabler leur troupe trop faible; mais Tancrède craignait, tandis qu'il traversait le fleuve pour aller combattre, que sa présence seule, effrayant les ennemis, ne les mît en fuite, et que son audace, enfantant, il est vrai, la victoire, ne le privât en même temps du butin, seconde récompense des vainqueurs. Après qu'il eut traversé le fleuve, agité de ces sollicitudes, les doubles craintes qu'avaient éprouvées lui

[1] L'ancien Asius.

et les siens se transformèrent au gré de ses espérances. Les ennemis, plus nombreux, placés en embuscade, voyant le petit nombre de ceux qui venaient vers eux, jugèrent que ceux-ci deviendraient bientôt leur proie, et qu'ils s'étaient avancés sans connaître ni prévoir le piége qui leur était préparé. Aussitôt leurs flèches, lancées des retraites où ils s'étaient cachés, figurèrent, en volant, une épaisse nuée, en tombant, une grêle serrée, en couvrant la terre, une moisson d'épis. Ils ne pouvaient encore atteindre les Francs, et déjà ils avaient employé toutes leurs manières de combattre. Tancrède cependant ne s'avançait point à la course, ni avec rapidité, ni en s'élançant; il allait pas à pas, supportant les traits lancés par l'ennemi, jusqu'à ce qu'il se trouvât arrivé assez près pour pouvoir tomber sur lui; car ayant combattu fréquemment contre cette nation, il avait appris à connaître la manière la plus facile de remporter la victoire; aussi réprimait-il avec sagesse des courages indomptables par eux-mêmes. Mais dès que l'on put en venir aux mains, et de près, l'ardeur qui fut déployée racheta les retards commandés à l'impatience. Aussitôt les guerriers rendent les rênes à leurs chevaux, les pressent de l'éperon, brandissent leurs lances, s'y appuient de toutes leurs forces, et les petits boucliers des Grecs ne peuvent résister à leur poids. Écrasés sous les coups de ces armes, ceux qui naguère trouvaient leur défense dans leurs flèches n'y trouvaient plus qu'un lourd fardeau; car du moment qu'on en est venu à saisir le glaive, les flèches sont inutiles. Ainsi privés de refuge, et n'ayant aucun moyen de résistance, les Grecs reçoivent des blessures et n'en rendent point. Malheureux, que sans aucune incertitude ni relâche tout ce qui les entoure pousse à la mort ou à la fuite! Malheureux en effet! mais comme ils n'avaient montré de compassion pour personne, ils ne trouvent aussi nulle compassion. Le peuple est renversé sans résistance, et s'instruit ainsi à ne plus se hasarder témérairement contre un petit nombre de Francs, et à redouter cent hommes dans un seul homme. Tancrède s'ouvre un chemin à la gloire, et autant il rencontre d'hommes à frapper autant il en dépasse après les avoir frappés. Ceux qui le suivaient reconnaissaient sans peine la trace de ses pas. Des corps mutilés, des hommes à demi morts marquaient à droite et à gauche les deux rives d'un fleuve de sang. Il n'y avait aucun moyen d'errer çà et là, mais on pouvait courir dans le sentier qu'avait ouvert celui qui faisait couler tout ce sang. Lui-même apparaissait en ce moment, moins comme s'il l'eût tiré des veines de ses ennemis, que comme s'il l'eût répandu de ses propres veines. Tout défiguré, tout ensanglanté, on ne reconnaissait plus en lui les traits de Tancrède, mais il ne le démentait pas par ses œuvres. De même les jeunes gens ses compagnons, mettant en fuite, renversant, massacrant les ennemis, combattaient chacun selon ses forces, et ensanglantaient le champ de bataille.

## CHAPITRE V.

Les Grecs attaquent la portion de l'armée de Boémond, qui n'avait pas encore traversé le fleuve.

Cependant l'armée de Boémond qui était demeurée encore, dans sa paresse, sur l'autre rive du fleuve, laissant Tancrède passer le premier, vit les Grecs mis en fuite, et renonça à tout retard. Les uns traversent à la nage; d'autres, sachant naviguer, se jettent dans des bateaux; ceux qui n'ont aucune de ces ressources se saisissent de la queue des chevaux en guise de bateaux, et ainsi en peu de temps toute la foule a passé sur l'autre rive. Il restait environ six cents hommes à y transporter; ce n'étaient ni des chevaliers ni des hommes armés, qui pussent s'élancer sur l'ennemi ou le repousser dans une attaque; c'était une populace dénuée d'armes, à moins qu'il n'y eût dans le nombre quelques hommes armés, que la vieillesse ou la maladie eût réduits à un état de faiblesse. Alors les Grecs qui avaient été envoyés pour dresser des embûches sur les pas des Latins, trouvant une occasion de plonger leur fer dans le sang, s'élancent sur ceux qui étaient demeurés en arrière, comme les loups tombent sur une bergerie abandonnée par le berger et par les chiens. Il s'élève aussitôt une grande clameur, les deux rives sont en proie à la désolation, des deux côtés on entend se succéder sans relâche des plaintes et des gémissemens. Ceux-ci s'affligent de leur lenteur, ceux-là de leur précipitation; ces derniers sont tout honteux, parce qu'ils ne peuvent attaquer les ennemis; les autres sont encore plus désolés, parce qu'ils ne peuvent s'échapper. Pendant ce temps, Tancrède poursuivant encore les Grecs qui fuient devant lui, reçoit promptement la nouvelle que d'autres sont sur ses derrières, que personne ne leur résiste, que personne ne porte secours aux Latins, que les hommes armés ont traversé le fleuve, que les hommes sans armes sont restés sur l'autre rive, et qu'ils sont presque entièrement détruits. Aussitôt que ce chevalier, rempli de compassion, et toujours prêt à tout acte de vaillance, apprend ces nouvelles, il abandonne les uns pour se retourner, toujours intrépide, contre d'autres; comme la lionne qui a trouvé une proie; si en se retournant elle découvre d'un côté opposé un piége qui lui est préparé, elle laisse ses petits, et se dirigeant vers son nouvel ennemi, la gueule déjà desséchée, elle abandonne sa proie.

## CHAPITRE VI.

Tancrède, se lançant dans le fleuve, met les Grecs en fuite.

Aussitôt, retournant vers le fleuve, et dédaignant tout pilote, Tancrède s'élance dans le gouffre; son cheval lui sert de navire, et remplit pour lui l'office de pilote, car tout retard, tout délai pour faire préparer un bateau, ou pour attendre les chevaliers qui seraient disposés à le suivre, lui paraît une lâcheté trop voisine de la peur. Ainsi donc, comme je viens de le dire, il se précipite dans le fleuve, de même qu'au milieu d'une plaine; l'onde qui le reçoit l'entraîne dans sa course rapide, et cependant elle le rend bientôt sain et sauf à l'autre rive. La troupe de ses compagnons d'armes, qui s'est lancée dans le fleuve sur les traces de son seigneur, traverse et arrive de la même manière. La phalange grecque, effrayée à la fois et de l'arrivée et du nom de Tancrède ( car ce nom retentissait avec éclat sur les deux rives), craignant d'être massacrée, cesse de massacrer, et, comme à l'ordinaire, cherche dans la fuite ses moyens de salut. Les Grecs se sauvent donc à travers les précipices, à travers les lieux inaccessibles, partout où ils peuvent espérer un asile pour les vaincus; et pour les vainqueurs, l'impossibilité de parvenir jusqu'à eux. Mais le vainqueur n'en poursuit pas moins les fuyards, se montrant plus avide du sang de ceux que leurs pieds plus agiles transportaient dans les lieux les plus inabordables; car nul des vaincus ne pensait à retourner son visage vers lui, si ce n'est cependant celui qui, surpris dans sa fuite, se jetait en suppliant aux genoux du vainqueur; tant la chaleur première s'était calmée, tant la fureur s'était apaisée, tellement toute l'espérance des Grecs avait passé de leurs armes dans la rapidité de leurs pieds. Maintenant rejeter leurs arcs, se débarrasser de leurs carquois, repousser au loin leurs petits boucliers, se dépouiller de leurs cuirasses, était leur dernière ressource pour sauver leur vie. Aussi de nombreux ouvrages faits avec beaucoup d'art, qui avaient été achetés à des prix élevés, et exécutés avec beaucoup de peine et de temps, jonchaient également les routes et les lieux inaccessibles, et tombaient aux mains des vainqueurs, qui s'en emparaient sans en payer le prix, sans livrer de combat; sur aucun point, il ne manqua d'hommes pour enlever ce butin, ou pour poursuivre les bandes fugitives, en faisant retentir le nom de Tancrède. Et comme ceux qui avaient survécu au massacre antérieur, je veux dire ceux que Tancrède avait délivrés en venant à leur secours, s'étaient enfuis en désordre, ils poursuivaient aussi leurs ennemis sans ordre; ceux qui avaient les mains vides s'attaquaient à ceux qui étaient chargés; ceux qui étaient dépouillés de tout arrêtaient ceux qui portaient des armes; les plus agiles atteignant ceux qui étaient fatigués; un grand nombre d'entre eux, qui devaient être conduits en esclavage, coupant leurs liens, et se dégageant, enchaînaient à leur tour ceux qui les avaient enchaînés; d'autres, recherchant les dépouilles qui leur avaient été enlevées, trouvaient en même temps et celles qui appartenaient à leur ravisseur, et les leurs propres; il y en eut même qui, cherchant leur bien, après avoir trouvé ce qu'ils cherchaient, et enlevé ce qu'ils trouvaient, le rejetèrent encore, pour s'emparer d'une meilleure proie. Ainsi, soit qu'ils se fussent chargés de dépouilles étrangères, soit qu'ils eussent repris ce qui leur appartenait, nul ne rentrait dans le camp sans être accablé sous le poids de son butin.

## CHAPITRE VII.

### On célèbre la victoire de Tancrède.

Ayant ainsi vengé les maux de ses compagnons, et enlevé des dépouilles, heureux de la faveur des siens, Tancrède fit passer le fleuve à tous ceux qu'il avait sauvés, et le passa lui-même le dernier. Oh! avec quels transports il fut accueilli! comme il était grand, comme il parut à tous destiné à grandir encore dans l'avenir! de quels témoignages de vénération le comblèrent à la fois et la noblesse et le petit peuple! Tous n'avaient qu'une même pensée et un même langage. « Où est, quand a-t-on vu, quel est parmi les enfans « des hommes celui qui t'égale, ô Tancrède? Quel est « celui qui repousse autant la paresse, qui dédaigne « autant le repos, qui inspire autant de crainte au de-« hors, qui ait autant adouci son orgueil, et aussi « complètement renoncé aux passions des sens? Qui « a été appelé, et s'est montré plus rapide; qui a été « supplié, et a paru plus empressé; qui a été offensé, « et s'est trouvé plus promptement apaisé? Heureux « les aïeux d'un tel descendant; heureux les descen-« dans d'un tel aïeul; heureux les Calabrois d'un tel « nourrisson, les Normands d'un tel rejeton! Heureux « ceux à la gloire desquels tu t'es associé, et plus heu-« reux encore nous, à qui ton courage sert de rem-« part! Ton courage est notre bouclier contre ceux qui « nous attaquent; il est notre arc et notre glaive con-

« tre ceux qu'il nous faut combattre. Si le péril
« marche devant nous, tu t'y portes le premier; s'il
« est derrière nous, tu te retires vers lui. Béni soit le
« Seigneur qui t'a réservé pour être le protecteur de
« son peuple, et béni sois-tu, toi, qui protèges ce
« peuple par la force de ton bras! »

Tels étaient les éloges, et même de plus grands, et les témoignages de reconnaissance qui accueillirent le vainqueur à son retour. Tous les répétaient à l'envi, sur les routes, sous les tentes, et jusque dans la tente de Tancrède, où ils le poursuivaient de leurs acclamations. Dès ce moment il sembla qu'avoir Tancrède pour compagnon était un motif suffisant de sécurité, qu'être sans lui dans l'armée était être comme dans un désert au milieu de l'armée. Aussi plusieurs augurant de plus grandes choses par les grandes choses qu'ils avaient vues, venaient-ils se mettre, eux et leurs effets, sous sa protection, le prenant pour leur seigneur. Et lui, il captivait le courage et les forces des jeunes gens par des récompenses, les attirait par son mérite, s'en montrait digne par les exemples qu'il donnait. Tant qu'il était dans l'abondance, aucun de ceux qui combattaient pour lui n'éprouvait de besoin; s'il se trouvait dans l'embarras, il empruntait de l'argent à ses compagnons plus riches, pour soulager les plus pauvres dans leur détresse, après en avoir obtenu. Si on lui redemandait ce qu'il avait emprunté, il cherchait d'autres créanciers, allant en quelque sorte mendier auprès des uns pour les autres, en attendant que le butin ou la guerre vinssent le combler de richesses. C'est ainsi que ce prudhomme se montrait sans cesse aux uns généreux, aux autres sincère et véridique, ou pour mieux dire, sincère et véridique à tous.

## CHAPITRE VIII.

L'arrivée et la victoire de Boémond et de Tancrède sont annoncés à l'empereur Alexis.

Sur ces entrefaites le messager que l'empereur Alexis avait envoyé chercher des nouvelles retourna auprès de lui et le jeta dans le trouble, en les lui rapportant en ces termes ou en d'autres termes à peu près semblables : « Boémond, de la race de Guis-
« card, a traversé l'Adriatique et s'est même emparé
« de la Macédoine. Déjà plus d'une fois tu as ressenti
« sa grande force, et celle qu'il déploie aujourd'hui
« n'est pas moins élevée au dessus de celle qu'il a
« déployée auparavant, que l'aigle n'est élevé au
« dessus du passereau. Autrefois en effet la Nor-
« mandie lui fournissait des cavaliers, la Lombardie
« des hommes de pied; les Normands allaient à la
« guerre pour remporter la victoire, les Lombards
« pour faire nombre : de ces deux peuples, l'un
« venait comme guerrier, l'autre comme serviteur.
« En outre levés à prix d'argent, forcés par un édit,
« ils ne marchaient point volontairement, ils ne com-
« battaient point par ardeur pour la gloire. Main-
« tenant au contraire la race entière de la Gaule s'est
« levée et s'est associée dans sa marche toute l'Italie;
« au-delà et en deçà des Alpes, depuis la mer d'Il-

« lyrie jusqu'à l'Océan, il n'est point de contrée qui
« ait refusé ses armes à Boémond. Les chevaliers, les
« archers, les frondeurs, par leur infinie multitude,
« n'ont laissé aucune place dans l'armée à la foule de
« ceux qui ne font pas la guerre. Le blé d'en deçà
« des mers ne suffit pas à ces armées, pas même celui
« qu'elles retirent des fosses creusées dans la terre; si
« le petit peuple qui n'a point d'armes ne renonce à
« son oisiveté et à son abondance, pour se livrer au
« travail, il pourra endurer la disette. Tous ceux qui
« servent dans le camp du fils de Guiscard sont ar-
« més, belliqueux, et savent supporter les fatigues.
« Ajoutez-y encore d'autres hommes de la race de
« Guiscard, Tancrède et les deux frères Guillaume
« et Robert, dont le courage est pareil à celui des
« lions de Phénicie, et qui sont alliés de Boémond
« autant par les liens du sang que par leur ardeur à
« faire la guerre. Celui-ci n'a point, comme jadis,
« forcé aucun d'eux à le suivre; vaincu par leurs sup-
« plications, il les a transportés au-delà de la mer.
« Aussi ne pourront-ils être que bien difficilement
« séparés, ceux qu'une seule volonté, des intentions
« pareilles, un zèle semblable ont liés ensemble d'une
« étroite amitié. »

## CHAPITRE IX.

ABATTU au récit de ces nouvelles, le rusé empereur roule dans son cœur de nouveaux artifices,

cherche dans son esprit de nouveaux conseils. Il s'applique à enlacer dans ses filets les lions qu'il n'ose harceler à la chasse. En conséquence, il charge des messagers de porter les lacs, tout recouverts de flatteries, dans lesquels il veut engager Boémond pendant sa marche.

« Le roi Alexis à Boémond, salut!

» On m'a annoncé ton arrivée, et j'ai appris cette
« nouvelle avec des entrailles de père. Maintenant
« en effet tu t'adonnes à une œuvre digne de tes
« vertus, en dirigeant contre les barbares ta passion
« pour la guerre. Dieu, je le vois, a approuvé les en-
« treprises des Francs, puisqu'il a pris soin de les
« munir d'un tel chef. Ton arrivée me promet aussi
« d'une manière toute particulière l'accomplissement
« de mes desirs, car, pour garder le silence sur d'au-
« tres points, les devins turcs te désignent eux-mêmes
« comme devant triompher de leur race. Courage
« donc, hâte-toi, mon fils, et en arrivant, mets un
« terme à l'impatience des chefs qui ont retardé leur
« départ pour t'attendre. Les chefs, les grands, tout
« le peuple soupirent également après toi. Il y a au-
« près de moi des héros latins, et ils ont été comblés
« de grands présens; mais autant tu m'es connu
« plus que les autres, autant tu en recevras de plus
« considérables qui t'attendent, des manteaux, de
« l'or, des chevaux, et toutes sortes de trésors en
« grande abondance. Tout ce que tu as pu voir, en
« quelque lieu que ce soit, n'est rien, comparé à
« ce qui se trouve chez moi. Sache que toutes ces
« choses sont préparées pour toi, comme pour un

« fils, si tu te prépares de ton côté à te montrer doux
« et fidèle envers moi, comme un fils. Tu trouveras
« donc une fontaine d'or, en sorte que toutes les fois
« que tu auras consommé ce que tu auras demandé,
« et autant de fois que tu redemanderas de nouvelles
« richesses à dépenser, tu en retrouveras sans au-
« cune difficulté. Et afin que tu suives la route d'un
« pied plus léger, qu'il te suffise d'une petite escorte,
« et ainsi tu arriveras plus librement et plus promp-
« tement. Quant au reste de la multitude, après que
« tu lui auras laissé des chefs, la marche lui sera
« d'autant plus facile qu'elle la suivra plus lente-
« ment. »

## CHAPITRE X.

Boémond, séduit par les promesses d'Alexis, se laisse entraîner
à lui rendre hommage.

Les députés, instruits par ce message séducteur et
par leur propre adresse, partent, arrivent, se présentent, et s'expliquent. Boémond, enivré par l'apparence
emmiellée de leurs discours, ne découvrit pas le poi-
son caché au dessous, et se laissa tromper par l'offre
qui lui était faite spontanément de ces richesses de
Constantinople, pour lesquelles il avait depuis long-
temps inondé de sang la terre et la mer. Il se réjouit au
contraire d'obtenir si facilement ce qu'il avait manqué
tant de fois dans ses fréquentes attaques contre les
Grecs. En conséquence il résolut de se rendre le

premier aux lieux où il était appelé, suivi seulement d'une faible escorte, tandis que Tancrède s'avancerait plus lentement avec le reste de l'armée. Cet arrangement ne déplut nullement au fils du Marquis, lorsqu'il en fut instruit, car il avait en horreur l'amitié perfide des Grecs, autant que l'épervier redoute les filets, ou le poisson l'hameçon; aussi, dédaignant les présens du roi, avait-il déjà résolu de fuir même sa présence. Après qu'on eut délibéré sur ceux qu'il daignerait emmener avec lui et sur ceux qu'il laisserait, Boémond partit du château fort que l'on appelle Chympsala. Tandis que les promesses qu'il avait reçues agitaient son esprit, que l'esprit agitait le cavalier, et le cavalier le cheval, en peu de jours ils arrivèrent à Constantinople. Là Boémond, présenté à Alexis, se soumit au joug que l'on appelle vulgairement hommage. Il y fut contraint sans doute, mais en même temps il reçut en don une étendue de terrain dans la Romanie, telle qu'un cheval emploierait quinze jours à la franchir en longueur, et huit jours en largeur. Sans aucun retard, la renommée s'envolant alla porter à Tancrède la nouvelle de cet événement, et ajouta : « Une pareille transaction « t'est réservée à toi, qui marches à la suite, mais « d'autant plus humiliante que la récompense sera « moindre. »

## CHAPITRE XI.

*Tancrède déplore en secret le malheur de Boémond.*

Tancrède, en apprenant ces nouvelles, s'afflige pour Boémond et craint pour lui-même, car, en voyant la maison voisine embrasée, il ne doute pas qu'un pareil incendie ne menace aussi la sienne. Dès lors il roule dans son esprit, il cherche, il médite en lui-même par quel chemin il pourra passer au-delà, par quelles inventions il pourra éviter, par quels moyens de force punir les artifices de ce roi perfide. A cet effet il compare d'un côté les forces, de l'autre les ruses ; ici l'audace, là la puissance ; d'une part les chevaliers, de l'autre les richesses ; d'un côté le petit nombre, de l'autre la multitude. Que faire ? combattre ? mais l'ennemi est plus puissant. Se présenter en suppliant ? mais le même ennemi est inexorable. Passer au-delà ? mais la mer en fureur oppose un obstacle. Voyant les chefs francs enlacés par les présens, Boémond par les ruses du roi, lui-même par ses propres angoisses, Tancrède revient à ses réflexions, et dit dans son cœur : « O crime ! où est la bonne foi ? où est la « sagesse ? O cœur des hommes ! celui de l'un est « perfide, celui de l'autre imprudent ; l'un est sans « pudeur pour faire le mal, l'autre sans prévoyance « pour le reconnaître ! Un homme s'est porté vers les « richesses, séduit et attiré par le nom de fils, pour se « jeter dans les bras d'un père. Il est allé pour régner,

« et il a trouvé un joug ; il est allé pour devenir plus
« élevé, et il a été contraint d'en élever un autre et
« est devenu lui-même plus petit. Trop ignorant de
« toute fraude, il s'est confié à des caresses fraudu-
« leuses. Il a reçu l'ordre de quitter son armée et de
« s'avancer avec un petit nombre d'hommes, comme
« si on eût voulu le décharger du poids de cette
« multitude. N'eût-il pas mieux valu déjouer par la
« force tous ces artifices? Cette seule détermination,
« si les intentions n'eussent pas été mauvaises, ren-
« versait toutes les machinations et nous ouvrait
« tous les chemins. Mais Boémond est allé suivi
« d'un petit nombre d'hommes, comme si des bras
« qui ne portent point d'armes étaient une garantie
« pour un bras désarmé. Et que dirai-je des chefs de
« la Gaule, que leur propre multitude eût dû, non
« seulement soustraire au joug d'un hommage, mais
« encore rendre maîtres de tous ceux qui eussent
« voulu se montrer rebelles? J'ai compassion et honte
« à la fois de ces hommes, qui cependant n'ont eu ni
« honte, ni compassion d'eux-mêmes. Il me semble
« déjà voir l'issue de cet événement, lorsqu'ayant
« épuisé leurs trésors, ils n'auront plus à leur suite
« que le châtiment, les privations, le repentir. Ils se
« repentiront en effet lorsqu'ils se verront contraints
« à des choses injustes, accablés après avoir été con-
« traints, et ne pouvant être soulagés dans leur acca-
« blement. Alors, dis-je, ils se repentiront; mais
« quelle place reste au repentir lorsqu'il n'en reste
« aucune à l'amendement? Déjà en effet quel moyen
« d'amendement demeure praticable? Peut-on abjurer
« ce qui a été juré une fois? Pourront-ils disposer de

« leurs droits après s'être soumis volontairement à la
« juridiction d'autrui? Sont-ils libres, ceux qui se
« sont vendus? Lequel sert le plus justement, ou ce-
« lui que l'on achète, lui-même se vendant, ou celui
« que l'on met en vente par suite de la violence d'un
« brigand? Ainsi ils seront bien justement châtiés,
« ceux qui, remplis de sécurité pour l'avenir, ne re-
« gardent qu'au moment présent. »

## CHAPITRE XII.

### Tancrède évite de se présenter à Alexis.

Après avoir déploré en ces termes le sort de Boémond, les artifices d'Alexis, et le joug que subit le
prince de la Gaule, Tancrède prend sagement la résolution d'éviter le premier, de punir les seconds, de sauver le troisième. En conséquence, en arrivant à Constantinople, il ne va point, comme les autres, se présenter
devant le roi, il ne se fait point précéder par le clai-
ron, il ne fait point retentir la trompette, il passe en
secret. Dépouillant le chevalier, il revêt l'apparence
d'un homme de pied, afin qu'un vêtement grossier,
dissimulant Tancrède, trompe en même temps Alexis.
Le navire, les rameurs, le vent du nord poussent les
voiles, l'Europe fuit derrière le dos des voyageurs,
l'Asie se présente à leurs regards empressés. Pendant
ce temps, le descendant de Guiscard encourage les ma-
telots auprès de leurs rames, et lui-même presse de sa
rame les flots azurés de l'Hellespont. Bientôt en effet la

poupe s'arrête sur le rivage tant souhaité, et la brièveté de la traversée a répondu aux vœux ardens des navigateurs. Alors le fils du Marquis, désormais en sûreté, reprend et ses habits et son nom; et les autres chefs se mettant en route pour Nicée, il s'associe à eux pour ce voyage.

Boémond cependant n'avait point encore quitté le rivage de la Thrace. Il y était demeuré sur la demande de Raimond, comte de Saint-Gilles, et celui-ci s'était trouvé dans la nécessité d'y prolonger son séjour, et de s'arrêter, parce qu'il était arrivé plus tard, et que le roi de Constantinople voulait aussi lui imposer des conditions, par lesquelles il avait déjà enchaîné ceux qui l'avaient devancé. Mais le comte répondit qu'il aimerait mieux mourir que d'accéder à ces demandes; et pour sortir de ces embarras la présence de Boémond lui était extrêmement utile. Lorsqu'Alexis fut informé par ses espions que le neveu de Guiscard s'était embarqué secrètement, affligé de se voir ainsi joué, il redemanda l'absent à ceux qui étaient présens, les accusant d'artifice, et leur imputant de lui avoir soustrait Tancrède sciemment. Ses regards, que la colère rendait semblables à ceux d'une marâtre irritée, se tournèrent particulièrement vers Boémond. Tandis qu'ils lançaient ainsi la foudre, et que sa bouche faisait retentir des menaces, bon gré malgré, Boémond jura qu'il viendrait remettre les mains de Tancrède entre les mains du roi, pour qu'il lui rendît hommage; autrement il n'aurait pu ni demeurer, ni partir en sûreté.

## CHAPITRE XIII.

Tancrède envoie des messagers à Boémond.

Tandis que ces choses se passaient, Tancrède renvoya à Constantinople deux chevaliers, Atrope et Garin, chargés par lui de blâmer vivement le retard de Boémond, de lui annoncer que la guerre avec les Turcs était prochaine; et que, s'il ne se hâtait, toutes ses espérances seraient renversées, car on triompherait sans lui des ennemis. Mais ces nouvelles ne purent être transmises à Boémond sans que le roi en fût instruit. C'est pourquoi il appela auprès de lui les porteurs du message, pour s'entretenir avec eux au sujet de leur seigneur, et comme pour leur arracher quelque secret par la crainte que leur inspirerait sa présence. Interrogés sur ce qu'ils sont, à qui ils appartiennent, et pourquoi ils ont été envoyés, les députés répondent avec assurance qu'ils sont normands, et qu'ils viennent de la part de Tancrède pour engager Boémond à le rejoindre. Le roi, voyant la fermeté de leur langage et leur intrépidité, les renvoie sans les punir, reconnaissant que tout châtiment sur eux serait sans résultat pour lui.

Lorsque Tancrède eut appris toutes ces nouvelles, tant de ses députés, qui retournèrent les premiers auprès de lui, que de Boémond, qui arriva après eux, il n'est pas facile de dire, ni même aisé de croire à quel point il en fut vivement affecté, et combien il

s'affligea de voir tous les efforts de sa vigilance déjoués par la nonchalance d'autrui. Le brasier ainsi allumé ne put contenir les feux qu'il renfermait, la tempête se répandit au dehors avec fracas, et agita au gré des vents des torrens de flammes. On rapporte en effet qu'alors Tancrède soulagea les douleurs secrètes de son ame par des plaintes qu'il proféra en ces termes : « Hélas! que l'esprit de l'homme est aveugle et
« ignorant de l'avenir! Lorsqu'il semble qu'il s'est en-
« tièrement satisfait, alors même il faut qu'il recom-
« mence complétement. La prudence est vaine où la
« fortune jalouse se déclare contraire; et en revan-
« che, on cherche vainement à résister à celui que
« les dieux favorisent. J'avais pensé avoir assez bien
« pris toutes mes précautions, et n'avoir laissé aucune
« prise contre moi à la négligence ou à la lâcheté.
« J'avais dédaigné les présens, je m'étais enfui seul,
« j'avais trompé la surveillance des gardiens et échappé
« aux embûches; ce qu'à peine j'avais osé prétendre,
« il m'avait été donné de l'accomplir. Mais hélas! à
« quoi sert d'avoir passé au milieu de l'ennemi sans
« recevoir aucun mal, comme à travers des filets
« auxquels les plus innocens même ne peuvent
« échapper sans quelque blessure? J'ai vu des hom-
« mes nobles, les uns fils de ducs, et d'autres de rois,
« échangeant leurs royaumes contre un exil volontaire,
« s'avancer paisiblement, et les pays sauvages, les
« royaumes barbares, s'ouvrir devant eux à leur ar-
« rivée; ni la terre ni la mer ne leur ont opposé au-
« cun obstacle. Mais dès qu'ils ont été arrivés auprès
« de ce monstre, plus cruel que la Chimère à trois
« têtes, il ne s'est point trouvé de Pégase qui délivrât

« ceux qui étaient enlacés, et les enlevât au milieu
« de leur surprise. Tous ont été contraints de passer
« en quelque sorte sous la lance d'un seigneur, de
« prêter tous les sermens qui leur ont été dictés. Et,
« pour en revenir à moi, ayant mérité un juge sévère,
« je redoutais la vengeance la plus sévère; c'est pour-
« quoi il m'a fallu déployer d'autant plus de vigilance
« pour m'échapper, que j'étais embrasé d'une soif plus
« ardente de vengeance; j'ai renoncé à la direction
« de l'armée, je me suis renoncé moi-même, afin de
« ne pas m'incliner comme les autres, et de pouvoir
« plus librement venger les offenses des autres. Main-
« tenant à quoi sert de me plaindre de l'homme qui
« m'a chargé de chaînes que j'avais brisées moi-même?
« Il ne lui a pas suffi d'y soumettre sa tête, s'il n'y
« soumettait aussi la mienne; la bouche peut-être se
« refuse à dire qu'il a porté envie à ma prospérité;
« mais on ne voit que trop sur toutes les lèvres, et l'is-
« sue de l'événement ne prouve que trop, qu'un tel
« serment n'a pu provenir que de l'envie. Quant à
« lui, il semble incertain si c'est par paresse ou par
« impéritie qu'il m'a plongé dans cet abîme de dou-
« leur. L'une et l'autre sont grandes en effet, et toutes
« deux se sont montrées en marâtres ennemies de mon
« bonheur. Mais il dit avoir été contraint à jurer ainsi
« ma ruine, comme si ces paroles pouvaient dissimu-
« ler sa jalousie, apaiser mon indignation, excuser
« ce qu'il a fait, absoudre celui qui l'a fait; ainsi il
« cherche à proclamer son innocence, et cependant
« ces paroles même ne rendent pas innocens ses
« longs retards, ne le déchargent pas du crime de
« s'être endormi dans son oisiveté. Eh bien! soit, je

« tiendrai compte de son serment, je rachèterai le par-
« jure ; à mes propres périls, je rachèterai le parjure
« d'un autre. J'ai été joué, mais je n'ai pas été vaincu
« par le fait de ma propre incurie; j'ai été surpris par
« la faiblesse d'un autre, pour la délivrance d'un pa-
« rent. Certes, si je vis, le vainqueur de cette lutte
« s'affligera d'avoir déchaîné ma haine, de n'avoir pas
« su gagner la paix. Je m'inquiète peu de violer le
« serment que je n'ai pas prêté moi-même et sponta-
« nément, auquel j'ai été soumis malgré moi, par la
« violence d'un tyran, d'autant que l'observation de
« ce serment serait un malheur public, et qu'en le
« rejetant, je ferai le bien général. »

## CHAPITRE XIV.

Du siége de Nicée, et d'abord des chefs assiégeans, et principalement de Godefroi de Bouillon.

Mais, mettant de côté ces plaintes, ou d'autres semblables, que le fils du Marquis put faire entendre,
laissons-le lui-même respirer un moment, et occu-
pons-nous d'investir la place de Nicée, de mesurer le
camp, de rapporter les noms, l'origine, les qualités
des princes par lesquels cette ville fut assiégée.
Leurs mérites sont tels qu'ils n'obscurcissent point
les louanges que j'ai déjà célébrées, et qu'eux-mêmes
ont droit à d'autres éloges. Les plus illustres et les
plus renommés de ces chefs, de qui les autres recevaient les lois de la guerre, et qui ne les recevaient
point des autres, étaient les suivans :

Le duc Godefroi, fils du vieux Eustache, comte de Boulogne, avait reçu de celui qui l'envoyait la dignité de duc et le nom de Bouillon. Or Bouillon est un château situé dans le royaume de Lorraine, voisin du duché dont il est le chef-lieu, et que le vieux duc Godefroi, son oncle maternel, laissa au jeune Godefroi. L'illustration de la noblesse était relevée dans celui-ci par l'éclat des plus hautes vertus, tant dans les affaires du monde que dans celles du ciel. Pour celles-ci, il se signalait par sa générosité envers les pauvres, par sa miséricorde envers ceux qui avaient commis des fautes. En outre, son humilité, son extrême douceur, sa modération, sa justice, sa chasteté, étaient grandes; il brillait comme un flambeau parmi les moines, plus encore que comme un duc parmi les chevaliers. Et néanmoins, il savait aussi faire les choses qui sont de ce monde, combattre, former les rangs, étendre par les armes le domaine de l'Église. Dans son adolescence, il apprit à être le premier, ou l'un des premiers à frapper l'ennemi; dans sa jeunesse, il en prit l'habitude; en avançant en âge, il ne l'oublia jamais. Il était si bien le fils du comte belliqueux et de sa mère, femme remplie de religion, qu'en le voyant, un rival même eût été forcé à dire de lui : Pour l'ardeur à la guerre, voilà son père; pour le service de Dieu, voilà sa mère. Le duc, doué de tant de qualités, fut le premier à assiéger les murs de Nicée; d'innombrables guerriers marchaient à sa suite.

## CHAPITRE XV.

#### Énumération des chefs de l'expédition.

Après lui venait Robert, comte de Normandie, fils du roi Guillaume, le conquérant de l'Angleterre. Sa naissance, ses richesses, son éloquence le plaçaient non au dessous, mais plutôt au dessus du duc : il lui était égal pour les choses qui se rapportent au prince, mais inférieur pour les choses qui se rapportent à Dieu. Toutefois sa piété, sa générosité eussent été vraiment admirables; mais comme il n'observait en rien aucune mesure, il pécha par excès dans l'une et l'autre de ces qualités. Ainsi la Normandie éprouva que sa miséricorde était sans pitié, car, sous son gouvernement, il ne ménagea ni Dieu, ni les hommes, laissant toutes les rapines impunies, et donnant toute licence aux ravisseurs. Il pensait en effet que l'on devait autant de ménagement à l'avidité des sicaires dont les mains dégouttaient de sang, et aux emportemens déréglés des adultères, qu'à ses propres passions. Aussi nul n'était traîné devant lui, chargé de chaînes et versant des larmes, qu'il ne fût délivré, et n'obtînt aussitôt de lui des larmes de commisération; en sorte que, comme je l'ai dit, la Normandie se plaignait en ce temps qu'il n'imposât aucun frein au crime, et même qu'il lui donnât un nouvel essor. Il est également certain qu'à cette facilité d'attendrissement se joignait en lui une générosité telle, qu'il donnait une somme d'argent quelconque pour acheter un faucon ou un chien. En même temps, la table du prince n'avait d'autre manière d'être fournie que par le pillage sur les citoyens, et cela se passait ainsi dans l'intérieur de son pays. Lorsqu'il fut sorti des domaines de son père, il réforma en grande partie les habitudes de luxe, auxquelles il s'était laissé aller dans l'abondance de ses immenses richesses.

Boémond brillait le troisième dans cette liste. Il serait, je crois, inutile de reproduire ici sa généalogie, et prématuré de parler de ses qualités et de son grand courage, surtout puisque les pages précédentes ont déjà fait mention de sa famille, et que les événemens, heureux et malheureux, qui se rapportent à lui feront le principal sujet de ce récit.

Hugues le Grand, frère du roi de France, Philippe, et fils du roi Henri, occupait la quatrième place. Grand par sa naissance, grand par son nom, grand par sa valeur, grand et puissant par ses troupes et par celles du royaume de son frère, il était encore plus digne de respect par l'illustration de son sang royal que par l'abondance de ses richesses, par la distinction de la multitude de guerriers qui le suivaient, ou par l'éclat de ses triomphes.

Le cinquième était le comte de Blois, Étienne, lui-même allié des rois, car il était arrière-petit-fils d'un roi de France, et gendre du roi d'Angleterre. S'il eût joint, comme il l'eût dû, plus d'enjouement à sa générosité, plus d'ardeur à son courage, rien à lui eût manqué pour faire un chef distingué, et devenir le plus brillant chevalier.

Après lui venait Robert, comte de Flandre, de la

Flandre, riche nourricière de chevaliers, abondante en chevaux; de la Flandre, aimée de Cérès, qui sait braver tous les périls, et qui en outre a une telle supériorité pour la beauté des jeunes filles, qu'elle mérita d'avoir pour gendres les rois de France, d'Angleterre et de Danemarck. Le comte dont il est ici question, leur illustre allié, dédaignait de conduire les peuples, pourvu qu'il s'illustrât lui-même par son glaive et sa lance, et fût célébré plus que tous les autres chefs des armées; aussi arriva-t-il par la suite qu'il fut en effet distingué et cité par tous les autres comme chevalier, mais que, négligeant le soin de gouverner, il fut beaucoup moins estimé comme chef.

Enfin le dernier de tous, Raimond, comte de Saint-Gilles, parut aussi avec éclat au siége de Nicée; le dernier, dis-je, par l'époque de son arrivée, mais non pour les richesses, pour la puissance, pour la sagesse, pour le nombre de guerriers qui le suivaient. En tous ces points, au contraire, il brilla tout d'abord parmi les premiers, et bientôt, lorsque tout l'argent des autres eut été dissipé, ses richesses s'accrurent et le firent distinguer encore plus. Les gens de Provence qui le suivaient, ne prodiguant point leurs ressources, recherchaient l'économie plus encore que la gloire, et, effrayés par l'exemple des autres, mettaient tous leurs soins, non à dépenser comme les Francs, mais plutôt à accroître sans relâche leur avoir. Aussi ce peuple habile à ménager tout ce qui pouvait servir, et devinant l'avenir, ne souffrit pas que le comte fût jamais dans le besoin, et le comte se montra dévoué à l'équité, vengeur de l'iniquité, tel qu'un agneau pour les hommes timides, tel qu'un lion pour les orgueilleux.

## CHAPITRE XVI.

La ville est investie. Tancrède le premier de tous tue un Turc et en met d'autres en fuite.

Tels étaient les assiégeans par lesquels la Gaule fit effort, à qui la Grèce prêta son assistance, et dont Dieu se servit pour investir, attaquer et forcer enfin la ville de Nicée à se rendre. Tandis que le dernier arrivé, comme je l'ai dit, le comte Raimond, dressait ses tentes devant la porte de l'Orient, sur le seul terrain qui demeurât vacant, car tous les autres avaient été déjà occupés, voici que l'armée turque, descendant à travers les chemins raccourcis de la montagne voisine, se présente comme pour entrer dans la ville par la même porte, afin de porter secours aux assiégés à l'aide d'une brusque attaque. Il s'élève aussitôt une clameur. Le comte se trouvant le plus près paraît le premier, et bientôt les autres chefs surviennent. Les uns armés complétement, d'autres seulement à moitié, selon qu'ils étaient plus ou moins poussés par l'ardeur de combattre, se hâtent d'accourir à la rencontre des ennemis. Tancrède, éloigné de là, vole de toute la rapidité de son cheval vers ce lieu, dont l'éloignement semblait lui refuser la gloire de porter le premier coup. Ce que la distance lui avait enlevé, son courage le lui rend, car, pendant son absence, des mouvemens alternatifs de fuite et d'attaque avaient porté tantôt chez les uns, tantôt chez les autres, les chances diverses de l'espérance ou de la crainte. Mais lorsque celui qui à lui seul était estimé valoir et qui valait en effet une multitude, celui qui simple chevalier représentait et était à lui seul une compagnie de chevaliers, lorsque Tancrède fut arrivé et se fut élancé, une tête turque frappée aussitôt ranima la fureur des chevaliers du Christ, et affaiblit en même temps les ennemis. Ceux-ci donc perdant tout courage, tournèrent aussitôt la face vers les montagnes, le dos aux Francs, leurs pensées vers la fuite; ceux-là vivement animés, poussés par leur courage, par la vue des ennemis en déroute, par un sentiment de honte à tarder davantage, se lancèrent à leur poursuite; et si la montagne voisine n'eût promptement abrité les fuyards dans ses retraites, un moment de plus, le sang des barbares eût assouvi jusqu'à satiété la fureur des lances latines. Mais comme la frayeur, dont le propre est de donner des ailes, saisit subitement les ennemis dans le voisinage de la montagne, il leur fut aisé de s'échapper en remontant par le même chemin qu'ils avaient suivi en descendant pour attaquer, et ils remontèrent tous, à l'exception de celui dont Tancrède avait envoyé l'ame dans le Tartare pour y annoncer sa vaillance. Beaucoup d'autres cependant rapportèrent chez eux de honteuses blessures reçues dans le dos. Les adorateurs du Christ rentrèrent alors dans leur camp, portant leurs épieux, les uns ensanglantés, les autres tout recourbés, ceux-là se signalant par une lance toute brisée, ceux-ci par un glaive émoussé. La tête du Turc fut offerte en spectacle au peuple. Dans tous les rangs de l'armée, chez les peuples divers, parlant des langues différentes, chez les hommes de tout âge, parmi les individus de tout sexe et de toute condition, Tancrède fut célébré comme ayant le premier abattu la tête d'un Turc et mis en fuite une multitude infinie d'ennemis. Quiconque réfléchira avec attention à cet événement reconnaîtra en effet qu'on y pouvait déjà trouver le présage de ce que deviendrait Tancrède. Certes de telles prémices, offertes par le ciel, convenaient très-bien à l'homme qui dès lors, ou pour mieux dire dès le commencement des siècles, avait été élu à l'avance pour être le plus invincible de tous dans les combats, et ne se trouver jamais inférieur à aucune circonstance.

## CHAPITRE XVII.

La ville se rend. Tancrède se présente devant Alexis. Discours de Tancrède à l'empereur.

Les assiégés voyant les forces des assiégeans s'accroître toujours, et les leurs se réduire au contraire, après avoir long-temps et vainement attendu des secours, effrayés en outre de ce que le comte Raymond, qui avait le dernier miné les remparts de la ville, les ébranlait avec plus d'ardeur pour parvenir à les renverser, les assiégés, dis-je, rendirent leur place sous la condition qu'il leur fût permis du moins de perdre, sans éprouver de dommage dans leur personne, la chose qu'il ne leur était pas permis de racheter. Ces conditions furent agréées de part et d'autre, et on les manda à l'empereur. Celui-ci, aussitôt qu'il eut appris cette heureuse nouvelle, envoya son approbation et accompagna lui-même ses messagers jusqu'au détroit appelé vulgairement le bras de Saint-George.

La ville ayant été mise en état de défense, Boémond, vivement sollicité par l'empereur au nom des traités qu'ils avaient conclus, de leurs droites qu'ils avaient unies, de l'hommage de fidélité qui les engageait l'un envers l'autre, s'embarqua pour se rendre auprès d'Alexis, emmenant avec lui le fils du Marquis, ainsi qu'il l'avait promis. Mais alors Alexis, plus effrayé que rassuré par l'hommage de celui-ci, et plus abattu que relevé, irrita de nouveau sa colère, et n'en obtint pas de témoignage de respect. Instruit comme par un oracle divin, Tancrède prévoyait déjà dans sa sagesse les résultats des événemens, tels qu'ils se sont développés par la suite. Il jugeait que le royaume des Grecs, malgré son immense longueur, n'atteignait pas cependant à celui de Jérusalem; que dans ce vaste espace de terrain, les villes enlevées alors par les Turcs seraient soumises au culte chrétien; qu'ayant été arrachées aux Grecs elles ne pouvaient plus être remises à la garde de tels défenseurs; que les Francs seuls pouvaient suffire à un pareil soin, sans lequel rétablir les villes et les places entre les mains de Grecs serait comme les restituer aux Turcs; qu'enfin lui-même ne pouvait à la fois servir deux seigneurs, savoir les intérêts publics et le roi des Grecs.

Pendant qu'il roulait de telles pensées dans son esprit, on rapporte qu'il fit retentir aux oreilles du roi

des plaintes à peu près semblables à celles-ci : « Mon
« parent par le sang, Boémond, entraîné par ta
« puissance, m'a induit, ô empereur, à repasser
« sur cette rive. Si tes promesses, si tes présens, si
« ton amitié m'eussent séduit, il ne manquait pas de
« portés par où il m'était permis d'arriver jusqu'à toi;
« mais puisque ces choses me déplaisaient, il m'était
« inutile de rechercher ta présence. Par ces considé-
« rations, j'ai donné tous mes soins à passer loin de
« toi plus librement; délivré par mes efforts vigilans,
« ta violence m'a amené en ces lieux malgré moi ;
« mais sache que tu ne dois prendre aucune con-
« fiance, si je contracte aujourd'hui un engagement
« auquel je sois contraint. Ainsi averti par avance, il
« faut encore que tu saches ce que je vais ajouter.
« Nous en sommes venus au moment où je dois
« acquitter le serment par lequel mon parent s'est lié
« envers toi. Mais voici la condition qui doit servir
« d'intermédiaire, c'est que notre traité subsiste, si
« tu te rends à Jérusalem, et si tu nous assistes; et
« qu'il tombe au contraire, soit que tu conçoives de
« la jalousie contre les succès des nôtres, soit que tu
« ne les soulages pas dans leurs infortunes. Loin de
« moi que je demeure jamais fidèle à quiconque
« manquerait à sa foi à de tels sermens! Si donc tu
« desires gouverner, applique-toi à servir, et sois
« assuré des services de Tancrède, si, par les tiens,
« tu garantis l'exercice de la loi du Christ. Si tu de-
« viens ainsi ministre de tous, je ne refuse pas non
« plus de te servir pour l'intérêt de tous. Or voici le
« résultat définitif du discours que je t'adresse : tel
« tu te montreras empressé et dévoué pour les Francs,

« tel les Grecs peuvent attendre que je me montrerai
« dévoué pour eux. »

Après qu'il eut ainsi tiré ces paroles du fond de
son cœur, tabernacle de la prudence, asile secret de
la sagesse, on exalta de tous côtés le courage de celui
qui intercédait avec tant de fidélité et de fermeté
pour les intérêts publics, qui ne craignait rien pour
lui-même, et ne se retirait point des voies de la justice; l'air retentit des cris des Gaulois, et un murmure favorable annonça que les Grecs eux-mêmes
ne lui refusaient point une approbation bien méritée.

## CHAPITRE XVIII.

Tancrède demande la tente de l'empereur lui-même, et celui-ci en témoigne de l'indignation.

Alexis voyant que cet homme dédaigne l'argent,
et ne peut être, comme les autres, enchaîné par
des liens dorés, ne pouvant le traîner après lui, se
traîne lui-même à sa suite, et approuve ses paroles
par des paroles semblables. Alors ils unissent leurs
droites, et cependant le fils du Marquis éprouve intérieurement un grand étonnement, et au dehors, ses
regards farouches expriment son irritation. Après la
célébration des cérémonies que les princes emploient
pour conclure de pareils traités, Tancrède est invité
à demander au roi tout ce qu'il voudra, certain qu'il
doit être de n'éprouver aucun refus dans ses vœux,
car on pensait qu'il desirerait de l'or, de l'argent,

des pierreries et d'autres choses semblables, propres à assurer la satisfaction de tous ses besoins dans le voyage, et à apaiser l'ambition de son ame. Mais, dédaignant l'argent, et aspirant dans son cœur aux distinctions élevées des rois, il repousse les choses vulgaires, il ne prétend qu'à un honneur que les autres chefs refuseraient comme onéreux, s'il leur était offert, et déclare qu'une seule chose de celles qui appartiennent au roi peut lui plaire. Le roi possédait une tente, ouvrage admirable, où l'art et la nature frappaient tour à tour d'étonnement celui qui la voyait; on entrait dans cette tente, comme dans une ville, par des portes garnies de tours; vingt chameaux suffisaient à peine pour la transporter, et en étaient lourdement chargés; elle pouvait renfermer dans son enceinte une nombreuse multitude; enfin le sommet de la tente s'élevait au dessus de toutes les autres, autant que les cyprès s'élèvent au dessus de l'osier paresseux.

Tel était l'unique présent qui pût séduire le cœur du magnanime neveu de Guiscard, le seul palais auquel il voulût prétendre, fardeau superflu sans doute pour le moment présent, mais qui pouvait dans la suite devenir une illustre bannière. Lorsqu'il en fut instruit, Alexis, à ce qu'on rapporte, s'irrita violemment contre celui qui faisait une telle demande, ainsi que le dieu de Délos s'irrita jadis contre Phaéton : seulement ici l'amour paternel inspirait des craintes, là l'indignation d'un ennemi se déployait seule. Phébus s'affligeait des périls auxquels s'exposait son fils, Alexis s'indignait contre une ame trop hautaine. Phébus exhortait son fils à former des vœux moins dange-

reux, Alexis repoussa les vœux qui lui étaient présentés, afin de pouvoir ensuite en témoigner sa colère en ces termes : « Ainsi donc le fils du Marquis ose se
« comparer à moi, et demande les insignes de la
« royauté? Il a du dégoût pour les choses communes,
« il faut qu'il aspire à ce palais qui m'appartient, ou-
« vrage unique dans le monde entier! Quand il l'aura
« obtenu, que lui restera-t-il à faire que d'ôter le
« diadème de dessus ma tête, et de le mettre sur la
« sienne? Sans doute il lui manque des vestibules
« assez grands pour contenir ses cliens qui se pres-
« sent, et une telle foule de chevaliers ne peut se
« rassembler dans l'enceinte d'une maison parti-
« culière. C'est pourquoi il demande une maison
« royale, qui puisse, dans ses vastes dimensions, suffire
« à un si magnifique seigneur. Mais pour que celle-ci
« lui soit accordée sur sa demande, où sont les mu-
« lets, où sont les muletiers qui transporteront une
« telle masse? Certes, après l'avoir obtenue, il ne lui
« restera plus qu'à la suivre lui-même à pied, comme
« une divinité que l'on enlève. Mais qu'il se sou-
« vienne de l'âne qui, voulant se dissimuler, trouva
« sa perte sous les dépouilles du lion; après les avoir
« revêtues, pour répandre l'épouvante, il n'y gagna
« que de ressentir le bras terrible du paysan. Averti
« par cet exemple, qu'il ne prétende pas à effrayer, sous
« l'ombre de mon nom, ceux qui ne le connaîtraient
« pas, de peur qu'étant reconnu, on ne découvre plus
« que Tancrède. Qu'il se mesure à sa forme et à son
« pied, et qu'alors il se coupe lui-même une tente
« pour son usage; mais qu'il renonce absolument
« à celle-ci. S'il continue à s'irriter d'un tel refus,

« je fais peu de cas de sa colère et aussi peu de ses
« menaces. Déjà, et de plus en plus, la folle am-
« bition de cet homme m'a dévoilé l'état de son
« esprit; tant qu'il a gardé le silence, il a pu passer
« pour philosophe; dès qu'il a ouvert la bouche, il n'a
« plus mérité que d'être traité en insensé. Eh bien
« donc, fils du Marquis, tout ce que tu peux avoir
« en toi de fraude, d'astuce, de colère et de fureur,
« lance-le sur ma tête; je m'attends à tes emportemens,
« et ne daigne vouloir de toi ni pour ennemi, ni pour
« ami. » Parlant ainsi, poussé à la fois par sa colère et
par son esprit artificieux, Alexis, d'une part, dissimulait ses craintes, et d'autre part, se soulageait un peu
des flots de bile qui oppressaient son cœur. Mais
Tancrède, comme pour suivre plaisamment l'image
que l'empereur avait présentée, saisit dans ses nombreuses paroles les dernières qu'il eût fait entendre,
et lui répondit avec plus de joie qu'il ne dut jamais
répondre à nul autre : « Je daigne vouloir de toi
« pour ennemi, et non pour ami. » A ces mots, ils se
séparèrent, et ne se rencontrèrent plus.

## CHAPITRE XIX.

Tancrède et Boémond s'échappent des mains de l'empereur.

TANCRÈDE retourne alors au rivage, et là, ses rameurs étant tout prêts, il invoque aussitôt la fortune,
et la fortune se présente à l'instant. Il s'embarque, et
s'éloigne sans délai, lui à qui rien n'est plus désa-

gréable que le moindre délai. Boémond, étant sorti un peu plus tard, attendit presque les piéges du roi, et fut au moment d'y succomber. Mais enfin, instruit secrètement de son danger, il prit aussitôt la fuite, et évita ainsi les chaînes. Bientôt un messager du roi, élevant la voix, et les rappelant, se lança à leur suite; mais ayant reçu leur congé, s'étant dégagés des filets, ayant échappé à la tempête, les deux chefs ne voulurent point s'exposer de nouveau aux mêmes orages. Il est honteux de rappeler absent celui que présent on a dédaigné et insulté dans sa personne; pour eux, ayant mis la main à la charrue, ils ne jetèrent plus les regards en arrière, car ils avaient éprouvé déjà combien il est dangereux de s'exposer à une nouvelle épreuve. Deux exemples, en outre, celui de la ruine de Sodome, et celui de l'épouse d'Orphée, leur enseignaient à ne pas regarder de nouveau dans les ténèbres, après être revenus à la lumière. Avertis par tant de leçons, ils se croyaient échappés à tous les supplices, pourvu qu'ils échappassent à un seul bourreau.

Après avoir été affligés de ces nombreux retards, les chefs latins surmontent enfin leurs ennemis, et chargent leurs bêtes de somme de toutes les choses nécessaires pour eux et pour ceux qui les conduisent, et de provisions de bouche. Car ils devaient traverser pendant plusieurs jours un pays stérile, qui ne fournissait aucune production, et où ils ne trouveraient aucune espèce de denrées pour soulager leurs besoins. Sur les confins de ce pays, le roi turc, Soliman, attendait leur arrivée pour les attaquer, ayant pris toutes ses mesures, eux l'ignorant complétement; lui, vivant dans l'abondance, eux affamés; lui alerte et bien dispos, eux accablés de fatigue ; lui, en possession de toutes ses forces, eux languissans. Aussi ce fut comme par une inspiration divine que le peuple fidèle résolut de transporter une grande quantité de vivres à travers ce désert inculte, en sorte que ces vivres ainsi transportés pussent pour ainsi dire porter en avant ceux mêmes qui les portaient.

## CHAPITRE XX.

L'armée chrétienne se sépare à l'entrée de deux routes.

Le jour qui précédait celui où ils sortirent de ce désert était déjà passé, lorsque la fortune, dans l'un de ses jeux, fut sur le point de transporter ses faveurs, des serviteurs du Christ, aux serviteurs de Mahomet, et n'entreprit que trop contre Tancrède. Ayant repris, selon leur usage, leur marche quotidienne, ou, pour ainsi dire, leur marche de toutes les nuits, ils trouvèrent la route coupée en deux, et l'armée du Christ se divisa en deux comme la route. L'opinion d'un grand nombre attribua cette erreur à une intention, et imagina que l'on avait espéré trouver plus de ressources en occupant un plus vaste espace de terre, qu'en demeurant resserré sur une seule ligne. A cela s'ajouta que le même hasard sépara du reste de la foule le comte de Normandie, Boémond et Tancrède, comme si, étant de même origine, ils eussent voulu se réunir dans une même pensée, pour élever seuls la gloire de leur patrie. Mais d'autres, voulant sans doute adoucir le sentiment de cette infortune, et calmer les haines, affirmaient que cette division n'était nullement volontaire, mais accidentelle, qu'elle n'était nullement concertée à l'avance, et qu'elle déplaisait à ceux mêmes qui s'étaient séparés; cet avis s'appuyait sur les plus solides motifs, car les chefs ci-dessus nommés n'avaient point emmené les bagages du petit peuple qui les accompagnait, ils étaient suivis d'une troupe étrangère; et la leur enfin, qui était en grande partie absente, ils n'avaient point pris la précaution de la rappeler auprès d'eux.

## CHAPITRE XXI.

Les Latins et les Barbares se rencontrent et volent réciproquement aux armes.

Ainsi donc, tandis que les bannières des Normands apportaient aux Turcs des menaces de guerre (car, selon son usage, Tancrède, toujours plein d'ardeur, s'était porté en avant, et avait été le premier à voir et à être vu), on fit des deux côtés des dispositions pour que les plus agiles rejetassent loin du fleuve qui séparait les deux armées ceux qui se laisseraient vaincre. Le crépuscule commençait à faire place à la nuit, lorsque les colonnes latines et les colonnes barbares reconnurent réciproquement leur rencontre. La nuit ayant été employée, la première moitié pour le repos, et la seconde pour les travaux préparatoires, le parti des fidèles, plus prompt, s'avança vers la première heure sur la rive du fleuve, et prévint le parti infidèle, qui avait à peine pris ses dimensions et commencé à établir son camp. Tout-à-coup on s'écrie vivement : « Voilà l'ennemi, « voilà l'ennemi! » Ce cri est répété, et l'on s'avance courageusement. Ceux qui étaient venus sans avoir revêtu leurs armes s'arment aussitôt, ceux qui étaient armés se portent en avant pour combattre. Le corps des archers ennemis est repoussé, tantôt percé par les lances, tantôt frappé par les épées, et il est repoussé de telle sorte que le corps qui était le premier est forcé de se replier sur le centre, et celui qui était au centre de le soutenir. Mais lorsque les Normands en sont venus à ce point, poussant devant eux les fuyards, les rangs épais des ennemis se resserrent et reprennent de nouvelles forces, et ceux qui naguère les mettaient en fuite sont mis en fuite à leur tour. Pendant ce temps le comte de Normandie et Boémond avaient formé deux corps seulement, chacun le sien, et peu à peu chacun de ces corps s'engageait joyeusement dans la bataille. Les Turcs donc poursuivant les Chrétiens, et les Chrétiens s'avançant contre eux, on combattit de part et d'autre avec une grande vigueur; l'arc ne faisait plus rien, la lance faisait peu d'efforts, le glaive seul faisait tout. Les Turcs étaient défendus par leur multitude tout-à-fait innombrable; les nôtres par leurs cuirasses, leurs boucliers et leurs casques. Des deux côtés beaucoup de sang fut répandu; mais plus du côté des barbares; parmi eux le carnage ne cessait pas; mais comme les têtes de l'hydre toujours renaissantes, la

4

où quelques-uns tombaient, ils étaient aussitôt remplacés par une multitude infinie.

## CHAPITRE XXII.

Les Chrétiens sont mis en fuite. Le comte Robert de Normandie relève les courages.

Cependant la légion des fidèles supportait des pertes comme les ennemis, et n'avait pas, comme eux, les moyens de les réparer. Lassée en même temps qu'elle frappe, ébranlée pendant qu'elle résiste, se détruisant peu à peu, et devenant plus faible, elle tourne enfin le dos, et ce qu'elle n'avait jamais appris auparavant ni en aucun lieu, en un moment elle apprend à fuir. O combat déplorable! ô fuite lamentable! ô échec au milieu d'un échec! ô blessure ajoutée à une blessure! les chevaliers en fuyant renversent dans leur impétuosité les hommes de pied plus tardifs, et d'un autre côté d'épaisse forêt formée par les lances des hommes de pied, tantôt met obstacle à la fuite, et tantôt donne la mort; ainsi survient un nouveau désastre, digne de la compassion même d'un ennemi; les dos des fuyards sont percés d'horribles flèches, leurs poitrines s'enfoncent dans les lances, comme les viandes que l'on doit faire rôtir s'enfoncent dans les broches. Ainsi tandis que nul n'observe plus aucun ménagement, ceux qui mettent en fuite pour lancer leurs flèches, ceux qui fuient pour presser leurs chevaux de l'éperon, ces derniers se retirent dans leur camp, faible mais unique ressource. Là enfin le fils de Guillaume, au sang royal, se rappelant ce qu'il est, son origine, et qui il combat, découvre sa tête, s'écrie à haute voix : *Normandie!* et gourmande en ces mots Boémond, son collègue, et bien plus son compagnon de fuite : « Holà! Boémond, « pourquoi cette fuite? La Pouille est loin de nous, « Otrante loin de nous, et loin de nous est tout es- « poir d'atteindre aux confins d'une région latine. « C'est ici qu'il faut demeurer; ici nous attend ou la « glorieuse mort des vaincus, ou la glorieuse cou- « ronne des vainqueurs; glorieux, dis-je, sera l'un « ou l'autre sort, mais bien plus heureux celui par « lequel on devient plus promptement bienheureux! « Ainsi donc courage, ô jeunes gens; mourons et « élançons-nous au milieu des armes. » Ainsi rappelés à eux-mêmes, les chevaliers s'agglomèrent autour de leurs chefs, désormais plus disposés à mourir qu'à prendre la fuite. Tous s'arrêtent sans éprouver aucune crainte : tel qu'un lion qui sorti de sa tanière, après s'y être naguère engourdi dans un long repos, tombe au milieu d'un groupe échauffé de chasseurs; peu à peu provoqué par les aboiemens des chiens, par les cors, par les cris, par les javelots, le lion entre aussi en furie; et comme si la colère n'appartenait pas à chacun des deux ennemis, et allait tour à tour de l'un à l'autre, plus celle du lion l'enflamme et l'anime d'une nouvelle ardeur, plus celle du chasseur s'apaise et ralentit ses mouvemens. De la même manière, tandis que le peuple fidèle s'arrête de plus en plus, le peuple infidèle se relâche et n'ose plus attaquer celui qui commence à ne rien craindre. Les

4.

deux partis respirent donc un moment, les uns, comme on l'a dit, rappelés par leur courage, les autres retenus par la crainte.

## CHAPITRE XXIII.

### Grand massacre des Fidèles.

Cependant on expédie un messager pour aller annoncer à l'armée un événement qu'elle ignore, et on lui prescrit de se hâter de partir afin que les autres se hâtent aussi d'arriver. Les ennemis en même temps envoient aussi d'autres hommes, et pour un tout autre objet, savoir, des guerriers armés de javelots pour porter la mort, non des supplians qui implorent du secours et demandent le salut. Cette troupe vole et dépasse nos chevaliers, et s'élance sur le petit peuple, très-considérable par sa multitude, mais faible et dénué de toute force. Les hommes qui en font partie suivaient en vagabonds les traces des chevaliers qui marchaient devant eux, se croyant à l'abri des périls comme derrière une muraille, quand tout-à-coup les Turcs furieux les attaquent, d'abord à coups de flèches, et bientôt avec le glaive, trouvant un butin inattendu et une victoire sans combat. Ainsi les vieillards sont massacrés, les enfans enlevés; ceux de l'âge intermédiaire, selon que leur visage représente les uns ou les autres, éprouvent le même sort; très-souvent cependant, et de la manière la plus cruelle, la pointe du fer ose s'attaquer même aux jeunes gens encore imberbes, tant la multitude des victimes rend plus féroce encore le plus féroce de ces brigands; les mains de Briarée ne leur eussent pas suffi pour le butin qu'ils enlèvent, et ils y ajoutent encore le carnage afin d'assouvir ainsi leur insatiable cruauté. Aussi sur une si grande quantité d'hommes, n'y en eut-il qu'un bien petit nombre qui pussent échapper ou aux blessures ou aux fers dont on les chargeait; et jamais il ne fut donné au glaive des Gentils de s'abreuver de tant de sang latin, ni parmi ceux qui avaient précédé ceux-ci, ni parmi ceux qui les suivirent. Que dirai-je de plus? les ennemis se retirent, lassés dans leur fureur, plus que rassasiés de carnage; les vaincus suivent les vainqueurs dans leur camp, chargés de leurs propres bagages ou de ceux de leurs compagnons; spectacle déplorable pour nos chevaliers, et que leur valeur cependant ne déplora pas assez, car leurs vœux se bornaient en ce moment à pouvoir résister à ceux qui les attaquaient, sans penser à attaquer de manière ou d'autre ceux qui se retiraient devant eux.

## CHAPITRE XXIV.

### Tancrède résiste avec acharnement.

PENDANT ce temps Tancrède triomphait, vers un autre côté du camp, des ennemis qui étaient montés sur un tertre, par lequel les deux camps étaient séparés, et d'où ils eussent pu faire du mal plus aisément et en éprouver eux-mêmes plus difficilement. Les ayant repoussés du premier choc et par une prompte irruption, le vaillant Tancrède s'était emparé de la hauteur, et aidé seulement d'un petit nombre d'hommes, il en avait expulsé beaucoup d'ennemis. Boémond s'était opposé à cette attaque, et l'avait même défendue, en sorte que Tancrède n'avait pu entraîner que quelques hommes à sa suite; Boémond avait interdit ce mouvement, parce que l'armée ennemie, répandue de tous côtés, avait enveloppé la nôtre comme dans une espèce de cirque et la tenait ainsi enfermée, la menaçant de mort de toutes parts. Ainsi dans sa prévoyance pour les Chrétiens, Boémond refusait au courage bouillant des jeunes gens la permission de sortir pour aller combattre, de peur que la témérité de quelques-uns ne jetât le trouble dans tous les rangs et ne dérangeât ses dispositions.

## CHAPITRE XXV.

*Son frère Guillaume combat avec la même ardeur. Ils massacrent les ennemis.*

Guillaume cependant, fils du Marquis, craignant pour son frère, s'oubliant lui-même, ne redoutant ni Boémond qui le rappelle, ni les forces supérieures de l'ennemi, brûle de s'associer à l'audacieuse entreprise de son frère. O malheureux par ce fait, et bienheureux par ce même fait, puisqu'il s'élance vers la mort, pour passer de là à la vie! Ainsi que je l'ai déjà dit, le corps ennemi qui avait été expulsé de dessus le tertre s'était retiré, moins pour fuir devant ceux dont il avait senti le glaive, que par crainte de ceux qui pouvaient survenir de nouveau. Aussi, voyant en se retournant devant combien peu d'hommes, et non devant quels hommes ils avaient fui, et comparant les forces, les ennemis ne se sentent pas même besoin de reprendre courage; car une douleur plus poignante les pousse en avant, et à cette douleur se joint un profond sentiment de honte. Ils s'élancent donc, jetant au loin leurs arcs, pour se livrer plus librement à leur fureur, à l'aide de leurs glaives nus. Déjà même ce n'est plus un combat qu'ils croient avoir à livrer, mais une punition qu'ils veulent infliger; ce n'est plus contre des ennemis qu'ils vont se mesurer, ce sont des hommes condamnés à mort, sur lesquels ils vont exercer une vengeance. Mais les plus faibles en nombre leur opposent la plus grande force; tels qu'une muraille inébranlable, ils résistent avec un courage à toute épreuve, qui ne céderait pas, dût le roi Soliman marcher lui-même contre eux dans sa fureur, avec toutes ses troupes. Il s'élève un grand fracas; les uns brandissent leurs lances, les autres, comme je l'ai dit, tirent leurs glaives; ceux-là couvrent leurs poitrines de leurs cuirasses, leurs cuirasses de leurs boucliers; ceux-ci se couvrent de leurs petits boucliers échancrés. Ceux-là combattent du haut en bas, ceux-ci font effort du bas en haut. Ces derniers ont pour aiguillon une douleur mêlée de honte; les premiers, comme une troupe placée en sentinelle, sont pressés d'autant d'aiguillons qu'il y a de regards qui se fixent sur eux. Aux uns, la position qu'ils occupent, la supériorité de leurs armes, leur petit nombre même, sont autant de moyens de défense; pour les autres, leur supériorité numérique, en laquelle ils s'étaient confiés, devient un inconvénient. En effet, la lance opposée au Turc, qui s'avance en montant, le prévient de loin; et lorsqu'il va tomber, le frappant de nouveau avec violence, elle le perce facilement, ou le rejette jusqu'en bas. Un homme ainsi frappé ou renversé roule; et en roulant, il en entraîne plusieurs autres dans sa chute. Cependant, lorsque l'un d'eux vient à tomber, ainsi qu'il arrive toujours dans une nombreuse multitude, plusieurs autres le remplacent bientôt, et ceux-ci ont de nouveau un plus grand nombre de successeurs. Il résulta de là que ceux qui étaient venus combattre avec fureur, avec indignation, avec des témoignages de mépris, comblèrent le fossé de leurs corps avant de le passer, et que la petite troupe du Christ ne fut ni entamée, ni affaiblie, tant les lances de frêne lui furent d'un merveilleux secours, faisant à la fois l'office de boucliers et celui de glaives. Que pouvait contre elles la pointe de l'épée, dont le propre est de percer celui qui est voisin, d'épargner celui qui est éloigné, de plonger de près, de menacer de loin, et pour dire en peu de mots toutes ses qualités, dont la force est limitée par sa longueur, qui, sortie du fourreau, peut porter au loin les menaces, mais ne peut blesser au loin, même quand elle est tirée. C'est pourquoi, reconnaissant par leur propre expérience et par leur ruine que l'audace est une arme peu sûre contre les hommes audacieux, les ennemis renoncent enfin à opposer la force à la force, et reprenant leurs artifices, ressaisissent leurs arcs qu'ils avaient rejetés. Que si, comme ils avaient d'abord commencé, ils eussent continué quelque temps encore à combattre pied contre pied, main contre main, pointe contre pointe, les nôtres eussent pu perdre également leur magnanime chef, mais ils auraient eu la consolation d'abattre des milliers d'ennemis.

## CHAPITRE XXVI.

#### Mort de Guillaume.

Les ennemis ayant repris leurs arcs, la grêle, volant dans les airs, n'épargna plus ceux que le glaive avait épargnés, transperça ceux que le glaive n'avait point atteints, descendit sur les points où le glaive n'était pas monté. Jusques alors, les cuirasses, les boucliers, les casques n'avaient été qu'un fardeau lourd et accablant; maintenant ils deviennent une précieuse barrière, et marquent les limites entre la vie et la mort.

Tandis donc que les cordes tendues des arcs lancent la mort comme une pluie épaisse, les nôtres supportent cette pluie, en attendant qu'elle cesse, et qu'un ouragan, soufflant de ce côté, vienne disperser cette nuée de traits. Ils ont près d'eux des corps de troupes amies, mais de tous côtés des ennemis les entourent; nulle part personne qui vienne les secourir, et pendant ce temps, les blessés poussent de profonds gémissemens. Celui-ci a la main percée, celui-là l'œil crevé; les uns ont le pied transpercé, d'autres reçoivent une blessure dans le crâne. O pitié! ô douleur! ô deuil! le bouclier des autres, le fils du Marquis, Guillaume lui-même est blessé comme les autres! ses compagnons sont percés de douleur par sa blessure, douleur qu'ils portèrent jusqu'à la mort. Son noble corps tombe, ses compagnons le relèvent, le transportent dans le camp, et abandonnent le tertre qui faisait l'objet du combat. Quels furent, ô Tancrède, tes sentimens à cette vue! à quelles lamentations tu te livras! Le cœur de cet homme, qui naguère était rempli de force, et muni d'une triple ceinture d'airain, s'amollit jusques aux larmes, comme un cœur de femme; il pousse des hurlemens, et jette de grands cris; il s'arrache les cheveux et les paupières, et se meurtrit les joues; enfin, toutes les pièces qui servent à former l'armure d'un homme, il les brise en mille morceaux dans l'excès de son désespoir. Beaucoup de guerriers fidèles s'abandonnent à la même douleur, pleurent sur le fils du Marquis, et ne déplorent pas moins les larmes de l'un que la mort de l'autre. Tandis que ces choses se passent, à peine l'éminence conquise par les Turcs a-t-elle été occupée par eux, que voici qu'un nuage de poussière annonce l'arrivée des cohortes dévouées au Christ; les courages abaissés s'élèvent, les courages élevés s'abaissent. On s'écrie : *Dieu le veut!* car c'était le cri que faisaient retentir les nôtres dans les transports de leur joie. Nos adversaires murmurent de leur côté des hélas! et des ah! ah! car ils tremblent, moins pour les espérances qui leur sont enlevées que pour les craintes qui s'élèvent en eux.

## CHAPITRE XXVII.

#### Hugues le Grand attaque les ennemis.

Le premier de tous, le très-illustre rejeton des rois, Hugues le Grand, vole, suivi seulement de trois cents casques environ. Il s'élance dans les rangs des ennemis, non comme un homme qui veut les combattre, mais comme un homme qui, après le combat, se précipite à la poursuite des fuyards. Impétueux, intrépide, rempli de la plus grande confiance, il attaque, déchire, met en fuite, poursuit, presse, serre de près, fulmine, triomphe avec transport, frémit, pousse des cris, s'abandonne à sa fureur et à son emportement. Le roi Soliman envoie contre lui un corps d'hommes couverts de fer, et terribles par leur nombre, par leur valeur, par leurs menaces, par leur férocité. Ce corps surpasserait par sa multitude, ô plaines de Gargara, les grains que produisent vos moissons; par sa valeur, il pourrait abaisser l'Etna pour le mettre au niveau des vallons qui l'entourent; par sa férocité et par ses menaces, il pourrait conquérir le monde entier; il se plaît à supporter de rudes coups et à les rendre avec la même vigueur. Ainsi s'avancent bien disposés, d'un côté les hommes qui composent cette cohorte, armés de leurs traits et de leurs arcs nombreux; de l'autre, le comte, grand par son nom et grand par sa vaillance; égaux en impétuosité, mais inégaux en nombre, ils s'avancent pour engager le combat, et le parti qui marche contre les Gaulois s'arrête en face d'eux. Les boucliers se choquent contre les boucliers, les glaives contre les glaives : une portion des ennemis se forme en cercle sur le côté droit, une autre portion sur le côté gauche; de toutes parts ils font voler les flèches agiles. Les vaillans Gaulois entourés sur tous les point d'armes et d'ennemis, ne sachant contre lesquels se tourner, s'ils ne se tournent en même temps contre tous, se dirigent tantôt contre les uns, tantôt contre les autres. Comme un sanglier qu'une troupe nombreuse de chiens a enveloppé, de sa dent terrible comme la foudre, éventre tantôt ceux-ci, tantôt ceux-là, tantôt ceux qui viennent le mordre par derrière, tantôt ceux qui le menacent de front; de même le héros magnanime et les jeunes guerriers qui marchent sous sa conduite se tournent et se retournent avec ardeur, font d'innombrables mouvemens, et partout où ils s'élancent en frappant, l'ennemi frappé tombe aussitôt.

## CHAPITRE XXVIII.

### Il met les Turcs en fuite.

Un nouveau corps ennemi ayant attaqué, le comte, déjà tout couvert de sang et fatigué d'un long carnage, redouble ses efforts et ses fatigues, et s'irrite de plus en plus dans sa colère. Les ennemis frappent donc et blessent les nôtres par devant, par derrière, à droite, à gauche, et n'étant point encore épuisés par la fatigue, ils ne laissent aucun moment de repos à des hommes déjà fatigués. Voyant alors qu'aucun effort humain ne peut réduire à un nombre qu'on puisse reconnaître ses innombrables ennemis, et qu'il en revient toujours plus qu'il n'en tombe sous ses coups, le comte, déplorant les grandes pertes qu'éprouve sa petite troupe, fait un mouvement de conversion qui seul semble indiquer un sentiment de crainte, mais en même temps il continue en vainqueur à déchirer, à renverser, à mettre en fuite; frappant sur le dos de ceux qui fuient devant lui, il se fait jour à l'aide de la lance et du glaive; son cheval se lance avec ardeur, son bras se livre à sa fureur, car l'ennemi qui était venu tomber sur ses derrières roule maintenant devant lui : en voyant son visage se retourner vers lui et ses regards menaçans, l'imprudent qui voulait fuir la mort la rencontre; et le comte jugeant qu'il vaut mieux marcher au devant de ses ennemis, quel qu'en soit le nombre, que de demeurer en butte à des attaques déjà plusieurs fois éprouvées, presse vivement les Turcs intimidés; ceux-ci le presssent vivement à leur tour; il fuit et poursuit, il met en fuite et est mis en fuite en même temps.

## CHAPITRE XXIX.

Robert, comte de Flandre, vient à son aide.

ROBERT, enfant de la Flandre, redoutable par sa lance et son épée, s'avance à la rencontre des ennemis, et volant au combat d'une course impétueuse, brûlant d'être le premier à se couvrir de sang, de se lancer le premier dans le combat qu'il a été le dernier à entendre, il rompt tout délai, et met un terme aux malheurs des nôtres. S'élançant donc à la rencontre des fuyards, il pénètre jusqu'à ceux qui les poursuivent; et là où il voit les corps ennemis plus serrés lancer leurs flèches avec ardeur et faire retentir des cris menaçans, là aussi il brûle de frapper et de pousser des cris. Les Turcs volent à la rencontre du comte, et le comte se jette sur eux avec ardeur; les phalanges de la Flandre, presque égales en nombre, égales en valeur, animées d'une pareille ardeur, le suivent à pied, se livrent au carnage, et poussent des cris. Le corps des archers ennemis est enfoncé, les arcs sont jetés çà et là, les carquois sont brisés, les flèches foulées aux pieds comme la mousse de la mer; les petits boucliers, les cuirasses de l'ennemi sont comme des tissus de lin devant les glaives des nôtres; ils ne servent plus qu'à surcharger les Turcs qui les portent, et ne les protégent nullement. Ainsi le comte, puissant par les armes, contraint ceux qui marchaient sur les derrières des Gaulois à tourner eux-mêmes le dos, et les Gaulois au contraire à tourner leur poitrine vers l'ennemi; à force de renverser et de massacrer, il réduit enfin ces ennemis, d'abord innombrables, à un nombre qui peut être reconnu. De leur côté, les Turcs ne sont pas là sans faire aux nôtres, sinon beaucoup de mal, du moins quelques blessures; ne connaissant pas l'art de se servir des éperons, ils mettent toutes leurs espérances dans leurs rênes, dont ils frappent fortement leurs chevaux pour les faire fuir; en fuyant, selon l'usage de leur pays, ils se servent encore de leurs arcs; mais les flèches, lancées par des mains tremblantes de crainte, frappent et ne blessent pas, tant la frayeur a pénétré tous les ennemis jusque dans la moelle des os! Ah! quel sentiment d'épouvante fit naître l'ardeur dévorante du fils de la Flandre, lorsque le comte indomptable domptait les ennemis, renversait les escadrons serrés, frappait ceux qu'il renversait, précipitait ceux qu'il frappait, foulait aux pieds ceux qu'il précipitait, ayant pour compagnon de ses travaux le grand et magnanime comte Hugues. Le carnage ne cessa que lorsque les fuyards purent enfin se réfugier au milieu des rangs de leurs amis; ceux-ci mettent alors un terme au massacre des leurs, et tiennent en respect ceux qui les poursuivaient. Voilà donc des forces nouvelles, des courages non encore épuisés, des mains avides de combat; tout ce qui peut servir à recommencer une bataille, les nôtres le rencontrent encore une fois, et quoique déjà fatigués par le massacre qu'ils viennent de faire, ils reçoivent les coups avec fermeté, et les rendent avec ardeur. Vous diriez Rolland et Olivier ressuscités en voyant ces deux comtes se livrer aux transports de leur fureur, tantôt avec la lance, tantôt avec le glaive.

## CHAPITRE XXX.

### Godefroi se précipite sur les ennemis.

Le duc Godefroi, homme tout à la guerre et tout à Dieu, qui ne cède à Hector ni en ardeur, ni en force, ni en fermeté de cœur, et qui est toujours le premier au combat, se présente alors plein de joie. O quels corps de troupes, quels cœurs de fer, quelles longues lances d'acier on vit alors s'avancer à la suite de ce duc pour soutenir le côté gauche! comme les chevaux soufflent, comme les hommes frémissent, quelle gloire pour les enfans de la Lorraine! Le duc serre de près les troupes turques et les poursuit, non au moyen de quelque ruse, non selon qu'il peut prendre avantage des localités, non à l'aide des artifices par lesquels on pousse même les hommes timides contre les hommes vaillans; mais il jette tout-à-coup le désordre parmi les ennemis, quoiqu'ils aient eux-mêmes de leur côté l'avantage de la ruse, des positions et des artifices qu'ils emploient.

## CHAPITRE XXXI.

Il s'empare d'un tertre et poursuit les fuyards. Une montagne voisine les protége.

Le duc rencontra un tertre sur son chemin; et en dessous de ce tertre était un champ, qui le séparait d'une montagne située en arrière. Lorsque la race ennemie, se confiant en ses ruses plus qu'en ses flèches, se fut retirée sur ce point, le duc, incapable d'imaginer la fraude et la méchanceté, crut que les ennemis voulaient se rendre maîtres de la hauteur et revenir au combat; il tourna donc contre eux tous ses efforts; et s'élançant rapidement, il débarrassa le tertre des Turcs qui venaient de l'occuper; puis, les forçant à fuir vers la montagne, à travers la plaine, il en fit un grand carnage; les ennemis, et les nôtres aussi, perdirent beaucoup de monde; car ces peuples, toujours armés de ruse, percent la cuirasse de ceux qui les poursuivent, aussi bien que de ceux qui fuient devant eux; et si le cavalier agile ne les presse de sa lance dans leur fuite, plus ils fuient, et plus ils s'attachent à lancer de terribles blessures, afin que leur fuite ait pour eux les effets que la victoire a pour les Francs. Parvenue vers la montagne, la troupe turque, qui n'est chargée ni d'airain, ni d'armes pesantes, échappe facilement aux hommes chargés d'airain et d'armes pesantes qui s'élancent sur ses derrières; elle les blesse de ses flèches légères et rapides, et méprise les lances qui s'agitent loin d'elle. Le duc, inquiet, et frémissant de rage au pied de la montagne, retourne de nouveau dans la plaine, et va vite reprendre possession de son tertre, pour attendre que les ennemis, perdant patience, abandonnent leurs hauteurs, et descendent dans le champ. L'ennemi, joyeux à cette vue, y descend en effet, et harcèle les nôtres, courant de tous côtés, lançant çà et là ses flèches qui portent des blessures, se confiant en la légèreté de ses chevaux, et comptant sur son point de retraite dans la montagne. Le duc les poursuit à diverses reprises; et souvent frappé à la poitrine, souvent aussi il renvoie de nouveaux coups aux ennemis, qui lui présentent le dos ; mais la montagne l'arrête toujours dans le cours de ses justes triomphes, en servant d'asile à ses ennemis, et de barrière à ses drapeaux victorieux. Ainsi qu'un épervier qui, tournant en cercle dans les airs, ou, se reposant dans le feuillage, est environné de la foule des oiseaux gazouillans qui remplissent les taillis de leurs chants variés; si par hasard une corneille trop pétulente se montre assez hardie pour aller voler plus près de lui, l'épervier, dans son indignation, s'élance avec ardeur et de toute sa force sur la troupe ailée; la corneille fuit de ses ailes tremblantes, et va se cacher dans son nid; et toi, voleur, qui disposais tes serres pour la saisir, la retraite qu'elle a cherchée dans un rocher ou dans la terre est trop étroite, et t'empêche d'atteindre et de dévorer ta proie; tes serres cependant ont enlevé quelques plumes, comme un trophée de victoire; et retournant alors à ta place, tu t'affliges, et tu étends les ailes; ton bec s'entr'ouvre, tes yeux s'enflamment, ta poitrine est haletante, et tes regards se fixent sur l'asile qui recèle la victime que tu viens de perdre. De même à peu près le duc fut transporté de fureur, lorsque le Turc, chassé de la plaine, trouva un asile assuré dans la montagne voisine.

## CHAPITRE XXXII.

Hugues le Grand va au secours du duc et gravit la montagne avec le comte Raimond. La frayeur s'empare des Turcs.

Mais lorsque Hugues le Grand, entreprenant de combattre d'un autre côté, eut réussi sans peine à gravir sur un flanc de la montagne où il n'y avait ni chemin, ni avenue, alors les ennemis, surpris dans leur retraite, n'y demeurèrent plus, et la pente même de la route ne les empêcha pas de rendre les rênes à leurs chevaux, et de se lancer en fuyant, soit dans la plaine, soit à travers les lieux les plus inaccessibles. Tandis que les Turcs se sauvent ainsi d'un côté devant le comte, de l'autre devant le duc, le comte Raimond arrive en toute hâte, craignant pour lui comme pour les siens, de ne plus trouver d'ennemis à combattre. Les hommes de pied et les chevaliers, tant de sa suite que de la suite d'autres chefs qui l'avaient pris pour guide dans le combat, pour régulateur de leurs corps de troupe, étaient tellement nombreux, présentaient une telle force, et portaient tant de bannières, que l'on eût pu croire qu'il n'y avait aucun absent, qu'il n'était demeuré en arrière aucun de

5.

ceux qui pouvaient marcher. Craignant donc d'être trop redoutable, et prévoyant la crainte qu'il inspirerait, Raimond avait rompu les rangs avant de se rendre au combat. Qu'une tempête enlève les chênes de l'Ida, pour les précipiter dans les profondeurs de la mer de Sigée; tout ce qui entoure l'Ida tremble, et la montagne et la vallée; le soleil est caché derrière des nuages de poussière; telle est la situation de cette armée, tel le spectacle qu'elle présente, tels sont les frémissemens, le fracas qui se font entendre au milieu d'elle. Toute cette troupe était composée des compagnons du comte, ou des compagnons de ses compagnons. Les Turcs entendent tout ce bruit, voient tout cet éclat des armes avec un extrême étonnement, et sont épouvantés, croyant que l'Europe entière vient se présenter devant eux, après avoir abandonné tout chef, tout guide, tout roi. D'abord ils s'arrêtent incertains; mais bientôt, lorsque la lance de Raimond renverse et brise tout ce qu'elle rencontre, lorsque son glaive est tiré, alors l'Arabe ne se confie plus en son javelot, ni le Turc en son arc; le cheval ne reconnaît plus le frein, la route ne sent plus voler le cheval, tous fuient sans s'arrêter ni se retourner, tant ils ont mis dans la fuite leur unique espoir de salut! Le Cilicien se dirige vers la ville de Tarse; le Syrien vers les murs d'Antioche; le Phénicien vers ceux de Sidon; le Persan vers Artasie, ou vers les tours d'Alep; enfin cette foule innombrable d'ennemis se disperse sans ordre, et chacun gagne en fuyant les retraites qui lui sont connues.

## CHAPITRE XXXIII.

*L'ennemi dispersé, les chefs se dirigent vers Antioche. Audace de Tancrède.*

L'ennemi étant vaincu, massacré, dispersé, et le vainqueur étant revenu sur ses pas, enrichi, et rempli de joie, les pèlerins se remettent en marche; et plus la route est devenue sûre, plus ils se dispersent de tous côtés. Cependant les chefs se déterminent à diriger les bandes des hommes de pied vers Antioche, par le chemin le plus long, mais le plus facile, à travers une plaine bien cultivée; et ayant arrêté ce projet, ils le mettent aussitôt à exécution. Mais Tancrède préfère s'enfoncer dans les forêts où l'on ne trouve point de chemins tracés, braver les escarpemens des montagnes, et franchir d'un vol rapide les fleuves de la Cilicie afin d'arriver auprès de la même ville par la route la plus directe. O guerrier vraiment étonnant, à qui les fatigues sont une volupté, la guerre un moyen de sécurité, le repos impossible, les choses difficiles faciles, qui ne trouve enfin de plaisir qu'à se baigner de sueur! Demeurons dans l'étonnement devant cet homme que rien n'a jamais étonné, soyons remplis de crainte pour celui qui n'a jamais connu la crainte. Grand Dieu! quelle est donc cette audace, ou plutôt cette démence, ô Tancrède! pour conquérir Antioche tu te bornes à prendre avec toi cent hommes d'armes, tes archers sont à peine deux cents. Est-ce avec ces milliers d'hommes que tu vas attaquer la Syrie? tu emploies trop peu de monde; augmente le nombre de tes compagnons : ton ennemi est en force; beaucoup de glaives sont levés contre toi; ton ennemi arme plus de peuples que tu n'armes de combattans. Tu mènes à ta suite trop peu d'hommes propres à servir de gardiens, pour que les villes qui t'attendent comme ennemi t'appellent à elles comme protecteur. Élève, je t'en supplie, élève au quintuple la troupe que tu conduis, afin que du moins ces nombreuses places ne manquent pas de défenseurs; autrement, si l'on t'invoque pour protecteur, tu ne pourras suffire à ces devoirs ni fournir à chaque population ceux qui devront la protéger. La ville d'Antioche surtout est bien approvisionnée en armes, elles est remplie d'hommes armés, elle a l'habitude de la guerre, elle est fière de ses triomphes, elle a vieilli dans la coutume de la domination, et ne sait pas être dominée. Modère l'impétuosité de ton cœur, que les avis d'un sage te servent de frein. Ce chef, ce chevalier, qui sait par expérience ce qu'il faut que soit un chef, un chevalier, te dit : Avant de commencer il faut examiner, et après avoir examiné il faut agir avec réflexion. Les hommes même les plus simples savent que l'examen est le devoir du chef, que l'impétuosité dans les combats est le propre du chevalier; l'un et l'autre de ces devoirs écheoient sans doute à l'un et à l'autre, au chef et au chevalier; l'un et l'autre ont souvent le premier, et plus souvent encore le second de ces devoirs à remplir; pour toi tu brûles d'obtenir l'une et l'autre gloire, mais il est d'autant plus imprudent à toi de mettre ton orgueil dans le plus facile de ces mérites, que par l'autre tu parviendrais bien plus sûrement à te satisfaire. Tu desires ardemment d'être nommé chevalier intrépide; sois donc prudent, afin que l'on puisse sans inconvénient parler de ton impétuosité; pendant que tu poursuis cette légère fumée de gloire, tu jettes ta vie à l'aventure, tu perds tout le fruit de tes œuvres, tu n'y gagnes que d'exciter l'envie et de t'exposer à la honte. Reviens donc à toi, réduis-toi à n'être que chef; examine d'abord, et après que tu auras examiné, déploie ta troupe; autrement, et lorsque le péril sera venu, tu réfléchiras trop tard, tu seras promptement abattu, et tu voudras être allé au combat après avoir tenu conseil, au lieu d'aller tenir conseil après le combat.

## CHAPITRE XXXIV.

### Tancrède assiége Tarse et dispose une embuscade.

Tandis que de semblables ou même de plus vifs avertissemens retentissent aux oreilles de Tancrède, lui cependant, endurci comme l'aspic qui n'entend pas, repousse ceux qui lui donnent des conseils, et, plus rapide que la flamme du ciel, ou que la tigresse après qu'elle a mis bas, il vole à travers la Bithynie, les montagnes du Taurus, les vallées de Butrot, celles-ci voisines de Béryte, celles-là situées vers le nord. S'étant emparé de la Cilicie, il assiége la ville de Tarse. Les Turcs sont indignés, les Grecs se livrent à des transports de joie, les Arméniens encouragent cette entreprise, tous sont frappés d'étonnement. En ce temps, en effet, le sort avait rendu les Turcs maîtres dans ce pays, et les Grecs serviteurs; les Arméniens, habitant dans les montagnes escarpées, y défendaient leur liberté. Tancrède ayant découvert la ville de loin, admire ses tours élevées, les vastes montagnes qui l'environnent, les beaux édifices qu'elle enferme, et se dispose à éprouver les forces des habitans. Ayant donc dressé une embuscade. . . . . . . . . . . . . .¹ Tout ce qui peut être prévu est prévu : on envoie en avant les archers turcopoles, soutenus cependant par quelques-uns de nos hommes d'armes : ceux-ci apprennent à l'avance comment, en quel ordre, et vers quel côté ils devront se disperser, après avoir enlevé les bestiaux dans les prairies, afin que les ennemis, s'ils s'élancent pour reprendre le butin, ne puissent découvrir le piége dressé contre eux avant qu'ils y soient tombés eux-mêmes et qu'ils en aient porté la peine. Aussitôt dit, aussitôt fait. Les hommes envoyés en avant pour enlever le butin volent, dévastent la banlieue, et feignant ensuite un mouvement de frayeur, ils reviennent sur leurs pas, selon l'ordre qu'ils en ont reçu. La ville aussitôt fait lever tout ce qu'elle enferme d'hommes d'armes, et les envoie sur les traces des nôtres; pendant ce temps il reste à peine auprès des portes quelques hommes pour les garder. Les uns se pressent, les autres se pressent aussi. . . . . .

¹ Il y a dans ce chapitre et dans les trois chapitres suivans plusieurs lacunes qui sont indiquées par des points.

. . . . . . . . . Bientôt ceux qui fuient vont chercher leur salut, ceux qui mettent en fuite s'avancent à la mort; ceux qui fuient remportent la victoire, ceux qui mettent en fuite sont vaincus. . . . . . . . .
. . . . . Serrant de près celui qui fuit, il le transperce souvent. . . . . . . . . . . . .; ne pouvant se laisser plus long-temps poursuivre, il se retourne et renverse toutes les chances dans ce jeu de la fortune. . . . . . . . . . . . . . . . . . . . . . . . . Les uns s'échappent, les autres franchissent les montagnes. Alors la sentinelle ayant donné le signal, la vallée repousse en dehors ceux qu'elle avait enfermés tout armés dans son sein. D'abord on entendit retentir les épieux garnis de fer à leur extrémité; bientôt on vit surgir, comme une épaisse forêt, les lances de chêne et de frêne, puis on vit paraître les casques, les boucliers, les cuirasses, enfin les cavaliers et les chevaux, semblables à la race enfantée par Cadmus; lorsque les Turcs audacieux les reconnurent, dans leur désespoir ils se retournèrent spontanément, et selon leur usage lancèrent leurs nuées de flèches dévorantes, munies de fer à leur extrémité antérieure et d'ailes à l'extrémité postérieure.

## CHAPITRE XXXV.

### Il massacre et met en fuite les ennemis.

TANCRÈDE voyant les ennemis attirés ainsi sur le lieu du combat (car ils avaient compté sur leur multitude et sur l'infériorité des nôtres), s'élance le premier au milieu d'eux, partageant chacun de ceux qu'il rencontre du tranchant de son glaive, ou les transperçant de la pointe de sa lance; les jeunes Turcs pleins de confiance tombent frappés d'abord dans la poitrine, bientôt après dans le dos, car quelques-uns. . . . . . . . . . . . . . ils ne peuvent plus supporter ni leurs casques, ni leurs boucliers ni leurs cuirasses; et la porte qui naguère avait été trop spacieuse pour ceux qui en sortaient, devient maintenant trop étroite pour ceux qui y rentrent, tant ils sont couverts de confusion, remplis de frayeur, hors d'eux-mêmes, tant ils s'entassent à son entrée. . . . . . . . . . . . . . . . pressés par le glaive du vainqueur. Si les gardiens qui occupaient les murailles n'eussent rompu, en faisant pleuvoir une grêle de pierres, la colonne serrée des nôtres, du même élan ceux-ci et leurs ennemis eussent franchi les remparts. Mais ces derniers ayant été accueillis, ceux-là se trouvant repoussés revinrent sur leurs pas, marchant à travers les cadavres mutilés, et rendant grâces au Christ. Dans les murs règne la douleur, au dehors la joie; dans les murs l'espérance se change en crainte, en dehors, au lieu de s'affaiblir, l'espérance ne fait que s'accroître. Sur ces entrefaites le jour tombe et fait place à la nuit, moment des conseils et des délibérations.

## CHAPITRE XXXVI.

Tancrède attaque la ville.

Tancrède cependant se dispose à briser les portes dès que le jour viendra à paraître, à combler les fossés, à dresser les échelles contre les remparts, à escalader les tours, et déjà le retard que lui impose la nuit lui semble un délai d'une année. Point de sommeil pour lui, ou du moins un sommeil très-court.
. . . . . . . . . . . . . . . . . .[1].

## CHAPITRE XXXVII.

Il est effrayé par l'arrivée inopinée de Baudouin. Éloge de Baudouin.

La bannière flottait au gré des vents sur la tour la plus élevée, lorsque tout-à-coup (chose étonnante à voir, horrible à entendre dire!) une sentinelle s'écrie que du sein des montagnes on voit surgir des ar-

---

[1] Il y a ici une longue lacune, coupée seulement à diverses reprises par quelques fragmens de phrases qui n'offrent pas un sens assez net pour être reproduits. Dans cette lacune devait se trouver le récit de la négociation et du traité par lesquels les habitans de Tarse ouvrirent leurs portes à Tancrède et lui laissèrent arborer sa bannière sur leurs tours, ce qui amena bientôt après, comme on va voir, un différend entre Tancrède et Baudouin.

mes, et que déjà la plaine est inondée d'hommes armés qui la parcourent en tous sens. Frissonnant à cette nouvelle, le fils du Marquis appelle les chevaliers, ses compagnons; et demandant lui-même son cheval, il s'élance le premier, et les autres le suivent. Cette ardeur de propager au loin son nom, qui s'était emparée du fils du Marquis, s'était aussi emparée de ceux qui arrivaient, après s'être séparés du gros de l'armée, et le hasard les avait conduits dans leur marche sur les traces de Tancrède. Ils avaient quitté le duc Godefroi, et son frère, le fils du comte Eustache......... lui avait enlevé, parmi ses milliers de compagnons, un grand nombre d'illustres guerriers, entre lesquels on distinguait surtout le comte Conon, qui avait accru ses forces particulières de celles des chevaliers de Normandie, qu'il commandait en second, sous les ordres du comte Robert. En outre, le fils du comte Eustache avait aussi avec lui la jeunesse de sa suite qui, avide de combats, avait choisi pour chef celui qui s'en montrait le plus avide. En voyant cet homme généreux en fait d'argent, plein de zèle pour la chevalerie, humble dans ses paroles, mais élevé par sa force prodigieuse et par sa piété; en admirant sa haute taille et toutes les parties de son corps, depuis la tête jusques aux pieds : « Voilà, eussiez vous dit, voilà celui que la nature a « moulé de sa propre main pour en faire un cheva- « lier. »........Une vie illustrée à tant d'époques diverses.......... qui, ayant puisé son origine dans le sceptre de la France, devait trouver sa fin dans le sceptre de Jérusalem ; issu, comme on sait de la race du grand roi Charles, il était poussé par le ciel même à s'aller asseoir sur le trône de David. C'était donc bien justement et à bon droit qu'il vivait en Alexandre celui dont Charles illustrait l'origine, dont David devait illustrer la fin; et le glaive ne devait ni s'émousser, ni dégénérer dans les mains de celui dont le berceau et la tombe ont brillé d'un si grand éclat. Allumé à de tels flambeaux, ce noble cœur avait détaché de la grande armée ceux de ses compagnons qu'il avait reconnus pour les plus ardens, et il conduisait avec lui environ cinq cents chevaliers et deux mille hommes de pied. Ceux-ci donc étant déjà sortis de la montagne, et descendus dans la plaine, le fils du Marquis, voyant les armes de nos troupes, et croyant trouver des auxiliaires, sans bien connaître ceux qui s'avançaient, ni prévoir aucun piége, leur raconte le combat qu'il a livré, la victoire qu'il a gagnée la veille, leur parle des dépouilles qu'il a enlevées, leur montre ces dépouilles, leur propose de les partager, quoiqu'ils soient arrivés après lui, et n'aient souffert aucun mal............[1]

## CHAPITRE XXXVIII.

### Injustice de Baudouin envers Tancrède.

Mais le chef de la troupe qui arrive, désormais en sûreté, de même que ses compagnons, exige de Tan-

[1] Nous sommes forcés de laisser de côté plusieurs fragmens de phrases tellement mutilées qu'elles sont à peu près inintelligibles.

crède que ces dépouilles soient réparties homme par homme, et qu'on en fasse la distribution, déclarant que sans cette condition elles appartiendront entièrement aux hommes non armés qui font partie du corps le plus considérable, et ajoutant « que la fuite des « ennemis doit être attribuée non aux guerriers qui se « sont montrés les premiers, mais à la terreur qu'ont « inspirée ceux qui devaient arriver à leur suite; « que Tancrède a combattu sans doute, mais qu'il a « remporté la victoire par Baudouin. » Ainsi, tel que le fils de Télamon, s'emparant des armes du fils de Pélée qui lui ont été refusées, le compagnon du fils du Marquis s'empare de ce qui lui a été à peine proposé. Tancrède frémit, entre en fureur, et s'afflige d'avoir porté une toison qui ne devait pas lui demeurer, d'avoir arraché un bloc d'or des plus profondes entrailles de la terre, pour qu'un brigand ingrat le lui enlève, et le livre au fisc : car que lui importe ce misérable partage, tel qu'on le lui propose? le partage même qui lui aurait convenu, lorsqu'il s'y portait de plein gré, lui déplairait s'il était arraché de force, et l'honneur de la victoire étant ainsi transféré de lui à Baudouin, dès lors il paraîtrait bien moins avoir consenti spontanément à une répartition qu'avoir fait malgré lui une restitution. Que faire donc? Combattre? mais l'ennemi est son concitoyen; le déchirer? mais il verserait un sang chrétien; entrer dans Tarse? mais il serait honteux de s'enfermer avec les habitans; s'unir avec les barbares pour combattre son frère? mais ce serait apostasier. Ainsi, s'il est fâcheux d'être vaincu, il serait plus fâcheux encore de remporter une victoire. Après avoir cherché dans mille sentiers un chemin pour sortir de ces embarras, il s'arrête enfin à dédaigner ce qu'il a conquis, à rechercher en hâte de nouvelles conquêtes; ainsi l'épervier cède à l'aigle, le léopard au lion; ainsi les plus faibles, quels qu'ils soient, quelque ardeur qui les anime, cèdent aux plus forts. Le fils du Marquis se retire donc, s'affligeant seulement de voir que la servitude des habitans de Tarse, au lieu d'être soulagée par l'arrivée des Latins, soit encore plus aggravée; il s'en va, dis-je, où l'appellent de plus grands succès, de peur qu'en entendant prononcer son nom, les habitans ne prennent la fuite, et n'appauvrissent une contrée remplie de richesses.

## CHAPITRE XXXIX.

Des hérauts d'armes sont envoyés à Tancrède pour traiter de la reddition d'une ville.

Mais déjà la renommée rapide s'était portée en avant, annonçant aux habitans d'Adène le caractère de ce héros, ne leur cachant rien, leur disant combien il est ardent défenseur du nom chrétien, redoutable ennemi de la race infidèle; combien il montre de douceur pour ceux qui se soumettent, de dureté contre les rebelles. Aussi la ville, toute joyeuse de ces nouvelles, lui envoie-t-elle spontanément ses hérauts d'armes, afin qu'ils le ramènent et l'introduisent dans ses murailles, avec des hymnes, et au son des tambours. En effet, le Christ ayant pris compassion de son peuple, avait naguère délivré les habitans de cette ville du joug qui pesait sur leurs têtes, expulsant ceux qui la dominaient, et retenant même dans les fers le prince turc qui y commandait, homme, ou plutôt chien, dont la colère ne pouvait jamais être apaisée, dont les orgies ne pouvaient jamais être joyeuses, s'il ne voyait de ses propres yeux percer de flèches quelque serviteur du Christ attaché à un pieu. C'est pourquoi celui qui regarde aux humbles, qui reconnaît de loin les orgueilleux, lui tient en réserve, par le bras de Tancrède, la mesure avec laquelle il avait lui-même mesuré les autres; car c'est une disposition divine, et nulle loi n'est plus équitable que cette loi, que les artisans de mort soient punis par leurs propres artifices.

## CHAPITRE XL.

Habilité d'Ursin. Son histoire est racontée.

En ce temps, Ursin gouvernait dans cette ville, serviteur du Christ et arménien. C'est lui qui avait, comme je l'ai déjà dit, envoyé des députés au fils du Marquis, pour l'appeler à Adène. Il sort à l'arrivée d'un hôte si illustre, se porte à sa rencontre, le caresse en lui présentant sa droite et lui engageant sa foi, lui promet d'unir ses propres forces aux siennes, ou plutôt de les mettre à son service, et l'invite à aller recueillir les dépouilles de la ville de

Mamistra, située dans le voisinage, et qu'il lui sera très-facile de prendre. En retour, Ursin reçoit de Tancrède des paroles dignes de lui; la semence qu'il a répandue en terre se relève en une moisson centuple; et tous deux entrent ensemble dans l'enceinte de la ville, accompagnés des applaudissemens et des chants de tout le peuple. Lorsque les chevaux se furent reposés sur leur litière, qu'un bon festin eut succédé à la faim, et que Bacchus eut chassé les soucis, Ursin, interrogé sur la situation passée de la ville, requis de faire connaître comment il avait pu la garder, par quels moyens, par quelles forces il était parvenu à porter secours aux habitans, entouré comme il se trouvait de tant de milliers d'ennemis, Ursin, dis-je, parla en ces termes :

« Tu vois en moi un nouvel habitant de cette ville, « qui y a été envoyé pour relever son antique li- « berté. En effet, tandis que les plaines et les vallées, « assujéties au joug des Turcs, leur obéissaient de- « puis long-temps dans un misérable esclavage, moi « j'habitais les montagnes, libre sans doute, mais dé- « plorant la servitude du peuple chrétien, non moins « que ceux qui l'enduraient. Mais enfin ce que plu- « sieurs années, dans leur cours successif, n'avaient « point vu s'accomplir, à la suite de plusieurs tenta- « tives malheureuses, un moment le vit réussir, et « un moyen certain se présenta de recouvrer la li- « berté.

« Les champs avaient rendu leur moisson; la che- « velure de la terre, tombant sous la faux, s'était des- « séchée et convertie en foin, et le travail de tous les « jours était de transporter ce foin à la ville sur des

« chariots. A cette époque, ceux que tu as vus na-
« guère, comme des nobles, faire caracoler leurs su-
« perbes chevaux, et briller sous la pourpre, habi-
« taient dans les champs. (Peu auparavant en effet
Tancrède avait vu un grand nombre de Turcs, tout
couverts de pourpre, errant çà et là à cheval; et ces
mêmes hommes, lorsqu'ils allaient et revenaient sans
cesse, marchant seuls, et conduisant leurs chariots,
n'avaient d'autre supériorité sur les bœufs, leurs compagnons de service, qu'en cela que les bœufs s'avançaient pressés par l'aiguillon sous leur conduite,
tandis qu'eux-mêmes n'avaient point de guides.)
« L'occasion favorable fit naître une première idée ;
« cette première idée apporta conseil, le conseil pro-
« voqua l'audace, et l'audace enfanta la liberté. Les
« nôtres donc, libres de toute surveillance, imagi-
« nèrent, tandis qu'ils arrangeaient le foin sur les
« chariots, qu'on pourrait tout aussi bien les charger
« d'armes et de guerriers, et cacher l'appareil de la
« guerre dans l'intérieur; qu'ainsi la paix demeurant
« suspendue tout autour des chariots, dès que les
« hommes armés auraient été transportés dans l'inté-
« rieur de la place, il serait facile de massacrer les
« Turcs, ou de les chasser. Lorsqu'ils eurent roulé
« ce projet dans leur tête, ils vinrent me trouver,
« moi qui habitais, comme je l'ai dit, dans les monta-
« gnes; et aussitôt que je suis informé du motif de
« leur visite, je me réjouis, je les encourage, je les
« presse de ne pas tarder plus long-temps, de ne pas
« manquer à la grâce du ciel qui leur a inspiré
« ce dessein. «Vous, leur dis-je, hâtez-vous de re-
« tourner, prenez soin des chariots, et moi je dispo-

« serai les guerriers que vous aurez à transporter. »
« Eux donc s'empressent d'exécuter ces ordres, et
« moi j'accomplis mes promesses. Sans aucun retard,
« des guerriers armés sont enfermés sous le foin, et
« moi de mon côté je feins de partir pour enlever du
« butin, afin que les habitans de la ville, attirés au
« dehors pour le combat, laissent une victoire plus
« facile à ceux qui doivent y entrer. Ainsi qu'il avait
« été réglé à l'avance, ainsi fut-il exécuté. Tandis
« que ceux qui s'élancent à ma poursuite abandon-
« nent la place, les chariots transportent la guerre
« dans l'enceinte même des murailles, mais une
« guerre prudemment enveloppée sous les apparen-
« ces de la paix et sous le foin. Ayant ainsi franchi
« les murailles, les hommes armés se dépouillent de
« leur vêtement de paix, ferment les barrières des
« portes, mettent à mort ceux qui les gardaient, les
« remplacent eux-mêmes dans ce service, et tout cela
« fort secrètement, car le portique de la ville leur prêtait
« ses arceaux ténébreux, pour accomplir mystérieu-
« sement cette scène de carnage. De là, ils se répan-
« dent de tous côtés dans les rues, dans les palais,
« dans les tours : malheur à celui des Turcs qu'ils
« rencontrent armé ou non de son arc, cavalier ou
« homme de pied, enfant ou vieillard ; on n'épargne
« ni l'âge, ni la beauté, ni le sexe ; tous succombent
« sous le glaive, les petits ainsi que les grands ; le
« vainqueur venge en une seule fois les nombreuses
« blessures qu'il a reçues depuis des temps reculés,
« par les supplices de tout genre qu'il inflige à
« ses nouveaux esclaves. Un seul Turc cependant
« est mis en réserve, et survit à tous les autres, un

« Turc non moins prince des crimes que des crimi-
« nels; et cet homme, fortement chargé de chaînes
« très-lourdes, attend les tourmens éternels au mi-
« lieu des tourmens temporels. Enfin, le glaive
« n'ayant plus laissé subsister aucun de ceux qui ap-
« partenaient à la race des Infidèles, les tambours
« montent sur les murailles, et remplissent de leurs
« joyeux roulemens toute la campagne environnante,
« car je leur avais donné l'ordre de nous annoncer en
« battant ainsi la fin du carnage. Lorsque j'eus en-
« tendu de mes oreilles, attentives au signal, les tours
« retentir au loin : « Holà! compagnons, m'écriai-je, fai-
« sons volte-face, j'entends les clairons, messagers de la
« joie, la ville nous rappelle comme ses citoyens; » car,
« feignant d'avoir enlevé notre butin et de revenir
« sur nos pas, pour céder à la poursuite de l'ennemi,
« nous avions tourné le dos : et alors, nous retour-
« nant vers les trompettes et les clairons, et marchant
« en avant, nous attaquons courageusement ceux de-
« vant qui naguère nous nous retirions prudemment.
« Ceux-ci cependant, frappés de stupeur à ce témoi-
« gnage inattendu de notre valeur, hésitent un mo-
« ment; enfin, peu à peu, ils cèdent, et fuient à leur
« tour devant nous, et nous les poursuivons avec d'au-
« tant plus de sécurité que nous nous rapprochons
« de plus en plus de la ville. Les ennemis, ignorant
« l'état des choses, pensaient que l'airain retentissant,
« le tambour roulant, la ville répondant à ce fracas,
« étaient autant d'instrumens qui se prononçaient en
« leur faveur, et leur promettaient du secours; il
« arriva par là que pour nous le succès dépassa nos
« espérances, et que pour les ennemis le châtiment

« alla bien au-delà de ce qu'ils redoutaient. Les
« mêmes sons, chose étonnante à dire, véridiques
« pour nous, trompeurs pour les ennemis, nous ra-
« menaient les uns et les autres, également persuadés
« d'une vérité; mais ils nous entraînaient dans la
« place, ils séduisaient au contraire les ennemis, déjà
« tout joyeux en se retirant d'arriver dans le voisi-
« sinage du faubourg, lorsque tout-à-coup, voyant les
« Arméniens répandus de tous côtés sur leurs mu-
« railles, ils reconnaissent qu'ils ont été déçus par les
« sons trompeurs qui les ont attirés. Que feront-ils
« maintenant? toute espérance est chassée de dessus
« les murailles; sur leurs derrières, les glaives les ser-
« rent de près; en dehors, ils ne peuvent tenir; au
« dedans, ils ne peuvent trouver aucun refuge. Ils
« ne voient donc devant eux ni place pour fuir, ni
« place pour combattre; tous se décident à tenter
« la fuite, mais elle n'est favorable à aucun d'entre
« eux; surpris de ce qu'ils n'ont pu prévoir, trou-
« blés et frappés de confusion par un événement
« inattendu, ils se rejettent, pour aller trouver la
« mort, sur les traces qu'ils venaient de marquer de
« leurs pas, fuyant alors devant nous, pour aller
« chercher la vie. Ainsi les profanateurs de l'Église
« de Dieu avaient des yeux et ne voyaient point;
« ainsi leurs mains, leurs arcs et leurs glaives lan-
« guissaient, hors d'état de leur rendre aucun ser-
« vice; tout, au contraire, parmi nous redoublait nos
« forces, la mauvaise fortune de nos ennemis autant
« que notre heureux succès. Je ne veux pas qu'un
« trop long récit te fatigue : alors donc nous atta-
« quons cette foule troublée, éperdue; le glaive n'en

« laisse pas un seul en vie; et sourd à toutes les « instances, il n'entend point les offres qui lui sont « faites de moment en moment pour racheter tant « de vies à prix d'argent. Dès ce moment, le cri « d'*Allachibar*, que les Infidèles font retentir en « prononçant leurs prières, a cessé d'être entendu « dans cette ville, et à sa place le Christ a vaincu, « le Christ règne, le Christ commande, et le cri du « Christ a retenti de nouveau dans les lieux où il a « été restauré. »

Il dit; comme il prononçait ces dernières paroles, Tancrède élève la voix, et présente à Dieu des actions de grâces.

## CHAPITRE XLI.

#### Les citoyens d'une ville viennent trouver Tancrède.

CES entretiens s'étant prolongés jusque dans la nuit, le sommeil vient enfin soulager ceux qu'une longue fatigue avait accablés, et les transporte ainsi reposés du soir au matin. Phébus même n'avait pas encore lancé dans les cieux son char lumineux, et déjà la ville de Mamistra pouvait découvrir, à la lueur du crépuscule, les casques de la troupe de Tancrède, s'avançant rapidement pour assiéger et bloquer ses habitans. Mais les Turcs, qui avaient long-temps possédé cette ville. . . . . . . . . . . . . . . . . . . . . . . . . . profitant du calme de la nuit, et redoutant le sort de la ville de Tarse, s'étaient retirés sans bruit; et au lever du soleil, les habitans, s'étant assurés de leur départ, sortirent de leur ville, pour se porter sur les pas de Tancrède, conclure un traité avec lui, et mériter par leur empressement de porter son joug doux et léger, sous lequel on était à peine abaissé; car, délivrés de la nécessité de servir les impies, servir leur libérateur leur semblait un acte de liberté. S'étant donc bien recommandés par leur conduite, ils obtinrent facilement bon accueil de celui qui n'eût jamais renvoyé sans témoignage de bienveillance ceux même qui n'auraient pas aussi bien mérité de lui; en conséquence, ils prirent réciproquement possession, Tancrède de l'hommage filial de la ville, celle-ci du gouvernement paternel de Tancrède.

## CHAPITRE XLII.

Baudouin se retire de Tarse. Après avoir établi son camp devant Adène il demande la paix à Tancrède, et celui-ci la lui accorde ainsi que la faculté de commercer.

CEPENDANT, chargée de dépouilles, impitoyable, ayant abusé de ses avantages. . . . . . . . . l'armée du comte Baudouin avait quitté la ville de Tarse. . .
. . . . . . .[1] échangeant à son détriment des milliers de Français pour des centaines. . . . . . . . détestant les insultes du comte. . . . . . . . l'Euphrate, dont les députés, toujours présens, lui promettaient

---

[1] Il y a ici des lacunes qui rendent obscurs plusieurs fragmens de phrases.

sur la droite du fleuve Turbessel, et Édesse sur la gauche. . . . . . . . . . . deux villes situées, l'une au milieu de la Syrie intérieure, l'autre dans la province que l'on appelle Mésopotamie, au-delà de l'Euphrate, toutes deux également riches, d'un sol fertile, et se vantant de commander à un grand nombre d'autres places et d'autres cités. Les députés ayant très-souvent redit ces choses à Baudouin, et Baudouin les ayant fréquemment répétées à ceux qui lui obéissaient, il se décida enfin à sortir de Tarse, et après avoir traversé au gué, et non sans beaucoup de peine, les deux fleuves situés auprès des deux villes d'Adène et de Mamistra, il dressa ses tentes dans le voisinage de Tancrède. Indignés de se trouver exclus des bords du fleuve, les habitans n'avaient conservé que les ponts près des villes, et même il n'était pas possible de s'approcher de ces ponts, car Tancrède avait donné ordre d'en écarter ceux qui pourraient venir à la suite de Baudouin, ne voulant plus traiter comme un frère celui qui l'avait chassé lui-même comme un ennemi. Le comte Baudouin ayant donc dressé son camp sous les murs de la ville, fit demander la paix et solliciter la faculté d'avoir des vivres, non plus à titre gratuit, ni de vive force, mais par voie de composition, et à prix d'argent; car il savait que le cœur de Tancrède était encore irrité de l'insulte qu'il avait reçue tout récemment, et il n'ignorait pas que lui-même lui était devenu odieux, comme l'auteur de cette insulte. D'autre part, la ville était bien garnie de tours, remplie d'armes et d'une nombreuse population, ce qui ne laissait nul espoir de pouvoir la surprendre par un côté faible. En outre, le comte Conon, dont j'ai parlé ci-dessus, était retenu dans son lit par une maladie sérieuse; Baudouin ne voulait ni l'abandonner pour se porter en avant, ni l'emmener dans l'état où il se trouvait, et cependant il ne pouvait demeurer, si on lui refusait la faculté de commercer. Tant de sujets de sollicitude l'agitaient et le déterminèrent à demander la paix. Chose étonnante et aussi rare chez les autres princes qu'habituelle au fils du Marquis, comme par une singulière prérogative! lui qui avait été rendu furieux l'avant-veille par les insultes, les injures qu'on lui avait prodiguées, les dommages qu'il avait eus à souffrir, maintenant on lui demande la paix, et tout aussitôt il l'accorde et la proclame. Qu'il soit joyeux ou qu'il soit offensé, dès qu'on lui propose ce qui est bien, jamais on ne le trouve récalcitrant; pour le disposer au pardon, il suffit de l'inviter à pardonner. Ainsi donc, comme je l'ai dit, dès qu'on lui eut demandé d'accorder la paix aux deux comtes, il répondit qu'il l'accordait, et ne leur refusa point la faculté de commercer, à condition qu'on ne se permît aucune violence sur les marchandises. En conséquence, on allait, on venait, on vendait, on achetait de la ville dans le camp, du camp dans la ville; les hommes armés erraient çà et là au milieu de ceux qui n'avaient point d'armes; ceux qui au dehors étaient accablés de quelque mal, ou que l'ardeur du soleil dévorait, se hâtaient, dans l'espoir d'obtenir quelque soulagement, de venir se mettre à l'ombre et sous l'abri des murailles. Mais cette heureuse trêve, qui laissait respirer tout le monde, ne dura que peu de jours; dès que le commerce fut rétabli, le même jour, et les jours suivans, il s'éleva des querelles, comme il arrive toujours lorsque l'acheteur et le vendeur ne sont pas d'accord sur l'évaluation des prix, ou la qualité des objets vendus.

## CHAPITRE XLIII.

### La paix est rompue. Combats singuliers.

Une querelle, commencée dans un cabaret par un valet, fut le principe de celle qui remonta jusques aux princes eux-mêmes. Celui qui avait reçu l'offense la jugea plus considérable, en raison des offenses antérieures : celui qui l'avait faite redouta la vengeance qui pouvait le menacer ; ainsi tous deux se trompaient dans leur opinion, chacun imputant à son adversaire ce en quoi il avait doublement péché. Des deux côtés on court au glaive, et l'on reprend les armes avec une nouvelle fureur. Parmi ceux du camp qui furent trouvés dans l'enceinte des murailles, les malades furent gardés de près, ceux qui pouvaient combattre furent chassés et accablés de coups, les gens du petit peuple frappés de verges, les nobles retenus et chargés de chaînes. En dehors des murs, on en faisait tout autant pour ceux de la ville qui furent surpris et arrêtés dans le faubourg. Les chevaliers même ne s'en tinrent pas là ; ceux du dehors voulurent livrer assaut aux portes de la ville, ceux du dedans ouvrir ces mêmes portes, pour aller combattre. Tandis que nulle barrière n'arrêtait plus ni les uns ni les autres, que la plaine s'offrait à chacun d'eux comme champ de bataille, que de part et d'autre les bannières étaient déployées, les chefs enfin, mesurant chacun de son côté les forces de son adversaire, redoutèrent réciproquement de se hasarder dans une si grande entreprise. Baudouin, comme nous l'avons déjà dit, avait plus de monde avec lui, et ses forces étaient supérieures : c'est pourquoi il se retira un peu en arrière, afin d'enlever à son ennemi, plus faible, l'appui de ses remparts. Tancrède, ayant moins de troupes à sa disposition, avait muni ses tours de projectiles, afin qu'elles pussent opposer une première résistance, et que les traits, lancés du haut des murailles, vinssent suppléer à son infériorité dans le combat qu'il livrerait au-dessous. Ayant ainsi préparé leurs moyens de défense, et pourvu chacun à ce qui excitait ses craintes et ses méfiances, chacun des deux chefs attendait l'attaque de son adversaire, car aucun des deux n'eût voulu attaquer le premier : tous deux au contraire se tenaient sur la défensive. Il y avait pour cela plusieurs motifs, mais le principal était que celui qui commettrait le premier le crime de combattre sous les murailles, celui-là serait regardé comme le plus coupable. Pendant tous ces délais, et comme il arrive toujours entre chevaliers, quelques jeunes gens des deux partis engagèrent entre eux un combat singulier, afin que l'on pût reconnaître lequel des deux partis soutenait la meilleure cause, s'il arrivait que l'on ne vît succomber que les champions de l'un et que ceux de l'autre remportassent la victoire. Mais comme il y eut des deux côtés des triomphes et des défaites, comme des deux côtés également les uns succombaient, tandis que d'autres renversaient leurs adversaires, il ne fut pas possible de savoir lequel des deux avait pris les armes avec le plus de justice. Parmi ceux qui s'exerçaient ainsi aux jeux de Mars dans le milieu de la plaine, le prince Richard, non moins grand par son courage que par sa naissance, excitait les siens au combat, de la parole aussi bien que de la lance. Ce Richard, fils du comte Guillaume, et neveu de Guiscard, avait laissé la ville de Syracuse à son frère Tancrède; et ayant suivi son oncle paternel, Boémond, il s'était associé avec l'autre Tancrède. Tandis que Richard, volant de tous côtés, franchissait l'un, renversait l'autre, la lance perfide d'un adversaire l'atteignit à l'improviste dans le flanc, et fit bientôt un homme de pied de celui qui était naguère à cheval. Ainsi tombé, à quoi pouvait lui servir son glaive nu, qu'il brandissait autour de lui? La foule ennemie se lança sur lui, car il s'était trop imprudemment jeté en avant des siens, pour se rapprocher de ses adversaires. Seul au milieu de tous ceux qui l'enveloppaient, il fut pris, entraîné, désarmé, retenu captif. Le même accident avait fait tomber plusieurs autres chevaliers, les dégradant d'hommes de selle à la condition d'hommes de pied, lorsque les plus considérables jugèrent dans leur sagesse que c'était folie que ceux qui étaient sortis de leur pays pour combattre des ennemis, tournassent ainsi leurs armes contre eux-mêmes, comme d'un commun accord; puisque, loin de pouvoir affaiblir sans danger le parti déjà le plus faible, ils auraient eu besoin de nouveaux renforts pour combattre les barbares.

## CHAPITRE XLIV.

La paix est rétablie.

Après avoir dans leur sollicitude mûrement examiné de semblables considérations, les hommes sages échangèrent enfin la guerre contre la paix. Cependant, irrité par tant d'insultes, le fils du Marquis se fût laissé difficilement persuader, et eût peut-être repoussé de telles pensées, si l'espoir de la délivrance de Richard, le descendant de ses ancêtres, n'eût adouci son cœur, de même que son absence l'avait exaspéré; en sorte que le même individu redoubla tantôt la colère de Tancrède, tantôt le détermina à la paix. De même le comte Conon, que j'ai déjà nommé, et qui était malade dans la ville, et devait être rendu à la paix, servit à fixer les résolutions de ses compagnons. Chacun donc retourna réciproquement auprès des siens; le héros fut échangé contre le héros, le chevalier contre le chevalier, l'homme de pied contre l'homme de pied; quant aux pertes ou aux profits que chacun pouvait avoir faits, on s'en tint formellement au *statu quo*, ce qui peut être exactement exprimé par ce dicton vulgaire : *Celui qui possède possède, celui qui a perdu a perdu.* Toutefois les princes ne demeurèrent pas plus longtemps ensemble; l'un partit pour aller faire de nouvelles conquêtes; l'autre demeura pour jouir de ce qu'il possédait. Mais ce séjour ne fut pas celui d'un paresseux; l'homme aux yeux duquel le moindre délai n'était qu'un long engourdissement, ne pouvait demeurer long-temps à la même place. Ainsi donc, après un court délai, Tancrède sortit pour marcher contre les Syriens. Il s'était emparé heureusement de la Cilicie, il espérait s'emparer plus heureusement encore de la Syrie. Avant de partir cependant, il tira vengeance de ce méchant Turc qu'il avait jeté en prison dans Adène, et donna aux gens de Mamistra les lois d'un père plus que celles d'un dominateur. Ces arrangemens terminés, il gravit les montagnes qui séparent Alexandrette du petit château de Gaston, passant par un chemin difficile, mais le plus direct de tous ceux qui conduisent chez les Syriens. Là, dit-on, après qu'on s'est élevé sur la cime qui domine toutes les autres, on peut mesurer, de l'œil et de l'esprit à la fois, les rochers et la plaine, les chemins et les lieux où nul sentier n'est tracé, les marais et les terrains plus fermes qui environnent la ville d'Antioche. A la suite de ces montagnes, Tancrède parcourut toute la plaine où se trouvent des fleuves, des bourgs et des villes.

## CHAPITRE XLV.

Tancrède se rend à Artasie et délivre Baudouin que les gens d'Antioche avaient enveloppé. Artasie est attaquée par les ennemis.

En arrivant devant Artasie, Tancrède y trouva le comte Baudouin, qui avait heureusement expulsé les Turcs de cette place, mais qui était misérablement bloqué par les gens d'Antioche. Ceux-ci toutefois, en voyant paraître le fils du Marquis, rassemblèrent une partie de leurs bagages, abandonnèrent le reste, et se retirèrent aussitôt. Car il leur sembla, en voyant arriver un seul homme, que tous les chefs de la grande armée se présentaient devant eux, tant la terreur et le tremblement marchaient à la suite de cet homme; et cependant il avait laissé une partie de ses chevaliers en Cilicie, en sorte que celui qui commandait d'abord cent hommes n'en commandait plus que cinquante. Mais la renommée, qui le devançait pour proclamer la vérité, avait annoncé l'arrivée du seul fils du Marquis, comme elle eût annoncé l'arrivée d'un grand nombre de chevaliers. Cet hôte nouveau entra donc dans Artasie; mais l'accueil qu'il y reçut ne fut nullement proportionné à la grandeur de son mérite. On lui interdit l'accès de l'intérieur de la place, on ne concéda à lui et aux siens que les remparts extérieurs, soit afin qu'il veillât de là à la plus grande sûreté de la ville, soit afin que les rixes ne pussent recommencer dans l'intérieur; car l'esprit de querelle, tout récemment apaisé, n'était pas encore entièrement éteint. Mais enfin, et quels que fussent les motifs de cet arrangement, Tancrède se trouva le premier au poste du péril, et tous ceux qui n'étaient pas avec lui se mirent à l'abri derrière des murailles plus dures que le diamant.

Cependant les gens d'Antioche, ayant appris que les forces des Latins s'étaient accrues par le retour de ceux qui les avaient reconnues et éprouvées, et qui prirent la fuite pour leur rapporter ces nouvelles, se disposèrent à remplacer les hommes faibles par de plus vigoureux, à ajouter un plus grand nombre de combattans à un moindre nombre, et firent de nouveau sortir des hommes qui devaient être battus encore une seconde fois, et sept fois de suite, s'ils étaient envoyés sept fois contre leurs ennemis. Ces hommes donc, afin de ne négliger aucun moyen, se confiant peu d'ailleurs en eux-mêmes ou en leurs armes, préparèrent en outre des artifices. Pendant la nuit ils se cachèrent dans l'ombre, au lieu vulgairement appelé les bosquets de Saint-Pallade. Ensuite, et au point du jour, ils envoyèrent en avant cinq chevaliers, chargés de provoquer les gens enfermés dans Artasie; et pendant ce temps, le combat qu'on préparait à ceux-ci demeurait caché sous les branches et sous les feuilles des arbres. Les chevaliers envoyés en avant ne firent aucun retard, et se montrèrent tout-à-coup, menaçant les murailles d'Artasie. Pendant ce temps, de même que les troupeaux retenaient leurs pasteurs, de même les pasteurs gardaient leurs troupeaux. Les uns et les autres sont également enlevés par les Turcs, rien n'échappe à leur rapacité. Les sentinelles poussent des cris; au dehors des portes, les pâtres et les gardeurs de cochons font entendre leurs hurlemens. Tous répètent cette même plainte que c'est pour leur plus grand malheur que les Francs sont venus les protéger contre les Turcs, et qu'ils sont d'autant plus rudement tourmentés qu'ils avaient espéré obtenir plus de liberté sous la protection des étrangers. Tancrède, en entendant ces lamentations, sort aussitôt de la ville, soupçonnant bien qu'elle est menacée de la guerre. Après avoir examiné l'état extérieur, il juge promptement que ceux qui viennent faire parade de leur courage l'empruntent à des hommes cachés, et que l'audace qu'ils ont montrée leur vient des autres plus que d'eux mêmes. Toutefois, et pour s'en mieux assurer, il envoie à leur rencontre trois Turcopoles, pensant que, si les Turcs se retirent devant ceux-ci, c'est qu'ils sont timides et isolés; que s'ils résistent au contraire, c'est qu'ils comptent sur des auxiliaires. Les cinq Turcs en effet, non seulement ne se retirent point devant ceux qui les attaquent, mais s'avancent encore vers eux pour les repousser. Alors Tancrède, s'étant convaincu plus clairement encore de ce qu'on veut lui tenir caché, se prépare au combat, dispose ses divers corps de troupes, et marche à la rencontre de l'ennemi.

## CHAPITRE XLVI.

### Mars favorise les Turcs.

Cependant l'ennemi, qui porte des flèches, enhardi par sa confiance en sa grande supériorité numérique, dédaigne, en voyant venir les nôtres, la retraite qui le cache, et se présente ouvertement, rougissant de s'être dérobé à la vue, car il pouvait attaquer chacune de nos lances avec dix arcs, et peut-être plus. Les Turcs viennent donc combattre les Latins ; habitans du pays, connaissant les localités et les hommes qui y demeurent, ils s'attaquent à des pélerins, à des hommes qui ne connaissent ni les localités, ni ceux qui les occupent. Au premier choc, la lance agit avec vigueur, la lance transperce, la lance renverse : bientôt cependant, succombant à une si grande entreprise, elle ne peut percer entièrement tant de petits boucliers, de poitrines et de cuirasses. Tantôt les éclats d'une selle de cheval brisent une lance, tantôt la pointe d'une autre s'émousse, et la lance en est raccourcie; tantôt le glaive des Turcs en coupe une troisième par le milieu, en sorte qu'on dirait que celui qui la porte est arrivé en homme de pied et armé d'un bâton, plutôt qu'en chevalier muni de sa lance ; d'un autre côté, l'arc, plus modeste, mais plus prodigue de blessures, lance toujours des traits, blesse très-fréquemment, n'est jamais abandonné de celui qui le porte, et est très-rarement brisé; de loin, de près, en avant et en arrière, il est également propre au combat; et lors même que le but auquel il vise n'est pas atteint, et qu'il est trompé dans sa direction, souvent, par le seul effet du hasard, ses traits ne sont point lancés en vain. Ainsi donc, la fortune favorisant les uns et contrariant les autres, de plus Baudouin et Tancrède, les deux chefs, ne pouvant s'entendre l'un l'autre, les Chrétiens, divisés entre eux, sont frappés de désolation et repoussés jusque sous les murailles de la ville. Alors les Turcs dressent leur camp en face d'Artasie, et font de la nuit un jour nouveau, veillant sans cesse pour se garder.

## CHAPITRE XLVII.

### Artasie est confiée aux soins de Baudouin [1].

LE jour du lendemain avait paru, lorsque les ennemis, retournant à Antioche, affranchirent les nôtres de toute crainte nouvelle. Alors le fils du Marquis reçut l'ordre de sortir; et, comme il n'y a jamais aucune confiance entre ceux qui partagent le pouvoir, il fut chassé même de la muraille extérieure qui lui avait été concédée. Le fils d'Eustache confia alors le gouvernement d'Artasie à ce Baudouin, sous le pouvoir duquel la ville d'Édesse a fleuri dans la suite

---

[1] C'est de Baudouin du Bourg qu'il est ici question, celui qui fut fait comte d'Édesse par Baudouin lorsque celui-ci succéda à son frère Godefroi dans le royaume de Jérusalem.

pendant un long temps; et Baudouin lui-même partit pour Édesse avec les deux autres chefs, savoir Airard et Conan.

Tancrède sachant bien que la guerre est la vie du chevalier, et qu'on n'est jamais plus en sûreté que dans la guerre, alla occuper les montagnes voisines, attaquant de nombreuses cohortes avec une petite troupe. Les collines des barbares tressaillirent en entendant retentir un si grand nom : parmi ceux qui les habitaient, les uns se hâtent de fuir, d'autres se portent à la rencontre de Tancrède, d'autres attendent sans crainte, selon que les uns sont unis aux Francs par une foi commune, et que les autres en sont séparés par leurs fanatiques erreurs. Ceux donc qui connaissaient le Christ accueillirent les serviteurs du Christ arrivant au milieu d'eux; quant à ceux à qui ce nom était inconnu, parce qu'on ne leur en avait pas parlé, ou qui le dédaignaient tout en le connaissant, la frayeur les poussa à abandonner les villes de Barisan et de Hersen, et la fuite fut la ressource de leur frayeur. Dès qu'ils furent partis de cette dernière ville, ceux qui y étaient demeurés appelèrent le fils du Marquis; et quand il y fut entré, ils l'enrichirent, en lui fournissant des vivres en grande abondance. Ainsi après ce changement de résidence, l'exilé même est plus heureux que l'hôte resté dans Artasie, car il n'éprouve aucun dommage, il n'est exposé ni à la mort, ni aux fers, tandis que les ennemis, selon leur usage, reviennent autour de cette ville, préparent des embûches, et cachent la guerre sous les feuillages des bois. Tout le butin qu'ils enlèvent, les mulets et les muletiers, les chariots et ceux qui les conduisent, ils les montrent en spectacle aux habitans. Les bêtes de somme gémissent sous les fardeaux de paille dont on les couvre comme de manteaux; elles marchent, connaissant le péril qui les menace, comme si elles ne le prévoyaient pas. Déjà elles étaient arrivées auprès du fleuve qui arrose les champs de la ville de Balène, déjà on les voyait de la ville, quand elles furent aussitôt prises et enlevées, tant ceux qui s'étaient associés pour enlever du butin s'empressaient de se devancer les uns les autres. Ah! malheureux que vous êtes, pourquoi enlevez-vous du butin, vous qui devez être bientôt enlevés comme un butin? Pourquoi massacrez-vous, pourquoi enchaînez-vous, pourquoi tourmentez-vous, vous qui devez être bientôt tourmentés, enchaînés, massacrés? A peine en effet les portes de la ville se sont-elles ouvertes pour ceux qu'elle renferme, qu'ils se heurtent contre la troupe placée en embuscade qui cherche à les attaquer, et parviennent enfin à la repousser.

## CHAPITRE XLVIII.

On va assiéger Antioche. Description du site de cette ville.

La ville donc étant assiégée, et tout espoir d'y rentrer étant perdu, tous ceux du sang latin qui étaient sortis furent poursuivis et chargés de chaînes ou frappés du glaive par les Turcs. Le ciel cependant eut pitié de tant d'affliction; et comme les Francs se hâtaient d'aller assiéger Antioche, les gens d'Antioche abandonnèrent la ville qu'ils attaquaient. Cette vénérable armée de rois, traversant donc les villes et les bourgs du voisinage, ainsi que le fleuve Farfar, qui coule tout auprès, alla dresser son camp près du faubourg d'Antioche, mise en émoi par un tel événement. Deux montagnes placées l'une au midi, l'autre au nord, resserrent la plaine au milieu de laquelle est située Antioche. Au couchant, la mer bat de ses flots le commencement de cette plaine, mais plus elle se prolonge vers l'orient, et plus elle s'élargit, et semble repousser les montagnes. Le Farfar de Damas, qui vient du midi, traverse cette même plaine et l'arrose dans la marche tortueuse qu'il suit jusqu'à la mer. La montagne du milieu, dans la chaîne du midi, est très-voisine de la ville; en de certains points, elle s'incline même sur elle, et la couvre de son ombre, de telle sorte qu'elle n'en est séparée que par un sentier. La ville est établie au lieu où la montagne commence à s'abaisser en pente vers le défilé, étant ainsi bornée sur sa longueur, d'un côté, par le fleuve, de l'autre, par la montagne. Quoique le flanc de cette montagne soit inhabitable, la ville s'y prolonge par des murailles qui s'élèvent jusqu'au sommet, sur lequel a été construite une citadelle. De l'autre côté, elle descend pareillement jusqu'au fleuve; une moitié de la ville suit le cours du fleuve vers le couchant, et s'en éloigne un peu à son extrémité occidentale, tandis que vers l'orient l'autre moitié en demeure à une plus grande distance : mais dans cette dernière partie, les doubles murailles qui l'enferment sont plus solidement défendues par un marais dont les eaux rendent le terrain mobile, et lui ôtant toute fermeté, en font un rempart plus ferme que ne serait toute construction de la pierre la plus dure. Il n'y a donc que le côté de la ville faisant face au soleil levant qui soit accessible, et cela vers son milieu, c'est-à-dire par la porte inférieure. Car, vers la porte supérieure, un rocher coupé à pic présente un précipice que l'œil de l'homme peut bien mesurer, mais que ses pieds ne sauraient franchir.

## CHAPITRE XLIX.

### Ordre des assiégeans.

Sur un autre rocher situé en face, et non loin de celui dont nous venons de parler, Boémond dresse ses bannières, qui se prolongent en descendant jusqu'à un chemin qui aboutit à la sortie de la porte. Ce chemin forme un remblais tout près de la même porte; et c'est là que Tancrède établit son camp, se trouvant ainsi plus rapproché de la ville que les autres, à la distance du trait d'une fronde. Après lui se placèrent le comte de Normandie et ceux qui suivaient ses drapeaux, et le comte de Flandre entre celui-ci et Tancrède. De l'autre côté, étaient les comtes de Blois, de Boulogne, d'Albemarle, de Mons, de Saint-Paul, et Hugues le Grand, qui tous étaient engagés envers le comte de Normandie par les dons qu'ils en recevaient, quelques-uns même par l'hommage qu'ils lui rendaient. A la suite de ceux-ci, et jusques aux bords du fleuve, les camps des autres héros occupent dans la plaine le rang que je vais assigner à leurs noms dans cette page, le duc Godefroi, l'évêque du Puy, le comte Raimond. Dans cette première disposition de campement, les assiégeans avaient donc investi l'un des quatre côtés de la ville, et les autres demeuraient libres. Celui qu'ils occupaient avait pour eux l'avantage d'être dans le voisinage de la plaine; les autres avaient pour barrières le fleuve, le fossé, la montagne, qui les rendaient inaccessibles. Dans la suite, et selon les temps, ils changèrent souvent l'ordre de leurs positions, quelquefois lorsque les attaques de l'ennemi les y forçaient, d'autres fois lorsqu'ils avaient eux-mêmes l'intention d'attaquer l'ennemi. Le rocher qui dominait le camp de Boémond semblait d'un accès très-difficile, et cependant il était très-commode pour les Turcs, qui descendaient du haut de la montagne sur cette position, et venaient de là lancer leurs flèches; puis, après avoir semé la mort dans les rangs des nôtres, ils allaient, légèrement armés, se réfugier derrière leurs murailles, tandis que les nôtres, plus pesamment armés, ne trouvaient aucun moyen de monter après eux pour les poursuivre. Afin de résister à ces incursions, on releva les terres au-dessus du rocher qu'occupait le camp de Boémond, et on les entoura d'une muraille, dont la garde fut confiée au vaillant Hugues le Grand.

Les Turcs avaient coutume aussi de sortir par les deux portes du côté du nord, lesquelles débouchaient au-delà et en deçà du fleuve, au grand détriment de notre armée. La porte qui aboutissait en deçà du fleuve fut bloquée par le duc Godefroi, en sorte qu'il parvint enfin à fermer cette issue : dans le premier combat qu'il soutint, il eut à déplorer la mort du marquis Garnier. L'autre porte, plus éloignée, par où les ennemis sortaient fréquemment, en traversant le pont qui l'avoisine, le comte Raimond résolut de la bloquer, car la plaine, située au-delà du fleuve, et sur laquelle aucun camp n'avait été dressé, offrait un vaste champ aux excursions des Turcs. En conséquence on jeta un pont sur le fleuve; des poutres furent établies en croisière sur les bateaux qui formaient le pont, et ces poutres furent unies ensemble et surchargées, à l'aide de claies que l'on posa par dessus. Le rivage se trouvant ainsi prolongé des deux côtés, on put dès lors traverser le fleuve, et le comte Raimond le traversa en effet pour aller bloquer l'issue de la porte dont je viens de parler. Les localités secondèrent l'assiégeant et lui donnèrent le moyen de mieux établir son blocus. Sur ce point la terre était élevée en petite colline, au haut de laquelle était construit en pierre un temple, que les Turcs appellent vulgairement une mahomerie. Ce temple, ainsi placé tout près et en face de la porte sur le fleuve, offrait au comte une position avantageuse. Il fit faire tout ce qui manquait pour fortifier son nouveau camp; savoir, un fossé, qui fut tracé en cercle et qui lui donna un double point de résistance, d'une part dans l'ouverture de cette grande cavité, d'autre part dans l'escarpement d'un tertre, que l'on éleva à l'aide des terres retirées du fossé : au dessus de ce tertre le comte fit construire un mur, bas par lui-même, mais élevé par le courage de celui qui le défendait. De plus en plus resserrés par ces divers travaux, les Turcs en avaient d'autant moins la possibilité de nuire aux assiégeans, car ceux-ci leur enlevaient ainsi les moyens de se répandre en dehors, selon leur usage. Vers le couchant cependant il restait encore une porte par où ils pouvaient faire du mal aux nôtres, et qu'il était difficile d'assiéger.

## CHAPITRE L.

#### Difficultés du siége.

La montagne et le fleuve qui enfermaient la ville dans un défilé opposaient de grands obstacles au succès du siége. Ces deux barrières empêchaient, l'une de traverser au gué, l'autre de descendre vers la ville; en sorte que les étrangers ne connaissant pas les localités se trouvaient toujours éloignés, tandis que les habitans du pays passaient aux gués qui leur étaient connus, et alors, se mettant en embuscade sur le chemin qui descend vers le port, souvent ils l'inondaient du sang des Chrétiens. Il n'y avait aucun moyen de se rendre du port à notre armée, ou de notre armée au port, sans une escorte considérable, et cela même n'était pas toujours suffisant, tellement que la faculté qui restait aux Turcs de disposer librement d'une seule porte compensait pour eux le blocus que les nôtres avaient établi devant les autres portes. Tancrède eût réussi sans doute à porter remède à ce mal, comme la suite le fit bien voir, mais alors il se trouvait en position plus près des murailles, et était placé au premier rang pour résister aux fureurs des Turcs. Souvent il passait à jeûn toute la journée, exposé aux rayons du soleil, et la nuit il veillait encore aux fraîcheurs de la rosée. Lui seul supportait ainsi tout le poids de la guerre et ne pouvait même y suffire. Cependant les ennemis, cédant aux puissans efforts de cet homme, cessèrent de le provoquer, et se retirèrent dans leurs tours et dans leurs points de défense. Alors, ne pouvant demeurer en repos, Tancrède, rempli d'audace, se porte, de l'orient qu'il a vaincu, vers l'occident qui n'est point soumis : là ayant découvert une muraille en combattant les ennemis, il s'écrie que voilà une place forte bien disposée pour son service, et cependant il y avait à peine un commencement de fortification. O passion de la gloire ! quelle audace ! quelle témérité ! En d'autres occasions, ô Tancrède, je t'aurais appelé vaillant, ici je puis t'appeler téméraire : en d'autres circonstances rempli de fermeté, ici tu te montres inflexible. Dans d'autres rencontres, l'avantage de la position, l'espoir d'être secouru, une nécessité pressante, ou toute autre circonstance dans laquelle quelque voie demeurait ouverte à la prudence, ont pu du moins te servir d'excuse ; mais ici tout t'accuse de témérité, et la muraille qui est vieille et tombe en ruines, et la possibilité d'être attaqué par des brigands vigoureux, et le voisinage de l'ennemi, et l'éloignement de tes compagnons d'armes ; car, pour que tout conspire à t'accuser, ayant traversé le fleuve, tu te trouves séparé de tout auxiliaire, et s'il arrivait (ce que Dieu veuille prévenir) que tu vinsses à succomber sous les armes des Turcs, tu serais rôti et tu passerais dans le ventre de tes ennemis, plus promptement que la nouvelle de ta captivité ne parviendrait aux oreilles de tes amis. Tu demeures, cependant; tu demeures, tu combats, tu assiéges, tu fortifies une porte, tu ébranles une autre porte; tantôt tu attaques celle de l'ennemi, tantôt l'ennemi attaque la tienne. Tous les hommes de l'occident, si nombreux qu'ils puissent être, combattent à l'orient; toi seul, du côté de l'occident, tu te contentes d'avoir avec toi un petit nombre de compagnons d'armes, mais vigoureux : car ce point fortifié dont je viens de parler, étant assez resserré, ne pouvait contenir beaucoup de monde, et suffisait à peine pour enfermer quelques hommes.

## CHAPITRE LI.

Tancrède détruit un corps de sept cents Turcs qui étaient sortis pour enlever du butin.

Pour en revenir au commencement de cette entreprise, Tancrède s'appliqua d'abord à la conduire en secret, afin qu'elle fût entièrement ignorée des habitans de la ville, qui avaient coutume de ne pas laisser passer un seul jour sans se diriger vers ce côté pour y aller chercher des fourrages. Ce fut pour ce motif qu'il se rendit pendant la nuit vers cette position. Les assiégés cependant, ayant conçu quelque soupçon, je ne sais par quel motif, n'envoyèrent le premier jour que quelques fourrageurs, qui se tinrent éloignés, voulant reconnaître par cette première épreuve s'ils avaient lieu de redouter de nouvelles embuscades. Mais les nôtres s'en étant aperçus, se hâtèrent de se cacher, et aucun d'eux ne se montra. Les Turcs, qui étaient sortis, rentrèrent donc dans la ville, sans avoir été troublés par aucune rencontre de gens armés. Le lendemain, ils sortirent pareillement, mais en plus grand nombre, et s'approchèrent davantage de Tancrède, car ils s'étaient rassurés par la journée de la veille, en voyant que ceux qui avaient fait le fourrage étaient sortis et rentrés sains et saufs. Tancrède eut grand'peine à contenir les lions, lorsqu'ils virent les brebis si près d'eux : « Attendez, « leur dit-il, attendez encore seulement un petit « jour, hommes vaillans : demain, si je ne me trompe, « une plus riche proie viendra tomber dans nos « filets. » Ainsi qu'il avait prévu, ainsi arriva-t-il. Déjà les Turcs avaient tenté par deux fois de s'approcher ; déjà ils avaient pendant deux jours souffert le manque de fourrage ; le troisième jour enfin ils sortent, en partie rassurés, en partie poussés par la nécessité ; et comme ils avaient déjà moissonné les prés les plus rapprochés de la ville, comme de plus ils n'étaient pas encore parfaitement sûrs que les Francs ne fussent pas dans le voisinage, ils sortent en grand nombre, et dépassent le lieu où les Francs étaient postés. Alors Tancrède, rompant les barrières, s'élance pour montrer tout-à-coup ce que peut la prudence unie à l'audace. Se précipitant au milieu des ennemis, il les fit tous succomber sous le glaive, les attaquant avec autant d'ardeur qu'en pourraient montrer en buvant des hommes dont les entrailles déchirées auraient pendant trois jours supporté les tour-

mens de la soif au milieu de boissons abondantes.
Pour dire le fait en peu de mots, après avoir tué environ sept cents hommes, Tancrède fit couper et envoya à l'évêque du Puy soixante et dix têtes de Turcs, pour lui offrir la dîme de sa victoire; et en les recevant, l'évêque éprouva un double sentiment de joie, tant à cause de la victoire de son ami que pour l'honneur et la gloire qui lui en revenaient à lui-même, sous la forme d'un présent. En conséquence l'évêque récompensa à son tour le vainqueur, en lui envoyant autant de marcs qu'il avait reçu de lui de têtes de Turcs. Tancrède, à cette époque, devait beaucoup d'argent à ses compagnons d'armes, et n'avait rien dans sa bourse. Cette somme fut donc accueillie avec de grands transports de joie, et bientôt elle servit au chef à s'acquitter de sa dette, aux chevaliers, lorsqu'elle leur fut répartie, à soulager leur détresse. Le hasard fit que le messager envoyé par l'évêque fut devancé par un autre homme qui n'était point envoyé. Aussitôt que la nouvelle fut connue, ce que l'on ne tenait pas encore était déjà distribué de tous côtés; déjà celui qui se trouvait encore dans le besoin enrichissait les autres, et en même temps il disait dans le fond de son cœur : « Que mes chevaliers
« soient mon trésor, que je demeure dans le besoin,
« pourvu qu'ils vivent dans l'abondance ; il m'importe
« peu de ne rien avoir, pourvu que je commande à
« des hommes qui auront. Que ceux-là donc chargent
« leur bourse d'argent, moi je les chargerai de sollicitudes, d'armes, de sueurs, de tremblement, de
« grêle et de pluie. » Ceux d'entre eux cependant qu'il voyait fatigués le jour par les combats, la nuit

par les veilles, lui-même consentait volontiers à prendre leur place, lorsqu'une blessure ou une indisposition pouvait leur servir d'excuse. Quant à lui, jamais le respect de son rang ne lui faisait manquer son tour de service ; il faisait toujours celui qui le concernait personnellement ; et non seulement, comme je l'ai dit, il remplaçait les autres, mais il allait même jusqu'à leur enlever leur tour.

## CHAPITRE LII.

Tancrède transperce trois Turcs dans un combat singulier.

Comme il faisait souvent de pareilles choses, il arriva une fois qu'il sortit pour un service de ronde, accompagné seulement d'un fidèle Achate. Ayant déposé sa cuirasse et son casque, et n'ayant fait que ceindre son glaive, il allait chevauchant, un page portant sa lance et son bouclier. En même temps trois Turcs armés, sortis par la porte d'Antioche, faisaient une patrouille. Ils erraient donc les uns et les autres, sans se douter réciproquement qu'ils fussent si voisins ; car le camp était séparé de la ville par un petit espace de terrain, sur lequel des broussailles, de petits monticules et des vallées formaient des points de retraite où l'on se pouvait cacher en embuscade. Cependant les trois Turcs, ayant découvert les deux hommes, s'élancent vers eux, ne sachant encore lequel ils doivent attaquer. Ah ! plutôt, malheureux, fuyez, fuyez, vous dis-je, le coursier de

Castor, la lance d'Achille, la droite de Méléagre, le courage du fils de Tydée, la massue d'Hercule, le septuple bouclier d'Ajax, car toutes ces forces sont réunies aux mains d'un seul guerrier. Il n'est pas nécessaire de le provoquer. Muni de toutes ces armes, il s'avance de plein gré, celui qu'il serait plus prudent de fuir, qu'il est insensé d'attendre, qu'il y a démence à attaquer. Toutefois, puisqu'il ne sert à rien de fuir son sort, élancez-vous au plutôt, afin que vous succombiez plus promptement; succombez tout de suite, afin que le fils du Marquis vive dans l'éternité. Celui-ci donc les voyant accourir dans leur démence, saisit sa lance, et transperce, selon sa coutume, celui qui s'est avancé le plus rapidement. D'ordinaire, le bouclier et la cuirasse protégent les combattans, mais il faut que ces armes soient opposées à un autre champion, car celui-ci ne laisse aucune cuirasse remplir fidèlement son office et ne pas se montrer trompeuse. Celui-ci, lorsqu'il frappe, fait d'un casque une mitre, d'un bouclier un manteau de femme, d'une cuirasse une chemise; il transperce le bois comme du lin, l'acier comme du chanvre, une lame de fer comme de la laine. Le Turc du milieu, voyant le premier tomber mort, s'arrête, pour attendre le secours du troisième. Infortuné, qui naguère enviais la place de celui qui t'avait devancé d'une marche plus rapide, maintenant tu préfères l'heureuse lenteur de celui qui est demeuré en arrière, mais c'est en vain. Sous la même main tomberont et le plus agile et le plus lent; seul, il les attaque tous deux; celui qui se présente encore en face, il le frappe dans le front; celui qui veut fuir, il l'arrête en lui transperçant le dos. Mais voici ce dont je m'étonne beaucoup, et ne saurais assez m'étonner, c'est que cet homme, qui achetait si chèrement la gloire, ait fermé la bouche à son écuyer, qui arrivait auprès de lui, en lui faisant jurer de garder le silence sur cette prouesse. J'ignore complétement si ce fut par modestie, par piété, ou par crainte que l'on n'ajoutât pas foi à son rapport. Si ce fut par modestie, quel fait pourra-t-on donc tenir à honneur si celui qui, d'un seul choc, donne la mort à trois hommes armés, croit devoir se montrer modeste pour une telle action? si ce fut par piété, on dit, comme une chose monstrueuse, que les poissons fourmillent sous la charrue, mais il serait beaucoup plus monstrueux pour un homme avide de gloire de vouloir échapper ainsi aux éloges. Enfin un aussi illustre guerrier, après avoir entrepris tant de choses difficiles, bravé tant d'obstacles, emporté la victoire dans tant de combats, eût facilement obtenu créance, surtout puisque les armes éparses dans le voisinage pouvaient attester la défaite de ceux qu'il avait vaincus, et plus encore parce que sa langue était véridique, et que nulle autre n'inspirait plus de confiance. Mais si le motif, je veux dire le motif du silence, demeura caché, l'effet du moins, c'est-à-dire la mort des trois Turcs, fut connu long-temps après l'événement, et lorsque l'écuyer, qui avait prêté serment, eut vu passer le terme imposé à sa discrétion.

## CHAPITRE LIII.

Patience des Chrétiens pendant ce siége rude autant que long.

Le temps me presse et m'invite à revenir à ce siége dont j'ai interrompu le récit, afin que ceux qui ont été couverts de tant de sueurs en reçoivent du moins quelque récompense, pour si petite qu'elle soit. En effet, pendant près de huit mois que cette armée avait déjà passés devant Antioche, beaucoup d'hommes avaient fait beaucoup d'actes de valeur, et les hommes les plus considérables avaient fait encore de plus grandes choses. En outre, tous en commun, les plus élevés, ceux de condition moyenne et les plus humbles, avaient supporté de grands maux, la famine, des tremblemens de terre, des inondations, des accidens variés et effrayans dans l'atmosphère, tantôt les chocs du ciel et tantôt ceux de la guerre. Ils avaient vu aussi des prodiges et des apparitions. Beaucoup d'hommes avaient eu des visions secrètes, d'autres visions avaient brillé publiquement dans les cieux, en présence de tous. Si je voulais rapporter chacune de ces choses dans leur ordre, avec détail, et selon le langage convenable, je garderais trop long-temps le silence sur Tancrède; et de même qu'un écrivain ne peut supporter le repos, de même Tancrède ne peut demeurer ignoré. Ma barque arriverait trop tard au port, si j'entreprenais de décrire les orages qui ont sillonné une telle mer. Qui oserait en effet parler de la force vraiment étonnante de Godefroi, dont le glaive, ayant pourfendu un Turc, fit d'un seul homme deux hommes, l'un desquels, l'homme de la partie inférieure du corps, s'en alla chevauchant vers la ville, tandis que l'autre, tenant encore son arc, nageait dans le fleuve. Qui pourrait admirer d'une manière convenable les hauts faits de Raimond, qui très-souvent résista seul à toute la ville d'Antioche s'élançant sur lui, la repoussa avec vigueur tantôt des fossés, tantôt des murailles qu'elle avait franchies, qui bien plus attaqua une fois le pont, sans pouvoir recevoir aucun secours du reste de l'armée, alors trop éloignée de lui? La lance seule de Robert, le comte de Flandre, ne demanderait-elle pas un historien particulier? Tandis que chaque jour il enrichissait Antioche de quelque nouvelle mort, chaque jour le comte s'appauvrissait de quelque cheval, de telle sorte que l'amour de la gloire l'aveuglant toujours sur les pertes qu'il éprouvait, quelquefois ce prince si illustre se fût trouvé n'avoir pas de cheval, si on ne l'eût secouru en allant mendier pour lui de quartier en quartier. Alors on portait un petit bassin de taverne en taverne, et ceux qui en avaient compassion, et le cabaretier lui-même, donnaient de quoi fournir au comte un nouveau cheval, bien maigre. Notre siècle a-t-il vu rien de pareil à ce que je vais dire ici? Deux cents hommes environ, à moitié dépourvus d'armes, la plupart montés sur des ânes, et malades, mirent en fuite quinze mille hommes bien armés, montés sur des chevaux, et tous en bonne santé. On raconte que ce fut le comte de Blois qui, s'étant associé avec Godefroi et Boémond, les conduisit à cette victoire. Puis ayant rapporté sept cents têtes, et même plus, il les exposèrent en spectacle (spectacle de deuil!) devant les habitans d'Antioche; elles furent, chacune en particulier, dressées sur des pieux, à un demi-pied de distance l'une de l'autre; quelle gloire n'en rejaillit pas sur le glaive du comte de Blois? Mais, comme je l'ai dit, je me détourne de cette route à mille embranchemens, de peur de ne pouvoir plus retrouver le chemin dans lequel je me suis engagé, si je me laissais aller à errer dans chacun de ces sentiers. Que la Normandie et la Flandre chantent leurs deux Robert, que les autres provinces de l'Occident célèbrent leurs autres chefs; il me suffit du seul fils du Marquis, et moi-même tout entier je ne lui suffis point. Pardonne, ô Gaule si riche en écrivains, j'aime mieux m'occuper du prince d'Antioche; ayant assisté à tout ce qu'il a fait, j'acquitterai plus volontiers ma dette envers celui qui est mon créancier. Toutefois, afin qu'un silence absolu de ma part ne laisse pas sans quelque récompense tous ceux qui ont bien mérité, je ferai mes efforts pour composer un récit abrégé, que ceux qui écriront après moi puissent développer ensuite plus longuement.

## CHAPITRE LIV.

#### Cruelles angoisses des assiégeans.

La ville d'Antioche étant donc assiégée sous le souffle de trois vents, le vent du midi fut le seul qui ne porta point d'assiégeant devant les murailles. De ce côté, il n'y avait ni eau, ni plaine ; et cette circonstance, fâcheuse pour les assiégeans, favorable aux assiégés, éloigna ceux-là et affranchit ceux-ci. De là les embûches, de là les rudes attaques livrées à ceux des nôtres qui cheminaient sur les routes, lorsque les Francs, sortant de leur camp, allaient chercher des vivres, ou retournaient au camp, rapportant ce qu'ils avaient trouvé. Une population si considérable, tant de nations rassemblées, tant de milliers d'hommes, avaient besoin d'une grande quantité de bestiaux et de grains. La Syrie, la Cilicie, Rhodes, Chypre l'opulente, certaines îles, certains royaumes, fournissaient à l'entretien de l'armée, toutefois sans abondance, quoique les îles de Chio, Samos, Crète, Mitilène, et un nombre presque infini d'autres îles moins renommées, concourussent aussi à ces approvisionnemens. Il y avait en outre un délégué de l'empereur Alexis, qui sollicitait incessamment les peuples de transporter des grains par terre et par mer. Le siége avait commencé avec l'hiver ; et durant le cours de cette saison, l'armée avait eu à en supporter toutes les horreurs : tantôt des pluies semblables à un déluge, tombant à l'improviste, ou se prolongeant indéfiniment ; tantôt des accidens dans le ciel ou des tremblemens de terre ; en sorte qu'on eût pu croire que toute harmonie entre les élémens était détruite, l'eau paraissant s'élever jusqu'aux plus grandes hauteurs, le ciel se précipiter dans les abîmes. Que dirai-je des tempêtes et de la fureur des vents? Lorsque ceux-ci étaient déchaînés, il n'y avait ni tente ni tenture qui pût tenir en place ; à peine les palais et les tours pouvaient-ils leur résister. La noblesse souffrait à côté du petit peuple sous la voûte des cieux, et l'hiver n'épargnait personne; d'autant plus rude cependant pour la noblesse que le paysan est plus dur à lui-même que le chevalier, l'homme accoutumé au travail que celui qui a été élevé délicatement. A tant de calamités se joignait celle de la famine, à la famine la mort. La mort se promenait de tous côtés et en toute liberté, enlevant et les hommes et les chevaux, qui sont l'allié de l'homme dans les combats. A peine pouvait-on trouver dans le camp une écurie où la disette, ayant fait périr neuf chevaux, en eût laissé seulement un dixième. Quant aux armes, tout ce qui était de fer ou d'airain la rouille s'en était emparée; les boucliers avaient perdu leurs clous et leurs cuirs; parmi les lances et les selles, instrumens en bois, quelques-unes, mais un petit nombre, demeuraient encore entières, beaucoup étaient raccommodées, aucune n'était propre, quelques-uns n'en avaient plus; les arcs n'avaient plus de corde, les flèches n'avaient plus de barbes : de tous côtés ce n'était que misère, calamité, désolation.

## CHAPITRE LV.

#### Confiance admirable des Chrétiens.

Une telle position était triste et cruelle, quand tout-à-coup de plus grands maux vinrent s'ajouter encore à des maux si grands. Au moment où le Bélier succède aux Poissons, le printemps à l'hiver, où l'herbe qui pousse dans les prés rend aux chevaux des Mèdes et des Perses les moyens de rentrer en campagne, les Turcs arrivent à l'improviste, marchant en grand nombre, et ayant tout préparé pour combattre. Déjà ils étaient dans le voisinage, prêts à s'introduire dans les murailles d'Antioche le même jour, ou à faire une irruption dans le camp des Chrétiens, quand tout-à-coup la renommée, volant au-devant d'eux, apprend à ceux-ci ce qui se passe. Selon son usage, elle y ajoute encore; et rapportant de grandes choses, elle en dit de plus grandes. Animés à cette nouvelle, les grands seigneurs latins se disposent à marcher à la rencontre des Turcs, ce qui devait toutefois sembler très-difficile, ou même ce qu'on pouvait, dans ce dégoût général de la vie, regarder comme une manière de se précipiter vers la mort. En effet, sur un si grand nombre de combattans, sur tant de corps de chevaliers qui avaient commencé le siége d'Antioche, à peine pouvait-on en rassembler deux cents qui fussent en état de se porter à cheval à la rencontre de l'ennemi. Et de ces chevaliers même, une bonne partie fut obligée de monter sur des ânes au lieu de chevaux, car le hasard faisait que nos gens, ne redoutant point une pareille invasion, avaient envoyé les chevaux au loin, pour chercher des grains. Cette faible troupe sortit donc du camp, pour aller attaquer un corps fort de quinze mille hommes, selon ce que j'ai appris de ceux qui étaient présens. Audace vraiment admirable et digne d'être célébrée dans tous les siècles! Les chefs de cette entreprise furent, dit-on, Godefroi, Boémond et Étienne de Blois. Ces hommes donc, lorsqu'ils furent arrivés au pont que le vulgaire appelle par corruption le pont de Fer, au lieu de Farfar, virent de loin les ennemis, et ne s'arrêtèrent point, comme des hommes timides, mais franchirent le pont, comme des hommes redoutables. Boémond s'avançait le premier, Godefroi marchait après lui, et Étienne demeurait en arrière, pour leur prêter main forte.

## CHAPITRE LVI.

Une poignée d'hommes attaque les ennemis et les met en fuite.

Il y a au-delà, et tout près du pont, un monticule qui s'élève au milieu de la plaine. Ce fut derrière ce tertre que les nôtres se placèrent pour attendre, tandis que les Turcs voltigeaient à travers cette plaine, qui est très-vaste. De loin, ils avaient reconnu les nôtres, et s'étonnaient beaucoup qu'une si faible troupe pût avoir l'audace de traverser le pont. Cependant ce passage, acte de courage en même temps que d'habileté, imprima une grande terreur aux ennemis, et suppléa à l'extrême faiblesse des nôtres, en faisant croire qu'ils étaient beaucoup plus nombreux. Les Turcs donc s'étant approchés davantage, s'arrêtent, craignant que le monticule, en ne laissant voir qu'un petit nombre d'hommes, n'en cache beaucoup plus; et de leur côté, les serviteurs du Christ, empruntant le même artifice, adaptent des bannières à leurs lances, chacun en mettant une au bout de son arme, pour faire croire qu'ils formaient autant de corps qu'on verrait paraître de bannières. Bientôt, et sans plus de retard, dressant leurs lances, et s'élançant impétueusement sur les ennemis, ils portent le trouble au milieu d'eux, comme une troupe de faucons qui s'élanceraient sur des compagnies de poules d'eau. La poussière s'élève en tourbillons, les armes résonnent, les chevaux frappent la terre de leurs pieds, les trompettes retentissent, les yeux sont éblouis, les oreilles assourdies, les ennemis demeurent frappés de stupeur, redoutant de voir sortir de retraites ignorées plus de milliers de Francs qu'ils ne voient de bannières dressées. Chose étonnante à dire, et en quelque sorte incroyable! cette immense multitude tourna le dos très-promptement, et les Chrétiens ne perdirent qu'un petit nombre des leurs, parmi lesquels le plus considérable fut Conan, comte de Bretagne, qui, dans l'emportement de son courage, se hasarda le premier à se lancer au milieu de l'armée des Perses, suivi seulement d'un compagnon d'armes. Long-temps après, on m'a montré sur le chemin, et tout près du pont, la tombe de ce guerrier, que les siens, dans leur piété pour lui, ornèrent autant qu'il leur fut permis de le faire, en la marquant d'une pierre et d'une croix. Les Francs ayant obtenu la victoire, poursuivirent les fuyards, mais ils ne purent aller bien loin, tant à cause du petit nombre de leurs chevaliers que de la lenteur de leurs chevaux, les uns et les autres étant d'ailleurs exténués par la faim. En signe de leur victoire, les Chrétiens rapportèrent dans leur camp sept cents têtes de Turcs; mais avant d'y entrer, ils donnèrent la sépulture, aussi bien qu'il leur fut possible, au comte Conan et à ses compagnons de martyre. Cet événement arriva, si je m'en souviens bien, le jour où les peuples latins se livrent avec plus d'empressement au plaisir de manger de la viande et de bien remplir leur estomac, devant se revêtir de cendres le lendemain.

## CHAPITRE LVII.

Indication de la patrie de l'auteur de cette histoire. Famine dans la ville assiégée.

La nuit suivante le ciel brilla d'une horrible couleur de feu, tellement que ceux qui habitaient dans l'Orient le virent ainsi et s'écrièrent tout-à-coup : « Un combat dans l'Orient. » Moi-même je vis ce prodige dans les cieux, étant encore jeune adolescent et vivant à Caen, dans la maison paternelle, n'ayant point encore vu la ville d'Antioche, ne la connaissant encore que de nom, et n'ayant pas même vu Rome. A cette vue, beaucoup d'hommes furent frappés de stupeur, et tous d'une voix unanime y trouvèrent un présage de guerre et de sang.

Cependant les Chrétiens vainqueurs, étant retournés auprès de leurs compagnons, dressèrent sur des pieux les têtes qu'ils rapportaient, et fixèrent ces pieux en terre, sous les murailles, à la vue des ennemis. Il se trouva entre autres, parmi ces têtes, une tête dans laquelle, chose bien mémorable, un œil était séparé de l'autre œil par un intervalle d'un demi-pied. Ceux qui plantaient les pieux en terre criaient en même temps aux citoyens qui les regardaient faire du haut des remparts : « Voilà vos espérances, voilà « vos menaces, voilà les forces qui se sont rassem- « blées contre les Francs : nous vous réservons la « même solde, le même sort vous attend. Vous êtes « renfermés, tout moyen de fuir vous est ravi; vos « grains sont consommés, la famine s'est introduite « chez vous, vos secours vous sont enlevés, tout « se déclare contre vous. » En voyant et en entendant ce que les Francs faisaient et disaient, les habitans de la ville tremblèrent. Dès lors ils n'ouvraient plus leurs portes comme auparavant, ils languissaient dans la disette, ils se désolaient dans leur frayeur : ils passèrent ainsi le printemps dans la misère, suppléant, au défaut de pain, par les choses que produit le printemps, se nourrissant de feuilles et d'herbes, à la manière des bestiaux. Alors Cassien ( c'était le nom du prince qui commandait dans la ville assiégée ) rendit un édit et envoya des gens pour veiller à son exécution, prescrivant par cet édit que tous ceux des citoyens chez lesquels on trouverait des grains eussent à en envoyer la moitié à la cour, gardant le reste pour fournir, tant qu'il serait possible, à leur entretien. Les citoyens, à cette nouvelle, s'affligèrent et se soumirent cependant : ils partagèrent leurs grains, et en donnent une moitié à la cour, réservant l'autre pour leur nourriture ; l'emploi qu'on fit de leurs dons adoucit un peu leur douleur, car ces grains étaient uniquement destinés à soutenir les bras des combattans.

## CHAPITRE LVIII.

Un grand nombre de chefs abandonnent le siége d'Antioche.

Cependant, excédés de fatigue et d'ennui, le comte de Blois s'était retiré du camp pour se rendre en Cilicie, et le comte de Normandie était allé à Laodicée : le premier se dirigea vers Tarse pour chercher quelque soulagement à sa détresse, le second vers les Anglais, dans l'espoir de les commander. A cette époque, les Anglais occupaient Laodicée, où ils avaient été envoyés par l'empereur pour la défendre : une armée ennemie, errant sur les frontières de cette ville, y portait la dévastation et faisait même des tentatives pour y pénétrer de vive force. Craignant qu'elle n'y réussît, les Anglais appelèrent à leur secours le comte de Normandie, par une résolution qui fut à la fois un acte de fidélité et de sagesse. Ce fut en eux un acte de fidélité, d'appeler, pour se soumettre à lui, un fidèle de leur seigneur; ils s'étaient soustraits au joug normand, ils y rentraient ainsi de nouveau : ce fut un acte de sagesse, car ils avaient éprouvé la foi de la nation qu'ils servaient, et reconnu que les présens retournent aisément aux lieux d'où ils sont venus. Le comte de Normandie étant donc rentré dans Laodicée, s'y livra au sommeil et au repos; cependant son séjour ne fut pas inutile à ses compagnons; ayant trouvé l'abondance, il en faisait part généreusement à ceux qui étaient dans le besoin ; car l'île de Chypre, qui obéissait au même maître que Laodicée, avait fourni à celle-ci du vin, des grains et des bestiaux en grande quantité, et l'approvisionnait dans ses besoins, en tant que voisine, servante du Christ, et nourrie pour ainsi dire du même lait, car Laodicée était, sur le rivage de la Syrie, la seule ville qui adorât le Christ et qui obéît en même temps à Alexis. Cependant le comte de Normandie, ne pouvant même faire excuser son oisiveté par ses bons procédés, fut rappelé au camp des Chrétiens une première et une seconde fois, mais en vain. Menacé une troisième fois de l'anathême, il se rendit enfin, bien contre son gré, car l'escorte que la ville de Laodicée fournit au comte pour son départ devait avoir beaucoup de peine à traverser le pays.

## CHAPITRE LIX.

### Résidences des chefs de l'armée assiégeante.

Les autres princes avaient occupé des places plus rapprochées d'Antioche, et trouvaient par là plus de facilité à pourvoir à leur subsistance. Le duc Godefroi s'était emparé de Sédium, ville riche, populeuse, et où il y avait beaucoup de vin. Le comte de Flandre occupait une vallée voisine, dans laquelle étaient les villes de Balène, Barthémolin, Corsehel, Barsoldan et plusieurs autres encore ; c'est ce qui fait que cette vallée est encore aujourd'hui appelée la vallée du Comte, de même que Sédium, la ville du Duc. Les villes de Hamah et de Harenc obéissaient à Tancrède, et avec elles beaucoup d'autres encore, très-riches et rapprochées du camp des Chrétiens. Ainsi que je l'ai déjà dit, Tancrède avait devancé tous les autres, et, en arrivant le premier, il avait confirmé la vérité de ce dicton vulgaire : « Celui qui trouve le « premier est le premier nourri. » Tandis que la famine allait croissant, Tancrède, vivant dans l'opulence, ne repoussait de sa table aucun de ses domestiques ; bien plus, il y admettait souvent et nourrissait un grand nombre de ceux que les autres avaient chassés. La vallée de Doxa, à qui ce nom a été donné à bien juste titre, fournissait à l'entretien de Boémond ; elle était illustre parmi les autres vallées par l'abondance de ses moissons, de ses vignobles, de ses arbres et de ses eaux. Dans l'antiquité elle avait mérité d'être appelée Daphné, ce qui veut dire chez les Grecs lieu agréable; elle était située près d'Antioche, vers le midi, et avait besoin d'être défendue par un puissant protecteur, qui fût en état d'empêcher les assiégés de venir dans leur détresse y chercher les vivres qu'elle possédait en abondance. D'autres princes avaient occupé d'autres villes, dont le temps qui s'est écoulé depuis a fait oublier les noms; je n'ai point oublié cependant que les places de Rubée, Rhosus, Arcican et Belmesyn obéissaient au comte Raimond.

## CHAPITRE LX.

### Grande famine dans l'armée.

C'est ainsi que les principaux seigneurs avaient occupé tout le pays. Quant aux autres, qui avaient une moins grande renommée, quoiqu'ils fussent considérables, ils souffraient toutes sortes de privations; exposés, soit au danger d'être tués, soit à la famine, ils ne pouvaient sortir du camp ni y demeurer; et cette double calamité pesait sur tout le peuple, sans le laisser presque respirer. La disette s'était déclarée, tant par l'effet de la prolongation de leur séjour devant Antioche que par suite du rassemblement d'une population si nombreuse. Il ne se passait pas de jours que les assiégeans n'éprouvassent de nouvelles terreurs, en entendant rapporter le massacre de ceux qui sortaient du camp pour aller chercher des vivres. Les princes cependant, tantôt l'un, tantôt l'autre, se portaient tour à tour au secours de ceux qui allaient faire ces tournées; mais eux-mêmes, d'autres fois, auraient eu besoin d'être secourus, car cette porte du midi, dont j'ai déjà parlé, toujours ouverte pour de nouvelles embuscades, ne cessait de donner passage à des corps qui sortaient pour aller occuper les défilés et pour s'élancer sur les voyageurs, les surprenant à l'improviste. Bientôt cependant l'autre calamité, je veux dire celle de la disette, devenant sans cesse plus pressante, l'emporta sur la crainte de la mort, et répandit çà et là les hommes de l'armée, que l'on voyait errer de côté et d'autre comme des essaims d'abeilles. Quels dangers ne braverait la faim? A quoi ne peut-elle pousser? Quel homme laisse-t-elle timide? Ce fut là le motif du départ de Gui le Rouge et de Guillaume, surnommé le Charpentier, hommes illustres et distingués parmi les officiers du palais du roi de France. Les voyant faire leurs préparatifs de départ, Boémond leur adressa ces paroles : « Pourquoi donc allez-vous chercher le repos, ne « vous inquiétant nullement des souffrances que tous « endurent en commun? vous êtes nobles, le che- « min est ouvert; mais ici demeureront vos tentes « pour la honte éternelle de votre nom; bien plus, « elles seront conservées pour constater publiquement « l'opprobre de votre race. » Mais eux, s'inquiétant peu de la honte, n'en partirent pas moins, car l'aiguillon de la faim fait dédaigner l'infamie. Ils partirent donc, et se rendirent vers le comte Étienne, lequel, ainsi que je l'ai dit, était allé cherché le repos sur le territoire cilicien. Ces hommes, ayant même origine et même mœurs, détestaient tous également les travaux et les fatigues, et recherchaient le repos ; braves guerriers cependant, mais accoutumés à vivre dans les délices, au sein même de la guerre.

## CHAPITRE LXI.

### Mœurs des Provençaux.

Les hommes de la race dont je viens de parler ont l'œil fier, le cœur hautain, la main prompte à saisir les armes, mais prodigue pour dépenser et paresseuse pour amasser. De même que la poule est en tout point le contraire du canard, de même les Provençaux diffèrent des Français par les mœurs, par l'esprit, par toutes les habitudes et la manière de vivre ; ils ont de la sobriété, savent chercher de tous côtés et avec industrie, et ne craignent pas la fatigue; mais, pour ne point dissimuler la vérité, ils sont moins belliqueux. Ils dédaignent toutes les parures du corps, comme une occupation de femmes et en quelque sorte trop vile pour eux; ils soignent au contraire la parure de leurs chevaux et de leurs mulets. Du temps de la disette ils rendirent par leur activité beaucoup plus de services que ne le faisaient d'autres races d'hommes plus empressées à combattre : eux, lorsqu'ils n'avaient pas de pain, savaient se contenter de racines; ils ne dédaignaient pas même les pellicules des grains. Leurs mains étaient armées de longues broches de fer avec lesquelles ils allaient, comme par enchantement, découvrir du grain jusque dans les entrailles de la terre ; et de là vint ce dicton que les enfans répètent encore : *Les Français pour les combats, les Provençaux pour les vivres.*

En un seul point cependant ils se livraient beaucoup trop, et d'une manière honteuse pour eux, à leur cupidité; ils vendaient aux autres peuples de la viande de chien en guise de lièvre, ou d'âne en guise de chèvre; ou bien encore s'ils trouvaient moyen, en l'absence de tout témoin, d'atteindre un cheval ou un mulet gras, ils lui faisaient une blessure dans les intestins, en le perçant par le derrière, et l'animal ne manquait pas d'en mourir. Alors, grande stupeur chez tous les autres, qui, ne connaissant pas l'artifice, et ayant vu le même animal naguère gras, alerte, robuste, et quelquefois en rut, ne trouvaient sur lui nulle trace de blessure, et ne pouvaient découvrir la cause de sa mort. Les spectateurs effrayés, en voyant une chose aussi merveilleuse, s'écriaient alors : « Éloignons-nous, le démon a souf-
« flé sans doute sur cette bête. » Ils se retiraient donc; puis ceux qui étaient coupables de cette mort s'avançaient comme n'en sachant rien, et lorsqu'on leur défendait d'approcher : « Nous aimons mieux, di-
« saient-ils, mourir d'une telle nourriture, que de
« faim. » Celui qui supportait le dommage prenait en compassion celui-là même qui l'avait causé, et ce dernier l'en payait en s'en moquant. Alors, semblables à des corbeaux, les Provençaux venaient tournoyer auprès du cadavre, ils le mettaient en pièces, et chacun en emportait un morceau, soit pour le manger, soit pour le vendre au marché.

## CHAPITRE LXII.

#### Dureté de Cassien envers un Arménien.

Cependant le Christ, prenant compassion de ses champions, après les avoir ainsi éprouvés, les conduisit enfin, remplis de joie, à une heureuse conclusion ; et voici comment il fit pour livrer la ville et procurer de l'ombre à ce peuple consumé par les rayons du soleil.

Il y avait, parmi ceux à qui Cassien avait fait prendre la moitié de leurs grains, un riche Arménien qui, ayant rejeté les dogmes du Christ, avait embrassé les erreurs des Gentils. Cet homme avait une très-nombreuse famille et des provisions de grains en raison de cette quantité de personnes. Cassien en fut informé ; et voyant que la disette allait toujours croissant, il fit enfin enlever à cet homme la moitié de ce qu'il lui avait laissé d'abord pour l'entretien de sa misérable existence. Le premier vol avait été d'abord une mesure générale exécutée dans chaque maison et sur toutes les familles : celui-ci fut particulier et d'autant plus fâcheux, et sembla une insulte ajoutée à un premier dommage. L'homme, se voyant dépouillé de la seule ressource qui lui restât pour vivre, désolé, et hors de lui, s'attache sur les pas du prince, lui redemandant la subsistance qu'on vient d'enlever à ses malheureux enfans. Qui ne serait ému des torrens de larmes qu'il répand, de ses cris qui s'élèvent jusques

aux cieux? « Malheur à vous, mes enfans, disait-il,
« qui désormais ne devez plus être appelés des gages
« précieux, mais plutôt de cruelles blessures! votre
« faim a absorbé ma faim, votre cœur perce mon
« cœur, je ne sens plus mes maux. Que me sert d'a-
« voir nourri de mets délicats ceux à qui l'on refuse
« maintenant un pain que l'on donne à des esclaves
« inutiles? Certes, il eût mieux valu pour votre mal-
« heureux père vous voir massacrés que mourans
« de faim. Que la lance transperce l'auteur de vos
« jours, que la foudre me consume, que la mer m'en-
« gloutisse, plutôt que je consente à vous voir périr
« d'une telle fin, dont la seule pensée me fait hor-
« reur! Malheur à moi! il en sera donc ainsi : il ne
« me reste plus que cette ressource; ma mort devan-
« cera la vôtre; le poignard ou le lacet m'affranchira
« du spectacle de votre mort. Et vous, ô citoyens,
« montrez-vous compatissans; intercédez pour l'inno-
« cent; que du moins je sois seul puni comme cou-
« pable, que ma famille ne soit pas mise au supplice
« dans les tourmens de la faim! »

## CHAPITRE LXIII.

### La ville est trahie.

Ainsi cet homme se répand en plaintes lamentables
et infructueuses, et se voit dédaigné, raillé, repoussé.
Dès le commencement du siége, on lui avait confié la
garde de l'une des tours, située loin de l'armée chré-

tienne, dans un angle de la ville, au couchant, et sur la montagne. Cassien avait en outre livré au frère de cet homme, pour être défendue par lui, une autre tour, voisine de celle-ci, et un peu au dessous, comme on pourrait dire que deux sœurs sont confiées à deux frères. Ceci cependant n'avait été fait ni par imprudence, ni au hasard : on avait sagement jugé devoir placer loin des Chrétiens, pour garder ces tours, des hommes qui avaient été chrétiens; on s'était arrêté à cette considération, et l'on avait agi en conséquence. Mais lorsque celui des deux frères qui s'était vu repoussé se trouva exposé à cette humiliation, personne ne venant intercéder pour lui, personne ne prenant pitié de lui, il pourvut lui-même à son propre salut, et se disposa à venger ses injures par la ruine de tous les citoyens d'Antioche. Pendant le silence de la nuit, tandis que les sentinelles étaient engourdies par le sommeil, cet homme donc jette une corde en dehors de la muraille qui séparait les deux tours; il descend ensuite, à l'aide de cette corde, accompagné de deux de ses enfans; et après avoir fait un long détour, il arrive enfin auprès de Boémond. Les peuples d'Orient considéraient celui-ci comme le chef de tous les autres chefs; car jadis, lorsque Guiscard conquit la Grèce, Boémond s'était acquis une grande gloire dans maint combat, et sa renommée avait répandu la terreur chez les Grecs; dès lors il était devenu célèbre en Asie, et on le regardait depuis comme le seigneur de tous les autres seigneurs. L'Arménien ayant alors reçu l'ordre de déclarer pourquoi il se présentait, s'engagea à livrer l'entrée de la ville, et désigna le jour, l'heure et le lieu le plus convenables pour approcher des remparts.

Puis, offrant spontanément et faisant recevoir ses fils en otage, il retourna seul vers sa corde, accompagné cependant et poussé par sa colère, son courage, ses espérances et ses craintes, et il remonta sans obstacle dans sa tour.

## CHAPITRE LXIV.

### Boémond porte cette nouvelle à l'évêque du Puy.

Jamais Boémond n'avait éprouvé un pareil sentiment de joie. Au lever du soleil, il se rendit donc vers l'évêque du Puy, que le pape Urbain avait préposé à l'armée comme un autre lui-même, et confia son secret à sa discrétion. L'évêque lui promit de tenir la chose fidèlement cachée et de s'appliquer soigneusement à en assurer le succès. Aussitôt il convoqua les chefs des armées et ceux qui étaient les plus considérables parmi le peuple; et ceux-ci s'étant rassemblés, l'évêque leur parla en ces termes :

« Mes frères, l'entreprise que nous poursuivons à
« présent nous a beaucoup et long-temps tourmen-
« tés, et nous tourmentera encore beaucoup et long-
« temps, si l'œil du Seigneur n'est sans cesse sur nous.
« Nous avons dressé des machines, et leur effet a été
« complètement déjoué; nous avons miné les murail-
« les, et nous avons été repoussés; nous avons com-
« battu, et c'est la seule occasion où nous ayons

« réussi : mais il y a lieu de craindre que la nouvelle
« lutte qui se prépare, à ce qu'on dit, ne soit d'au-
« tant plus rude que l'ennemi sera plus nombreux.
« Dans le premier combat, ses forces étaient de quinze
« mille hommes; ceux qui viennent sont, à ce qu'on
« assure, quatre cent mille. Les forces des ennemis ne
« cessent de s'accroître, les nôtres de diminuer. D'un
« autre côté, considérez ce que c'est que la solidité
« de cette ville et sa position. Des fossés l'entourent
« de trois côtés et la rendent inabordable. Sur le
« quatrième côté sont le marais et le fleuve, et des
« murailles telles que le monde entier n'en con-
« naît pas de semblables. Dans l'intérieur de la
« ville, il y a des sources d'eaux jaillissantes; et ceux
« qui ont bravé nos menaces depuis un an que nous
« sommes arrivés, auront bien pu sans doute rassem-
« bler aussi toutes les autres choses nécessaires à la
« vie. O Antioche! plût à Dieu que tu n'eusses ja-
« mais existé, ou que tu ne te fusses jamais trouvée
« sur notre chemin! C'est Jérusalem qui est l'objet
« de notre voyage; que nous importe donc Antioche?
« Si cependant nous la laissons derrière nous, si,
« après avoir été repoussés, nous nous portons plus
« avant, il n'y a rien de fait, il ne nous reste plus
« rien à espérer. Oui, dis-je, si nous abandonnons
« cette ville, elle ne nous abandonnera pas; elle
« nous suivra toujours, ou pour mieux dire, cette
« ennemie nous fermera les chemins, nous combat-
« tra par derrière et par devant; en résistant, elle
« donnera aux autres villes l'espoir de pouvoir résister
« aussi, tandis que, si elle eût été prise, elle eût en-
« traîné toutes les autres dans un même sentiment de

« frayeur. O remparts! plût à Dieu que jamais vous
« n'eussiez été élevés, ou que vous fussiez demeurés
« toujours loin de nos yeux et de nos oreilles! Tou-
« tefois, ô grands, tenons conseil. Mettons en avant,
« proposons des récompenses au courage; nous en-
« flammerons, je l'espère, les cœurs des hommes en
« leur montrant le but de leurs efforts. Voyez tout ce
« que fit Saül; cherchons nos exemples parmi les
« anciens. Il n'y eut chez les Hébreux personne qui
« se levât contre Goliath jusqu'au moment où la pro-
« messe de la fille du roi et de la liberté de la maison
« paternelle suscita le bras de David. Beaucoup d'hom-
« mes disent entre eux et même publiquement : « Pour
« qui travaillé-je? pour qui me tourmenté-je? pour
« qui vais-je recevoir des blessures? donnerai-je ma
« vie en sacrifice pour Antioche? un ingrat, je ne
« sais lequel, y commandera. Loin de moi de pleu-
« rer, pour qu'un autre, dans son ingratitude, se rie
« de mes larmes!» Ainsi donc, mettez-vous en mou-
« vement; que ce ne soit pas l'ambition de régner qui
« vous anime, mais plutôt le desir de mener à son
« terme l'entreprise de notre pélerinage. Il vaut mieux
« que cette ville échoie en partage à quelqu'un, si
« par son secours nous pouvons y pénétrer, que si
« son courage demeurait engourdi faute de récom-
« pense, et qu'il alléguât toujours les excuses que vous
« venez d'entendre. Voilà ce qu'à force de recherches
« et de méditations mon esprit a pu imaginer de meil-
« leur, de plus efficace, de plus convenable; que
« votre sagesse, ô grands, supplée à mon insuffisance,
« si j'ai oublié quelque chose; qu'elle retranche, si

« j'ai trop dit; qu'elle change, si j'ai mal dit; qu'elle
« approuve, si j'ai bien dit. »

## CHAPITRE LXV.

On promet le gouvernement de la ville à celui par qui on
pourra s'en rendre maître.

CE discours est accueilli avec faveur par tous ceux
qui assistent au conseil. Ceux qui sont les premiers
le témoignent d'abord; ceux qui viennent après eux,
chacun selon sa dignité, expriment la même adhésion; nul ne se montre contraire, tous consentent à
ce que la ville appartienne à celui, quel qu'il soit,
par qui son entrée sera ouverte aux Chrétiens. Alors
Boémond prenant la parole : « Une promesse, dit-
« il, qui est confirmée par un serment est déjà
« comme accomplie; l'avenir passe en quelque sorte
« dans le présent, l'espérance se transforme en jouis-
« sance. Mais si les paroles ne sont liées par un tel
« lien, à quoi peuvent-elles servir? un homme quel-
« conque peut être riche en promesses. Si donc vous
« desirez ratifier vos paroles et leur donner quelque
« fixité, ce que vous avez promis, jurez-le. » Plus de
délai, point de rétractation : à peine y sont-ils invités, tous jurent; et ils n'eussent point hésité, si on
leur eût demandé de plus grandes choses, de les jurer
aussi, dans l'espoir d'obtenir quelque soulagement.
Dès lors, plus confiant et plus entreprenant aussi,
Boémond révèle ses projets à quelques-uns des grands,

et invite tous les autres, en termes plus précis, à se disposer pour entrer bientôt dans la place, leur promettant avec certitude qu'ils recevront bientôt d'utiles secours. Alors, prenant congé les uns des autres, ils rentrent chacun chez soi, et s'occupent à préparer des cordes. Celui-là surtout qui, seul parmi les concurrens, compte bien gagner le prix de la lice, celui-là se hâte, se livre à ses méditations, s'attache tout entier à cette nuit qui va bientôt arriver, et qui lui semble plus lente dans sa marche qu'elle ne paraît à celui qui attend sa bien-aimée, ou à ceux qui doivent retourner à l'ouvrage.

## CHAPITRE LXVI.

### La ville est livrée par trahison.

Cette nuit étant enfin venue, au milieu du silence de toutes choses, Boémond dirige sa marche vers la tour qui lui a été promise, non sans beaucoup de fatigue, et allant à pied, car la position, trop escarpée, ne permet pas d'y conduire des chevaux. Toutefois, en partant, il envoie en avant un messager, qui devra examiner et juger par lui-même s'il y a moyen d'aborder les murailles avec assez de sûreté. Or voici le signal que le traître saint avait donné à Boémond en le quittant : « Quand tu seras parti, mon seigneur, « lui dit-il, envoie un messager au pied de ma tour : « moi, je veillerai assidûment sur la muraille. Si tout « nous réussit, je jetterai deux pierres l'une après

« l'autre; s'il y a quelque péril, une seule pierre l'an-
« noncera. » Le messager donc ayant été envoyé en
avant pour s'assurer de l'état des choses, et s'étant approché de la tour, est aussitôt reconnu, reçoit en
même temps le signal que tout va bien, et retourne
sur ses pas pour annoncer ce qu'il vient d'apprendre.
Boémond, qui déjà était en marche, arrive bientôt
auprès des murs, y trouve une corde suspendue en
dehors, et y attache les siennes, que l'Arménien attire aussitôt à lui. Puis, lorsqu'il a fixé ces cordes par
des nœuds assez solides, des jeunes gens, légers
comme des oiseaux emplumés, et le corps ceint de
leurs glaives, volent dans les airs, à l'aide de ces
cordes : Govel de Chartres monte le premier, semblable à l'aigle, qui enseigne à ses petits à voler, et
voltige au dessus d'eux. Ce noble guerrier qui, dès
l'enfance, n'a eu d'autre faim et d'autre soif que celles
de la gloire, desirait ardemment, non d'être illustré
pour vivre, mais de vivre pour être illustré. D'abord
on garda un profond silence tant qu'un petit nombre d'hommes eut à redouter une multitude d'ennemis; mais dès qu'il en fut monté davantage, ils ban-
nirent toute crainte, et leur courage changea en lions
ceux que leur manière d'escalader avait rendus semblables à des aigles.

## CHAPITRE LXVII.

*Massacre des citoyens.*

ALORS ils courent aux portes; et celui, quel qu'il soit, qui se présente à eux, tombe sous leurs coups. Le premier qui fit l'épreuve de leur glaive fut celui dans la tour duquel ils étaient descendus d'abord, le frère de celui qui les avait introduits, et à qui son frère avait laissé ignorer son secret, de peur qu'il n'eût le pouvoir de le faire connaître et de tendre des embûches mortelles. Lui donc et ses compagnons de garde étant tout-à-coup tombés sous le glaive, il s'élève un grand cri, qui retentit dans les autres tours; leurs gardiens prennent la fuite; mais pour ceux qui veulent demeurer, ces tours mêmes deviennent des tombeaux, et gardent frappés de mort ceux qui naguère les gardaient eux-mêmes. Alors les nôtres, descendant vers les portes, et brisant les barricades qui les ferment, ouvrent à Boémond la porte plus rapprochée du couchant, à Raimond une autre porte qui fait face au nord et au pont. Boémond était descendu vers la première à travers des précipices où l'on ne trouvait point de sentier; Raimond avait long-temps assiégé la seconde; et dès qu'il eut entendu le tumulte dans l'intérieur, il se rendit devant cette porte sans aucun retard. La plus grande de leurs sollicitudes, la crainte qui les tourmentait le plus, était qu'au moment où les nôtres seraient introduits, les citoyens ne vinssent à leur rencontre pour défendre les portes et repousser les secours du dehors; mais le Christ ayant eu compassion de son peuple, tandis que les uns arrivent, les uns prennent la fuite; et les portes, privées de leurs gardiens, tombent facilement sous les coups de hache dont on les frappe par dehors pour les ouvrir. Jusque là la nuit avait été favorable aux Chrétiens; bientôt l'aurore commence à briller, et le jour arrive en hâte, enviant à la nuit une si grande joie. Le jour donc ayant paru, les Chrétiens s'élancent dans les palais, insultent à la ville dont ils se rendent maîtres, fouillent dans toutes les retraites, enlèvent l'or, les petits enfans, les femmes, les jeunes filles et tout ce qu'ils peuvent trouver encore, frappent de mort les hommes propres à la guerre, et mettent en réserve ceux qui sont jugés trop faibles. Les citoyens cependant, ceux du moins qui sont prompts à fuir et ont le pied léger, abandonnent toutes choses et se sauvent dans la montagne, sans que le père attende son fils, sans que le fils attende son père chargé d'années.

## CHAPITRE LXVIII.

Le prince d'Antioche, Cassien, cherche son salut dans la fuite.

Un château situé sur le sommet des rochers reçut un grand nombre de fuyards et en repoussa un plus grand nombre encore, que le glaive des Chrétiens avait rencontrés et détournés de leur marche. Les uns se précipitaient vers les montagnes, quelques autres, montant sur les murailles par les escaliers intérieurs, sautaient en dehors, les uns trouvant la mort dans leur chute, les autres y trouvant une nouvelle vie. Ce côté de la ville, ainsi que je l'ai déjà dit, n'avait pu être assiégé, en sorte que ceux qui réussirent à s'échapper jugèrent qu'il leur serait plus facile de sortir par là. Le prince Cassien lui-même, blessé à la tête d'un coup d'épée, dans le dos par une lance, à la cuisse par une flèche, s'était échappé aussi de ce côté, et, en tant que la nuit, le point du jour, ses éperons et son cheval avaient pu le servir, il avait déjà pressé sa marche jusque près du château de Rubée. Là, étant descendu de cheval, il se cacha dans l'ombre, au milieu des broussailles, espérant que le jour dans sa course amènerait quelque voyageur à son aide, ou que la nuit suivante lui prêterait ses ténèbres et ses secours pour poursuivre sa fuite. Dans cette espérance, le malheureux, blessé comme je l'ai dit, tout haletant, dévoré de soif, les oreilles tendues, les yeux fixés sur la route, demeurait caché dans le taillis, semblable au pauvre lièvre qui, échappé à la gueule des chiens, se cache au milieu des buissons. O vanités du monde! qu'y a-t-il maintenant de plus malheureux que lui? Hier ce même homme, prince d'Antioche, dominateur de la Syrie, la terreur de la Phénicie et de l'Assyrie, le plus puissant des rois de l'Orient, n'était le second que du seul soudan qui régnait dans toutes les contrées de la Perse. Mais tandis que le malheureux est en proie à tant de tourmens et qu'une soif ardente dévore ses entrailles, ayant vu un paysan qui portait une cruche remplie d'eau, il lui fait un signe, et le paysan s'approche et lui donne à boire; puis celui-ci le voyant et le contemplant de plus près, tout étonné d'une telle rencontre et des blessures dont il le voit couvert : « Hélas! prince, mon seigneur, lui dit-il, « qui donc a pris sur toi de telles licences? Quel « homme s'est élevé contre toi à un tel excès d'au- « dace? » car il l'avait reconnu, parce que les yeux du peuple sont toujours dirigés vers la majesté royale; et il demeurait frappé de stupeur, ignorant encore les derniers événemens.

## CHAPITRE LXIX.

#### Il est frappé de mort par un paysan.

ALORS Cassien prenant confiance en celui qui témoignait de la compassion pour son infortune, et craignant en même temps que celui-ci ne se défiât de lui, s'il dissimulait, et que dans sa défiance il ne prît bientôt le rôle d'un ennemi : « Antioche, lui dit-il, « est perdue; les Francs l'occupent; dans l'état où tu « me vois, emportant une triple blessure, je me suis « enfui avec beaucoup de peine : toi, je t'en supplie, « ne me découvre pas; ce soir je reprendrai l'œuvre « de la fuite. Toi donc, compte sur une très-grande « récompense de ma part, si je parviens à m'échap- « per. » Le vulgaire suit la fortune; celui à qui elle sourit peut compter chez lui un grand nombre d'amis; si elle se montre triste, les amis fuient devant les tonneaux desséchés, où il ne reste plus que la lie, et refusent de porter plus long-temps le joug. Le paysan donc, étonné d'une chute si grande et si rapide, ne se possède plus; son cœur frissonne, il est frappé de stupeur, et délibère enfin sur ce qu'il a à faire dans une telle occurrence. Bientôt il médite la mort de celui dont les blessures excitaient naguère sa compassion, et en cela il pèse deux considérations, qu'il lui sera facile d'exécuter ce projet, et que le résultat en sera avantageux pour lui. S'il frappe le prince à mort, la récompense est tout près, des vêtemens royaux, un cheval et la faveur des Francs. Il eût dû préférer cependant à toutes ces choses l'amitié du Christ, dont il aurait tué l'ennemi, et la gloire immortelle de la mort d'un si grand prince, la gloire qui pousse tant de mortels à la mort. Mais de telles pensées sont étrangères à l'ame grossière qui ne connaît aucun noble sentiment, et ainsi le paysan ne recherche que ce qui lui est utile. Il voit un homme fatigué, ayant perdu beaucoup de sang, à demi-mort, seul, sans armes : il pense qu'il lui sera facile de lui arracher ce qui lui reste de vie. Que dirai-je de plus? Oubliant tout sentiment d'honneur, méconnaissant toute pitié, le serviteur frappe son seigneur de la massue qu'il lève sur lui, et lui brise la cervelle qui se répand au loin, préférant ainsi des dépouilles assez minces aux plus brillantes promesses.

## CHAPITRE LXX.

*Tancrède se plaint de n'avoir pas été informé de cette expédition.*

Tancrède, cependant, ignorant tout ce qui venait de se passer, était, selon son usage, loin de la ville, occupé à observer les routes par lesquelles les assiégés sortaient très-souvent de chez eux, ou y rentraient. Ayant appris ces nouvelles par des fuyards qui s'étaient échappés et qu'il fit prisonniers :
« Hélas! hélas! s'écria-t-il, moi seul, au milieu de
« ces joies ineffables, je serai donc contraint de m'af-
« fliger! O honte! Si quelqu'un a travaillé, me suis-
« je donc reposé? Si quelqu'un a veillé, me suis-
« je donc couché? O Boémond! Boémond! tu as agi à
« découvert avec les autres, et en cachette avec moi!
« O sang de mon parent! Une telle conduite est-elle
« en effet d'un parent? Tu m'as fait absenter, sachant
« que si j'étais présent, je rechercherais la première
« place dans une si grande entreprise. Tu savais
« que si j'étais là, je courrais le premier aux murail-
« les, le premier je saisirais les cordes, le premier
« je volerais sur les remparts, le premier je frappe-
« rais de mort. Tu m'as envié cette gloire, à laquelle,
« cependant, ton âge, tes forces, ton courage peut-
« être te défendaient d'aspirer. O heureux, quel qu'il
« soit, celui qui a pu offrir de telles prémices au
« Seigneur notre Dieu! Mais hâtons-nous, ô mes

« compagnons! si nous avons perdu le premier rang,
« sachons du moins marcher à la suite. Celui qui nous
« a faits pauvres, qui m'a enlevé la gloire, ne nous
« enlèvera pas du moins ce que je demande. Que ce-
« lui donc qui a façonné un à un les cœurs des hom-
« mes, et qui connaît leurs œuvres, que celui-là
« même juge et accorde la vengeance! »

Il dit, et se rend à Antioche, où il trouve la joie : celui qui pleurait naguère avec ceux qui pleuraient se réjouit maintenant avec ceux qui se réjouissent, car dans un noble cœur la joie publique chasse la tristesse qui lui est personnelle. Il eut cependant, au milieu de l'allégresse générale, un petit sujet de joie particulière. Ceux de ses chevaliers qui étaient demeurés pour garder son camp, ayant entendu le retentissement des trompettes, étaient entrés dans la ville avec Boémond, et en l'absence de leur seigneur, ils lui avaient retenu et préparé un beau palais. Lors donc que tous ceux qui commandaient en princes furent entrés à Antioche, le seul comte de Blois se trouva absent, soit par un effet de la juste colère du ciel, soit que la fortune lui fût contraire.

## CHAPITRE LXXI.

### Événement fort extraordinaire [1].

Il arriva en ce temps un événement fort inattendu et sans exemple, et de telle nature que nul ne se sou-

[1] Ce qu'on lit dans ce chapitre se trouve dans une feuille cousue dans le manuscrit des Faits et Gestes de Tancrède, soit que le cha-

vient qu'il y ait eu dans les temps passés, ou qu'on ait vu dans le temps présent un fait aussi singulier.

Les comtes de Flandre et de Boulogne, invités à souper par Boémond, étaient assis, le premier à sa droite, le second à sa gauche. Il y avait dans le même palais une grande affluence d'hommes du peuple, les uns couchés, les autres faisant le service, comme il arrive lorsque trois princes aussi considérables se réunissent autour d'une table. Le manger rend les hommes silencieux, le boire les rend babillards, comme l'a dit un homme sage. Après le soupé Boémond agitait un couteau de sa main droite, quand le comte de Flandre, faisant allusion à ce geste, lui dit : « Que veut dire ceci? J'y vois manifeste« ment un témoignage de sollicitude : ce n'est pas « ici le moment de s'inquiéter, c'est l'heure de la « joie et non des soucis. — Certainement, seigneur « comte, reprit Boémond, votre présence me préserve « de toute sollicitude; mais voici un jeu auquel je « prétends m'exercer en agitant ainsi ce couteau. « Cette bougie, dont la grosseur surpasse celle de « toutes les autres (il y avait en effet devant lui, et « sur un chandelier, une bougie allumée, plus grosse « que les autres), cette bougie, dis-je, je veux d'un « seul coup la partager en deux. » Ces paroles parurent insensées aux deux comtes, et surtout ils jugèrent qu'il était impossible de faire une pareille chose. Le comte de Flandre répondit donc alors : « Fais ce « dont tu te vantes, prince, et si tu y réussis, je te

pitre ait été ajouté par l'auteur lui-même, soit qu'un autre l'ait écrit et inséré dans la suite. On peut remarquer du moins qu'il interrompt le fil de la narration.

« donnerai mon justaucorps; comme aussi, si tu ne le
« peux faire, tu ne refuseras pas de me donner le tien. »
On convient ainsi : bientôt Boémond, levant le couteau, frappe et coupe la bougie qui était devant lui ;
sa main dirigeant le coup avec adresse et frappant un
peu en oblique, rencontra sans peine le point de
section. Ainsi une bougie se changea en deux, et,
chose étonnante à dire, une seule brûlait, et deux
brûlèrent à la fois : la partie supérieure qui était
tombée continua à brûler, la partie inférieure qui
demeura debout s'alluma d'elle-même sans que personne approchât la main pour y mettre le feu. Aussitôt tous les assistans sont frappés de stupeur : un tel
présage effraie celui-là même qui l'a provoqué. La
nouvelle de ce fait s'étant promptement répandue dans
le peuple, on accourt de tous les vestibules, de tous
les offices; on ne peut se rassasier de voir, et tandis
que tous sont ainsi frappés de stupeur et remplis d'admiration, cette flamme, qui s'était subitement allumée, s'éteint aussi subitement, présage plein de tristesse! Que si la flamme et la cire fussent demeurées
constamment et étroitement unies, se conservant et
périssant en même temps, Boémond eût pu se promettre un long héritage, une longue série de successeurs, se propageant jusqu'aux derniers jours des
siècles; mais comme le petit feu s'était évanoui presqu'aussitôt qu'allumé, ceux qui lisent dans l'avenir
y voyaient la promesse d'une race qui paraîtrait bientôt, mais qui s'éteindrait promptement. Ils disaient
alors :

*. . . . . Ostendent tantum hunc terris fata, nec ultra*
*Esse sinent;*

et la suite, comme on la lit dans le poète de Mantoue; événement que nous voyons maintenant accompli dans la mort de Boémond le jeune. La singularité de ce prodige fut ce qui sauva le comte de Flandre de la perte de son pari; il ne fut plus question dès lors du justaucorps qui y avait été engagé, mais plutôt des richesses et de la pauvreté, qui étaient le partage, les unes du prince Boémond, l'autre du comte. Non seulement ce qui était dû par le comte ne fut pas exigé de lui, mais il fut en outre comblé de beaucoup de présens.

## CHAPITRE LXXII.

Les Chrétiens s'étant emparés de la ville sont assiégés par d'innombrables troupes d'Infidèles.

Ce jour fut le jour de la joie, le lendemain fut celui de la douleur. Corboran, général du roi des Perses, arriva avec quatre cent mille cavaliers, assiégea la ville et menaça ceux qui y étaient enfermés de la mort ou des fers. Ayant appris cela, le comte de Blois se hâta, autant qu'il était en lui, pour prendre la fuite, regardant comme une victoire qu'il lui fût possible de s'échapper, en présence de ses compagnons dévoués à la mort. Il retourna dans la Grèce, et rencontra à Cuthai, ville de Lycie, l'empereur Alexis, qui se hâtait de marcher au secours des Francs, avec une armée de cent mille hommes. Gui, frère de Boémond, suivait l'empereur, et avec lui étaient quelques autrès nobles Francs, conduisant environ dix mille hommes d'armes. Lorsque l'empereur eut reçu d'Étienne l'avis que les Francs étaient assiégés par les Infidèles, on prétend qu'il voulut d'abord marcher à leur secours, mais qu'il en fut empêché par les paroles de celui qui eût dû au contraire l'y encourager. Consulté sur la force de l'armée des Perses, Étienne, dit-on, répondit en ces termes : « Monseigneur, si « ton armée était servie en un repas à celle des « Perses, elle ne suffirait pas pour que chacun de « ceux-ci en pût avoir un petit morceau. » Effrayé de ces paroles, l'empereur se retira dans la Grèce, livrant aux flammes les châteaux, les villes, les campagnes qu'il traversait, et entraînant les peuples à sa suite de peur de fournir lui-même des alimens à l'ennemi, si celui-ci se lançait par hasard sur ses traces. Gui voulait absolument aller porter secours aux serviteurs du Christ, enfermés dans la ville; on eut grand'peine à le retenir, quoiqu'il se vît privé de l'assistance des Grecs; mais enfin il céda aux représentations de celui qui avait aussi entraîné l'empereur.

## CHAPITRE LXXIII.

Ils sont en proie à une nouvelle famine.

Cependant les Francs, environnés par les chevaliers ennemis, enfermés dans leurs murailles, frappés par les flèches des Perses, étaient en outre tourmentés d'une cruelle disette : rude situation sans doute, et cependant l'avenir semble encore plus cruel. Les malheureux n'ont aucun moment de repos : du côté de la montagne, une pluie de flèches fond sur eux, et du côté de la plaine, l'accès leur en est interdit, et par leurs murailles, et par les eaux qui les en séparent. Sur la montagne ils ne possèdent rien ; au contraire, l'ennemi occupe la montagne par où l'on arrive à la ville. Le jour amène la guerre, et la nuit obscure amène encore la guerre. Les Turcs occupent toutes les sommités, les Latins défendent les bas-fonds. Quelques lances seulement sont dressées contre des flèches innombrables ; la lutte est inégale en nombre, en forces, en position, en armes ; tout est inégal et tout est à l'avantage des Turcs. Le courage seul soutient les cœurs des Francs, en bannit toute tristesse et leur donne la supériorité sur ceux qui ont contre eux tant d'avantages. Ils tiennent conseil pour chercher par quels moyens ils pourront éviter tant de fatigues et procurer à leurs yeux les douceurs du sommeil.

## CHAPITRE LXXIV.

#### Ils résistent et construisent des redoutes.

Alors les ouvriers préparent du ciment, des pierres, des plombs, des cordes, des vases, des outils divers, et quand tout est ainsi préparé, durant la nuit ils travaillent; c'est une bonne entreprise, sans doute, mais elle ne peut supporter l'éclat du jour. On se met donc à l'ouvrage pendant la nuit, le jour les flèches continuent à pleuvoir; la lance cherche à leur résister : tant qu'elle se porte en avant, les travaux s'élèvent; si elle se retire, ils sont suspendus. Enfin, au milieu de ces diverses chances de la fortune, les Francs ont élevé une muraille pour opposer une barrière aux Turcs descendant de la montagne. Si on a besoin de ramasser du bois, afin que le feu ne demeure pas sans aliment, on envoie des attelages à la distance de deux fois huit traits de flèche, et les animaux reviennent chargés et inondés de sueur. Nul aussi ne revient sans être bien pourvu, car chacun s'est arrangé pour bien remplir son carquois. Les Francs ayant ainsi trouvé le moyen d'obtenir du moins quelque peu de repos, les flèches des Perses les frappent et les atteignent moins souvent, et déjà ceux-ci cherchent à prendre d'autres soins et à provoquer d'autres combats. Dans le peuple chrétien, cependant, tous abreuvés de larmes et d'angoisses, accablés de fatigues et de blessures, dévorés par la faim, les soucis, les intempéries du froid et du chaud, cherchent avec avidité, durant la nuit, le sommeil dont il leur est possible de jouir, car le sommeil est le pain dont ils sont réduits à nourrir leurs estomacs.

## CHAPITRE LXXV.

Tandis qu'ils se livrent au sommeil l'ennemi les attaque.

Tandis que le peuple chrétien était ainsi couché, les murailles manquaient de gardiens; car, comme dit le vulgaire, celui qui est bien couché garde mal. Cependant le héraut, chargé de veiller pour les palais, s'en va de rue en rue, en criant : « Levez-vous! « levez-vous! l'ennemi est là; il attaque les tours, « déjà il est maître de la ville. Quelle paresse vous « retient dans le repos? Malheureux, secourez-vous « vous-mêmes! » Mais pendant qu'il crie ainsi, on répond à ses cris à peu près aussi bien que si les montagnes d'Ismare ou de Rhodope, couvertes de durs rochers de la Thrace, eussent reçu l'ordre de se lever. Cependant les grands, en entendant les mêmes cris, prennent la résolution de mettre le feu aux maisons, ainsi qu'aux asiles les plus retirés : une fois les maisons brûlées, les murailles retrouveront du moins des défenseurs.

## CHAPITRE LXXVI.

Robert met le feu à la ville, afin de rassembler promptement les chevaliers.

Robert, le comte de Flandre, est invité à se charger de cette tâche. Lui-même, rempli d'activité, va ranimer le zèle des paresseux et de ceux qui se montrent trop lents pour cette œuvre, afin que les grands ne demeurent pas engourdis, tandis que les petits se livrent à leur nonchalance. On exécute alors ce qui a été convenu : Robert dévaste la ville par la flamme, et sauve ceux qui l'habitent, en travaillant à conserver les murailles. Si je m'en souviens bien, c'était la Provence qui avait envoyé les guerriers qui, paresseux dans l'ombre, furent les premiers à se lever, éveillés par la flamme : ils étaient logés le long de la montagne, mais non pas cependant au pied même. Ceux qui étaient plus rapprochés de sa base occupaient les plus grandes maisons; le sort les avait fait entrer les premiers, lorsque les portes de la ville furent ouvertes, et ils avaient les premiers choisi, à leur gré, les maisons les plus élevées. Là Raimond avait fixé aussi sa résidence et sa cour, et autour de lui ses gens étaient, les uns livrés au repos, les autres fiers et debout. Lorsque les feux de Vulcain atteignirent au faîte des édifices, ceux qui faisaient les paresseux se levèrent aussitôt, s'affligeant même de s'être ainsi livrés au repos. Ils courent aux murailles et y dressent aussitôt leurs tentes, tandis que d'autres tressent des nattes de paille. Ainsi les murs sont conservés au moment où ils allaient être perdus, ainsi des désastres préviennent d'autres désastres. Ainsi le malheur public a cessé, et il ne reste plus que les maux particuliers; mais, comme on lit quelque part, la douleur est le seul remède à la douleur.

## CHAPITRE LXXVII.

L'incendie consume les palais et les temples.

La ville, une fois embrasée, s'embrase de plus en plus ; bientôt, hélas ! le remède sort de toutes les bornes, et quand les flammes dévorantes ont parcouru les maisons, les temples innocens deviennent également leur proie; des temples, tels qu'en les voyant les peintres de la Grèce, l'Arabe qui fond l'or, les sculpteurs d'Écosse ou d'Angleterre, seraient demeurés frappés d'étonnement! Oh! combien de précieuses matières enfermaient ces beaux monumens! On y voyait une rangée de colonnes en pierres de Paros : le pavé semblait représenter la mer transparente et unie comme un cristal; les poutres, faites des cèdres odoriférans du Liban, avaient été prises au milieu de forêts qui s'élèvent jusques aux nues. Le mont Atlas avait fourni ses marbres, la ville de Tyr ses verres, l'île de Chypre son bronze, l'Angleterre son fer. Chaque royaume avait pris soin d'envoyer ses plus précieux trésors, et quoique les fours souterrains d'Antioche fussent employés à la fonte, on assure qu'Amathonte avait aussi envoyé du plomb pour recouvrir les toitures de ces temples. L'un était destiné au culte de la mère du Seigneur; un autre était consacré à Jacques, sans que l'on sache précisément si c'était celui qui fut mis à mort par l'épée, ou celui qui fut précipité du haut du temple, attaché à une pièce de bois. Tels étaient les précieux ouvrages, les beaux monumens qui furent consumés par l'incendie.

## CHAPITRE LXXVIII.

Les murs ainsi sauvés, l'ennemi n'en presse pas moins les assiégés.

Mais si les murailles sont sauvées au prix d'un si grand péril, l'ennemi est encore là, serrant de près les assiégés, et cherchant à tromper ceux qui veillent au service des gardes; la nuit tient en mesure contre les embûches, mais le jour dédaigne de les prévoir. Les ennemis, qui occupent les rochers les plus élevés, voient aisément tout ce qui se passe au dessous d'eux, quels sont ceux qui sont couchés et ceux qui veillent, quels côtés de la place sont privés de défenseurs, quels autres sont protégés par quelque chef. Les Allemands gardaient durant la nuit la portion de la ville qui fait face à l'Orient; et le jour, ils se livraient au sommeil. Les Turcs ayant, du haut de leurs rochers, remarqué très-souvent le même fait, espérèrent pouvoir escalader les murailles pendant que les autres seraient aussi endormis. Ayant donc préparé des échelles, ils arrivent furtivement au pied des remparts; ils montent aussitôt, sans que personne s'y oppose, car les malheureux gardiens étaient couchés, plongés dans le sommeil, comme dans les bras de la mort. Déjà plus d'un arc, plus d'une épée ennemie avait pénétré dans les tours, quand tout-à-coup, d'une muraille éloignée, les nôtres reconnaissent cette attaque. Aussitôt on pousse de grands cris; la ville a frémi, la troupe endormie s'éveille enfin, frappée d'étonnement en voyant les Turcs courant sur les remparts, si près d'elle. Parmi ceux-ci, les uns tirent leur glaive, d'autres prennent la fuite, saisis de stupeur; ceux qui tirent leur glaive frappent, ceux qui fuient sont frappés. Les serviteurs du Christ les pressent vivement, et les Perses se sauvent vers les murailles. Heureux celui qui peut trouver une échelle ou une corde pour s'en servir, malheureux qui ne trouve ni l'une ni l'autre! Celui qui a de l'audace s'élance du haut des remparts au milieu des rochers, l'homme plus timide cherche à échapper aux glaives qui le poursuivent. Enfin, tandis que les Allemands, après s'être éveillés, combattent et chassent les ennemis, ô honte! une foule d'autres Latins, et les Grecs eux-mêmes, allaient, à ce qu'on assure, parcourant les rues et les places, et criant toutes sortes d'injures contre les Allemands.

## CHAPITRE LXXIX.

La famine toujours croissante pousse quelques nobles de l'armée assiégée à sortir de la ville.

Toutefois la fortune ne cesse point de persécuter le Christ, ou les serviteurs du Christ : comme l'aigle vaincue tente encore de se relever, de même les nôtres ont succombé en montant sur les murs de la ville ; à peine y ont-ils pénétré qu'ils essaient d'en descendre et de sortir ; ils ne négligent aucune sorte de tentative, et dirigent les efforts de leurs armes tantôt à droite, tantôt à gauche, disant :

*Flectere si nequeo superos, Acheronta movebo*,

Si je ne puis fléchir les Dieux du ciel, je mettrai en mouvement l'Achéron.

Les serviteurs du Christ, enfermés, souffrant des rigueurs du jour et des rigueurs de la nuit, sont en outre affligés, rongés, consumés, amaigris ou enflés par le supplice de la famine, plus cruelle que tout autre ennemi. Cruelle hier, plus cruelle aujourd'hui, demain, après demain, plus cruelle encore, la famine se montre d'autant plus cruelle que les alimens semblent de plus en plus se retirer. Au milieu de si grands ennemis et de tant de souffrances, privés de tout secours, quelques chevaliers formèrent le projet de s'enfuir, jeunes gens braves, nobles, illustrés à la guerre, et qui, jusqu'à ce jour, s'étaient montrés dignes des plus grands éloges, Guillaume et ses frères, Albéric et Ive, portant tous trois le nom de Maisnil, et auxquels s'était joint Raoul de Fontenelle, originaire de la ville de Tours. Quant aux trois frères, hélas! hélas! quelle honte! la Normandie les avait renvoyés! Les Normands, vainqueurs en tous lieux, et qui sont l'orgueil du monde, vainqueurs du peuple anglais, vainqueurs des Siciliens, vainqueurs des Grecs, de Capoue et de la Pouille, à qui obéissent et le Lombard, et le Calabrois, et l'Africain, les Normands ont reçu cet affront de cette famille! Plusieurs autres chevaliers furent invités par eux à s'associer à cette œuvre honteuse. Mais Dieu et son serviteur Arnoul les retinrent, au moment où ils se disposaient à les suivre, et les firent renoncer à ce coupable traité. Oubliant donc et leur Dieu, et leur patrie, et eux-mêmes, ces jeunes gens, ayant conçu ce mauvais dessein, et voulant même l'inspirer à d'autres, persistèrent dans leur entreprise, et ne se laissèrent fléchir par aucune parole, croyant qu'il serait beau d'accomplir un tel dessein et beau de pouvoir raconter comment; tous leurs compagnons ayant péri, ils avaient réussi à échapper à la mort. En conséquence, ils préparèrent des cordes; puis, les ayant préparées et bien fixées, ils s'y suspendirent le long de la muraille, volant dans les airs, tels que la chouette, qui ne vole que de nuit : eux aussi s'enfuirent pendant la nuit; et lorsque le soleil levant vint apprendre aux autres leur départ, on rendit aussitôt un édit par lequel il fut défendu à qui que ce fût d'oser enlever ces cordes, afin qu'elles demeurassent, pour témoigner à jamais à la postérité l'opprobre de ceux qui s'en étaient servis.

## CHAPITRE LXXX.

Les assiégés mangent des alimens qui donnent la mort.

Lorsque le van et le souffle du vent eurent séparé la paille du bon grain, le pur froment qui seul demeurait, l'or éprouvé au feu et dégagé de tout mélange, c'est-à-dire les hommes qui n'éprouvaient aucune crainte, et demeuraient fermes, mais rongés par la faim, misérables et privés de tout repos, s'adressèrent, dans l'espoir de conserver leur vie, à de funestes alimens qui donnaient la mort, tels que sont la ciguë, l'ellébore, l'ivraie et la folle avoine. Ils s'en nourrissent, et les malheureux meurent en cherchant à vivre. En outre, partout où ils peuvent trouver quelque morceau de semelle ou de cuir, ils s'en saisissent, le jettent dans une marmite, le font amollir dans l'eau et par l'action du feu, s'en font un aliment. Heureux même celui à qui le sort accorde une telle nourriture; ceux qu'il persécute n'ont plus en partage que les maladies et la mort. Accablés de maux, ces nobles rejetons de ducs, de comtes et de rois (réunion telle que jamais aucune enceinte de remparts n'en avait vu auparavant ou n'en a vu depuis), accoutumés jusques alors à toutes les bonnes choses, sont maintenant accablés des horreurs de la disette : les eaux du fleuve sont leur seul nectar, et encore n'en ont-ils qu'avec beaucoup de peine : de là résultent pour eux et le dévoiement et la fièvre, et une maladie contagieuse. Nulle part ils ne trouvent aucun soulagement à leurs maux ; tout ce qui les environne enfante la mort.

## CHAPITRE LXXXI.

Ils font proposer aux Perses un combat singulier par la bouche de Pierre l'Ermite.

Les chefs alors cherchent, méditent, examinent, font tous leurs efforts pour découvrir par quelle puissance, quels moyens, quels artifices ils pourront éviter la mort, et rappeler la vie qui s'enfuit loin d'eux : ils y pensent la nuit comme le jour ; et enfin, après avoir tenu conseil, ils s'arrêtent à la résolution d'envoyer des députés auprès de ce satrape des Perses, qui portait le nom de Corboran. Ils envoient donc cinq députés, parmi lesquels on remarque Pierre l'Ermite. Pierre avait le teint brun, l'esprit ardent, les pieds nus, la taille courte, le visage maigre ; et son cheval, semblable à un petit âne, était aussi harnaché comme le sont les ânes. Une mauvaise soutane d'ermite couvrait son corps ; et c'est avec ce vêtement qu'il va se présenter à la vue du tyran, qui porte une robe flottante. En voyant son habit, son visage et tout le reste de son équipage, les Perses se réjouissent, espérant que le pauvre malheureux va se prosterner aux pieds du prince, pour le fléchir lui-même en fléchissant les genoux, et qu'il vient le pre-

mier porter des paroles de paix. Mais il n'en est point ainsi, impies que vous êtes ; et comme la poussière est rejetée au loin par le vent, de même aussi vous serez vous-mêmes rejetés. Pierre se mit à parler en ces termes, mais debout et la tête haute : « La noblesse pé-
« lerine des Gaules, illustre et aspirant à visiter le sé-
« pulcre du Christ, ne redoute rien, et est en possession
« de la ville d'Antioche. Là gouverne en souverain
« Pierre, le chef de la compagnie des apôtres; il l'ho-
« nore de sa résidence, et se plaît à y voir des hommes
« qui servent le Christ comme lui. Toi, tu viens ra-
« vager son territoire, tu tiens les serviteurs du Christ
« assiégés : je t'ordonne donc, au nom du Christ et
« de Pierre, de te retirer de ses États, et cela au plus
« tôt. Ou, si tu aimes la justice, si le royaume de
« Perse prend quelque soin de ce qui est honnête et
« équitable, que dix, ou six, ou trois des vôtres en-
« fin prennent leurs armes et se présentent, et qu'un
« nombre pareil de serviteurs du Christ marche con-
« tre eux. Quel que soit celui des deux peuples qui
« remporte la victoire, que le peuple d'Antioche lui
« soit soumis : quel que soit le vaincu, qu'il se retire
« d'Antioche. Si cette condition te paraît fâcheuse,
« écoute ce que je vais dire, ce que nous te propo-
« sons; c'est une autre condition, peut-être plus fâ-
« cheuse encore pour toi. Demain, quand l'aurore
« brillera de ses premiers feux, ne doute point que
« la guerre sera portée contre toi. Telles sont les pa-
« roles que t'envoie le peuple latin. »

## CHAPITRE LXXXII.

### Réponse des Perses.

Tandis que Pierre adresse ces propositions aux Perses qui l'environnent, la troupe des chefs en rit, la foule du peuple en rit aussi, tous éclatent de rire devant ce malheureux, qui parle comme un homme portant une longue robe. Enfin le chef suprême lui répond dans son orgueil : « Dévastant le royaume des « Perses, une race pélerine a offensé Dieu, Mahomet et « le soudan, inférieur seulement à Mahomet. Envoyé « pour chercher et détruire, j'ai trouvé ma proie; elle « est enfermée derrière des murailles ; je les briserai. « Je livrerai vos corps aux dents meurtrières des « chiens et des lions. Va donc, porte en réponse ces « paroles à tes Latins. Quelle autre réponse pourrais-« je faire à votre Pierre, à votre Christ ? Autant est « Pierre, autant est Christ pour moi : je ne me soucie « ni de l'un, ni de l'autre; je m'en ris, je me ris de « tous les deux. » Après avoir entendu retentir ces paroles menaçantes, Pierre retourne auprès de ses compagnons, et leur rapporte en détail les fureurs du chef des Perses. Aussitôt les Francs se préparent à la guerre, le cœur rempli d'audace, mais les os dévorés par la faim et presque dépouillés de toute chair.

## CHAPITRE LXXXIII.

Les fidèles méditent une sortie.

Une large place s'étend au pied des murailles, tout près de la porte qui s'ouvre du côté du nord et qui touche au pont et au fleuve. Là les chefs se réunissent; là le peuple saint se rassemble presque sans armes; là les princes arrêtent qui marchera le premier contre les ennemis, qui s'avancera à la suite des premières bannières. Tous les autres règlent de la même manière le rang qu'ils prendront pour combattre, la place qu'occuperont ceux qui lancent les javelots ou les flèches et ceux qui portent la lance, les positions d'où les chevaliers et les hommes de pied s'élanceront pour attaquer l'ennemi et celles où ils demeureront fermes pour lui résister. Tandis qu'ils font ainsi toutes leurs dispositions, le soleil se retire, et le combat se trouve ainsi remis au lendemain. Il ne restait plus que le tiers de la nuit, lorsque le précepteur d'Arnoul, accourant en toute hâte, et faisant retentir le vestibule du palais des éclats de sa voix et du battement de ses mains : « Allons, allons, lève-toi, lève-toi vite,
« s'écrie-t-il, sans attendre ni les signaux, ni l'étoile
« polaire : la victoire brille dans les cieux, regarde
« les deux étoiles; celle qui maintenant marche en
« avant était auparavant à la suite de l'autre, et celle
« que tu vois reculer actuellement, Arnoul, était allée
« en avant jusqu'à présent. Lève-toi donc, appelle

« les chefs, rassemble-les pour le combat ; et s'il y a
« quelque péril dans ce conseil, que je sois gardé en
« otage, pour être brûlé ou attaché sur une croix, et
« que ma femme, mon père et ma mère et mes deux
« enfans subissent le même sort. » Car il avait avec
lui sa femme, son père et sa mère et ses deux enfans. Cet homme avait appris dès son jeune âge à
connaître dans quel rang marchent les étoiles, et ce
qu'elles présagent, soit qu'une comète bouleverse les
royaumes, soit que le vieillard glacé menace d'incendie et de pluie, soit que le lion furieux annonce les
feux brûlans du char de Phaéton, ou que le flanc
d'Orion porte-épée apparaisse vivement embrasé, ce
qui est un prélude de guerre ; enfin, quelque présage que présente chaque étoile, ce savant docteur
avait instruit un grand nombre d'hommes dans l'art
de le reconnaître ; il l'avait aussi enseigné à Arnoul,
et lui avait montré ces deux étoiles qui, dès le commencement de la guerre, lui dévoilaient toutes choses. L'une portait les destinées des serviteurs du
Christ, l'autre celles des Turcs : et en ce moment,
marchant l'une et l'autre dans une position différente,
elles annonçaient, l'une la ruine des Perses, l'autre
l'allégresse pour les Francs.

## CHAPITRE LXXXIV.

*Ils attaquent les ennemis.*

Aussitôt qu'Arnoul a reconnu de ses oreilles et de son œil de lynx les signaux célestes que lui indiquaient la voix et la main de son maître, il se rend en toute hâte auprès des chefs suprêmes et les appelle aux armes, leur montrant que les destins ont changé par le changement de marche qu'il vient d'observer, et leur promettant que tout ira bien désormais, parce que tout est renouvelé. Déjà la nuit s'était retirée devant Phébus, et aussitôt la race illustre des Chrétiens dévorés par la faim, ouvrant les portes de la ville, les franchit pour aller combattre. Maintenant, il en est besoin, maintenant je t'invoque, viens à mon secours, esprit bienveillant, dis au poète qui soupire ardemment après toi, quel était le premier corps d'armée, quel était le second, quels étaient aussi tous les autres.

## CHAPITRE LXXXV.

*Description du rang qu'occupe chaque chef dans cette attaque.*

Hugues le Grand sortit le premier, conduisant les Francs hors des portes; Hugues brille au premier rang, comme il brillait toujours par sa haute noblesse;

les bannières de Robert le Normand marchent à sa suite; tous deux comtes souverains, seuls princes de la race des rois; Hugues, plus illustre par sa famille, Robert, plus grand sous tout autre rapport : ce n'était pas sans motifs que tous deux furent destinés à occuper le premier rang dans le combat. Le troisième qui sortit après eux fut Godefroi, conduisant de nombreux bataillons, car il avait avec lui les Lorrains, et avec les Lorrains des Allemands. Tancrède occupait le quatrième rang dans l'ordre des combattans; Tancrède, l'un des premiers par l'éclat des armes, mais ayant moins de troupes avec lui. Illustre par les forces et par la multitude de ceux qui le suivent, le fils de Guiscard fait briller au cinquième rang sa précieuse bannière, précieuse en effet, et par l'étoffe dont elle est faite, et par sa forme, qui présente la figure d'une croix. Raimond marche le sixième, au milieu d'un grand fracas, s'avançant pour combattre les Turcs, sans mêler ses armes aux armes de ses compagnons, destiné à soutenir les combattans, à diriger ses regards de tous côtés, afin de fournir des armes à ceux qui devront mourir, pour remplacer les jeunes guerriers qui seront déjà morts, à entretenir ainsi le combat, à former un mur qui serve à la fois de point de résistance et de retraite. Pendant ce temps le comte de Flandre devra veiller soigneusement à la défense de la ville; il a reçu le commandement des portes, lui-même il couronne les remparts de ses armes : du haut des tours il lance toutes sortes de projectiles, des flèches, des pieux, des traits, des pierres, des bâtons enflammés, et sans cesse il va lui-même chercher de nouveaux matériaux pour entretenir la guerre ; tantôt il menace, tantôt il tremble que les ennemis ne fassent une irruption dans l'intérieur de la place; tantôt il fait retentir sa voix de chef qui commande, tantôt il frappe et tue de son glaive de chevalier; il est la seule barrière opposée aux invasions des Turcs descendant du haut de la montagne, et ce point de défense a besoin du puissant secours d'un puissant protecteur.

## CHAPITRE LXXXVI.

### La frayeur s'empare des Perses.

La renommée rapporte que le satrape des Perses jouait aux échecs au moment où les premières bannières des Francs sortirent de la ville. Tout-à-coup le bruit se répand auprès de lui que les Francs se sont mis en marche pour combattre; le prince, sans s'émouvoir, continue à jouer comme auparavant, et ne se lève pas même, ô comble de l'orgueil! quand on s'écrie que les bannières du grand comte Robert apparaissent dans les airs; enfin, quand on lui apprend que les troisièmes bannières viennent de se montrer, il se fait autour de lui un grand tumulte. Alors le prince fait appeler quelques captifs de notre race, car il en avait quelques-uns en son pouvoir, et leur demandant quelles sont ces bannières et ce qu'indique leur apparition, il apprend d'eux aussitôt et ce qu'elles désignent et à qui elles appartiennent. Celle-là est à Robert, celle-ci à Godefroi, cette autre est celle de Hugues; là est la noblesse, mais dans la ville il y a encore de plus puissans guerriers; maintenant donc, prince, tu combattras, ou tu reconnaîtras que tu ignores l'art de la guerre. Tout aussitôt Tancrède se présente, et après lui Boémond, et enfin Raimond avec ses porte-bannières, tout prêt à soutenir le combat. Voyant ainsi les serviteurs du Christ tout disposés à livrer bataille et à s'élancer sur lui, Corboran tremble, et, appelant aussitôt un intreprète, fait offrir à son tour aux Chrétiens les conditions que ceux-ci lui avaient d'abord proposées, qu'il avait refusées lui-même, et pour lesquelles il se voit à son tour refusé. Alors, et sans autre retard, il ordonne aux siens de préparer leurs carquois et leurs arcs, et les siens, Assyriens, Perses, Parthes, Libyens, Élamites, Phéniciens, Arabes, Indiens, Tyriens, Mèdes, et beaucoup d'autres peuples encore, qu'il serait trop long et trop ennuyeux d'énumérer, se préparent à combattre.

## CHAPITRE LXXXVII.

### Suite de la bataille.

Un corps immense de Turcs, fort de cent mille hommes peut-être, avait passé entre la montagne et les cohortes du Christ, pour aller sur les derrières lancer des javelots contre les Chrétiens, comme fait le chasseur qui s'efforce de faire tomber le cerf dans ses embûches. Mais Boémond se présente pour leur résister comme un mur d'airain; il tourne le dos à ses compagnons et la face vers les ennemis. Alors le combat de Dieu s'engage sur deux lignes, semblable à celui qui porte deux visages, ou à ce dragon que la peinture représente avec une double tête. Là, comme ici, chacun verse également son sang pour le sang du Christ, et tout le sang qui est versé, l'ennemi l'expie à son tour par de nombreux désastres. Courage, vaillans guerriers, fermes comme des martyrs, champions du Christ, qui êtes l'orgueil du monde entier, courage, servez-vous de vos bras; vous êtes en petit nombre, l'ennemi est cent fois plus fort, servez-vous de vos glaives : cette place a besoin de toute votre valeur; ces champs, ces moissons vous appartiendront pour les années suivantes. Sur l'une des lignes de bataille, Boémond, seul et privé de tout secours humain, n'espère que dans le Dieu du ciel: se confiant au Christ son maître, il attaque des peuples qui mettent leur confiance dans leur nombre : la croix marche en avant, noble bannière qui brille au dessus de toutes les autres, portant la terreur chez les ennemis, donnant l'espérance aux chevaliers du Christ, leur servant de rempart, étant pour eux un sujet d'orgueil, un aiguillon de gloire. Là paraissent le magnanime Boémond, chevalier plein d'ardeur et de force, illustre au milieu des plus illustres, nourrisson de Mars, et son neveu, portant cette bannière dont je viens de parler, Robert, fils de Gérard, célèbre dans le monde entier, Robert qui, empressé de la main, de la voix, du cœur et du corps pour le service du Christ, se lance avec ardeur, et tel qu'un frère auprès de son frère, pour s'associer à toutes les chances de Boémond. Il traverse et traverse encore les escadrons des Turcs, encourageant à tout moment ses compagnons, et insultant à l'ennemi qui s'élance sur lui; il ne cesse de presser les Turcs; Boémond le presse lui-même : celui-là pousse ceux-là, celui-ci vole sur les pas de celui-ci.

## CHAPITRE LXXXVIII.

### Les Turcs effrayés prennent la fuite.

A l'aspect de la croix, la race des Perses perd toute faculté de voir; naguère elle était venue ardente et terrible, maintenant elle est toute tremblante et se répand en lamentations. Nul parmi eux ne darde plus son javelot, nul ne bande plus son arc. Les cris de joie ah! ah! holà! holà! se changent en cris de tristesse, hélas! hélas! Les Perses se reconnaissent semblables aux timides troupeaux, et reconnaissent les Francs pour une race de lions remplis d'ardeur; ils préfèrent la fuite à la mort, la vie à l'honneur, et ne pouvant retourner vers la montagne, ils fuient le long du fleuve. Les vainqueurs les pressent sans relâche et ne cessent de les faire tomber sous leurs coups que lorsqu'enfin chacun des deux corps d'armée s'est réuni aux corps d'armée de ses compagnons, les vaincus à ceux qui doivent être vaincus, les vainqueurs à ceux qui sont destinés à vaincre. Déjà le combat n'est plus engagé sur deux lignes, déjà la victoire paraît plus assurée, car l'espoir des uns s'est accru, tandis que les autres éprouvent de nouvelles craintes : ceux-là sont encouragés au combat, ceux-ci en sont découragés par une multitude encore innombrable comme le sable de la mer; mais comme les serviteurs du Christ n'ont avec eux que trop peu de chevaux pour poursuivre leurs ennemis avec ardeur, les Turcs y trouvent quelque soulagement; la ruse vient en outre à leur secours, mais que peut la ruse, que peuvent les artifices contre le Christ, sans lequel rien ne se peut et rien n'est jamais fait?

## CHAPITRE LXXXIX.

### La victoire est incertaine.

Appelé du fond des royaumes de l'Orient, le vent de l'est était aussi venu à la bataille, et s'était associé aux Perses, ses voisins. Il dirigeait lui-même et les chevaux et les arcs et les flèches, et dans son souffle contraire, il repoussait également les traits lancés contre lui et les renvoyait à ceux qui les avaient dirigés. A peine le glaive des Francs pouvait-il résister aux dards qu'il soufflait contre eux. Le Zéphyre, vent de l'ouest, languissait engourdi dans l'antre d'Éole. D'abord fidèle compagnon, il avait poussé les Francs à la guerre; des points éloignés de Cadix et des neiges des Pyrénées, il les avait conduits à travers des lieux inaccessibles, à travers les Alpes et les monts, et les Syrtes et Scylla et Charybde; mais trompeur maintenant, il leur refuse son secours, tandis qu'ils combattent contre le vent d'orient. Ayant reconnu ces choses, les Perses entreprennent d'obtenir par les flammes, la fumée, et de noires vapeurs, ce qu'ils ne peuvent obtenir par les armes, et s'efforcent d'envelopper les serviteurs du Christ dans une nuit épaisse. Ils mettent le feu aux roseaux, à l'herbe sèche, aux osiers, et le vent de l'est les seconde de tout son pouvoir. Dans sa fureur il soulève contre les phalanges de ses ennemis des nuages de fumée du sein des buissons, de tous les halliers, du milieu des ronces et des bruyères. Le jour éclatant se change en une profonde obscurité, qui affaiblit les forts et donne aux faibles une nouvelle force. Les glaives combattent dans les ténèbres, les flèches dans la lumière, on dirait les taupes livrant bataille aux lynx : ainsi les fureurs du vent d'orient rendent incertaine l'issue du combat. O combien de fois tandis que le vent de l'ouest tardait à souffler, combien de fois on s'écria : « Zéphyre, « viens à notre secours ; lève-toi, paresseux, le vent « d'orient se livre à ses fureurs pour les Turcs ; toi « aussi, lève-toi pour nous. »

## CHAPITRE XC.

Les Chrétiens reprennent l'avantage.

Au milieu de ces cris, Dieu prend pitié des affligés, il ouvre ses trésors et en tire un vent d'ouest qui repousse le souffle du vent de l'est, le contraigne à s'avouer vaincu, à revoler dans ses cavernes, et qui, s'échappant librement de ses prisons occidentales, rejette dans les yeux des Turcs les torrens de fumée qu'ils ont suscités. Aussitôt en effet le vent obéit à de tels ordres; il ébranle, enlève, renverse tout ce qui lui fait obstacle dans sa marche; déjà il est arrivé sur le champ de bataille, et en arrivant non seulement il repousse les armes et ceux qui les portent, frappe les chevaux d'épouvante et renverse les tentes, mais en outre tout est saisi d'horreur, et les monts et les vallées, et la plaine et les arbres tremblent de frayeur. Tu fuis, souffle de l'orient, tu es enveloppé toi-même dans la fumée que tu as soulevée, et tes Perses voient retomber sur eux, par une juste loi, la fraude qu'ils ont inventée. Alors le Turc combat les yeux fermés et les Francs les yeux ouverts, et tout-à-coup, par un retour de fortune, celui qui allait être vaincu reprend la victoire, celui qui avait tout-à-l'heure l'avantage a maintenant le dessous; l'un fuit, l'autre met en fuite; Baal est précipité, l'Alpha le terrasse de sa main. Les chevaux des Perses sont rapides, gras, et remplis d'ardeur; ceux des Francs au contraire sont lents, maigres, malades, souffrans; ceux-là fuient aisément, ceux-ci ne peuvent les poursuivre vivement; ceux-là sont presque innombrables, ceux-ci sont tout au plus six cents. Mais le péril s'est tourné contre eux, et les Perses ne songent qu'à fuir. Ceux qui se sauvent rapidement, ou qu'enlève un cheval agile comme la flamme, s'échappent et se trouvent enfin dans des lieux déserts, encore tout saisis d'étonnement. Mais ceux dont le cheval est paresseux ou dont les pieds sont trop lents, succombent sous les coups des armes, ou sont entraînés pour servir comme esclaves. Là, suivant ce qu'on rapporte, on trouva au milieu des morts le manteau d'un jeune homme, dont on eût pu se faire un toit pour se défendre du soleil ou de la pluie. Alors les hommes de l'Occident entraînent tout après eux, et ceux que l'Orient avait envoyés sont entraînés. Le vainqueur s'empare de toutes leurs richesses; il trouve des tasses, des coupes, des tables, des vases, des flacons, des manteaux, des vêtemens, toutes choses de l'or le plus pur, et dans lesquelles le travail est plus précieux encore que la matière. Le peuple devient riche aussitôt de pauvre qu'il était naguère : nos guerriers s'arrêtent et dévorent d'un œil avide les gâteaux des Turcs et les pièces de gibier, préparées auparavant pour les satrapes des Perses; ils s'arrêtent, et déjà s'élèvent des contestations pour le partage des dépouilles et des tissus de pourpre qu'ils ont enlevés.

## CHAPITRE XCI.

Tancrède poursuit les vaincus et fait un carnage étonnant.

Cependant le vaillant Tancrède, qui toujours a faim et soif de la gloire, qui n'ambitionne jamais autre chose que la gloire, dénué de richesses, à jeûn de toute nourriture, dédaigne le repos au milieu des fatigues; et trouvant un chemin entre deux bras du Farfar, divisé en deux branches (en aucun lieu il n'eût pu rencontrer une meilleure position), accompagné seulement d'un petit nombre des siens, il se lance à la poursuite d'un grand nombre d'ennemis. Le voilà donc le neveu de Guiscard, se jetant au milieu des Parthes et des Perses, des Indiens et de toutes les races des sectateurs de Mahomet, comme le léopard se jette au milieu des moutons, et en fait un grand carnage. Il presse son cheval de l'éperon, il le presse des rênes, qu'il retire et qu'il rend aussitôt; il le presse de ses cris terribles et de toutes les manières possibles. Les fuyards, de leur côté, appuient fortement sur les épaules de leurs chevaux, ils les pressent de l'aiguillon sur le cou, accablés qu'ils sont sous leur poids, ils les frappent de tous côtés, en avant sur la crinière, en arrière sur la queue, ornement superflu; puis, afin de mieux échapper à la mort, ils s'empressent de les débarraser de leurs selles, et les Chrétiens les poursuivent lorsqu'ils n'ont plus ni glaive, ni flèches pour se défendre. Tancrède arrose de sang la plaine verdoyante, il comble les fossés de morts et de mourans; beaucoup d'ennemis périssent de leurs blessures, beaucoup d'autres périssent sans blessures; et redoutant également les blessures, tous font effort pour s'échapper. Quelques-uns, renonçant à leur bride et à leur selle, s'élancent volontairement à terre, fuyant vers les broussailles, et espérant y trouver un asile. Parmi eux, les uns sont éventrés par leurs chevaux; les autres, tandis qu'ils fuient d'un pied rapide, sont arrêtés par la mort au milieu de leur course : à l'un, ses pieds ne peuvent suffire, celui-ci perd tout courage, celui-là toute présence d'esprit. La plupart, espérant pouvoir se sauver à travers le fleuve, vont chercher les gués, et périssent dans les eaux qu'ils appellent à leur secours : remplis de vie, le cavalier et le cheval y trouvent également un tombeau tout prêt; à peine sont-ils arrivés sur le bord, on voit disparaître tantôt l'un, tantôt l'autre; et tandis que ceux qui portent des carquois et ceux qui sont cuirassés, et les chevaux, tout couverts de leurs caparaçons, vont ainsi se réunir aux mânes du Styx, tous les autres sont frappés de terreur. Pluton lui-même tremble d'être surpris; et son épouse, saisie d'effroi, se hâte de fuir. Il en est cependant parmi les ennemis que le sort favorable conduit à de meilleurs passages; les uns donc sortent des eaux, d'autres sont engloutis par elles; mais ceux-là mêmes qui se croient sauvés ne parviennent point à s'échapper. Tancrède les poursuit, et traverse les gués comme il traversa la Lynca [1]. Il s'avance toujours avec ardeur, franchit des lieux inconnus, et rencontre enfin devant lui le château de Harenc, château fortifié également par la nature et par l'art, garni de tours, rempli de chevaliers vigoureux, et qui maintenant ouvre ses portes, après les avoir long-temps tenues fermées. Des jeunes gens empressés marchent à la rencontre du seigneur qui s'avance; et celui-ci, les appelant aussitôt : « Fournissez-moi, leur dit-il, « des chevaux frais; » et il trouva en effet sur-le-champ des armes, des hommes et des chevaux.

## CHAPITRE XCII.

### Nouvelle rencontre.

Au-delà des murs d'Artasie, et en deçà des murs de Hamah, est une plaine toute en prairies, environnée par les eaux d'une rivière qui se divise en deux bran-

[1] Rivière de Macédoine.

ches. Long-temps les voyageurs furent bannis de cette plaine et obligés de faire un long détour; enfin deux ponts, dont on alla chercher les matériaux dans la montagne, furent établis sur la rivière, et assurèrent un passage aux voyageurs. Se croyant en sûreté entre ces deux ponts, les Perses fatigués se reposaient, espérant avoir trouvé un abri après les ennuis d'une longue fuite, et pensant avoir échappé enfin aux chances des combats. Mais tout-à-coup Tancrède arrive; il arrive, et avec lui des chevaux, des armes, des guerriers : nouveau combat aussitôt qu'ils se sont reconnus les uns les autres; celui qui poursuit pousse des cris d'allégresse, et le Turc, en fuyant, fait entendre des cris de douleur. Il s'était fait un grand massacre sous les murs d'Antioche, il se fit un grand massacre encore aux lieux où le vainqueur livra cette nouvelle bataille. Là, les uns et les autres avaient pleuré et ri, au milieu des blessures qu'ils se faisaient réciproquement, ici il n'en fut pas de même; d'un seul côté, on ne fit que rire, d'un seul côté, on ne fit que pleurer; les Turcs pleuraient en fuyant, les belliqueux Normands riaient en poursuivant; les Normands renversaient, les Turcs tombaient aussi rapidement que les lances les frappaient : les deux ponts, trop étroits, leur refusent le passage pour fuir; la frayeur, la préoccupation de la fuite, l'épuisement de leurs forces, ne leur permettent pas même de livrer bataille; le sang coule sans relâche de leurs nombreuses blessures; les Perses en sont couverts, et chacun en reçoit autant qu'il a de membres dans son corps : ainsi ni le combat ne les soulage dans la fuite, ni la fuite dans le combat. Soit qu'ils tentent de fuir, soit qu'ils tentent de combattre, l'un ne réussit pas mieux que l'autre; ils périssent donc comme des troupeaux auxquels le lion ou le léopard s'est attaché dans sa fureur.

## CHAPITRE XCIII.

### Le château d'Artasie se rend.

D'une si grande multitude, un petit nombre seulement se sauvent par la fuite ou par les efforts de leurs bras : mais, tandis que les uns sont renversés morts, que les autres s'enfuient, il reste encore aux Turcs un château rempli d'armes et de guerriers, et tellement inexpugnable qu'on dirait non un ouvrage des hommes, mais plutôt un ouvrage des dieux. Si vous comparez à cette forteresse ou la Pergame de Neptune, ou l'Ilion d'Apollon, quelle que vous choisissiez, vous la trouverez inférieure à celle-ci, autant que toutes les autres sont inférieures à celles-là. Cependant ceux qui l'occupent, effrayés du massacre de leurs compagnons, n'ayant aucune confiance en eux-mêmes, pauvres et dénués de secours, examinent en tous points ce qu'ils pourront gagner à un retard; et renonçant enfin à tout nouveau délai, ils se déterminent à se rendre, disant qu'ils ne veulent point se mesurer avec les Francs, ni lutter contre les armes des cieux, après que les Turcs ont été vaincus par la puissance divine. Quelques hommes de la suite de Raimond, soit qu'ils eussent été contraints par les souffrances de la famine, soit que prisonniers, ils eussent cédé à de fausses espérances, avaient abjuré le Christ, adopté la loi de Mahomet; et s'étant faits Turcs, habitaient dans l'enceinte qu'occupaient aussi les Turcs. Ceux-ci donc leur ayant demandé quel était le plus grand parmi les serviteurs du Christ, celui qui méritait le plus de confiance, à qui il serait plus sûr pour eux de livrer leur château, leurs personnes et leurs biens, les autres leur persuadèrent de se livrer à Raimond : « Il est, leur disent-ils, plus « digne de votre confiance, et il commande à de plus « grandes forces; vous n'aurez rien à redouter, si « vous vous remettez entre ses mains. » Mais que tardé-je plus long-temps? finissons en peu de mots : ils crurent à ces paroles, ils appelèrent les Chrétiens, ouvrirent leurs portes, sortirent, et on entra dans la place.

## CHAPITRE XCIV.

L'évêque du Puy, mourant, adresse un discours à l'armée.

CEPENDANT l'évêque du Puy vint à mourir et fut enseveli dans la basilique du bienheureux Pierre. Avant de mourir il appela les grands auprès de lui, et les ayant assemblés, leur adressa ces paroles, qui portaient témoignage de sa vie et enseignaient les voies du salut : « Tant que Dieu l'a permis, tant que « la santé du corps est demeurée en moi, ni mon « zèle ni mes services ne vous ont manqué, mes frè- « res. Tel qu'une mère avec son nourrisson, je vous

« ai, dans ma sollicitude, soignés, instruits, avertis,
« encouragés : j'ai arraché les semences de mort et ré-
« pandu les semences de vie ; j'ai rempli avec vigi-
« lance l'office qui m'était confié. Maintenant je m'af-
« faiblis, le terme de ma vie s'approche. Ainsi que
« le pape Urbain m'a donné à vous, pour vous servir
« de ministre de la science, ainsi je vous donne ce-
« lui-ci ; » et il leur présenta Arnoul, qui n'était inférieur à nul autre pour un tel combat. « Celui-ci,
« ajouta-t-il, est mon fils chéri ; je me suis complu
« en lui ; vous, tournez vos oreilles vers lui. Et toi,
« mon fils, souviens-toi des leçons de ton père ; ré-
« pands au loin les semences de la parole divine, dis-
« tribue gratuitement la semence que tu as reçue gra-
« tuitement ; ramène les pécheurs, couronne de tes
« éloges ceux qui se conduisent bien ; poursuis tes
« desseins : montre-toi le ministre du Christ ; di-
« rige les affaires qui te seront confiées, avec zèle
« et honnêteté ; que nul ne te détourne vers l'in-
« justice en te comblant de présens ; et pour finir en
« peu de mots sur cette vie qui passe si vite, sois
« chaste, tempérant, sage, humble, pieux et toujours
« modéré. »

## CHAPITRE XCV.

Épitaphe de l'évêque.

Il dit, et peu après il passe dans le sein de ce Jésus, qu'il avait servi du cœur, de la voix et de toutes

ses forces; homme d'un grand mérite, digne des plus grands honneurs, digne de l'éloge que nous lui consacrons ici et même de plus grands encore.

« Ici est enseveli un homme très-illustre, émule
« de Moïse par la science, le zèle, les vertus et les
« fonctions. Moïse fut le conducteur du peuple, ce-
« lui-ci fut aussi le conducteur du peuple; tous deux
« le conduisant au Christ, tous deux envoyés par le
« ciel. Tous deux également zélés pour la justice et
« pour la science, ils furent tous deux médiateurs
« entre Dieu et le peuple. On rapporte que Moïse se
« mit en voyage pour la terre de Chanaan; celui-ci
« aussi s'est mis en route pour la terre de Chanaan;
« mais il ne fut point donné à Moïse de la voir, et à
« celui-ci non plus il n'a pas été donné de la voir.
« De longs jeûnes concilièrent Dieu à Moïse; celui-
« ci aussi a été consacré à Dieu par une longue fa-
« mine. Moïse fut le remplaçant de Dieu, de même
« celui-ci a remplacé le pape Urbain, lui-même le rem-
« plaçant de Dieu : Dieu les a envoyés l'un et l'autre.»

## CHAPITRE XCVI.

Tancrède assiége la ville de Marrah, avec les comtes de Normandie et de Provence.

Après la prise d'Antioche, après que les vainqueurs eurent été comblés de trésors, et les vaincus livrés au glaive, les uns, élevés d'une humble fortune jusques aux cieux, les autres, plongés dans le Tartare du faîte des richesses et du sein de la crapule, Boémond, ayant obtenu la principauté d'Antioche, y demeura pour la conserver. Tancrède alors se remit en marche pour entreprendre de nouvelles choses, préférant le froid et le chaud, la faim et la soif au séjour des montagnes et des vallons, des campagnes et des villes, quoique les délices de Tempé et de la Thessalie le cèdent aux délices de ces lieux, quoique Hamah s'afflige de voir dédaigner son Hélicon, Harenc ses vergers, Barisan ses vignes, Harsen ses moissons, et quoique beaucoup d'autres villes encore ne voient pas sans regret préférer d'autres richesses à leurs richesses. Mais le fils du Marquis, nouveau César, croyant que rien n'est fait tant qu'il reste quelque chose à faire, se rappelle que Jérusalem est le but de son voyage, qu'on a dû passer à Antioche en pélerinage, et non trouver à Antioche le terme du pélerinage. Il s'associe donc aux comtes de Normandie et de Provence, qui cherchent également les combats, et ils vont ensemble assiéger Marrah, ville peuplée autant que riche. Les habitans de Marrah avaient pourvu à leur sûreté, soit que la prise d'Antioche les eût effrayés, soit parce qu'ils avaient concouru vivement à assiéger les Francs dans Antioche, soit que ceux de leurs compatriotes de cette dernière ville les eussent prévenus de l'arrivée prochaine des Chrétiens; ainsi, que l'un ou plusieurs de ces motifs les eussent déterminés, ils avaient enlevé toutes choses dans les environs, pour les transporter dans leur ville et ne rien laisser à la disposition de l'armée qui viendrait les assiéger. De plus, ils avaient comblé tous les puits de la banlieue, espérant forcer les étrangers à se retirer, en les réduisant au plus complet dénûment. Mais les serviteurs du Christ, qui, en arborant la croix, s'étaient renoncés eux-mêmes, qui pour l'amour de Dieu avaient livré leur corps aux supplices, ne s'en réjouirent pas moins, lorsqu'ils eurent investi la place, que s'ils eussent été appelés à un festin. Les uns construisaient des machines, d'autres servaient ceux qui travaillaient aux constructions; ceux-ci ébranlaient les tours avec leurs frondes baléares, ceux-là transportaient sur les épaules les cailloux qui devaient faire les brèches; vous eussiez vu ceux-ci courir rapidement dans l'espoir de trouver des grains, ceux-là revenir fléchissant sous le poids de ces trésors : les uns rétablissaient les puits pour l'usage auquel ils avaient été destinés; les autres s'appliquaient à en construire de nouveaux : d'autres encore, espérant que le ciel ouvrirait ses cataractes, préparaient des citernes pour emprisonner les eaux. Ayant vu leurs desirs, celui qui seul apprécie le travail et la douleur, et qui n'abandonne point ceux qui se confient en lui, envoya sa rosée céleste, et suffit seul à tous. Il survint en effet des pluies tellement abondantes, que ceux qui les avaient demandées naguère desirèrent les voir finir, et que les ouvriers qui avaient préparé les citernes se repentirent d'avoir entrepris des travaux superflus.

## CHAPITRE XCVII.

Horrible famine dans le camp des fidèles.

Cette grande inondation amena la famine, car tous les grains qu'on avait transportés dans le camp vinrent à pourrir ; personne n'en apportait du dehors, et cependant la victoire était de jour en jour retardée : il n'y avait plus de pain, et la disette allait toujours croissant. J'ai honte de rapporter ce que j'ai entendu dire, et que j'ai appris de ceux-là mêmes qui excitent en moi ce sentiment de honte. J'ai donc entendu dire à des hommes que, poussés à bout par le défaut de vivres, ils en étaient venus à manger de la chair humaine ; qu'ils avaient jeté dans des marmites de jeunes Gentils, qu'ils avaient embroché des enfans et les avaient dévorés, après les avoir rôtis, semblables aux bêtes les plus féroces, en prenant une telle nourriture, et en faisant ainsi rôtir leurs pareils. Ils en seraient même venus à se dévorer entre eux, quand les étrangers leur auraient manqué, si l'excès de cette disette n'eût été enfin tempéré, ou par la prise de la ville, ou par l'arrivée de grains venus du dehors.

## CHAPITRE XCVIII.

### Altercation entre Tancrède et Raimond.

Tandis que ces choses se passaient, la discorde divisa les serviteurs de Tancrède et ceux de Raimond, et bientôt elle passa des serviteurs aux seigneurs. A peine, hélas! à peine Tancrède peut-il contenir son emportement et s'empêcher d'éteindre sa colère dans le sang des Provençaux; mais enfin la raison vient au secours de l'homme, en défendant de verser le sang des Chrétiens et l'invitant plutôt à mettre en usage cette habileté par laquelle Guiscard s'était illustré dans le monde entier. Alors donc, et sans aucun retard, Tancrède se rend à Antioche, tandis que les gardiens du château ignorent encore l'existence même de cette querelle, et en chemin seulement il apprend à ses chevaliers comment ils devront porter leurs épées en secret et les montrer ensuite. S'étant donc couverts de manteaux, lui et ses compagnons s'approchent du château et appellent le portier; les portes leur sont ouvertes, et ils entrent paisiblement, sous toutes les apparences de la paix. Ils entrent donc l'un après l'autre; mais aussitôt qu'ils sont assez nombreux pour engager le combat, alors tous en même temps, découvrant à la fois et leur corps et leur cœur et leur glaive, ils expulsent les chevaliers de Raimond, et les renvoient à celui-ci, non sans les accabler de soufflets. Ainsi Tancrède, plus rusé, s'étant vengé comme il le pouvait de Raimond, plus puissant, restitua à un corps la tête dont il était privé, en rendant à Boémond l'Ilion qui manquait à sa ville de Troie; car Boémond, quand il jetait les yeux vers la citadelle, que Raimond occupait encore, se faisait à lui-même l'effet d'un corps mutilé, tellement qu'il disait n'être qu'un demi-prince et non point un prince véritable, et qu'il appelait Raimond son collègue dans la principauté d'Antioche. Ce chagrin tourmentait le prince et pendant son sommeil et durant la veille. Mais lorsque la haine d'une part et l'affection de l'autre, étant venues à se heurter, eurent rendu le fort à cette principauté mutilée, comme je viens de le dire, alors le trône de Boémond fut élevé, et lui-même, plus hardi, se réunit avec une forte escorte à Tancrède, qui repartait pour Marrah. Tous deux, ennemis du comte des Provençaux, mirent leurs possessions en un bel état de défense, pour les garantir des armes des ennemis.

## CHAPITRE XCIX.

#### Origine de cette querelle.

Je veux raconter maintenant quelle fut la source de cette inimitié, afin que nous soyons moins étonnés de l'impétuosité de ce torrent débordé.

Lorsqu'Antioche résistait encore, assiégée par les princes de la Gaule, une première querelle était survenue entre les serviteurs de Boémond et ceux de

Raimond. Envoyés pour chercher des grains en tous lieux, ils trouvèrent à la fois et des grains et un combat; le fer fit le partage des denrées, les deux partis se blessèrent réciproquement, et des deux côtés il rentra au camp des hommes blessés. Voyant que le sang de leurs serviteurs avait été répandu, les princes s'émurent à leur tour, et encouragèrent les leurs à maintenir les droits du talion, si jamais une pareille circonstance se présentait, leur ordonnant de tenir ce feu soigneusement caché dans le camp; hors du camp, d'attiser les flammes de cet incendie. Ces ordres furent recueillis avec joie par d'avides oreilles, auxquelles il eût été difficile de faire accepter quelque décision contraire. Lors donc qu'un parti plus nombreux en rencontrait un autre moins nombreux et chargé de vivres, il le déchargeait aussitôt de son poids, et le chargeait en échange d'une grêle de coups; alors le parti le plus fort se réjouissait des dépouilles enlevées, le plus faible s'affligeait des fatigues qu'il avait endurées pour d'autres : et ceux qui parlaient la langue de l'un ou de l'autre parti, tantôt se battaient avec lui, tantôt étaient battus avec lui, quoique innocens de ces querelles. Les gens de Narbonne, les Auvergnats, les Gascons, et tous ceux de la même race, tenaient pour les Provençaux; le reste de la Gaule, et principalement les Normands, étaient prononcés pour les hommes de la Pouille. Quant aux Bretons, Suèves, Huns, Rutènes et autres, leur langage barbare les protégeait même en dehors du camp.

## CHAPITRE C.

Discussion au sujet de la lance du Seigneur.

Dans Antioche aussi, il ne manqua pas de sujets de dissensions, il y en eut au contraire en abondance. Tandis que le peuple chrétien était, comme je l'ai dit, assiégé dans cette ville et travaillé de la famine, on vit surgir, du milieu de la race de Raimond, un nommé Pierre, homme plein de ruse et inventeur de mensonge, qui annonça dans les termes suivans que le salut du peuple lui avait été révélé : « J'étais à moi-
« tié endormi, dit-il, lorsque le bienheureux André
« l'apôtre m'est apparu, et a fait entendre ce com-
« mandement à mes oreilles : « Lève-toi, et annonce
« au peuple affligé la consolation que le ciel lui en-
« voie, et que lui donnera, lorsqu'il l'aura trouvée,
« la lance qui a percé le flanc du Seigneur. Elle est
« cachée sous terre dans la basilique du bienheureux
« Pierre : toi donc, en un tel lieu (et il me désigna
« le lieu), enlève le pavé; et creusant à cette place,
« tu y trouveras le fer que je t'annonce. Lorsque les
« horreurs de la guerre seront suspendues sur vos tê-
« tes, opposez ce fer aux ennemis, et vous vaincrez
« par lui. » Alors, m'étant levé, je crus avoir été séduit
« par le sommeil, et je ne manifestai rien, voulant
« garder un éternel silence à ce sujet. La seconde
« nuit, je reposais encore, quand le même apôtre se
« présenta de nouveau, répétant ce qu'il m'avait déjà

« dit, mais d'un air irrité, et comme pour me gron-
« der. « Pourquoi, dit-il, m'as-tu dédaigné et gardes-
« tu le silence? Veux-tu, toi seul, retarder le salut
« d'un grand nombre d'hommes? Le peuple a crié au
« Seigneur, et il a été exaucé, et maintenant ta négli-
« gence fait qu'il est comme s'il n'eût pas été entendu.
« Hâte-toi de réparer au plus tôt cette faute, afin que
« tu puisses vivre. » Effrayé de ces paroles, lorsque
« j'eus perdu le sommeil, je commençai à avoir et
« plus de certitude et plus de sollicitude; cependant,
« incertain encore si j'agirais en secret ou ouverte-
« ment, je passai toute la journée dans cette agita-
« tion; le soir, je m'adonnai à la prière et au jeûne,
« et demandai à Dieu de m'envoyer une troisième
« apparition, si les deux premières étaient venues de
« lui. Déjà le coq avait deux fois annoncé l'aurore
« par ses chants, lorsqu'enfin, à son troisième cri,
« mes membres fatigués furent enchaînés par le som-
« meil. Aussitôt celui qui m'était apparu une pre-
« mière et une seconde fois se montre à moi une troi-
« sième fois, toujours plus terrible et plus impérieux.
« Lève-toi, lève-toi, me dit-il, animal paresseux,
« chien muet, obstacle au salut, qui mets empêche-
« ment à un triomphe, qui causes la ruine des ci-
« toyens, qui es l'appui des ennemis. Tu as tremblé
« de frayeur là où il n'y a aucun sujet de crainte; et
« là où il y a lieu de craindre, tu ne crains rien. » Il
« me restait encore à entendre des menaces et des
« reproches, quand mon esprit, saisi de terreur,
« échappa aux menaces en même temps que mon
« corps au sommeil. Mon corps était alternativement
« agité de sueur et de tremblement, et il me semblait

« qu'un côté fût roti par le feu, tandis que l'autre
« était roidi par la glace. C'est par ce chemin que
« je suis venu vous enseigner ce que j'ai appris : vous
« tous, pères et frères, faites maintenant l'expérience
« de la sincérité de ma bouche; il ne me reste plus
« qu'à vous désigner la place, à vous qu'à y creuser. »
Aussitôt que cette nouvelle est parvenue aux oreilles de Raimond, il tient une assemblée; puis il fait appeler Pierre dans la basilique de Pierre, et lui demande de désigner la place; Pierre ayant désigné l'autel, selon l'arrangement qu'il avait fait d'abord, est invité à fouiller; et afin de donner plus de poids à ses paroles, il compose aussi son visage. On fouille donc, mais sans résultat, car la terre vainement enlevée ne peut rendre ce qui ne lui a point été confié, ce qu'elle n'a point reçu. Or Pierre était possesseur en secret d'une lance arabe, que le hasard lui avait fait trouver, et qu'il avait conservée comme un moyen de servir sa tromperie : en effet, la voyant rouillée, usée, vieillie, et tout-à-fait différente des nôtres par sa forme et par sa grosseur, il avait imaginé aussitôt que la foi pourrait s'attacher à cet instrument de forme inconnue. Prenant donc un moment favorable pour exercer sa fourberie, il saisit un hoyau, s'élance dans la fosse, et se dirigeant vers un angle :
« C'est là, dit-il, qu'il faut creuser, là qu'est caché ce
« que nous cherchons; c'est de là qu'il sortira. »
Alors frappant à coups redoublés, il arrive enfin à heurter de sa bêche la lance qu'il avait frauduleusement enfouie. Son artifice fut favorisé par l'obscurité du lieu, l'obscurité par l'affluence du peuple, l'affluence du peuple par l'étroite dimension du local.

## CHAPITRE CI.

Suite du précédent.

Du reste, aussitôt que le fer retentit, frappé par le fer, les oreilles des hommes simples se tendirent vers lui; et Pierre, l'inventeur de la fraude, soulevant la lance, y mit le comble par ces paroles : « Voilà, « voilà ce que le ciel a promis, ce que la terre a con- « servé, ce que l'Apôtre a révélé, ce que les prières « et la contrition du peuple ont obtenu. » A peine a-t-il dit ces mots, on l'entraîne au dehors, on accompagne la lance avec des hymnes et des cantiques, on la comble de présens, on l'enveloppe dans l'or et les manteaux précieux. Raimond et ceux de son parti la vantaient; et tandis que les autres hommes, dans leur simplicité grossière, lui apportaient leurs offrandes, les premiers disaient souvent avant la victoire, bien plus souvent encore après la victoire, que l'honneur de ce triomphe devait être attribué, selon les clameurs des Provençaux, à cette lance que l'on avait portée en avant pendant la bataille. Par ce moyen, le trésor de Raimond se remplissait, son courage s'exaltait, son armée devenait plus insolente. Quelques-uns des princes se prononçaient aussi pour le parti de Raimond, ceux du moins qu'il attirait à lui par des flatteries ou par des services plus réels.

## CHAPITRE CII.

Boémond soupçonne quelque fourberie dans l'affaire de la lance.

Boémond cependant, en homme doué lui-même de sagesse, examine tous les détails de cet événement; et ayant découvert ce qu'était ce rêveur, par quelles ruses il avait séduit le peuple, quel emplacement il avait désigné pour y faire creuser, comment il avait lui-même sauté dans la fosse, comment il avait creusé et trouvé la lance, Boémond reconnut tout aussitôt la fourberie, déclara la découverte illusoire, et convainquit de fausseté celui qui s'en était attribué le mérite par des raisonnemens pleins d'astuce. « C'est une belle fable, dit-il, de
« prétendre que le bienheureux André ait apparu à
« un homme de qui j'ai appris qu'il fréquente les
« cabarets, qu'il court sans cesse les marchés, qu'il
« ne se complaît qu'à des sottises, qu'il est comme né
« au milieu des carrefours. Le saint apôtre n'a pu
« choisir qu'une personne honorable pour lui révé-
« ler les secrets du ciel. En effet, quant à l'emplace-
« ment, qui ne voit que c'est une pure fiction? Si un
« Chrétien a caché cette lance, pourquoi a-t-il évité
« de la déposer sous l'autel qui est tout près? Si c'est
« un gentil ou un juif qui l'a cachée, pourquoi l'a-
« t-il mise dans l'enceinte même de l'église? pourquoi
« non loin de l'autel? S'il ne faut l'attribuer à aucun
« homme, mais simplement au hasard, chez quel his-

« torien trouve-t-on que Pilate soit venu à Antioche?
« Car nous savons que cette lance appartenait à un
« chevalier, et que ce chevalier était de la maison
« de Pilate. Mais voici ce qui me paraît encore plus
« beau : j'apprends que cet homme à découvertes,
« tandis que tous ceux qui creusaient s'épuisaient en
« vaines recherches, s'est élancé lui-même dans la
« fosse, et qu'il a été donné à un seul, au milieu des
« ténèbres, de voir ce qui a été refusé à beaucoup
« d'autres, et au grand jour. O prétention grossière!
« O grossièreté crédule! O crédulité trop facile à
« faire ressortir! Eh bien! soit, la personne est hon-
« nête, le choix de l'emplacement désigné est justifié
« par le voisinage du lieu de la crucifixion; la fraude
« toute récente de cet homme n'est pas suffisamment
« prouvée; mais s'il eût marché dans la voie de Dieu
« en toute pureté et simplicité, s'il eût mis toute sa
« confiance en l'apôtre qu'il invoque, il ne rendrait
« pas lui seul témoignage de sa propre découverte,
« il eût sans doute obtenu des témoignages étrangers.
« Et maintenant que dirai-je en retour de ce grand
« outrage, par lequel les Provençaux veulent attribuer
« à leur fer notre victoire, qui vient du ciel, du Père
« de toute lumière? Que le comte plein de cupidité,
« que le vulgaire imbécille attribuent, s'ils le veu-
« lent, leur victoire à ce fer; quant à nous, nous n'a-
« vons vaincu, nous ne vaincrons que par le nom de
« notre Seigneur Jésus-Christ. » Il dit, et l'on voit
s'unir à lui ceux dont l'esprit plus pénétrant découvrait mieux le fond des choses, les comtes de Normandie et de Flandre, Arnoul, qui remplissait les fonctions de légat, et Tancrède.

## CHAPITRE CIII.

*Ces paroles déplaisent à Raimond.*

Raimond, blessé par les traits acérés des raisonnemens de Boémond, cherche aussitôt mille manières, mille voies propres à servir sa vengeance. Alors, se séparant de lui sans retour : « Ou je mourrai, s'écrie-
« t-il, ou je me vengerai d'un tel affront. Si je ne puis
« en trouver l'occasion ouvertement, je chercherai
« une occasion en secret : si la lance ne peut me ser-
« vir, le poignard me servira.

*Dolus, an virtus quis in hoste requirat* [1] ?

« La ville est aussi sous ma protection ; la citadelle
« de la montagne, le palais royal, la place, le pont,
« la porte, sont sous mes ordres ; la lance aussi et un
« peuple nombreux sont à ma disposition. Que me
« reste-t-il donc à desirer, si ce n'est d'obtenir la
« principauté d'Antioche après la mort de Boémond?»
Tandis qu'il roule dans son esprit de telles pensées et beaucoup d'autres semblables, il s'arrête avant tout au projet d'aller exciter une sédition dans la populace, de produire un soulèvement universel, afin qu'il en résulte des querelles sur la place publique, qu'il s'élève un cri général que les peuples sont agités, que chaque chef porte secours aux siens, et que tous les arcs, tous les traits soient dirigés contre Boé-

[1] Virg. Énéid., liv. ii.

mond. Mais tandis que Raimond, tel qu'un lion enfermé dans sa caverne, méditait ainsi ses artifices, Dieu ne voulut pas permettre que l'iniquité demeurât cachée; et la faisant connaître à Arnoul, il se servit de lui pour la découvrir aussi à Boémond. La fraude ayant donc été déjouée, ainsi fut sauvée des coups de la mort l'ame d'un homme dont la vie avait été déjà infiniment utile à un grand nombre de ceux qui se rendaient à Jérusalem, et devait encore leur être utile dans la suite. Telle fut l'origine de la colère dont j'ai parlé, tel fut le principe de l'inimitié qui éclata entre les princes.

## CHAPITRE CIV.

### Prise de Marrah.

Mais je reviens à mon siége, comme le moissonneur qui a interrompu son travail pour aller en arrière ramasser les épis qu'il a semés sur son chemin. Ainsi donc les Chrétiens ayant porté la guerre tout autour de Marrah, creusent des mines, lancent des flèches, ébranlent les murailles à coups de fronde, et se répandent en menaces qui portent partout la terreur. De tous côtés on entend des cris, de tous côtés on livre des assauts, de tous côtés on envoie des blessures. A leur tour, les habitans de la ville rendent presque le pareil pour le pareil; ils répondent aux projectiles par des projectiles; de loin, ils lancent des traits; de près, ils jettent des morceaux de fer et des blocs de marbre. Ils font de nombreuses blessures et en reçoivent également un grand nombre. Les uns meurent afin de vivre, sont malades pour retrouver la santé, s'écoulent rapidement pour obtenir une éternelle durée ; d'autres ont à cœur de conduire à bien l'œuvre qu'ils ont entreprise et déjà à moitié réalisée, de chercher la fin d'un si grand travail, de gagner de la gloire en triomphant, de triompher de la fortune en souffrant. Mais tandis que les remparts sont de plus en plus et plus vivement frappés par les pierres infatigables, comme l'enclume par les marteaux, comme le grain par les fléaux, enfin la tour s'affaisse, la muraille se brise, les fortifications s'écroulent, et les mêmes décombres ouvrent à la fois une brèche et pratiquent un passage. Malheur donc, malheur aux serviteurs de Mahomet, et joie pour les serviteurs du Christ! A ceux-ci tout prospère, à ceux-là tout est contraire, même ce en quoi ils avaient mis leurs espérances. Aussitôt que la brèche est ouverte, il ne manque pas d'hommes pour la franchir, mais les habitans de la ville font effort pour leur résister, et réunissent autour de ce passage tout ce qu'ils peuvent avoir de forces. On combat donc avec vigueur; mais à mesure que le combat se prolonge, l'ardeur des uns va toujours croissant, les autres se ralentissent dans leur défense, et de moment en moment, l'on entend moins souvent le retentissement des boucliers, qui naguère résistaient à peine à la grêle de pierres dont on les accablait. Alors donc on applique les échelles contre la muraille, on monte, on s'empare des tours, le vainqueur insulte à la ville dont il s'empare; et en entendant ses cris, en le voyant se répandre de tous côtés, les assiégés perdent courage, leurs pieds vont chercher les asiles les plus cachés, ils jettent leurs armes, et ne desirent plus que la vie. Dès que les nôtres sont maîtres de la place, les uns s'occupent à frapper de mort les ennemis, d'autres à enlever des trésors, d'autres à chercher des vivres, d'autres ramassent du butin ; tous, ayant obtenu la victoire, se rappellent joyeusement les fatigues les plus rudes qu'ils ont endurées. Ainsi j'ai vu autrefois, moi-même alors étant aussi chasseur, une bande de chasseurs se livrant à la joie, quoiqu'elle fût encore à jeûn, après avoir supporté la fatigue de cet exercice depuis l'avant-dernière heure de la nuit jusqu'à la troisième heure du jour suivant.

## CHAPITRE CV.

### Siége d'Archas.

Accoutumés dès long-temps à remonter souvent des profondeurs de la vallée des larmes au sommet de la montagne de la joie, les serviteurs du Christ, empressés à profiter de la faveur du ciel, se mirent à poursuivre vivement leurs succès. Ils allèrent donc attaquer le château d'Archas, avec autant d'ardeur qu'ils en avaient déployé contre Marrah, mais les résultats furent tout différens. A l'extrémité d'une plaine, s'élève un tertre qui, du côté du sud, touche aux pieds du mont Liban, et du côté de l'occident, fait face à la mer, dont il est éloigné de vingt stades environ. Au bas de cette colline, coule un fleuve qui, courant du levant vers le rivage de la mer, laisse sur sa droite le royaume de Jérusalem, sur sa gauche le pays d'Antioche, délimite les territoires de Tortose et de Tripoli, et forme une position fortifiée par l'art et par la nature et difficile à franchir pour tout ennemi qui vient à l'aborder. Mais les serviteurs du Christ ayant déjà éprouvé dans un grand nombre de combats que tout cédait à leur valeur, investirent la forteresse d'Archas, les uns en passant le fleuve, afin de bloquer les portes, les autres en demeurant en deçà, pour trouver plus de ressources et de vivres dans les châteaux de Crac et de Raphanie, et dans les autres villes situées aux environs et sur la même rive. Tancrède brillait au nombre de ceux qui traversèrent les premiers le fleuve, se livrant à des transports de joie, pour avoir enfin réussi à poser le pied sur les rives du royaume si vivement désiré. Toutefois un pont en pierres et d'antique construction facilitait les communications des deux armées, en sorte que les Chrétiens pouvaient sans cesse se réunir les uns avec les autres. Ainsi, dès que la forteresse eut été investie de toutes parts, que de redoutables fortifications eurent été enveloppées par des hommes forts, et les Gentils par les Chrétiens, les princes, selon leur usage, firent construire des machines pour attaquer les murailles ; chacun eut les siennes, savoir le comte de Normandie, Raimond et Tancrède. Car, après la destruction de Marrah, Boémond était retourné à Antioche, où le duc Godefroi et le comte de Flandre étaient encore en quartiers d'hiver. Hugues le Grand avait été rappelé par la guerre en Cilicie ; et ayant été blessé à la cuisse, il fut transporté à Tarse, pour y être soigné, ou plutôt pour y recevoir la sépulture. Les trois princes donc que j'ai nommés ci-dessus eurent à supporter tout le poids du siége; ils attaquèrent avec ardeur, et furent repoussés avec non moins d'activité. Mais, tandis que l'on combattait ainsi, survint un événement que je ne saurais passer sous silence, et que je crois utile et juste de rapporter.

## CHAPITRE CVI.

### Vision admirable qui annonce à Anselme sa mort prochaine.

Il y avait dans notre armée un noble héros, qui tenait un nom illustre tant de sa valeur que de sa naissance, de ses vertus et du château de Ribaumont, qui était son héritage direct, et très-connu par les vaillans chevaliers qu'il a produits. Cet homme s'appelait Anselme, et son nom était célèbre à la cour du roi de France, et même à celle de la troisième Gaule [1]. Vers l'heure de midi, cet homme ayant, selon l'usage, fermé ses yeux appesantis par le sommeil, eut une vision qu'il alla raconter, à son réveil, au sage Arnoul, de qui j'en tiens le récit. « Il m'a semblé, lui dit-
« il, me voir en songe au dessus d'un amas de fumier,
« d'où je voyais un palais très-élevé, où toutes choses
« étaient fort supérieures à celles que nous voyons
« ordinairement, savoir les dimensions, la hauteur,
« les matériaux, la forme, la solidité, les ornemens.
« La base de ce bâtiment était toute de marbre, d'i-

[1] Probablement la Gaule méridionale.

« voire et d'argent; le reste entièrement en or et en
« pierres précieuses. A cette élévation, se prome-
« naient sous des portiques un grand nombre de
« personnes, dont chacune était bien digne de figurer
« dans un si bel édifice, tellement tous ces grands
« brillaient par la majesté de leurs traits, par leur
« taille élevée, par leurs parures, et par toutes sortes
« de beauté : et comme je les regardais plus attenti-
« vement pour les mieux admirer, je retrouvai en
« eux certains restes de figures qui m'étaient connues,
« en sorte que je découvris en eux ceux qui avaient
« été autrefois nos compagnons en chevalerie. Tan-
« dis que mon cœur et mon esprit se portaient plus
« ardemment vers eux, et que j'aspirais plus vive-
« ment à monter jusqu'à eux, si j'en pouvais trouver
« quelque moyen, apparut devant moi l'un des nô-
« tres, celui que nous avons perdu en de telles cir-
« constances, en un tel lieu, et à une telle époque
« (et il lui rappela alors le nom de cet homme et les
« détails et le lieu, et le jour de sa mort), celui-là,
« dis-je, m'apparut et me dit : Anselme, reconnais-tu
« cette foule de bienheureux? A peine les reconnais-
« je, lui répondis-je, car il ne restait pour les recon-
« naître pas plus de signes qu'il ne nous en reste pour
« reconnaître, à son retour, un homme de cinquante
« ans qui nous aurait quittés dans son enfance et à
« l'âge de sept ans. Il reprit alors : Ceux-là sont ceux
« qui étaient partis pour Jérusalem, et qui étant entrés
« dès le commencement dans la voie de Dieu, dans
« laquelle toi-même tu travailles encore, y ont épuisé
« leurs forces humaines, et ont mérité d'obtenir des
« couronnes éternelles. Garde-toi de leur porter

« envies; toi aussi, très-prochainement tu monteras
« vers nous; car tu as combattu dans le bon combat, et
« maintenant ta course est terminée. Alors je demeu-
« rai frappé d'étonnement, le sommeil m'a quitté, la
« vision a disparu : toi, seigneur, éclaire-moi par ta
« sagesse. » Arnoul bannit toute crainte du cœur du
chevalier par les paroles de consolation qu'il lui
adressa; mais en même temps il l'invita à confesser
ses péchés, à se soumettre à la pénitence, et à recevoir ensuite le sacrement de l'eucharistie. Aussitôt il
fit ainsi, et paya en outre, à ses serviteurs et à ses compagnons d'armes, ce qu'il pouvait leur devoir de leur
solde. Déjà l'intrépide guerrier, remonté sur son cheval et accompagné d'une foule de chevaliers, se promenait autour des remparts de la place, comme font
souvent les nobles, quand tout-à-coup une pierre,
tombée à l'improviste du haut d'une tour, vint briser le crâne d'Anselme et fit rejaillir sa cervelle. Il
tomba, les chevaliers le recueillirent, versant des larmes; ils transportèrent son corps dans le lieu d'où
naguère ils étaient sortis tout joyeux, et son ame s'é-
leva à la béatitude qui lui avait été promise.

## CHAPITRE CVII.

### Les habitans d'Archas résistent vigoureusement.

APRÈS que cet homme illustre eut été enseveli
avec les honneurs qui lui étaient dus, comme notre
armée continuait à assiéger Archas sans obtenir au-

cun résultat, les princes ordonnèrent à Arnoul de retourner à Antioche pour gourmander Godefroi et Robert de Flandre de leur oisiveté, et leur annoncer qu'ils étaient menacés d'une guerre par les gens de Damas. Arnoul, toujours empressé pour tout ce qui pouvait servir l'intérêt public, monta aussitôt sur un esquif, afin de pouvoir échapper aux forces navales des ennemis de Tortose, de Méraclée, de Valénia et de Gibel; il arriva enfin à Laodicée, et se rendit de là à Antioche, à travers de nombreux périls, suivi seulement de quelques personnes. Là, ayant exposé aux princes le motif de son voyage, il les invita à se réveiller, leur disant que la guerre était imminente, et que, s'ils ne se hâtaient, en leur absence elle se terminerait malheureusement pour leurs compagnons d'armes.

Aussitôt qu'ils eurent appris ces bruits de guerre, les chevaliers francs pressèrent vivement les princes; ceux-ci ne les stimulèrent pas avec moins d'ardeur, et tous d'un commun accord, frémissant d'impatience sous les armes, ne mirent que peu de temps à faire leurs dispositions et à rejoindre les autres princes. Lorsque la nouvelle de la réunion des deux armées se fut répandue dans le pays environnant, les ennemis cessèrent de menacer, contens de veiller à leur sûreté, sans plus songer à attaquer; les nôtres poursuivirent leur entreprise avec une ardeur infatigable, mais sans obtenir aucun résultat; ils lançaient sans relâche des flèches, des traits, des pierres, et tout ce qui se peut lancer contre les tours d'un ennemi; mais la nature combattait pour la position qu'ils attaquaient, et tous leurs efforts demeuraient infructueux. Plusieurs d'entre eux avaient reconnu, et même par leur propre expérience, que l'on remporte quelquefois la victoire, au sein même du repos. Ils résolurent donc entre eux de tenter ce moyen et de chercher à réduire les habitans par le temps et la famine. Ce qui les détermina surtout fut l'abondance dont ils jouissaient au dehors, et qui leur fit espérer de faire pénétrer la disette dans l'intérieur de la place.

## CHAPITRE CVIII.

L'épreuve du feu démontre l'imposture au sujet de la lance.

Tandis que les armes demeurent au repos, tandis que l'oisivité remplace les sollicitudes des combats, on propose de vérifier par une épreuve la découverte de cette lance dont j'ai déjà parlé; car un schisme s'était élevé dans le peuple à cette occasion, les uns soutenant la vérité du fait, les autres la contestant, et nul ne demeurant impartial dans cette affaire. Les principaux chefs résolurent donc que celui qui avait provoqué le premier cette erreur y mettrait lui même un terme, en rendant témoignage, par l'épreuve du feu, sur ce fait demeuré incertain. Ayant donc appelé Pierre devant le conseil, ils le condamnèrent à franchir un terrain de neuf pas de longueur à travers des broussailles embrasées de côté et d'autre, afin que l'on pût reconnaître la vérité ou la fausseté de sa découverte, selon qu'il sortirait ou sain et sauf, ou consumé par les flammes. On lui accorda un jeûne de trois jours, délai légitime pour qu'il pût s'adonner aux veilles et à la prière ; on se sépara alors, puis le surlendemain on se rassembla de nouveau. Rangés sur une double ligne, les broussailles sont embrasées et se répandent en flammes ; Pierre, vêtu d'une tunique et d'un haut-de-chausses, le reste du corps tout à nu, s'avance au milieu du feu, tombe tout brûlé en en sortant, et expire le lendemain. En voyant ce qui était arrivé le peuple reconnut qu'il avait été séduit par des paroles artificieuses, se repentit de son erreur, et déclara dès lors que Pierre n'était qu'un disciple de Simon le magicien.

## CHAPITRE CIX.

### Obstination de Raimond.

Raimond, cependant, et ses Provençaux d'accord avec lui s'obstinent encore à défendre le coupable, et le proclamant saint ; ils se répandent en menaces contre Arnoul, comme ayant pénétré et dévoilé la fraude ; puis ils envoient contre lui une troupe d'hommes armés, qui l'eussent assailli à l'improviste, dans sa propre demeure, s'il n'eût été averti et ne se fût rendu en toute hâte auprès du comte de Normandie, au service duquel il était en qualité de chevalier. Le comte donnait en ce moment un festin, et avait avec lui le comte de Flandre : tous deux ainsi réunis étaient couchés devant la table ; mais, ayant appris le motif de la venue d'Arnoul, ils le font appeler pour le placer entre eux ; les deux comtes se séparent l'un de l'autre et envoient aussitôt des hommes armés à la rencontre de ceux qui s'avancent. Ceux-ci ayant entendu les dispositions et les cris de guerre des Normands, effrayés, dissimulent leurs projets et font semblant de chercher autre chose, de se diriger vers un autre lieu. Cet artifice les protége, car autrement ceux que la fuite seule eût pu sauver n'eussent pas tardé de s'affliger, bien moins d'avoir pris les armes pour une vaine tentative, que de s'être armés aussi mal à propos.

## CHAPITRE CX.

On propose de faire une image du Sauveur, en or.

APRÈS que Pierre, artisan de fraude, eut ainsi reçu le châtiment qu'il avait mérité, on tint enfin une assemblée, afin de chercher de nouveaux secours à la place de ceux dont on venait de reconnaître l'imposture. Dans cette assemblée on proposa de faire une image du Sauveur avec l'or le plus pur, sur le modèle du tabernacle d'Israel : on fit un appel à la dévotion du peuple, on n'oublia pas de lui représenter les bienfaits qu'il avait reçus et ses fréquentes victoires sur les ennemis; on l'invita à rendre grâces à Dieu pour les périls auxquels il avait déjà échappé, à le supplier pour ceux qu'il pouvait avoir encore à éviter. Arnoul, qui adressa au peuple ces exhortations, dirigea les cœurs de ses auditeurs ainsi qu'il le voulut : l'évêque de Mortura, homme un peu plus savant que les ignorans, mais lettré presque sans science, se tenait auprès d'Arnoul, pour étendre la droite sur le peuple et lui donner la bénédiction à la suite du sermon. Ces deux hommes furent chargés du soin de fabriquer la statue, tous les autres allèrent présenter leurs offrandes. On fit donc en peu de temps ce grand ouvrage, et si l'on n'y eût mis une extrême activité, on n'eût pu transporter à Jérusalem qu'une masse informe; car déjà trois mois s'étaient écoulés, et l'on était entré dans le quatrième, quand les princes, honteux de leurs retards, se repentirent d'avoir suspendu leur marche pour demeurer aussi long-temps autour d'une petite forteresse.

## CHAPITRE CXI.

### L'armée marche vers Jérusalem.

C'est pourquoi, abandonnant une entreprise inutile, les Chrétiens se remettent en route et passent sans obstacle devant les portes des villes de Tripoli, Gibel, Béryte, Sidon, Tyr, Accon, Caïphe et Césarée, demandant fièrement à chacune de ces villes beaucoup d'argent et des vivres en abondance, et les recevant sans retard et en grande quantité. Or toutes ces villes, garnies de tours élevées et placées sur le rivage de la mer, dans la direction du nord au midi, se présentèrent successivement aux regards des Chrétiens dans l'ordre que je viens d'indiquer. Mais lorsque, abandonnant le rivage, les Chrétiens furent arrivés sur les derrières de Ramla, Tancrède leva son camp au milieu de la nuit, et partant avant le point du jour, marchant en avant de tous ses compagnons, il arriva auprès de Jérusalem et fit le tour des murailles de la ville. ( Cependant, avant d'y arriver, il était allé délivrer des ennemis la ville de Bethléem, qui, la veille, lui avait envoyé un député pour implorer son assistance [1]. ) De loin, et aussitôt qu'il découvre Jérusalem, Tancrède la salue, mettant les deux genoux en terre, dirigeant ses yeux vers la ville, son cœur vers le ciel, et voici à peu près les paroles qu'il lui adressa, revêtues du rhythme de la poésie.

« Salut, Jérusalem, gloire du monde, dans laquelle
« l'auteur de notre salut, le Christ, qui a souffert,
« livré comme un jouet aux insultes des Juifs, n'ayant
« que le ciel et le soleil pour témoins, ayant mis à
« mort l'ennemi du genre humain, retira de l'enfer
« les ames affranchies de crimes. Puis ayant souffert
« chez toi le supplice de la croix, enfermé dans un
« sépulcre, la lumière qui procède de la lumière de
« Dieu, le fils d'origine divine ayant traversé l'enfer,
« en revint et plongea dans les abîmes du Styx celui
« qui avait séduit Adam. Bientôt, le troisième jour
« fit connaître que lui-même était ressuscité, rem-
« pli d'une nouvelle vie. Alors il monta aux demeu-
« res éthérées; un nuage resplendissant le reçut, et,
« lorsque la race des Gentils l'eut reconnu, elle en-
« tendit ces paroles : « Ce Jésus qui a été enlevé

---

[1] Cette phrase se trouve dans le manuscrit ajoutée en marge, ce qui fait qu'elle ne se lie pas aussi bien au reste du récit.

« du milieu de vous dans le ciel, en reviendra de la
« même manière que vous l'y avez vu monter [1]. » Tu
« sais toutes ces choses, ô montagne sainte, dite des
« Oliviers. Salut encore, royale Sion, où les disciples,
« ayant entendu tout-à-coup un bruit qui venait du
« ciel, comme le bruit d'un vent qui souffle avec im-
« pétuosité, et s'étant écriés : « *Kyrie eleison,* » ô
« Esprit saint, tu descendis sur eux en langues sé-
« parées les unes des autres, qui étaient comme de
« feu, et qui se posèrent sur chacun d'eux [2]. Salut,
« étoile de la mer, porte du ciel, qui publies l'enfan-
« tement! salut, fille de ton fils, qui demeures tou-
« jours vierge, avant, pendant et après l'enfante-
« ment, et qui n'as jamais connu la moindre souil-
« lure! O vous, fleuve qui circulez tout autour de la
« ville, rives, fontaines, forêt, ville, campagne, mon-
« tagnes, vallées, salut! salut! »

## CHAPITRE CXII.

Tancrède tout seul contemple la ville du haut de la montagne
des Oliviers.

APRÈS avoir planté sa bannière dans le voisinage
de la tour de David et donné l'ordre de dresser son
camp, Tancrède, s'éloignant seul, sans compagnon,
sans écuyer, monte sur la montagne des Oliviers,
d'où il avait appris que le fils de Dieu, le Christ, était

[1] Actes des Apôtres, ch. I, v. 11.
[2] Ibid. ch. II, v. 2 et 3.

monté vers son père. Quelle témérité! quelle nouvelle manière de faire un siége! Tancrède, chevalier, assiége le couchant, et Tancrède assiége aussi le levant! D'un côté il n'y a qu'un petit nombre d'hommes, d'un autre côté il est seul! Ici ce sont des chevaliers sans leur chef, là c'est le chef sans ses chevaliers! Ni celui-ci ni les autres ne se secourent réciproquement; bien plus, ils ne comptent sur le secours de personne; celui-ci surtout, qui plus il s'avance vers le levant plus il s'éloigne des Francs qui pourraient le soutenir. Les siens sont au loin, dressant leur camp du côté du couchant, le reste de l'armée marchant sur leurs traces est encore beaucoup plus loin, vers le couchant. Tancrède donc est à lui seul et son chevalier et son homme de pied et son porte-bannière. Du haut de la montagne des Oliviers il porte ses regards sur la ville, dont il n'est séparé maintenant que par la vallée de Josaphat. Alors il voit le peuple courant çà et là dans les rues, les tours remplies d'armes, les chevaliers frémissant d'impatience; il voit les hommes courant aux armes, les femmes répandant des larmes, les prêtres allant offrir leurs prières au ciel; partout les voies publiques retentissent de lamentations, de cris, de fracas, des hennissemens des chevaux. Il voit avec étonnement la rotonde du temple du Seigneur s'élevant au loin dans les airs, le temple de Salomon, dont la longueur est extraordinaire, et la vaste enceinte qui l'enferme et qui fait comme une seconde ville au milieu de la ville. Très-souvent il ramène ses regards vers le Calvaire et vers le temple du sépulcre du Seigneur; c'est le point de vue le plus éloigné; mais comme aussi il est le plus élevé, les yeux le découvrent de toutes parts. Puis il pousse de profonds soupirs, puis il se couche sur la terre; puis il voudrait pouvoir donner sa vie au même moment, s'il devait lui être permis d'imprimer ses lèvres sur ce Calvaire, dont le sommet se présente à sa vue.

## CHAPITRE CXIII.

#### Un ermite se présente devant lui.

Le hasard lui fit rencontrer fort à propos, pour reconnaître tous ces lieux, un ermite, habitant de la tour, qui s'appliqua à l'instruire, qui lui indiqua lui-même où était le prétoire de Caïphe, le lieu où Judas s'étrangla[1], celui où Jacques fut jeté dans le précipice, celui où Étienne fut poursuivi à coups de pierres, et beaucoup d'autres lieux encore également remplis de souvenirs. Puis, l'ermite lui demanda à son tour à quelle secte il appartenait, quels étaient son nom, sa patrie, sa famille. Il répondit qu'il était Chrétien, né en Normandie, de la famille des Guiscard, Tancrède. En entendant parler de la race de Guiscard, l'ermite, frappé d'étonnement, et fixant sur lui un regard plus attentif : « Quoi! dit-il, es-tu donc
« du sang de ce chef semblable à la foudre, devant le-
« quel la Grèce a tremblé tant de fois, qui, en com-
« battant, a fait fuir Alexis devant lui; qui, en assié-
« geant Durazzo, s'en est rendu maître, aux ordres

[1] Évang. selon saint Matth., ch. xxvii, v. 5.

« duquel toute la Bulgarie, jusqu'au Bardar, a été sou-
« mise? Tu ne parles point à un ignorant : je n'ai
« point oublié celui qui a dévasté tout mon pays :
« jadis il fut mon ennemi, et maintenant enfin, en
« t'envoyant ici, il a racheté les insultes que j'ai en-
« durées. Elles revivent encore en toi, cette vigueur
« qui faisait trembler les peuples, cette audace qui
« animait tes ancêtres : j'en retrouve en toi les bril-
« lans caractères. Je m'étonnais d'abord de voir un
« ennemi, un étranger, dédaignant tout compagnon,
« errer seul dans la campagne, et je pensais qu'il était
« ou précédé ou suivi par des forces amies. La cause
« de mon étonnement était dans mon ignorance; en
« détruisant celle-ci, tu as aussi dissipé celui-là.
« Maintenant donc tu es pour moi une créature toute
« nouvelle : d'un inconnu tu me deviens connu; je
« croyais voir un téméraire, je vois un brave; d'an-
« cien ennemi, tu deviens pour moi un frère nou-
« veau. Désormais donc je ne m'étonnerai plus si tu
« fais des choses étonnantes, ou plutôt je m'étonne-
« rais si tu n'en faisais pas de merveilleuses. Car à
« celui qui est issu d'une telle famille, il ne con-
« vient point de suivre les chemins battus par le com-
« mun des hommes : prends garde cependant, mon
« fils, prends garde, voici les ennemis. »

## CHAPITRE CXIV.

*Il repousse seul des chevaliers sortis de la ville.*

En effet, une porte de la ville s'ouvrant alors sur la vallée de Josaphat, on en vit sortir cinq chevaliers qui se mirent en marche pour monter vers Tancrède. Ils s'avançaient avec toute la confiance que peuvent avoir cinq hommes allant en attaquer un seul. Chacun d'eux se hâtait donc pour devancer les autres, afin d'enlever seul les dépouilles. Mais le fils de Guiscard, faisant trève à son entretien, et disant adieu à l'ermite, prépare au combat son visage, son cœur, son coursier, sa lance de frêne ; et le premier de ses ennemis qu'il voit arrivé sur le sommet de la montagne, il le force à rendre son ame aux profondeurs du Styx, son corps aux abîmes de la vallée. Un même sort attendait le second; mais son cheval, condamné à périr, étant tombé, sauva par sa chute le cavalier. Ce cavalier donc, je l'appelle heureux dans son malheur, car en même temps que son visage rencontre le sol, sa poitrine ne se présente point à la lance prête à le frapper ; sa chute inattendue prévient ainsi une mort trop certaine [1]......... En effet, quoique cette chute fût utile à tous les deux, en délivrant l'un d'un nouvel effort, et l'autre de la mort, tous deux cependant maudissaient ce service, par lequel leurs pernicieux desirs étaient également contrariés. Le

---

[1] Il manque ici une phrase.

troisième s'avança ensuite; et celui-là aussi, je l'appellerais heureux, si lui-même, couché par terre, il eût eu pareillement à s'affliger d'un malheur semblable. Mais en obtenant l'accomplissement de ses vœux, il fut bientôt réduit à la même impuissance ; et pour avoir retardé sa ruine jusqu'au moment du combat, il fut précipité plus rudement et plus misérablement dans ce combat même. Deux restaient encore sains et saufs, mais la parque retint le fil de leurs jours, prêt à se rompre. Au moment où ils étaient sortis, ce fil avait commencé à se briser, mais bientôt ils prennent la fuite, et le fuseau se relève dans les mains de celle qui le tenait. Frappés d'étonnement par le courage de Tancrède, plus brillant que celui du lion, ils fuient, et Tancrède les ramène d'une course rapide jusqu'à la porte de la ville. Ainsi quelquefois les moutons rentrent dans la bergerie, dont les barreaux les mettent à l'abri de la bête féroce, qu'une faim dévorante a poussée contre ceux même qui les gardent. Vainqueur, et s'éloignant alors des remparts, Tancrède n'est pas même arrêté par les dépouilles que ses ennemis lui ont laissées, ni par les chevaux courant en liberté, ni par leurs beaux caparaçons et les armes répandues de côté et d'autre et resplendissant de dorures. Il retourne auprès des siens, pour consoler par son retour ceux que sa longue absence a déjà remplis d'effroi et de désolation. Pendant ce temps, il était arrivé beaucoup de monde et une jeunesse ardente à lui porter secours : tous étaient déjà rassemblés, et ceux de l'âge le plus tendre, et ceux de l'âge le plus avancé, et les femmes, plus faibles encore; tant une égale ardeur de dévotion animait les faibles aussi bien que les forts, et les faisait accourir tous avec le même empressement.

## CHAPITRE CXV.

#### Description de la ville.

Il est temps maintenant de nous complaire quelque peu à donner une description de l'emplacement de la cité sainte, afin que ceux qui n'ont pu repaître leurs yeux de cette vue, à cause du trop grand éloignement, puissent du moins réjouir leurs cœurs, lorsque ce récit passera sous leurs yeux, ou pénétrera dans leurs oreillles.

L'enceinte sacrée de cette ville est de forme quadrangulaire et d'une vaste contenance. Du côté de l'orient [1]. . . . . . . . . . . . . Dans la direction du nord. . . . . . à la tour de David. . . . . Mais du côté de l'orient. . . . . . . . la vallée de Josaphat sépare la ville de la montagne des Oliviers. . . . . . . Cette vallée est humble par sa position, mais elle se distingue entre les autres lieux par les positions et les objets qu'elle renferme. Là en effet se trouvent le jardin de Gethsémané et le torrent de Cédron; là est le parvis du palais de Dieu et le sépulcre de la Reine des cieux; là fut lapidé le premier martyr Étienne; là on montre la place où le Seigneur prononça sa prière, tout trempé d'une sueur de sang. Et afin de rappor-

---

[1] Il y a ici plusieurs fragmens de phrases détachées, que nous sommes forcés de supprimer comme inintelligibles.

ter les choses dans leur ordre, là se trouvent les deux pyramides, dont la pyramide supérieure, et de forme ronde, est, à ce qu'on dit, celle du roi Josaphat; et la pyramide inférieure, et de forme carrée, celle du bienheureux Jacques. En dessous est la fontaine de Siloé; en dessous encore le puits de Jacob; tout autour, et sur les deux côtés de la vallée, sont des retraites d'ermite, en grand nombre. Vers le midi, une autre vallée sépare le mont de Sion du champ d'Aceldamah. Partant de la vallée de Josaphat et du point où est situé le puits dont j'ai déjà parlé, et se prolongeant en cercle jusques à la tour de David, une petite montagne présente l'un de ses flancs en face du midi, s'abaissant vers la ville, dans la direction de l'occident, un peu plus élevée sur le côté droit; sur le côté gauche, au contraire, elle va presque s'abaissant jusqu'à la plaine voisine, et se réunit par cette plaine à la vallée de Josaphat, sur le côté de la ville, dans une position très-commode pour l'établissement d'un camp.

## CHAPITRE CXVI.

### Position des assiégeans.

Les comtes de Normandie et de Flandre assiégèrent la ville de ce côté, se trouvant ainsi en face de la porte appelée encore aujourd'hui porte de Saint-Étienne. A leur droite, Tancrède se plaça au dessus d'eux. Toutefois si vers l'orient vous mesurez la position de ce terrain, Tancrède se trouve alors au dessous; mais vers l'occident le sol est un peu plus élevé. Sur le côté que le sort lui assigna pour en faire le siége, la tour dont il se rendit maître par la suite est encore maintenant appelée tour de Tancrède. Le duc Godefroi cacha son camp dans la vallée, et la tête de ce camp touchait à la position la plus élevée de celui de Tancrède. Le mont de Sion se réjouit de recevoir le comte Raimond, qui ne se trouvait ainsi séparé de la ville que par une muraille assez basse. Maintenant faubourg de la ville, et dans l'antiquité faisant partie de cette ville, ou plutôt étant la ville même, le mont de Sion avait anciennement pour faubourg le terrain qui forme maintenant Jérusalem. Ainsi les Chrétiens mirent le siége devant trois portes, dont deux furent attaquées de face, la troisième de côté; car celle-ci, défendue par la vallée qu'elle dominait, ne pouvait être abordée directement, tandis que la plaine, voisine des deux autres, donnait toute facilité pour leur livrer assaut. Quant à la vallée de Josaphat, elle demeura entièrement libre, tant à cause de sa position que des dispositions du peuple ; car ce côté de la ville se trouvait à l'abri de toute crainte, défendu qu'il était par une vallée profonde, par une tranchée et par une muraille très-élevée et inattaquable.

## CHAPITRE CXVII.

Boémond et plusieurs autres chefs sont absens.

Comme l'armée pélerine se trouvait fort affaiblie tant par la guerre que par les maladies, fort diminuée en outre par l'absence des comtes Étienne et Hugues, et de Boémond qui gouvernait la principauté, il n'y avait pas assez d'hommes pour attaquer les murailles, même les plus basses, bien moins encore pour tenter d'investir, au levant et au couchant, les tours que leur position naturelle rendait très-fortes. Deux côtés seulement furent donc occupés par l'armée, chacun à peu près sur la moitié de sa longueur, et le peuple serviteur du Christ se mit à l'œuvre avec une ardeur d'autant plus grande que, étant en minorité, il attaquait un peuple beaucoup plus nombreux, qu'il savait de la manière la plus positive que les forces de l'ennemi iraient croissant, tandis que les siennes se réduisaient de jour en jour; enfin que les chaleurs dévorantes du mois de juin lui faisaient souffrir tous les tourmens de la soif. Ceux qui étaient enfermés dans la ville avaient tout en abondance, de l'ombre, du repos, du loisir, du sommeil; ceux qui résidaient en dehors étaient travaillés et tourmentés par la faim, le soleil, les fatigues, la guerre et les veilles continuelles.

## CHAPITRE CXVIII.

### On prépare des machines.

Avides de repos, les Chrétiens se livrent pourtant avec ardeur au travail et cherchent dans leur sollicitude à fabriquer des machines, résolus à escalader les murailles dès l'aurore du vendredi suivant; car, d'après le récit de Tancrède, le moine habitant de la tour, dont j'ai parlé ci-dessus, avait donné avis qu'il fallait faire ainsi, et avait désigné cette journée aux nôtres pour livrer un assaut. Cependant on parcourut en tous sens tous les environs, sans pouvoir trouver dans aucune forêt, dans aucun palais, dans aucune tour, le bois nécessaire pour construire des échelles; car Memphis, ayant emporté tout récemment la victoire, avait chassé de Jérusalem Damas qui l'en avait autrefois expulsée; l'expédition d'Égypte avait eu lieu cette même année, et n'avait ménagé ni le vert ni le sec; quelques retraites ignorées cependant recélaient encore quelques poutres, qui ne purent échapper aux actives recherches de Tancrède. Elles furent donc enlevées et transportées, et quoiqu'on ne pût en faire qu'une seule échelle, il sembla en ce moment que cette découverte mettait un terme à la détresse générale, car le jour désigné pour prendre les armes approchait, et, en deçà comme au-delà de ce jour, d'une part on avait éprouvé de rudes angoisses, d'autre part on

était menacé en tous points d'avoir à souffrir encore plus; en deçà de ce jour, parce qu'on n'avait eu que le très-court délai de deux jours pour chercher les matériaux propres à la construction des échelles; au-delà de ce même jour, parce que, ne pas attaquer les murailles au jour qui avait été désigné par avance, eût été rendre nulles les prédictions que nous tenions de ce moine. On eut donc une échelle, mais celle-ci fut seule et n'eut point de compagne, et cependant les Chrétiens se réjouirent fort de l'avoir. On la dressa vers la muraille qui portait ses tours sur la gauche du camp de Tancrède, et lorsqu'elle fut dressée, elle semblait dire dans son orgueil :
« Puisque je ne trouverais pas de compagnes, quand
« même j'en attendrais, donc je n'attendrai point
« qu'il m'en vienne. »

## CHAPITRE CXIX.

### Assaut contre la muraille.

Ainsi le voisinage de l'emplacement, le mérite d'avoir découvert les bois et fait fabriquer l'échelle, tout donnait à Tancrède le droit de conduire l'entreprise de cet assaut; et quand même la fortune contraire en eût favorisé un autre, son cœur plein d'ardeur n'en eût pas moins prétendu à cette nouvelle gloire. Impatient donc de tout délai, déjà Tancrède s'avançait sur les premiers échelons; déjà sa droite, armée du glaive, menaçait, semblable à la foudre. En lui se réunissaient la grandeur de la naissance, l'illustration du nom, la faveur des services passés, l'espoir des services futurs; aussi le peuple, d'un côté, et la noblesse de l'autre, s'opposèrent en même temps à son dessein et désarmèrent ce bras qui s'était déjà porté en avant. Un jeune homme se présente alors pour prendre sa place, digne d'une telle gloire, si le sort le favorise, et plus fait pour pleurer si la fortune lui est contraire. Heureux sur tous les échelons, depuis le premier jusqu'au dernier, le malheur l'atteignit au terme même de son entreprise. Déjà, en effet, il avait saisi de la main gauche le sommet de la muraille, quand tout-à-coup un glaive ennemi tombe sur lui, de telle sorte que celui qui venait de monter avec ses deux mains, et rapide comme la foudre, put à peine redescendre privé de son glaive et presque entièrement de l'usage de sa main. Alors le cocher du char de Tancrède, qui s'appelait Simon, ramène dans le camp, pour y être soigné, ce jeune homme qui venait de succomber au milieu d'une belle entreprise. Et afin que l'obscurité du silence ne laisse pas sans récompense l'audace d'un si brave chevalier, je dirai qu'il avait nom Raimbaud, originaire de la terre de France, surnommé Créton, né à Chartres, d'une noble race, rempli de force et de vaillance; mais malgré sa force et sa vaillance, on le rapporta blessé. Nul ne jugea convenable de prendre la place de celui qu'on rapportait ainsi, chacun redoutant les glaives ennemis et un millier d'épées prêtes à tomber toutes à la fois sur un seul homme qui monterait. Car tous les combattans de la ville s'étaient rassemblés sur ce seul point, attendu que sur tous les autres points de l'enceinte il n'y avait non plus au dehors personne pour les attaquer. Frustrés dans leurs espérances, voyant la fortune favoriser les défenseurs de la place et résister aux assiégeans, les Chrétiens enlevèrent alors cette échelle, qui non seulement leur avait été inutile, mais de plus pernicieuse; tentative cependant bien excusable, si l'on considère à quel point elle était hardie et singulière.

## CHAPITRE CXX.

*Après avoir cherché en vain des bois propres à un assaut, on en trouve comme par une faveur du ciel.*

Cependant les grands rassemblés conviennent entre eux de fouiller dans les asiles les plus cachés, de parcourir les chemins battus et les lieux où l'on ne trouve point de chemins, pour chercher de tous côtés des bois, sans qu'aucun prince puisse se dispenser de prendre part à ce travail. Bientôt ce qui a été convenu est accompli, et tandis que tous les autres font de vains efforts, Tancrède seul n'est point déçu dans ses espérances. Ce que je vais raconter tient du miracle, et toi, qui que tu sois, qui liras ceci avec attention, tu ne saurais nier l'intervention même du ciel.

Une cruelle dysenterie tourmentait Tancrède, et cependant il ne se ménageait point et ne cessait de monter à cheval. Mais à peine y était-il monté, ses souffrances le forçaient à tout moment à descendre, à se retirer à l'écart, à chercher des asiles cachés. Déjà il avait été à plusieurs reprises tourmenté de la sorte, déjà même il se disposait, ainsi que ses compagnons, fatigués d'une longue marche, à céder à cette fatigue et à rentrer sans gloire dans le camp, lorsque son mal le saisissant plus vivement encore, il commença à ne plus pouvoir le supporter, s'éloigna, descendit de cheval, et étant descendu, crut avoir échappé aux regards de ses compagnons, lorsque, se retournant, il reconnut qu'il était encore sous leurs yeux. Alors s'enfonçant plus avant vers un lieu solitaire, il rencontra encore d'autres hommes errans çà et là, et se trouva ainsi forcé de changer de place une troisième et une quatrième fois. Enfin il trouva le repos dans un lieu fort écarté, sous les cavités d'un rocher, entouré d'arbres très-élevés. Mais, ô merveille! quel autre que le Dieu qui fait sortir l'eau de la pierre, des paroles du corps d'une ânesse, qui tire toutes choses du néant, quel autre que ce Dieu fit sortir la guérison de l'armée des souffrances d'un chevalier épuisé de fatigue, tira une nouvelle force du sein même de l'infirmité, et transforma une maladie honteuse en un remède plus précieux que les plus précieux métaux! Tandis que Tancrède trouvait quelque soulagement à son mal, le visage tourné vers la cavité du rocher qu'il avait devant lui, il aperçut dans le fond quatre pièces de bois, telles qu'on ne pouvait en desirer de meilleures pour les choses dont on avait besoin. C'était, à ce qu'on rapporte, avec ces mêmes pièces de bois que le roi d'Égypte était parvenu à s'emparer de Jérusalem. A peine les a-t-il découvertes que, n'osant dans l'excès de sa joie se confier ni à lui-même ni à ses propres yeux, Tancrède se lève, s'avance, touche, et examine de plus près : « Holà ! holà ! ô mes « compagnons, accourez, accourez ici, s'écrie-t-il ; « ici, ici, répète-t-il ; voilà, Dieu nous accorde plus « que nous ne demandons ; nous cherchons du bois « informe et nous le trouvons tout travaillé. » Ses compagnons répondent aussitôt à la voix qui les appelle ; ils avaient gémi, ils se réjouissent, et Tancrède se hâte d'envoyer un exprès à l'armée désolée, pour lui apporter des consolations. Cette joyeuse nouvelle s'étant répandue dans tout le peuple, on la reçoit en poussant des cris de joie : les tentes des Francs retentissent d'allégresse, et tous se portent en avant et en procession, comme lorsqu'on chante les litanies.

## CHAPITRE CXXI.

### Robert de Flandre est chargé de protéger les ouvriers.

Bientôt après on élut Robert de Flandre pour veiller à la sûreté des ouvriers jusqu'à ce qu'ils eussent cherché et trouvé d'autres bois, qu'ils les eussent coupés et travaillés, après les avoir trouvés, et rapportés au camp, après les avoir travaillés. On était alors dans un petit bois au milieu des montagnes, et dans des montagnes éloignées de Jérusalem, et plus rapprochées de la ville maintenant appelée Naplouse, anciennement Sébaste, et plus anciennement encore Sychar, pays alors inconnu des nôtres, maintenant bien célèbre, et où se trouve la route que suivent presque tous les pélerins. Le comte de Flandre s'y rendit avec deux cents hommes environ de ceux qui l'accompagnaient habituellement, et il se vit au milieu d'innombrables milliers d'ennemis répandus tout autour de lui, en avant, en arrière, sur la droite et sur la gauche; mais il n'éprouvait pas plus de crainte, au milieu des bandes ennemies et du retentissement des clairons, qu'il n'en eût éprouvé au sein de sa patrie ou en entendant le son de la flûte. Le jour [1]..... il chassait les bêtes fauves dans les bois, et la nuit il mangeait son gibier avec tous les ouvriers. Ainsi ces occupations étaient à la fois, pour le seigneur, un sujet de divertissement et un moyen de se rendre utile, et les serviteurs qui travaillaient trouvaient une nourriture acquise sans crainte. Lorsque les bois eurent été taillés, le comte, prêt à rentrer dans le camp, envoya sagement en avant des hommes armés, pour protéger la route; et lui-même, demeurant courageusement sur les derrières, veilla soigneusement à la sûreté du peuple qui marchait devant lui, et passa ainsi sans malencontre à travers les archers de Damas, les flèches de l'Arabie et les traits des Éthiopiens. La prospérité, qui avait toujours accompagné le comte, ne l'abandonna point en cette occasion; il était sorti, il rentra de même, au milieu des hymnes et en pompe solennelle, obtenant par ce succès la bienveillance d'un grand nombre de ses compagnons, et méritant les éloges de tous.

[1] Il manque ici quelques mots.

## CHAPITRE CXXII.

Ruse de guerre.

Il y avait entre le camp des Chrétiens et la vallée de Josaphat un verger qui présentait un emplacement plus convenable, ou tout au moins aussi convenable que tout autre pour livrer assaut aux ennemis, tellement que sur nul autre point les assiégés ne pouvaient être plus dangereusement menacés. En effet, de ce côté, à l'extrémité du verger, la muraille était un peu plus basse que sur d'autres points, il n'y avait pas de tours, et, comme je l'ai dit, la plaine extérieure était plus étendue. Les nôtres cependant n'avaient point occupé cette plaine, ce qui était pour les gens du pays un grand sujet d'étonnement; mais les chefs, dans leur prévoyance, l'avaient réservée pour le dernier effort de la guerre, et attendaient que l'on eût construit une tour en bois, du sommet de laquelle les Francs pourraient ensuite s'élancer sur les remparts. Les sapins, les cyprès et les pins transportés au camp, dissimulèrent donc le véritable point d'attaque, et continuèrent à ne présenter que de fausses menaces, c'est-à-dire que les pièces de bois encore informes furent façonnées du côté du couchant, pour aller plus tard seconder les efforts des combattans du côté du levant.

## CHAPITRE CXXIII.

*Cruelle famine parmi les assiégeans. Les machines étant préparées sont transportées vers les murailles.*

Cependant les Chrétiens étaient tourmentés à la fois par la disette de grains et par le défaut d'eau, et menacés aussi de nouveaux combats, car les Égyptiens, les habitans de la Palestine, de l'Arabie, de Damas, affluaient de tous côtés, et se répandaient avec fureur; les collines des environs portaient de toutes parts de l'acier et du fer, seuls fruits qu'on y eût semés, en sorte qu'il ne pouvait plus, ou presque plus, arriver de grains étrangers dans le camp, pour soulager la détresse des assiégeans. On cherchait de toutes parts des moyens de nourriture, mais il était absolument impossible d'en aller chercher hors du camp, de manière qu'il était vrai de dire que le peuple qui avait d'abord assiégé était maintenant assiégé lui-même, bien plus encore qu'assiégeant. Aussi n'entendait-on dans toute l'armée répéter qu'une seule et même complainte, qui allait errant de bouche en bouche : « En vain aurons-nous vaincu dans les combats en « Romanie, en vain aurons-nous supporté la famine « à Antioche et tant d'autres fatigues encore, si, après « avoir traversé toute la mer, le sable du rivage au- « quel nous touchons devient pour nous une occa- « sion de naufrage. » C'était en effet une triste pensée, et cependant alors même vous eussiez vu ces

Chrétiens chercher à ces maux de pieuses consolations, objets de compassion même pour les ennemis. Détestant la vie, la foule appelait la mort à grands cris, et il y avait des hommes qui s'élançant avec une même ardeur allaient chercher les embrassemens de ces murailles, de même qu'un homme cherche les embrassemens de son épouse, comme si tous eussent été unis dans cette même pensée et ce même vœu : « Que j'embrasse du moins cette Jérusalem, objet de « mes desirs, avant que je meure. » Malheureux, sur qui ces embrassemens faisaient pleuvoir du haut des murailles tantôt du fer, tantôt des pierres, tantôt des pièces de bois embrasées, et de toutes manières une prompte mort. Mais alors même leur dévotion ne se laissait point intimider par ces dangers; bien plus, souvent, très-souvent même, on en voyait, s'encourageant par la mort de leurs frères, aller chercher avec ardeur ces mêmes embrassemens.

Déjà on était parvenu au mois de juillet, et depuis le commencement de cette longue lutte, les travaux avaient été cinq fois recommencés. Enfin ils étaient terminés, les engins à projectiles étaient fabriqués, les machines construites, tout ce dont on avait besoin pour les circonstances présentes entièrement préparé : seulement les poteaux, les planchers, les claies n'étaient pas encore liés ensemble ni dressés, et avant tout il fallait transporter tous ces matériaux. On choisit donc le temps de la nuit pour faire cette translation; la journée du lendemain fut employée à redresser les pièces diverses couchées par terre, à réunir en un seul corps les membres épars de tous côtés. Aussitôt que les machines eurent été ainsi transportées, on s'occupa à transférer le camp à leur suite, afin que désormais les assiégés fussent instruits aussi bien que les assiégeans du point de la muraille contre lequel ceux-ci comptaient diriger leurs attaques. Alors la situation des habitans de la ville empira beaucoup, les esprits se troublèrent, n'ayant nullement prévu que les efforts du combat se porteraient sur le point maintenant menacé, car les masses énormes qu'ils avaient vues avaient éloigné d'eux toute crainte de ce genre. De plus ils avaient fortifié le côté qu'ils occupaient avec beaucoup de soin, en employant une grande quantité d'arbres et disposant de nombreuses machines, pour résister aux assauts des ennemis. Tous leurs efforts devenaient donc inutiles, puisque le péril venait d'être détourné de ce point, pour être transporté sur un autre point, ainsi que je l'ai dit. Dans cette situation, les assiégés cherchèrent du moins les ressources qui se trouvent dans les maux extrêmes, et transportèrent leur machine, placée dans l'intérieur, sur un point où elle pût résister à la machine du dehors, qui avait également changé de place.

## CHAPITRE CXXIV.

### Le bélier attaque les tours.

Lors donc que des deux côtés on se fût également préparé au combat, les uns firent effort pour renverser les murailles, les autres pour les défendre. Le bélier destructeur, perçant les tours vers leur base, les ébranle et est pareillement ébranlé par les blocs de marbre qui sont lancés sur lui. Une tour construite en bois s'avance vers la ville; mobile, elle marche contre le rempart immobile; comme douée de volonté, elle attaque une tour qui ne se défend que malgré elle; l'une se précipite sur celle qui demeure immobile, l'autre tient ferme contre celle qui s'élance sur el'·. Mais s'il était possible à cette dernière, elle se retirerait, présentant un spectacle que l'on pourrait justement comparer à celui de cet éléphant dont les fables rapportent qu'il est saisi de tremblement à la vue d'une souris. Cependant les cris et le fracas redoublent, les blessures pleuvent de tous côtés; les pierres, les traits et les flèches volent de part et d'autre. Les boucliers, les cuirasses, les claies et les murailles retentissent sous les coups qui les frappent; au milieu de ce bruit et de cette grêle continue de traits, les yeux et les oreilles de chacun sont également occupés et de ce qu'il fait et de ce que font les autres. La machine de bois cependant continue à s'ouvrir un passage, elle s'avance de plus en plus, en sorte que les créneaux étant renversés, déjà une plus large brèche était pratiquée. Mais lorsqu'on se fut approché au point que les fers des lances opposées l'une à l'autre se rencontraient déjà, le bélier qui naguère avait écarté les obstacles, comme le héraut grec marchant en avant et criant Seigneur! Seigneur! le bélier se trouva seul en face de la petite tour à laquelle il venait d'atteindre. Alors l'élévation des murailles ne permettait plus d'avancer; la machine qui venait par derrière empêchait de reculer; sur la droite et sur la gauche la nature du terrain empêchait également de faire un détour; en sorte qu'on ne pouvait faire aucun mouvement en aucun sens. Bientôt la machine fut punie de son immobilité par le feu qui prit à ses flancs. Déjà auparavant les gens de la ville, lançant des flammes, avaient fait la même tentative; mais ceux du dehors, apportant promptement de l'eau, avaient préservé le bélier de l'incendie, et il était demeuré intact. Voilà que de nouveau les serviteurs de Mahomet saisissent la foudre et la lancent sur les serviteurs du Christ, en jetant sur la machine des cruches pleines de poix et de soufre. Le bélier deux fois embrasé et deux fois inondé, vit deux fois Mahomet vaincu et deux fois le Christ vainqueur. Alors les élémens reconnurent celui qui les a faits : à son signal, la victoire changeant tour à tour de côté, et les passages s'étant ouverts, la machine se porta en avant, heureuse dans sa marche une première et une seconde fois. Mais à la troisième fois elle échoua enfin; le bois, fraîchement coupé, s'affaissa sous le poids qu'il portait, et ne put plus rendre aucun service.

## CHAPITRE CXXV.

Les assiégés déjouent les efforts des machines par leurs artifices.

LA poutre que l'on appelle vulgairement solive (peut-être parce qu'elle marche sur le sol, *soliva*) se

trouvant percée, l'un des côtés de la machine en fut affaibli, car on l'avait placée au dessous de la cloison de gauche, pour lui servir d'appui. Ainsi blessée à l'un de ses pieds, la machine demeure immobile; impuissante qu'elle est à se porter en avant, et indignée qu'elle serait de reculer, elle se borne à demeurer en place. Alors les anciennes douleurs se réveillent et s'unissent à la douleur nouvelle produite par cet accident; la désolation recommence et rouvre les vieilles cicatrices : « Voilà, s'écrient les nôtres, nous avions
« quelques espérances bien que tardives ; nous nous
« étions confiés, bien qu'à grand' peine, à ce qui de-
« vait tromper notre confiance ; voilà le résultat que
« nos esprits avaient pressenti dès le principe. »

Cependant, au milieu de ces lamentations, on adapte au bout d'une perche une lame recourbée comme une faux, et du meilleur acier, afin de couper les cordes qui retiennent par leurs nœuds les poutres menaçantes, suspendues en dehors des murailles. A peine les cordes sont-elles coupées, les poutres se détachent et se brisent en tombant, et ainsi la tour de droite et la tour de gauche de la ville sont privées de leur meilleur moyen de défense, tandis que Tancrède et le comte de Normandie continuent à battre à coups de pierres, lancées comme la grêle par des frondes, le premier celle qui était un peu plus éloignée, le second celle qui était un peu plus rapprochée. Occupés de leurs propres affaires, ceux qui défendaient ces tours n'entendaient pas les cris qui partaient des tours voisines. Celle surtout qu'attaquait le comte de Normandie, d'autant plus redoutable, et par là même d'autant plus odieuse qu'elle était plus rapprochée, eût promptement succombé aux efforts des assiégeans, si elle n'eût été protégée par la paille que l'on avait opposée aux machines, car les ennemis avaient caché leurs murailles sous des sacs remplis de paille, afin que les blocs de marbre lancés contre elles ne pussent les ébranler. Il y avait donc à la fois et de grands efforts et de très-minces résultats; on entendait beaucoup de lamentations, et pas un seul éclat de rire. Mais quels hommes n'eussent été poussés à rire, au milieu même des larmes, par la vue de ces prêtres guerriers qui, lorsque les chevaliers commençaient à être fatigués, eux-mêmes, hommes délicats, vêtus de leurs blanches étoles, pleuraient en transportant des échelles, et chantaient des hymnes en pleurant, travaillant à la fois et adressant des discours aux nôtres afin de les encourager par leurs bonnes paroles? La bravoure des chevaliers, qui s'était engourdie dans l'excès de la fatigue, se réveille à ce spectacle inaccoutumé. Ils retournent vers les murailles, marchant à la suite de ces hymnes pieux et des cris *Kyrie eleison*, cris partis du fond du cœur, et qui s'élevèrent avec efficace jusqu'aux oreilles du juge suprême. En effet le Seigneur exauça les invocations des hommes pleins de contrition, et ne permit pas que les Infidèles osassent blasphémer plus long-temps. Celui qui sépara les flots de la mer Rouge et conduisit Israel à travers les eaux, celui-là maintenant console les désolés, et alors qu'ils avaient perdu l'espérance même de sauver leurs vies, il leur ouvre le chemin de la victoire. Déjà ils avaient fait beaucoup de tentatives, et toutes infructueuses; mais il plut au Seigneur de les rendre semblables au torrent dévastateur, afin qu'ils pussent enlever même la citadelle, malgré les défenses qui l'enveloppaient. La flèche accoutumée à avoir soif du sang, et qui maintenant n'aspire plus à étancher sa soif, mais plutôt à embraser, vomit des flammes, et tandis que l'arc lance ses traits, vous diriez que la terre, changeant de rôle, foudroie le ciel à son tour. Le fer embrasé volant de bas en haut traverse et dessèche l'air; la pointe qui porte la flamme, aidée du secours des ailes attachées à la flèche, va de même transpercer les sacs remplis de paille et y mettre le feu; et n'ayant aucun moyen du même genre pour se défendre de l'incendie, les ennemis qui ne s'étaient retirés ni devant les traits ni devant les machines, se retirèrent devant le feu dévorant. A peine les murs sont-ils évacués par les assiégés, les nôtres apportent et dressent leurs échelles; un arbre jeté sur les remparts, en guise de pont, unit les assiégeans aux assiégés, le bois à la pierre, la machine à la muraille. A l'aide de ce nouveau point d'appui une jeunesse remplie d'ardeur se glisse dans la ville, avançant sur les pieds et sur les mains, comme pour échapper à la tempête et se sauver dans le port.

## CHAPITRE CXXVI.

Bernard de Saint-Valeri, Lethold et Engelbert parviennent sur les remparts.

A la tête de ces jeunes gens brille un jeune homme qui s'avance portant son glaive nu, l'honneur des chevaliers, l'honneur de son illustre famille, Bernard qui t'invoque, ô Saint-Valeri, comme son patron, et qui a reçu de toi son nom et son surnom. Il vous rencontre cependant et s'afflige de vous avoir rencontrés sur les murailles, ô noble couple de frères, Lethold, et toi Engelbert, qui suivais ton frère, le second par ta naissance aussi bien que pour t'élancer sur le rempart. Une échelle les fit atteindre à la muraille, comme la Flandre les avait envoyés jusqu'à cette échelle. Dès qu'ils sont en possession des remparts, ils se divisent, Bernard courant vers l'orient, les deux frères vers l'occident : ce qu'ils rencontrent, ils le déchirent, ce qu'ils déchirent ils le détruisent ; partout où ils portent leurs pas, le fracas et la destruction marchent à leur suite. La première tête qui tomba séparée de ses épaules fut frappée d'un bras vigoureux ; la troisième glissa le long des murailles, et son tronc était encore debout, que déjà la tête, couverte de son casque, avait roulé jusques en bas ; mais bientôt le tronc alla la rejoindre, et tout mutilé fut foulé aux pieds comme, avant sa mutilation, il avait été frappé du glaive. De moment en moment le combat devenait plus rude ; déjà un peuple plus nombreux fait invasion dans les tours ; les murailles se soulevant contre leurs anciens possesseurs, et s'abaissant contre ceux qui s'en rendent maîtres, s'étonnent de l'affluence des vainqueurs, qui, précipitant leurs pas, s'élancent avec rapidité, repoussent avec violence.

## CHAPITRE CXXVII.

Les Chrétiens s'emparent de la ville.

Les assiégés cependant, après avoir assez longtemps dédaigné la fuite, tournent le dos maintenant; et secouant leurs pieds, ils s'élancent loin des vainqueurs : ceux-ci, à mesure qu'ils pénètrent dans la place, dégagent ceux des leurs qu'une faible populace accablait de sa masse inerte. Les Chrétiens ne pouvaient encore livrer assaut, courir après le butin, parvenir sur les remparts, car leur ardeur était encore ralentie par la difficulté de monter le long des échelles; mais bientôt ils se rendent vers une porte voisine, l'enfoncent, en faisant sauter les gonds par les seuls efforts de leurs épaules, et alors la forte porte de la vallée de Josaphat s'ouvre devant eux. Aussitôt donc qu'elle est ouverte, tous s'élancent à la fois et ne rencontrent plus d'obstacle. Ils se répandent çà et là, à droite et à gauche, vers le haut et vers le bas de la ville; ils se jettent à travers les terres ennemies, les broussailles, les maisons, les champs, les jardins; ils tuent, enlèvent, dévastent; les uns frappent les bestiaux, les autres pénètrent dans les maisons; ceux-ci enlèvent l'or, ceux-là, séduits par de fausses apparences et par la couleur jaune, ne saisissent que de l'oripeau; un grand nombre prennent de l'argent, quelques-uns des pierres précieuses, d'autres de la pourpre, quelques-uns des esclaves; tout est pris à la course et au pillage; et cependant, comme dit le proverbe populaire, selon que chacun est plus vivement chatouillé de façon ou d'autre, il suit d'abord son penchant, et se porte vers l'objet de son goût. Ainsi négligeant les parures superflues, et cherchant les choses dont il éprouve le plus grand besoin, chacun s'arrête d'abord aux lieux où il les peut rencontrer : celui qui a faim, s'il vient à trouver un four, n'aspire plus à chercher des armes; celui qui a soif, s'il trouve de l'eau, ne cherche ni le fer, ni les bestiaux; le blessé entre dans une maison; celui qui est tout nu se précipite sur des vêtemens; le bon buveur cherche partout des coupes de vin; l'avare poursuit des trésors. Les nobles s'occupent principalement à renverser les ennemis, les hommes du peuple à les dépouiller; les Chrétiens sont tout couverts de sang, les chefs les animent et les encouragent. D'une part, sont deux hommes vigoureux, deux comtes, les deux Robert, Robert comte des Normands, et Robert, comte des hommes originaires de Flandre; d'autre part, le duc Godefroi, dont la valeur est grande et célèbre dans les combats; plus loin est le magnanime comte de Saint-Gilles, qui, s'élançant du dehors, était monté dans les tours dont il se trouvait le plus près, et avait investi de ses armes la tour que les habitans du pays appellent la tour de David, non sans frapper de mort ou sans précipiter un grand nombre d'ennemis qui, fuyant d'abord loin des murailles, étaient venus chercher un asile dans ce fort.

## CHAPITRE CXXVIII.

### Tancrède.

Tancrède cependant, semblable à un lion plus encore qu'à un homme, portant non seulement les yeux et la face, mais surtout le cœur d'un lion, Tancrède, dans sa fureur, vole à de plus grands exploits. Ce qu'aucun des deux Ajax n'eût même imaginé, ce que n'eussent osé ni Hector, ni Achille, vainqueur d'Hector, tout cela est facile à Tancrède, au petit-fils de Guiscard. L'enceinte intérieure du temple, qui maintenant n'est plus qu'à un seul, qui auparavant était à deux, qui maintenant est le temple du Seigneur, qui jadis était le temple du Seigneur et le temple de Salomon, enceinte vaste et étendue, entourée de fortes murailles défendues par deux portes de fer, avait recueilli les fuyards, ou pour mieux dire tous les habitans de la ville chassés par la frayeur, et cherchant à échapper aux horreurs de la guerre. Le fer le plus dur les protége; mais Tancrède, plus dur que le fer, frappe, brise, renverse les portes, et pénètre au milieu d'eux. A peine est-il entré, le peuple fuit devant lui, et s'élance dans la cour de Salomon, cour qui se présente sur quinze côtés. L'homme trop lent tombe sous le glaive, l'homme agile échappe au glaive. Ceux qui ont pu se sauver ferment la porte sur eux, et se barricadent, dans l'espoir de défendre leur vie, ou du moins de retarder leur mort de quelques instans.

Tancrède se dirige alors vers le temple du Seigneur ; il s'avance, et voilà, les portes élevées du temple s'ouvrent devant sa bannière.

## CHAPITRE CXXIX.

### Il pille le temple.

Sur un trône élevé était placée une immense statue en argent, tellement lourde, que six bras vigoureux eussent à peine suffi pour la soulever, et dix bras pour la transporter. A peine Tancrède l'a-t-il aperçue : « O honte, s'écrie-t-il, que fait ici cette image ;
« cette image, qui se montre placée si haut, que fait-
« elle ici ? Pourquoi ces pierreries, pourquoi cet or,
« pourquoi cette pompe (car cette statue de Mahomet était toute chargée de pierreries et de pourpre, et toute resplendissante d'or) ? « Serait-ce par hasard l'i-
« mage de Mars ou celle d'Apollon ? car ce ne saurait
« être celle du Christ ; je ne retrouve point les insi-
« gnes du Christ, ni la croix, ni la couronne, ni les
« clous, ni le flanc percé ; ce n'est donc point là le
« Christ, mais plutôt un premier Antechrist, ce Ma-
« homet pervers, ce Mahomet dangereux : ô si main-
« tenant son compagnon était aussi présent, si le fu-
« tur Antechrist venait se réunir à celui-ci, mon pied
« expulserait également les deux Antechrist ! O scan-
« dale ! le convive de l'enfer, l'hôte de Pluton, est en
« possession de la citadelle de Dieu, il est le dieu de
« l'ouvrage de Salomon ! Qu'il soit donc au plus tôt

« précipité, qu'il tombe sans délai! Est-il donc là de-
« bout dans son orgueil, comme s'il devait aussi nous
« soumettre à lui? » A peine avait-il donné ces ordres que déjà ils étaient accomplis, et jamais les chevaliers ne s'étaient montrés plus empressés à exécuter
ses commandemens. On enlève, on entraîne, on brise
en morceaux le métal précieux en lui-même, mais vil
par la forme qu'il avait reçue; et ainsi défiguré, l'objet le plus vil est converti en une précieuse matière.

## CHAPITRE CXXX.

#### Il distribue les dépouilles aux chevaliers.

Dans l'enceinte intérieure, et sur les parois du temple, brillait une lame d'argent, large d'une coudée
environ dans toute sa longueur, et épaisse presque
de l'épaisseur d'un pouce; cette lame suivait dans ses
longs replis tous les contours du temple, et son poids
était à peu près de sept mille marcs : elle était là
comme une matière inerte et sans valeur, et le sage
Tancrède la convertit en objet utile. Avec cette
lame, il arma ceux de ses serviteurs qui n'avaient point
d'armes, il habilla ceux qui étaient nus, il nourrit
ceux qui avaient faim, il accrut le nombre de ses chevaliers, ce qui fut pour lui le plus grand de tous les
plaisirs, et il rallia autour de sa bannière des guerriers étrangers. Des pans de muraille, des colonnes
nombreuses étaient cachées sous des pierreries, sous
des monceaux d'or et d'argent. Des ouvrages remar-

quables par la perfection d'un art digne d'être célébré dans tout l'univers, et dont la matière seule était propre à réjouir singulièrement les yeux, fuyaient en quelque sorte les regards, et, détestant la lumière, demeuraient enfouis sous ces ornemens, qui leur servaient de couverture. Ils étaient depuis long-temps enfermés dans cette étroite prison, mais Tancrède les rendit au jour, et écarta les ténèbres qui les couvraient. L'or qu'il en enleva lui servit à soulager la faim de ceux qui étaient dans le besoin : en mettant les marbres à nu, il vêtit les membres du Christ.

## CHAPITRE CXXXI.

#### Il frappe et massacre les ennemis.

Après avoir fait ainsi tous les arrangemens qu'il avait à faire, après avoir admiré les pierres précieuses, l'airain, les marbres du temple sacré, après avoir fait une dévote prière, Tancrède vole aux armes, et rencontre des ennemis qui veulent résister; mais il pénètre au milieu d'eux, il se précipite, les met en fuite, et l'ennemi ne trouve aucun abri devant lui. Déjà le terrain extérieur est libre, et l'on ne combat plus au dehors; mais on court, et le massacre commence dans l'intérieur. Alors, et dès que les portes sont ouvertes, les flots de sang qui sont répandus font voir, ô Tancrède, ce que peuvent ta valeur et ton épée! Qui aurait le temps de raconter en détail et les joies de ceux qui massacrent et les douleurs de ceux qui sont massacrés, et tous les biens qui sortent du sein de tant de maux! Mars déploie sa fureur de mille manières, il agit par mille moyens, il entasse des milliers de victimes. La colère s'abandonne à tous ses emportemens, le glaive dévorant moissonne tout ce qu'il rencontre, l'ennemi succombe de toutes parts : courage, saintes fureurs, courage, glaives sacrés, courage, sainte destruction, ne ménagez rien; tombez sous les coups, race dépravée, hommes scélérats, qui avez répandu le sang innocent, qui devez maintenant donner tout le vôtre. Vous qui avez tant de fois déchiré le Christ en mille pièces, recevez à votre tour les châtimens que font retomber sur vous les membres du Christ.

## CHAPITRE CXXXII.

Sac de la ville. Les ennemis vaincus reprennent courage.

CEPENDANT le fracas de la guerre retentit dans toute la ville; les uns courent après la destruction et le carnage, les autres poursuivent le plus mince butin : chacun est emporté vers ce qu'il desire avec le plus d'ardeur. Et l'acier et le fer, et le bois de cèdre et l'airain, et le cyprès et l'or, et les belles portes de Salomon, tout est brisé, tout s'écroule, toutes les retraites sont mises à découvert, tous les passages sont livrés aux combattans. A quoi vous sert de vous être cachés, scélérats qui reniez le Christ, à quoi vous sert d'avoir fermé les portes du palais de Dieu? Vous avez pu former mille issues, vous cacher derrière mille abris, et cependant mille avenues étant fermées, vous êtes enlevés par mille autres avenues! Voilà, les braves ont pris la fuite, les audacieux ont connu la peur; comme les loups font ravage dans le troupeau après avoir brisé les claies de la bergerie, de même les glaives de la Gaule renversent les peuples livrés à leur furie; une poignée d'hommes massacre un peuple innombrable; les uns égorgent les vieillards, les autres enlèvent les enfans, beaucoup d'autres dépouillent les oreilles des pierreries qui les parent. Cependant, à la vue de ce carnage, des guerriers sarrasins, qui bientôt seront immolés eux-mêmes, volent contre les vainqueurs. Une bande de chevaliers tout en désordre s'élancent du sein d'une retraite cachée, semblables à un essaim d'abeilles qu'un berger a forcées de sortir de leur asile à l'aide de l'eau ou de la fumée : chassé de sa demeure, l'essaim sort et attaque tout ce qu'il rencontre, il perce et blesse son ennemi au front, aux oreilles, sur le nez. De même, lorsque la vue des maux de leurs compagnons a fait sortir ces chevaliers de leur retraite ignorée, mille traits volent dans les airs et retombent comme la grêle; la colère trouve partout des armes, car les glaives manquent à la plupart de ces guerriers.

## CHAPITRE CXXXIII.

*La victoire est disputée. Les fidèles sont mis en fuite. Éverard du Puiset rallie les fuyards.*

Les vaillans Gaulois, hommes d'une grande bravoure, mais peu nombreux, troupeau rempli de valeur, mais trop faible, ne peuvent résister long-temps à des ennemis trop supérieurs en nombre. Ils se retirent donc; ceux qui naguère se retiraient pressent maintenant leurs ennemis qui se retirent; autant le vainqueur s'était plu naguère à briser les portes et à les franchir de vive force, autant il se plaît maintenant à précipiter sa course rétrograde, à fuir à travers ces ouvertures qu'il a lui-même pratiquées. A leur tour les nouveau-venus repoussent ceux qui les avaient repoussés; ils les repoussent non moins vivement que les autres les avaient repoussés, mais bientôt ils seront de nouveau repoussés eux-mêmes. Ainsi les uns se retiraient alternativement devant les autres; naguère mis en fuite, ceux-ci mettent en fuite par un retour de fortune; les serviteurs du Christ avaient chassé devant eux les serviteurs de Mahomet, et maintenant les serviteurs de Mahomet chassent devant eux les serviteurs du Christ : ainsi l'issue du combat demeure incertaine, et Mars semble se jouer, favorisant tantôt les uns, tantôt les autres; déjà chacun des bataillons avait trompé son adversaire en se sauvant plusieurs fois devant lui, lorsqu'enfin un guerrier valeureux, Éverard du Puiset, accourant, selon que le rapporte la renommée, seul, armé de son bouclier, au milieu de ses compagnons désarmés, oppose son seul bouclier aux lances innombrables des ennemis, et faisant retentir une voix de tonnerre : « O Francs! ô « fuite honteuse! ô honte! s'écrie-t-il, sommes-nous « donc venus pour combattre, ou seulement pour « courir? C'est ainsi que les enfans ont coutume de « faire la petite guerre, c'est là ce que les jeunes « filles ont coutume de célébrer par leurs applau- « dissemens. Voilà donc les menaces que je vous « ai tant de fois entendu répéter au milieu des fes- « tins ; et vous seriez des hommes francs? Non, je ne « daignerai pas même vous appeler de jeunes femmes « franques, vous qui avez si long-temps hésité à bri- « ser de faibles bergeries, à égorger des moutons qui « y étaient enfermés! Maintenant donc rejetez toute « crainte; reprenez les forces de vos ancêtres. Voici, « je porterai la première bannière, que les autres « marchent à ma suite! » Ainsi frémissant de rage, il stimule ses compagnons, mais bientôt il anime encore plus vivement par ses actions ceux qui en sont té- moins : faisant à sa poitrine un rempart de son bou- clier, élevant le bras et brandissant son glaive, ce héros, fils de Mars, attaque à lui seul des milliers d'ennemis; entraînés par ses paroles, et plus encore par la vue du carnage qu'il fait autour de lui, tous les jeunes gens frémissent à la fois, sont saisis d'une même fureur, ne font plus qu'un cœur et qu'une ame; tous s'élançant d'une course rapide sou- tiennent celui qui les a ranimés; il marche le pre- mier, mais tous volent sur ses traces.

## CHAPITRE CXXXIV.

#### Horrible massacre des Infidèles.

Un petit nombre d'hommes triomphe d'un nombre infini d'ennemis, et loin que cette infériorité soit nuisible aux uns, que cette supériorité soit avantageuse aux autres, ceux-ci au contraire trouvent dans leur nombre même une cause de dommage; plus ils forment des groupes considérables, plus ils sont étroitement serrés les uns contre les autres, et plus aussi cette populace se trouve affaiblie. Dans ce conflit ils se transpercent et se tuent les uns les autres; tantôt ceux qui sont encore sains et saufs frappent les blessés de mille manières diverses, et tantôt en tombant ils atteignent et blessent ceux qui sont couchés par terre sans avoir reçu de blessure. Les morts même étendus sur le sol tuent parfois les vivans. Plus cette populace est nombreuse, et plus le désastre s'accroit; celui qui tombe resserre celui qui demeure debout, et celui-ci presse celui qui est tombé : le glaive, partout où il passe, n'en épargne aucun; il pénètre dans les côtes, dans les têtes, dans les entrailles, dans les dos, dans les estomacs; de larges ruisseaux de sang inondent l'édifice, le plus illustre de tous les édifices que possède le monde; il s'y forme un lac d'un si horrible aspect que ceux même qui l'ont fait en ont horreur; quelque étonnamment vaste que fût l'enceinte intérieure du temple, les portes, les murailles,

les siéges, les tables, les colonnes, tout était couvert de sang, on ne voyait partout que le sang; le pavé même avait disparu sous le sang, en sorte que les jambes ne pouvaient atteindre aux marbres qu'en étant elles-mêmes comme submergées : enfin les pénates de ces lieux virent plus de sang répandu et plus de liquide que n'en avaient jamais vu les plaines de Pharsale sous César, les champs de la Phrygie sous les armes des Grecs, les terres du Latium aux temps de Marius ou de Sylla.

## CHAPITRE CXXXV.

Tancrède encourt la haine d'Arnoul. Discours prononcé contre Tancrède en présence des grands.

Afin qu'un jour de si grande fête ne demeure pas inconnu, je dirai qu'il fut à cette époque où le mois de juillet brille dans l'année, où les ides brillent dans le mois de juillet. C'était de plus le sixième jour dans l'ordre des jours de la semaine, et l'avant-dernier des quarante jours depuis le commencement du siége. O bienheureuses ides et illustres par-dessus toutes les autres! En ces ides en effet se séparèrent ceux qui reçurent l'ordre d'aller dans toute la terre répandre les enseignemens de la foi. C'est à cette époque que furent semées les premières semences de l'Église; en ces ides la moisson nouvelle remplit les greniers; en ces ides le père de famille fit partir le matin ses ouvriers; voici en ces ides encore et vers le soir, la vigne remplit le cellier. C'est donc à bien juste titre que ces ides ont été surnommées l'honneur des ides. Alors aussi, ô Tancrède, tu rencontras après la victoire une contestation suscitée au sujet du prix de la victoire, et après la lutte tu retrouvas la paix pour prix de cette lutte.

En effet, la jalousie des princes se souleva contre Tancrède, parce que Dieu l'avait comblé de plus de biens que tous les autres; et s'armant des traits de l'éloquence d'Arnoul, semblable à un nouvel Ulysse, elle provoqua le héros, et l'appela au milieu de l'assemblée des grands. Les chefs donc ayant pris place, le nouvel Ulysse se lève; d'abord il baisse un moment la tête vers la terre; puis, il prend la parole en ces termes : « Beaucoup de motifs me poussent, ô mes
« pères, à vous rendre hommage et à me soumettre
« à vos volontés; et parmi ces motifs, est surtout l'in-
« sulte qui m'a été faite tout récemment. Cette insulte
« me montre quelle distance il y a d'un homme à un
« homme, de l'homme bienfaisant au ravisseur, de
« celui qui envahit à celui qui protége. Vous m'avez
« élevé d'un état obscur; d'ignare que j'étais, vous
« m'avez rendu illustre, vous m'avez en quelque sorte
« créé comme l'un d'entre vous, en m'admettant à
« participer aux tributs, et cela par grâce spéciale,
« par un effet de cette antique libéralité de vos aïeux,
« qui s'est tout récemment étendue sur moi. Vous
« tous, ô chefs issus du sang royal, vous avez bien
« montré en moi de quelle source vous émanez, vous
« qui avez été généreux et riches pour moi, alors
« que vous étiez économes et pauvres pour vous-mê-
« mes. Tancrède cependant me persécute; dans sa

« fureur, il exerce sur moi une cruelle tyrannie ; ce
« que votre consentement universel m'avait accordé,
« il me le refuse ; il m'enlève le rôle de pontife, que
« vous m'aviez accordé, il me dépouille de ce dont
« vous m'aviez investi. Défendez donc, ô grands très-
« valeureux, défendez vos droits, vengez vos injures,
« punissez celui qui les a faites. Que personne ici ne
« pense qu'il s'agit d'un affront qui me soit person-
« nel ; l'insulte vous appartient, elle est toute à nous
« tous. Pour moi, ma fortune a été diminuée, pour
« vous, l'insulte a été accrue : sur moi retombe le
« dommage, sur vous le déshonneur ; celui qui foule
« aux pieds un arrangement terminé condamne ainsi
« d'une manière absolue l'auteur de cet arrangement,
« car il a été écrit : *Celui qui méprise la loi mé-*
« *prise le roi.* Or pourquoi ne vous mépriserait-il
« pas celui qui méprise Dieu? pourquoi vous obéi-
« rait-il celui qui ne ménage pas les autels? pour-
« quoi souffrirait-il que vous fussiez revêtus de vos
« manteaux celui qui a dépouillé les parvis du tem-
« ple du Seigneur? Du temple du Seigneur, ai-je dit,
« de ce temple, qui n'a été construit ni hier, ni avant-
« hier, qui n'a point été fait par une volonté quel-
« conque, qui n'a point été fondé en un lieu, en un
« temps, d'une manière, par un individu quelcon-
« que ; de ce temple, qui est la maison du Seigneur
« solidement édifiée, car le Seigneur lui-même l'a
« fondé. C'est ici le lieu où le patriarche Jacob af-
« firma que se trouvait véritablement le Seigneur,
« c'est le lieu qu'il appela la porte du ciel, où était
« l'échelle touchant aux cieux et les anges montant
« et descendant sur cette échelle. Ce même lieu, le

« Christ notre Seigneur l'a illustré dans son enfance
« par sa présentation au temple, et plus tard par
« le saint zèle qui lui fit chasser les marchands
« qui vendaient et achetaient, disant alors : « Il est
« écrit : Ma maison sera appelée une maison de priè-
« res [1]. » Il serait trop long d'énumérer tout ce qui,
« dans les livres anciens et dans les livres modernes,
« concourt à l'illustration de cette maison sainte. Si
« tu y eusses fait assez attention, ô fils du Marquis, tu
« eusses du moins ménagé ce lieu, comme un ciel au
« milieu de la terre, ce lieu, dis-je, unique sur la
« terre, et tout-à-fait semblable aux cieux, si cepen-
« dant la terre possède rien qui se puisse comparer
« aux cieux. Il faut néanmoins avoir quelque indul-
« gence pour le petit-fils de Guiscard, car il n'a fait
« que suivre les traces de ses pères. Qui, au milieu
« des caresses et des embrassemens, a précipité. . .
« . . . . . . . . du haut d'une muraille, si ce n'est
« Guiscard? Qui a été, vivant, pris pour mort, et en
« pleine santé, transféré sur le mont Cassin pour y
« être enseveli, si ce n'est Guiscard? Qui a attiré au-
« près de lui son petit-fils, sous prétexte de faire la
« paix, et l'a traité d'abord froidement, ensuite de la
« manière la plus dure? encore Guiscard ; et celui-là,
« cependant, on rapporte de lui qu'il a été un fonda-
« teur, et non un destructeur d'églises, qu'il n'en a
« dépouillé aucune, et qu'il en a créé un grand nom-
« bre. Mais quoi donc, petit-fils de Guiscard, ne savais-
« tu pas que j'étais ministre de la maison de Dieu? Si
« tu le savais, était-il sage à toi de poursuivre ton
« crime, de profaner le sanctuaire, au mépris de ma

[1] Évang. selon saint Matth., ch. XXI, v. 12 et 13.

« personne et de toute justice? Si tu as péché par
« ignorance, pourquoi, après l'avoir su, n'as-tu pas
« recouru au pardon? Si tu l'as fait à dessein, pour-
« quoi as-tu déjà suspendu ton pillage? Il reste encore
« des églises et des pierres précieuses sur les autels;
« va donc, cours, pille, repousse les prêtres, suc-
« cède à ceux que tu auras repoussés, qu'Arnoul de-
« meure en silence, que Tancrède se charge de la
« parole de persuasion. Mais vous, ô grands, si j'ai
« bien mérité de vous en quelque chose, c'est avec
« vous que j'ai travaillé; jamais je ne vous ai abandon-
« nés. Dès le commencement de cette guerre, Nicée a
« senti les effets de ma vigilance, alors que je repre-
« nais la paresse, et que la valeur même s'enflammait
« à mes paroles, que j'encourageais les jeunes gens,
« et que les vieillards mêmes étaient rajeunis, que je
« réveillais les frondes engourdies, et que les murail-
« les tremblaient sous leurs coups. Bientôt, lorsque
« dans la vallée de Dorylée, enveloppés par les en-
« nemis, nous avions la mort devant les yeux et
« tremblions pour notre vie, alors même la crainte
« ne me fit point perdre l'esprit, la fraude ne dirigea
« point mes conseils, et mes avis ne demeurèrent
« point sans effet. Je dis alors qu'il fallait envoyer
« auprès de nos compagnons, qui ignoraient ce qui
« se passait, pour le leur annoncer, et rassembler
« tous ceux qui étaient épars; je donnai ce conseil,
« et je l'exécutai moi-même. Je n'allai point fraudu-
« leusement charger de ce fardeau les épaules d'un
« autre; ce que les miens mêmes me refusaient, je
« l'entrepris seul, accompagné d'un seul homme; en-
« core celui-ci était-il sans armes, et ne savait-il point

« combattre. Je passai à travers des milliers d'enne-
« nemis, j'échappai à des milliers d'hommes qui me
« poursuivaient, j'annonçai ce qui était arrivé, je ra-
« menai, je remportai la victoire. Ce que j'ai été à An-
« tioche, les ennemis peuvent l'attester. En ce jour,
« je ne rapporterai pas les détails de cette longue
« lutte; je me tairai aussi sur Marrah, presque con-
« quise par moi, pour rappeler du moins Archas et ce
« nouveau simulacre d'une fuite, qui se fit d'une ma-
« nière toute différente, mais sans plus de sentiment
« de crainte. Quelle barque légère me porta tout près
« des murailles, à travers les flottes ennemies, le long
« des rivages de Méraclée, de Tortose, de Valénie,
« de Gibel, et me mena enfin à Laodicée! De là, pas-
« sant de nouveau à travers mille périls, j'arrivai à
« grand'peine à Antioche, et je reprochai aux chefs
« leurs longs retards. O vous, chefs que je rame-
« nai alors, je vous prends à témoins. Depuis ce
« jour jusqu'au jour présent, Phébus ne m'a jamais vu
« oisif, Phébé ne m'a jamais vu engourdi par le som-
« meil; jamais une table ne m'a vu en face, jamais
« mon esprit ne s'est abandonné au repos, car je sers
« l'intérêt public, et sans cesse je veille, je vieillis,
« je meurs pour lui. J'aurais ajouté bien plus de cho-
« ses encore à celles que je viens de dire, ô mes pè-
« res, mais je les laisse de côté, pour en finir plus
« promptement, et j'abandonne la parole à mon ad-
« versaire. »

## CHAPITRE CXXXVI.

### Réponse de Tancrède.

Tancrède se lève alors, incertain en son esprit s'il se livrera à l'impétuosité de son cœur, ou s'il cherchera à gagner la faveur de ses juges; il se lève donc, et commence en ces termes : « Vous savez, ô grands,
« quelles ont été mes occupations; je suis chevalier ;
« ce n'est ni par le talent de la persuasion, ni par ce-
« lui de la parole, que je me suis avancé, mais plutôt
« par mon glaive et ma lance : je vous demande donc
« votre indulgence, si, engagé dans un procès, je dé-
« passe les limites d'un art qui m'est inconnu; si,
« jeune guerrier mal instruit, je retiens trop les rê-
« nes, ou si je les laisse trop aller. Cette considéra-
« tion a frappé, je pense, mon adversaire ; c'est de là
« que lui est venue l'audace de m'attaquer, lui dont
« toute la malice est enfermée en sa langue, comme
« celle du scorpion en sa queue. Mais malheur, mal-
« heur à la langue, elle est comme la queue du scor-
« pion. Vous avez entendu vous-mêmes, et je n'ai
« pas besoin d'invoquer des témoignages étrangers,
« vous avez entendu avec quelle puissance de persua-
« sion il s'est attaché à déchirer ma race. Il a insulté
« au courage de Guiscard, le plus illustre après
« Alexandre, il a insulté à ce grand prince, lui, un
« homme dans la race duquel personne n'a jamais vu
« de prince. Les actions de Guiscard sont connues

« du monde entier, il n'est personne qui puisse le
« dénigrer, si ce n'est celui qui s'est toujours appli-
« qué à changer le blanc en noir et le noir en blanc.
« Chercher un secours dans les richesses, préférer
« l'abondance à la pauvreté, racheter sa vie avec de
» l'or, fouler les ennemis sous ses pieds au milieu des
« pierres précieuses, se faire des chevaliers avec de
« l'argent, voilà ce que cet homme, qui pervertit et
« dénature tout, a appelé dépouiller les parvis des
« églises! N'est-ce pas cependant ce même homme,
« qui a coutume d'aller sermoner de paroisse en pa-
« roisse, criant toujours : Dites-moi, pontifes, que
« fait l'or pour un saint? C'est pour servir l'intérêt
« public, pour mieux triompher des Infidèles, qu'à
« travers mille périls, au milieu même des combats,
« poussé par le besoin, j'ai enlevé des richesses aban-
« données et comme ensevelies, afin que ce qui avait
« servi dans son éclat servît encore mieux dans les
« batailles; je n'en ai point fait faire des chaînes d'or
« pour les offrir à une nièce, je me suis borné à les
« enlever de leur place, mais je ne les ai point fait
« disparaître. Je les ai enlevées pour leur faire porter
« des fruits; car si elles fussent demeurées en place,
« elles ne se fussent point accrues. J'ai semé afin de
« récolter, afin de rendre après la moisson dix fois
« plus à mon créancier. Mais ce ne sera ni Arnoul, ni
« le porte-clef du temple, qui rachètera tant de det-
« tes, si j'ajoute de nouveaux trésors à ses trésors :
« j'aurai soin cependant de tenir éloignés les ongles
« crochus; et tant que Tancrède combattra en che-
« valier pour Jérusalem, Arnoul ne dépouillera point
« le temple du Seigneur. Et voyez, je vous prie, ô

« grands, d'où vient l'insulte dont il est ici question,
« si elle ne vient de celui-là même. Tandis que nous
« étions encore bannis de cette ville, je l'ai choisi lui-
« même pour juge, je l'ai consulté sur la question de
« savoir si tout ce que chacun pourrait prendre, soit
« maisons, soit palais, appartiendrait à celui qui s'en
« rendrait maître, et voici la réponse que j'en ai re-
« çue : Il a été décidé, me dit-il, et confirmé par l'as-
« sentiment de tous, d'abandonner à chacun ce dont
« il pourrait s'emparer le premier, quelque chose d'ail-
« leurs que ce fût, aussitôt que l'on serait entré dans
« la ville. Il a pensé peut-être que ces paroles étaient
« sorties de ma mémoire, mais je me les rappelle,
« elles ne sont point tombées par terre, et je les re-
« produis. Que ce juge donc ait honte de changer d'a-
« vis selon les jours, de nier aujourd'hui ce qu'il a
« affirmé hier, de se faire ainsi semblable au serpent
« qui glisse dans la main, à un Protée ; car comment
« pourrai-je fixer celui qui change de visage comme
« Protée ? Que s'il prétendait par hasard être entré le
« premier, il serait aussi en ce point vaincu et ter-
« rassé : un seul chevalier peut-être lui rendrait té-
« moignage ; pour moi, j'invoque le témoignage de
« toute l'armée, qui en a entendu parler, des milliers
« d'hommes qui m'ont vu. Je me suis élancé le pre-
« mier, le premier j'ai brisé les portes, je me suis jeté
« en avant où lui-même n'aurait osé me suivre ; ceux
« qu'il n'eût osé regarder par derrière, je les ai com-
« battus et vaincus en face. Mais voici qu'il se vante
« devant nous d'avoir fui deux fois, d'avoir donné des
« conseils dans les périls, d'avoir proposé d'expédier
« un messager, d'avoir lui-même porté le message.

« Qui de nous serait assez insensé, ô grands, pour ne
« pas reconnaître dans de tels actes la peur qui le
« possédait? Être envoyé en quelque lieu que ce soit
« loin du péril, c'est s'éloigner, c'est s'affranchir du
« péril. Que dirai-je de ce qu'il prétend avoir per-
« suadé, s'être offert, être parti de plein gré? Ce qui
« résulte de tout cela, c'est qu'il s'est enfui ; en sorte
« que ce n'est pas de son départ qu'il faut parler,
« mais plutôt de sa fuite, pour l'appeler de son vrai
« nom. Ce mot arrive fort à propos pour rabattre les
« vanteries de cet homme, dont l'unique pensée,
« la seule ambition, le seul  a été de fuir.
« Mais il s'excuse sur les craintes qu'éprouvaient ceux
« dont il vous parle ; qu'il regarde à ce que veulent
« dire de telles paroles; elles signifient que parmi
« tous les genres de mort, la seule mort qu'il faille
« redouter est celle qui fait mourir de peur les
« hommes timides. Mais j'ai honte, ô mes pères,
« d'un tel débat : que mon adversaire cependant ne
« se le reproche point; ce n'est point lui qui m'y a
« forcé : mon respect pour vous m'y a fait consentir,
« et ce respect seul m'a guidé. Maintenant j'arrête sur
« place mon coursier fatigué; c'est à vous qu'il ap-
« partient de reconnaître ce qu'il faut décider sur
« ce qui s'est passé. »

## CHAPITRE CXXXVII.

### Décision des grands.

Après que les princes ont entendu ces discours si divers, ramenés à des sentimens plus justes par la justesse des réponses de Tancrède, et renonçant à leur jalousie, ils ne s'occupent plus qu'à chercher la justice. Ils trouvent donc une sorte de terme moyen afin qu'Arnoul n'ait pas vainement déclamé, et que Tancrède d'autre part ne soit pas frustré des richesses acquises au prix même de son sang. Ils décident qu'il ne faut pas dessécher les sources abondantes qui ont déjà versé tant de lait, car Tancrède, dans sa générosité, n'a pas négligé les autres églises; qu'il doit donc à son tour prendre soin généreusement de celles de ces églises qu'il a généreusement enrichies. En un mot le fils du Marquis, d'après l'avis des princes, et sans y être nullement contraint, restitue à l'église sept cents marcs; et par ce moyen deux hommes qui avaient été désunis se réunissent de nouveau, tous deux illustres, tous deux élevés d'un état obscur à une grande puissance, tous deux objets d'envie pour tous, et qui ne se portaient envie l'un à l'autre que mal à propos et par hasard. Aussi répéterai-je en toute confiance, au sujet de ces deux hommes, ce que le poète de Mantoue a dit en parlant d'Hector et d'Enée :

*Si duo præterea misisset Gallica tales*
*Terra viros* [1], *etc.*

[1] Si la terre des Gaules eût pu en outre envoyer deux hommes pareils.

depuis long-temps déjà et Memphis et Babylone eussent eu des rois de la Gaule, tant on voyait briller dans l'un d'éloquence, dans l'autre de courage, dans tous les deux de libéralité, de pénétration, de sollicitude, de justice et de sagesse.

## CHAPITRE CXXXVIII.

### Les Francs sont vainqueurs sous Ascalon.

Déja deux jours entiers s'étaient écoulés après celui dont je viens de parler, et le quatrième jour brillait avec éclat, jour qui redoubla les joies des Chrétiens, car il vit les Francs vainqueurs de nouveau sous les murs d'Ascalon. La prise de Jérusalem avait effrayé le roi de Memphis. Toute l'Égypte, frémissant de rage, avait envoyé une armée de trois cent soixante mille cavaliers, et des troupes d'hommes de pied innombrables comme le sable de la mer. Dès que les Francs furent avertis de l'arrivée de ces nouveaux combattans, ils coururent à leur rencontre, comme s'ils échappaient à la famine pour aller chercher un festin, et les nôtres, quoiqu'en petit nombre, dissipèrent cette nombreuse armée, ainsi que je l'ai dit, et au lieu que j'ai dit. Je n'ai pas le temps de m'arrêter à raconter le détail de cette bataille : je dirai cependant qu'il plut aux Ascalonites, après la victoire des Chrétiens, de recevoir et de dresser la bannière du comte Raimond, et de se soumettre à son autorité, eux, aussi bien que leurs tours. En effet, placée sous les ordres de Raimond, la tour de David avait renvoyé sains et saufs ceux qui d'abord l'avaient défendue, en sorte que la fidélité de cet homme à tenir ses promesses était grandement célébrée parmi le peuple turc. Mais il s'éleva parmi les chefs une querelle au sujet du commandement. Le royaume de Jérusalem ayant été dévolu à Godefroi, Raimond ne voulut pas donner son approbation à ce choix; alors la ville néophyte retourna à son idolâtrie, dédaignant à la fois et le joug du comte et celui du roi, et l'autorité de ceux qui l'avaient vaincue, et cette grande faute n'a jamais pu être réparée. Ainsi, quoique le comte se soit illustré déjà par beaucoup de grandes actions, et qu'une plus grande illustration lui soit sans doute réservée pour l'avenir, la colère insensée qu'il montra en cette occasion jette une complète défaveur sur sa vie passée et sur sa vie future. Malheureux! malheureux! hélas! tu ne sais pas quels fers, quelles scènes de carnage tu prépares à des innocens, en affranchissant ainsi cette ville d'Ascalon, instrument de carnage et de captivité! Tu délivres le coupable, tu le dégages du joug : ce jour plein de tristesse où tu t'abandonnes à ta colère transmet à ta postérité des maux infinis.

## CHAPITRE CXXXIX.

Tancrède fortifie le château de Bezan.

Tancrède cependant, se dépassant toujours lui-même, devenant sans cesse meilleur, et toujours plus humble à mesure que Dieu l'élève davantage, Tancrède, quoiqu'il se trouve maintenant plus riche que tous les autres en richesses temporelles, continue à combattre sous le nouveau roi; il ne s'indigne point contre un joug, il ne redoute point de se trouver dans l'isolement; et cependant les chevaliers qui étaient partis avaient tellement réduit les forces de l'armée, que tous ceux qui demeuraient encore étant rassemblés, à peine se trouvait-il deux cents hommes revêtus de cuirasses pour défendre Jérusalem. Le descendant de Guiscard ayant pris avec lui environ quatre-vingts de ces chevaliers, allait de tous côtés, enlevant très-souvent un riche butin, écartant avec vigilance les brigands qui infestaient les environs de la ville, enrichissant ainsi les habitans, et appauvrissant les ennemis. Ce fut aussi une pareille sollicitude qui détermina Tancrède à fortifier le château maintenant appelé Bezan, et qui fut jadis, selon ce que nous lisons, appelé Bezamis. Ce lieu, éloigné de Jérusalem, et qui n'était défendu ni par des rochers ni par des palissades, ni par des fossés, était sale et malsain, objet d'effroi pour ceux qui l'habitaient, et de plus peu agréable pour les étrangers. Mais la population nombreuse répandue dans les environs, et qui l'investissait alors même qu'il ne faisait aucun mal, l'eût assiégé en bien plus grande affluence s'il lui eût été nuisible. C'est ce que Tancrède avait prévu dans sa sagesse, et comme le chasseur reconnaît la forêt, ou l'oiseleur les broussailles où il doit chercher son divertissement, Tancrède avait reconnu le lieu d'où il pourrait se porter sur les autres points pour enlever un plus riche butin. Après donc qu'il eut entouré le château de Bezan d'un fossé qui l'enveloppait tout entier, il alla piller toutes les places des environs, enlevant les charrues, transférant le joug de la tête des bœufs sur celle des paysans, enlevant les marchandises sur les chemins, et bloquant les portes des villes. Celle de Caïphe, affligée de ces maux, succomba enfin, quoiqu'elle fût défendue et par la mer et par ses tours; mais d'abord elle avait été battue par des machines à projectiles, et bientôt elle eut à subir le glaive des assiégeans, qui s'élancèrent sur les murailles à l'aide de leurs cordes, de leurs échelles et de leurs ponts volans.

## CHAPITRE CXL.

#### Boémond et Baudouin se rendent à Jérusalem.

En ces jours Boémond et Baudouin, celui-ci frère du roi Godefroi, et dont j'ai déjà parlé, desirant se rendre à Jérusalem pour accomplir leur vœu, se mirent en route avec une nombreuse suite de chevaliers. Ils passèrent à travers la vallée de Camela, dans le voisinage de Damas, non loin de Césarée de Philippe, et, chose étonnante, ils s'avancèrent ainsi, et sans aucun obstacle, à travers les ennemis répandus de tous côtés pour les chercher. On était alors au temps du carême. Ils arrivèrent donc à Jérusalem, et y célébrèrent avec le roi Godefroi les joyeuses solennités de Pâques. En ce temps aussi, Daimbert, évêque des Pisans, homme très-versé dans la connaissance des lettres, et doué d'une grande éloquence, qui était arrivé à Joppé avec un grand nombre de vaisseaux, fut élevé au patriarcat de Jérusalem par l'assistance de ce même Boémond. Arnoul, homme d'un grand caractère, qu'une élection avait cependant élevé à cette même dignité, consentit très-volontiers à cet arrangement, espérant que Daimbert serait plus utile à la cause chrétienne qu'il ne pouvait l'être lui-même. On donna aussi l'ordination à quatre évêques, savoir, Roger de Tarse, Barthélemi de Mamistra, Bernard d'Artasie et Benoît d'Édesse, qui tous quatre, revêtus de l'office de prêtres, étaient allés à Jérusalem avec Boémond et Baudouin. Les solennités de Pâques étant terminées, Boémond repartit avec ses trois évêques, rendant à chacune des villes celui qui lui était destiné, et Baudouin, suivi de son archevêque Benoît, retourna aussi à Édesse, dont il gouvernait le comté.

## CHAPITRE CXLI.

Boémond fait lever le siége de la ville de Mélitène. A la suite du combat il est fait prisonnier et emmené par les Turcs.

Aussitot après son arrivée, Boémond ayant appris par les rapports qui lui furent faits que la ville de Mélitène (située à dix journées de marche d'Antioche, et même plus) était investie par les Turcs, rassembla promptement son armée, et se mit en marche pour aller la délivrer. Mais les Turcs, dès qu'ils furent instruits de son approche, abandonnèrent le siége à dessein et se retirèrent, comme c'est leur usage. Ils trouvent plus d'avantage en effet à tourner le dos à propos, ou même sur le moment, qu'à marcher contre leurs ennemis, car, même en fuyant, ils lancent leurs traits et blessent ceux qui les poursuivent. Boémond s'étant donc avancé, et n'ayant plus trouvé l'armée des Turcs, les siens lui conseillèrent d'entrer d'abord dans la ville et d'y prendre quelque repos, pour en sortir ensuite et marcher à la victoire contre les Turcs avec ses troupes rafraîchies; mais il ne crut point à ces conseils, et dans sa folle audace, s'abandonnant à une présomption immodérée : « Loin de moi, répondit-il, loin de « moi que Boémond fasse en ce jour ce qu'il ne se « souvient pas d'avoir jamais fait. Ainsi font les re« nards qui, lorsqu'ils entendent les aboiemens des « chiens, vont se cacher dans le fond de leurs tan« nières. » Il marcha donc à la poursuite des Turcs, et, les ayant rencontrés, il engagea aussitôt le combat; et plût à Dieu qu'il ne l'eût jamais entrepris! Tandis que l'on combattait des deux côtés, Boémond fut pris et enchaîné : grand sujet de joie pour les serviteurs de Mahomet, et de deuil pour les Chrétiens. Il fut de là conduit en Romanie, pour être jeté dans les fers entre les mains du roi Donisman. Du moment de sa captivité la ville d'Antioche fut tellement malheureuse, qu'il ne se trouva plus personne pour la secourir ni pour la consoler.

## CHAPITRE CXLII.

#### Mort du roi Godefroi.

J'ARRIVE maintenant à un déplorable événement qui plongea la ville de Jérusalem dans un deuil non moins grand que celui d'Antioche. En effet Godefroi, roi excellent et craignant Dieu, sortit de ce monde peu après la captivité de Boémond. Un an s'était écoulé depuis qu'il avait commencé à régner lorsqu'il fut frappé par la mort. Mais avant qu'il perdît la vie présente, et pendant qu'il était retenu par l'infirmité de son corps, il ordonna d'appeler auprès de lui le patriarche Daimbert, Arnoul, et tous les autres princes, et leur dit : « Voici, je vais entrer dans la voie de « toute chair. Tandis que je suis encore vivant, tenez « conseil entre vous, et décidez à l'avance qui doit « régner à ma place dans Jérusalem. » Eux lui répondirent : « Nous nous confions encore mieux « en ta prévoyance : celui que tu auras toi-même « élu pour nous, nous nous soumettrons à lui sans « hésitation. » Alors Godefroi reprit : « Si l'on s'en « tient à ce que je réglerai, je juge que mon frère « Baudouin est très-propre à remplir cette haute « charge. » Eux ayant entendu le nom de Baudouin, l'acceptèrent à l'unanimité, approuvèrent ce choix, et s'engagèrent par serment à lui conserver fidélité, car ils connaissaient Baudouin pour un homme libéral en fait d'argent, zélé pour les chevaliers, humble dans ses paroles, illustre par son grand courage. La nature en effet avait, pour ainsi dire, gravé toutes ces vertus dans son cœur, de sa propre main. Baudouin avait été, comme je l'ai dit ci-dessus, institué prince de la ville de Ragès, autrement nommée Édesse, et il y demeurait à cette époque.

## CHAPITRE CXLIII.

Baudouin succède à Godefroi dans le royaume de Jérusalem. Tancrède est placé à Antioche et conquiert les villes de Mamistra, d'Adène et de Tarse.

Le roi Godefroi ayant été enseveli en face du Golgotha, on envoya ensuite un message à Édesse pour inviter Baudouin à se rendre à Jérusalem et à venir prendre possession du sceptre de son frère. Cette promotion eût pu amener de grandes querelles et allumer une guerre; mais elles furent prévenues par le départ de Tancrède, qu'une même nécessité fit appeler au gouvernement d'Antioche, comme Baudouin était appelé à celui de Jérusalem. Les deux héritiers substitués à leurs prédécesseurs, Baudouin à Jérusalem, Tancrède à Antioche, poursuivent à l'envi une gloire nouvelle, tant afin que les plus jeunes ne se montrent point inférieurs à leurs aînés, que parce qu'eux-mêmes sont animés réciproquement d'un sentiment de rivalité. En outre le fils du Marquis se sentait pressé par l'incertitude de sa dignité, qui semblait faire de lui un hôte plus encore qu'un prince, et il devait se montrer d'autant plus ardent à se distinguer, qu'il avait plus de raison de redouter la brièveté de son commandement, qui devait trouver sa fin dans le retour de Boémond. Rempli de ces sollicitudes, Tancrède éloigna d'abord de ses frontières Baudouin, qui, plus puissant parmi les gens d'Antioche, s'indignait du nouveau joug qu'ils allaient porter. Sous le gouvernement de Boémond, Baudouin avait obtenu le commandement de la milice, et son orgueil s'était accru, comme il arrive d'ordinaire, tant par ce nouveau commandement que par le gouvernement d'Édesse qui lui avait été ensuite confié. Ayant ainsi pris ses mesures, Tancrède se prépare dans sa valeur à reculer les frontières de ses États, que peu auparavant, et sous le règne de Boémond, les Grecs avaient resserrées dans de plus étroites limites. En peu de temps, mais par un violent effort, il s'empara des villes de Mamistra, d'Adène et de Tarse, et soumit une seconde fois à ses lois ces places que son prédécesseur avait laissées par négligence échapper à son autorité.

## CHAPITRE CXLIV.

#### Il attaque Laodicée.

Au retour de cette expédition il alla avec toutes ses forces attaquer Laodicée; mais cette ville, fortifiée par la nature, résista à l'homme à qui le fer, ni l'acier, ni le marbre, ni les efforts des hommes ne savaient opposer aucune résistance. Cette ville, comme on peut le voir encore aujourd'hui par ses ruines seules, se distinguait entre toutes les autres par ses nobles églises, sa population, ses richesses, ses tours, ses palais, ses théâtres et ses édifices de toutes sortes. A l'exception d'Antioche, nulle autre ville ne présente dans son enceinte les traces d'une aussi ancienne noblesse. De nombreuses rangées de colonnes, des aqueducs pratiqués à travers des précipices, des tours qui s'élèvent jusqu'aux cieux, des statues qui semblaient veiller sur les places publiques, tous travaux précieux autant par les matériaux employés que par l'art qui les avait produits, rendent témoignage de la ville passée, même dans son état actuel, de ce qu'elle était dans son intégrité, maintenant qu'elle est détruite ; de sa nombreuse population, aujourd'hui qu'elle est déserte, et présente encore des ouvrages remarquables, malgré les désastres de diverses espèces qu'ils ont subis. Dans sa longueur la ville se termine du côté de l'orient à un monticule, du côté de l'occident à la mer. Sur sa largeur elle a la plaine des deux autres côtés : dans toute la circonférence on voit une muraille ou des ruines. Autrefois elle ne redoutait point les nations étrangères, et était même leur effroi : au temps de sa puissance, elle dédaigna de s'enfermer derrière de nombreuses fortifications, et se contenta d'un petit nombre d'ouvrages de ce genre. Pour en revenir au monticule dont je viens de parler, il était la seule fortification qui fût demeurée aux habitans de Laodicée, pour les défendre de leurs ennemis. Ce monticule, très-escarpé et plus vaste à son sommet, avait accueilli les habitans qui, abandonnant la plaine, étaient venus s'y réfugier, chassés par la crainte des horreurs de la guerre. Cette position escarpée eût suffi, même sans murailles, pour repousser des assiégeans; mais, couronnée à son sommet par une muraille, elle opposait ainsi aux ennemis une double force, la force de l'art et celle de la nature. Se confiant donc à leurs retranchemens, les Grecs attendaient l'arrivée de Tancrède. Mais ce prince, qui connaissait l'art de la guerre et la faisait avec passion, envoya en avant quelques coureurs, pour prendre ceux qu'ils auraient attirés sur leurs traces, ou pour attirer ceux qui pourraient se laisser prendre. Les Grecs, toujours remplis de vigilance, se tinrent sur leurs gardes, ne voulant ni se laisser surprendre errans au dehors, ni sortir sur de telles provocations. Ils disaient que ce serait une démence à eux de se présenter hors des portes, et tandis qu'ils voyaient du haut de leurs tours ceux qui en étaient exclus, ils tremblaient, même enfermés derrière leurs remparts; le prince reconnut, dans une telle conduite, la preuve de la crainte qu'ils éprouvaient. « Holà! holà! compagnons, s'écrie-t-il, « attaquons cette bergerie : vous voyez ce monticule « escarpé, sachez qu'il est vide. Il est rempli de ri- « chesses, mais dénué d'hommes pour les défendre. « Il n'a aucune espèce de courage, le chevalier qui ne « rougit pas de s'enfermer derrière des portes. Mon- « tons donc sur ce tertre; la muraille, dis-je, s'apla- « nira sous nos sabres ou sous nos échelles. » Le prince ordonne, les chevaliers s'empressent et courent aux murailles : le marteau, le hoyau, la hache, et tous les instrumens de ce genre, retentissent sur les portes : celles-ci, quoique doublées, quoique ferrées, ne peuvent supporter ces coups sans être ébranlées comme si elles étaient simples et faites en osier; les habitans, voyant que le marbre tombe sous les coups redoublés dont on le frappe, et que la nature même cède à la valeur, se défient maintenant de leurs retranchemens, et ont recours aux armes. Des masses de rochers pleuvent du haut des tours, les traits de toute espèce sont mis en usage; nul ne demeure oisif sur les remparts. La crainte de la mort chasse en eux la crainte de l'ennemi, et plus la menace est pressante, plus on repousse avec succès celui qui paraît sur le point de la réaliser. D'ailleurs, l'avantage de la position invite tout le peuple à prendre part à la défense; lancer des pierres du haut des tours est un travail que peuvent faire les individus de tout âge et de tout sexe. De l'autre côté les flèches volent aussi sans relâche contre les tours, et vont souvent crever des yeux ou percer des mains. Ainsi l'on combat des deux parts avec acharnement, jusqu'à ce que les forces soient épuisées aussi bien que les carquois, et que tous aient besoin de repos; car le fer et l'acier, qui s'emploient à briser les portes, souvent aussi sont brisés ou sautent en éclats.

## CHAPITRE CXLV.

Le comte Raimond assiége Tripoli. Il demande du secours à l'empereur. Il est pris et conduit à Antioche avec ses richesses.

Tandis que l'on combat ainsi sous Laodicée, une année s'écoule, durant laquelle tantôt le comte Raimond, voulant porter secours aux Grecs, est repoussé par Tancrède, et tantôt les princes turcs sont mis en déroute. A la fin cependant, les Chrétiens assiégeans furent vaillamment soutenus dans leurs efforts. Un seul homme, Tancrède, fit toutes ces choses, et de telle sorte cependant, qu'il ne leva point le siége, et se maintint constamment. Lui-même vainquit les Perses, les Égyptiens, ainsi que le comte de Provence, dont je viens de parler.

Ce dernier, homme d'un courage admirable, assiégeait Tripoli, presque seul contre tant de milliers d'hommes, n'ayant avec lui que quatre cents Chrétiens environ, les uns hommes de pied, les autres chevaliers. A l'aide de cette petite troupe, il entreprit de fortifier une petite colline, située dans le voisinage de la ville, en y élevant une muraille et des tours; et par une sorte de politesse gracieuse, il nomma ce lieu la montagne des Pélerins, le désignant comme une propriété commune à tous les Chrétiens, et ne voulant point l'usurper pour lui-même. Établi dans cette position, il tracassait la ville voisine par de fréquens assauts, et à leur tour, les habitans de la ville détruisaient presque complétement les travaux de la nouvelle forteresse. Il se passait rarement un seul jour qui ne vît la plaine qui séparait les ennemis arrosée du sang de tous les deux, ou de l'un ou l'autre des deux partis, tant les richesses de la multitude d'une part, d'autre part la pauvreté et le petit nombre des assiégeans, excitaient les uns et les autres au combat. En effet, là où les guerriers sont peu nombreux, leur petit nombre même échauffe tous les courages; et là où ils sont au contraire fort nombreux, les pertes sont plus facilement supportées, et l'on se complaît dans les horreurs de la guerre. Tandis que le nouveau château et la ville luttaient ainsi l'un contre l'autre, Raimond cependant fut effrayé de l'affaiblissement de sa petite troupe, et cette considération le détermina à traverser la mer pour aller implorer les secours de l'empereur des Grecs. Il emporta avec lui cette lance apocryphe dont j'ai parlé plus haut, et qui fit passer celui qui l'avait découverte à travers les flammes temporelles dans les flammes éternelles. Raimond l'emporta, dis-je, pour l'offrir en présent à Alexis, et il en fut grandement récompensé. L'empereur fut reconnaissant envers lui de ce qu'il lui offrait ce qu'il possédait, et beaucoup plus reconnaissant encore de ce qu'il venait se présenter en personne. En se rendant à Jérusalem, Raimond, malgré les invitations qu'il avait reçues, n'avait point su se montrer en suppliant, maintenant il supplie. Aussi, plus il avait d'abord paru sourd lorsqu'on le priait, et mieux il est écouté maintenant, lorsqu'il va prier à son tour. Ce qui met le comble à sa faveur est la haine que Raimond ressent comme l'empereur contre Antioche, leur commune ennemie. L'empereur le renvoie donc, chargé de riches présens, pour aller combattre le fils du Marquis, leur ennemi à tous deux. Ainsi les hommes délibèrent entre eux, mais Dieu, qui est assis dans le ciel, au dessus des chérubins, juge seul. O Alexis, c'est à Tancrède que tu envoies des trésors, lorsque les vaisseaux de Raimond, chargés de tes présens, s'enfoncent presque sous leur poids. Après avoir franchi sous d'heureux auspices beaucoup de lieux signalés par de nombreux désastres, ces vaisseaux furent enfin poussés entre les mains de leurs ennemis, et jetés dans le port le plus voisin de la ville de Tarse; ballottés par une furieuse tempête, il leur fut impossible d'échapper à leurs ennemis. Aussitôt que la renommée porta ces nouvelles aux oreilles de Tancrède, il donna l'ordre de conduire à Antioche et le comte lui-même et les richesses des Grecs; celui-ci pour le garder, celles-ci pour les répandre. Raimond cependant ne fut pas retenu long-temps; il abjura et jura tout ce qu'on lui ordonna d'abjurer et de jurer. Alors les portes s'ouvrirent devant lui; sans cela, il eût conservé la vie, mais en demeurant prisonnier. Ainsi toutes choses changent selon les caprices de la fortune; le pauvre devient riche, et le riche se trouve pauvre.

## CHAPITRE CXLVI.

Prise de Laodicée après un an et demi de siége.

Tancrède cependant, soutenant toujours la même lutte, n'abandonnant jamais ce qu'il a une fois entrepris, continue le siége de Laodicée, déterminé à ne se retirer que lorsqu'il s'en sera rendu maître. Déjà cependant il commençait à s'ennuyer d'un retard de presque une année et demie, lorsque Dieu lui inspira le moyen de s'emparer de la ville. Les assiégés avaient coutume de tendre des embûches aux assiégeans ; et tandis qu'on dormait dans le camp de ceux-ci vers l'heure de midi, ceux-là faisaient quelquefois une sortie, et s'élançaient vivement sur eux, interrompant ainsi leur sommeil, non sans leur tuer du monde et sans enlever du butin. Éveillés par leurs clameurs, les Francs couraient promptement aux armes, mais en attendant, ceux de Laodicée, ayant accompli leur projet, rentraient chez eux sains et saufs. Ayant ainsi surpris l'armée chrétienne une première, une seconde et une troisième fois, ils lui montrèrent enfin les moyens de les surprendre eux-mêmes, car on ne peut répéter plusieurs fois et vainement les mêmes expériences. Tancrède donc, afin de combattre l'artifice par l'artifice, opposa des embûches à des embûches. Il ordonna de construire une tente d'une dimension telle qu'on n'en avait jamais vu de semblable, et de chercher le pin le plus élevé, pour le dresser en colonne propre à soutenir un si grand poids. Aussitôt dit, aussitôt fait. L'arbre fut trouvé, de larges voiles se déployèrent en rond, et furent bien tendues, à l'aide de cordes et de nœuds. En voyant ce superbe ouvrage, les assiégés pensèrent que le prince avait voulu, dans son faste, s'élever une demeure plus belle que les palais mêmes de la ville. Tancrède, dès le point du jour, convoque ses chevaliers, les fait monter à cheval, et les fait demeurer à l'abri de sa tente, pour qu'ils puissent, lorsque le moment sera venu, presser dé leurs éperons les flancs de leurs coursiers. Le soleil s'étant levé, Tancrède, à la vue même des ennemis, fait partir une portion considérable de son armée, pour aller chercher du fourrage : ceux qui sont demeurés font semblant, après avoir pris leur repas, de se livrer au sommeil, offrant ainsi à ceux qui les regardent l'espoir du butin, et semblant leur présenter une chance favorable. Les habitans de la ville, voyant que le plus profond silence règne dans le camp, espèrent aussitôt pouvoir trouver, selon leur usage, quelque moyen de jeter le désordre dans l'armée, et d'échapper par un prompt retour à une vengeance trop tardive. Ils sortent donc, courant au butin à l'envi les uns des autres, et ceux qui demeurent en arrière portant envie à ceux qui s'élancent les premiers. Il n'en resta qu'un petit nombre dans la ville: presque tous les habitans sortirent, tellement ils étaient séduits dans leur imprudence par la fuite de leurs ennemis. Ils courent donc au butin, et on les laisse faire ; mais dès qu'ils s'en retournent ainsi chargés, et sont près d'arriver à leurs portes, voilà qu'on se jette à leur traverse. Ceux en effet qui s'étaient cachés pour attendre le moment favorable, le voyant arrivé, s'élancent vers les portes, et en ferment l'abord aux ennemis qui reviennent. Tancrède, de son côté, s'élance sur ceux qui se trouvent ainsi chassés de chez eux, et tout aussitôt il les massacre ou les fait prisonniers. Effrayés à cette vue, ceux qui étaient demeurés dans la ville, mais en fort petit nombre, ne se confient plus ni en leurs murailles, ni en eux-mêmes; ils demandent la paix, offrant d'ouvrir leurs portes, et invitant les Chrétiens à y entrer, à condition qu'on les laisse sortir en sûreté. Tancrède accepte ces propositions; et à la suite de ses longues fatigues, il retourne enfin à Antioche, pour y chercher quelque repos.

## CHAPITRE CXLVII.

L'archevêque de Milan et le comte de Poitou sont battus par Donisman. Boémond est racheté.

A cette époque, Anselme, archevêque de Milan, et Guillaume, comte de Poitou, ayant combattu en Romanie contre Donisman, l'archevêque fut tué, et le comte eut grand'peine à échapper aux Turcs par la fuite. Enfin, pauvre et dépouillé de tout, il se sauva en Cilicie, se rendit auprès de Tancrède, et trouva celui-ci tel qu'il se montrait toujours. L'ayant reçu indigent et dénué de ressources, Tancrède le combla de biens et de richesses; et le comte, ainsi relevé de sa détresse, se rendit au mont des Pélerins, où le comte Raimond lui donna une escorte pour le faire conduire à Jérusalem.

En ce temps le peuple, et principalement le comte Baudouin, ennemi déclaré de Tancrède, étaient fort occupés du soin de racheter Boémond. Baudouin donc, à force de prières, de promesses, de menaces, poussa les gens d'Antioche à tout faire pour sa délivrance. Bernard, le nouveau patriarche, fit les plus grands efforts pour le même objet, par reconnaissance pour Boémond, qui l'avait aussi délivré de captivité. Tancrède n'opposa aucune résistance à ces projets, quoique le retour de Boémond semblât devoir mettre un terme à sa prospérité. Enfin, en dépit de quelques-uns des siens, comme de ses ennemis, Boémond revint, racheté non sans beaucoup de peine, au prix de cent mille michaels. Tancrède lui restitua et ce qu'il avait reçu de lui et ce qu'il n'en avait pas reçu, une portion de plein gré, le reste par force. Il fut contraint de livrer Laodicée, Mamistra. Adène et Tarse, qu'il avait conquises à la sueur de son front, sans quoi il eût été chargé de chaînes et jeté dans les fers. Ainsi dépouillé de toutes ses richesses, et même privé des chevaliers ses compagnons, à peine put-il, à force de supplications, obtenir deux petits châteaux en retour de tout ce qu'il cédait.

## CHAPITRE CXLVIII.

Les Assyriens entrent en campagne, investissent Édesse et livrent une bataille.

Pendant ce temps les Assyriens se disposent à combattre, et vont d'abord, en une multitude innombrable, investir la ville d'Édesse, leur voisine. Cette nouvelle arrive rapidement à Antioche : Boémond, instamment prié de porter secours à Édesse, n'y met aucun retard ; il franchit l'Euphrate avec le patriarche et Tancrède ; Josselin aussi, qui, à cette époque, gouvernait la ville de Marésie, traverse également le fleuve, menant avec lui toutes les forces qu'il a pu rassembler. Les Turcs, informés de l'arrivée de Boémond, quittent alors Édesse, et se retirent lentement, vivement desireux de combattre, mais dissimulant leurs projets. Ils feignent donc de prendre la fuite, mais ce n'est qu'un artifice qu'ils emploient pour mieux tromper les pèlerins qui se lanceront imprudemment à leur poursuite, afin que les uns arrivent en un lieu de sûreté par des chemins connus, et que les autres aillent chercher de nouveaux périls à travers des pays inconnus, afin que ceux-là trouvent des moyens de subsistance où ceux-ci ne trouveront que la famine, afin que ceux-là rencontrent de nouveaux secours, tandis que ceux-ci s'affaibliront de plus en plus. Ainsi les Turcs se retirent peu à peu, et durant trois jours consécutifs, jusqu'au-delà de la ville de Carrhes, trompant toujours leurs adversaires, et ceux-ci se laissant toujours tromper, jusqu'à ce qu'enfin tous soient arrivés sur les bords du fleuve Chobar et l'aient traversé. C'en est assez pour les Turcs : ils renoncent à feindre plus long-temps de fuir; ils se préparent à la guerre, l'appellent de leurs cris, la font de leurs bras, croyant dès ce moment que c'en est fait des nôtres, puisqu'en traversant le fleuve, ils se sont ôté tout moyen de fuir, et que d'ailleurs leurs forces sont épuisées par la marche. Leurs calculs n'étaient pas trop éloignés de la vérité. Voici donc ce qui se passa. Les Chrétiens s'avançaient en trois corps d'armée; Boémond marchait sur la droite, le comte Baudouin sur la gauche, comme vers un mauvais sort, tous deux sans armes, sans prévoyance, sans faire de dispositions. Tancrède marchait au milieu, bien préparé, bien armé, et avec précaution. Les Turcs étaient peu en avant, faisant en quelque sorte l'avant-garde, et ayant auprès d'eux des coureurs, pour se tenir au courant de la position des Francs. La journée était aux trois quarts écoulée, il n'en restait plus qu'un quart, lorsque les Francs s'arrêtèrent, dans l'ordre que je viens de rapporter, pour commencer à dresser leur camp. Ayant appris de leurs éclaireurs quels étaient ceux qui se trouvaient prêts à combattre et ceux qui ne l'étaient point, les Turcs, se retournant aussitôt, évitent d'attaquer Tancrède, bien armé, mais se jettent des deux côtés sur les troupes de Boémond et de Baudouin, et les mettent en désordre : aucun des deux n'a le temps de se couvrir de ses armes de guerre, tous deux combattent la poitrine et la tête à découvert. Les gens d'Antioche font tous leurs efforts pour résister; mais, attaqués à l'improviste, ils ne le peuvent, et se voient forcés de sortir de leur camp. Là, tandis que les ennemis s'occupent, au milieu des bagages, à satisfaire leur avidité en ramassant du butin, les nôtres respirent un moment; quoiqu'il soit déjà bien tard, ils se préparent pour combattre, et sauvent leurs corps au prix de leurs effets; ils estiment que perdre ceux-ci est faire encore un gain considérable.

## CHAPITRE CXLIX.

Baudouin est fait prisonnier ainsi que l'archevêque Benoît, mais celui-ci est délivré par Tancrède.

De l'autre côté cependant les gens d'Édesse tombent et périssent coup sur coup, sans qu'il leur soit possible de défendre ni leurs effets ni leurs personnes. Baudouin est fait prisonnier et entraîné, chargé de chaînes. L'infortuné Benoît, archevêque, également prisonnier, était aussi entraîné les épaules chargées du poids d'une double chaîne. Comme il passait devant le corps de troupes de Tancrède : « Tancrède, « Tancrède, s'écrie-t-il, viens à mon secours ! que les « maux de Benoît t'inspirent quelque compassion ! » Ces cris ont été entendus; le fils du Marquis a reconnu le lieu et la personne de qui ils viennent; il s'élance aussitôt; il enlève et ramène le captif; puis l'ayant délivré, il le ranime, l'engage à demeurer auprès de lui, le console, tout tremblant qu'il est encore, lui promet qu'il n'a rien à craindre tant qu'il demeurera sous ses yeux. Alors Tancrède brûle du desir d'attaquer les ennemis; mais la nuit s'y oppose, et ses chevaliers cherchent à l'en dissuader, lui objectant aussi les approches de la nuit; la même objection retient Boémond, et ils se déterminent à remettre le combat au lendemain. Pendant ce temps les ténèbres de la nuit se répandent sur la terre; après avoir placé des sentinelles, les princes livrent leurs corps au sommeil; mais les gens du peuple, et tous ceux qui n'étaient point nourris aux frais des chefs de l'armée veillent pour prendre la fuite, redoutant pour le lendemain des revers semblables à ceux de ce jour.

## CHAPITRE CL.

#### Les Chrétiens prennent la fuite.

LE fleuve cependant mettait un obstacle à leur retour; il n'y avait qu'un seul gué prâticable; sur tous les autres points l'élévation des rives empêchait d'arriver jusqu'au bord de l'eau, et ce point là était gardé comme on garde une porte, de peur que dans leur effroi les pèlerins ne cherchassent à se sauver par ce passage. Ceux donc qui voulurent tenter de fuir, tant qu'ils se trouvèrent en petit nombre, furent repoussés loin du gué; mais lorsqu'ils furent plus nombreux, ils ne purent plus en être écartés. Lorsque le peuple est jeté dans le désordre par la frayeur de la mort, il méprise les ordres des princes, et les barrières furent rompues aussitôt que la foule arriva en force. De plus, et sur d'autres points, il y en eut qui jetèrent des pièces de bois d'un côté de la rive à l'autre, et qui s'en servirent pour passer comme sur un pont. Les gardiens des rives, forcés de toutes parts, se retirent alors, vont éveiller Boémond, se plaignant de la violence qu'ils ont subie, et révèlent le départ des pèlerins. Les mêmes nouvelles étant parvenues à Tancrède, les deux chefs, se voyant abandonnés par le peuple, font aussitôt leurs dispositions de retraite. Les uns se hâtent de se porter en avant, Tancrède ralentit sa marche et demeure en arrière. Tandis que les premiers pressent leur fuite, lui reste pour s'opposer comme une barrière aux ennemis qui vont les poursuivre de leurs traits : ceux-là n'emploient que leurs éperons, celui-ci ne se sert que de sa bride pour retenir son cheval. Dieu cependant prit compassion de son peuple. Il fuyait, et les Turcs l'ignoraient : ils étaient ensevelis dans un profond sommeil, tandis que les fuyards veillaient, répandant sur leur route toutes sortes d'effets précieux, jetant des vêtemens, des tentes, des vases d'argent et d'or, tout ce qui était trop lourd et pouvait les retarder dans leur marche, tout, jusqu'aux armes même, qui protégent la vie de ceux qui les portent. La pluie avait gâté les chemins et changé la poussière en boue : les chevaux glissaient et étaient retardés par le poids de leur queue. L'archevêque Bernard était là, fuyant aussi avec les fuyards, et sa mule toute crottée était en arrière avec ceux qui demeuraient en arrière. Nul ne les pressait, et il semblait à les voir qu'ils eussent derrière eux des ennemis qui les poursuivaient l'épée nue et les arcs tendus. Combien le regard de l'archevêque paraissait troublé, et non moins son cœur que son regard! Interpellant les compagnons de sa fuite, il leur dit en suppliant : « Écoutez, mes enfans, « écoutez votre père; coupez cette rame qui pend du « côté de la poupe, et qui non seulement ralentit, « mais arrête même ma marche. Coupez-la, vous dis-« je, je ne rougirai point en cette occurrence de pres-« ser le dos d'un cheval sans queue, pourvu qu'il soit « allégé; coupez, et qu'ainsi Dieu vous délie de vos « péchés; quant à moi, je donne l'absolution complète « à celui qui coupera cette rame. » Beaucoup de pélerins passent cependant, les oreilles endurcies, tant l'aveugle frayeur fermait toutes les oreilles ; nul n'avait compassion d'un autre, tant ses propres angoisses le préoccupaient : déjà l'archevêque s'était enroué à force de crier, lorsqu'un chevalier, compagnon de sa fuite, lui rendit enfin le service qu'il demandait, sous la condition de l'absolution qu'il avait offerte. Tous deux furent soulagés en même temps, le chevalier de ses péchés et le cheval de sa queue : ainsi le chevalier, en moissonnant une queue de cheval, semait aussi des bénédictions, et moissonnait en même temps des bénédictions; car le patriarche lui donna la bénédiction de la bouche, du cœur et de la main. Lors donc que le chevalier eut recueilli à la fois et une queue de cheval et des bénédictions, il marcha de compagnie avec l'archevêque jusqu'à Édesse, et courut en fuyant avec celui à qui il avait ainsi rendu la possibilité de fuir.

## CHAPITRE CLI.

La ville d'Édesse est confiée à Tancrède pour être par lui défendue. Les ennemis, après s'être emparés des villes voisines, entrent aussi dans Artasie.

La population qui était demeurée à Édesse se rassembla alors, et ceux qui occupaient le premier rang arrivèrent les derniers. Tous délibérèrent ensemble pour décider qui serait nommé successeur de Baudouin, et reconnu capable de supporter un si lourd fardeau. Tancrède en fut jugé digne; il s'établit donc à Édesse, et la gouverna, et Boémond retourna à Antioche. Lorsque la renommée eut répandu dans toutes les villes voisines la nouvelle de l'échec que les Francs avaient reçu, les Ciliciens, les Syriens, les Phéniciens se livrent aux transports de la joie, et ceux aussi qui ont été subjugués, et ceux qui sont encore à subjuguer. Ceux-ci secouant la crainte qui oppresse leurs cœurs, ceux-là le joug qui pèse sur leurs têtes. Les villes de Tarse, d'Adène, de Mamistra rentrent dans leur indépendance, reçoivent les Grecs, et expulsent les autres. Les Turcs entrent dans Artasie et dévastent tous les environs d'Antioche, jusques au pont du Farfar. Enfin des navires grecs, en très-grand nombre, viennent remplir le port de Laodicée, chargés d'armes de guerre et d'instrumens de construction, apportant à la fois et la guerre, et des moyens de défense. Ayant débarqué et des moellons et des ouvriers, ils entreprennent de nouvelles constructions : ceux qui demandent des pierres en trouvent en abondance dans les vieilles murailles tombant en ruines, et ainsi on fortifie le pont et on élève de nouvelles constructions. A peine Boémond fut-il instruit de ces préparatifs, que, poussé par l'espoir de trouver encore ces travaux imparfaits, il se rendit vers Laodicée; mais à son arrivée les ouvrages étaient terminés. Au dessus de la porte du port il y avait une tour antique, que l'on avait surnommée la tour de saint Élie, et qui n'était séparée du port que par la nouvelle construction. Les Grecs fortifièrent ainsi cette tour, et la réunirent à leur camp, en jetant un arceau sur le port, afin de pouvoir communiquer de l'un à l'autre, et d'avoir un point d'appui solide, pour éloigner du port les vaisseaux ennemis qui tenteraient de s'approcher.

## CHAPITRE CLII.

#### Boémond rappelle Tancrède.

Voyant que tout lui était contraire, Boémond retourne à Antioche, et se dispose bientôt à délibérer avec les siens sur l'état actuel de la principauté. Forcé par la nécessité, il rappelle Tancrède pour lui faire part de ses sollicitudes; et Tancrède, rappelé, arrive promptement, car jamais il ne s'abandonne à la paresse. Ayant donc convoqué une assemblée dans la basilique du bienheureux Pierre, Boémond prend la parole et dit :

« O grands, dans les circonstances où nous nous
« trouvons, il nous faut user d'une grande prudence,
« sans quoi nous allons périr. Les Gentils ont prévalu
« contre nous; les Grecs et les Turcs nous ferment
« tous les chemins; nous avons irrité les deux puis-
« sances les plus opulentes du monde, Constantinople
« et la Perse. L'Orient nous assiége par terre, l'Oc-
« cident par terre et par mer. Pour ne pas parler de
« beaucoup d'autres villes, Artasie, qui fut jusqu'à pré-
« sent le bouclier d'Antioche, Artasie maintenant tend
« ses arcs et aiguise ses flèches contre nous. Nous som-
« mes en petit nombre, et cependant nous devenons de
« jour en jour moins nombreux; nos forces en outre
« ont été infiniment diminuées par la perte d'un seul
« homme, du comte d'Édesse. Ainsi donc soyez vi-
« gilans, examinez très-attentivement ce qu'il convient
« de faire en des circonstances aussi graves : moi je
« vous dirai en peu de mots ce que je pense. Il nous
« faut aller chercher de nouvelles forces au-delà des
« mers; il nous faut soulever en notre faveur les
« peuples des Gaules; cette tentative seule peut nous
« sauver, je ne connais aucun autre moyen. Servez-
« vous de moi, de moi, dis-je, pour négocier cette
« affaire : je ne me refuse point à faire de grands
« efforts pour votre salut; elles me seront toujours
« très-agréables les fatigues qui pourront assurer
« votre repos. »

A ces mots il se rassied; Tancrède se lève alors et
parle en ces termes : « Vous venez d'entendre, ô
« grands, un discours présenté avec autant de sagesse
« que d'évidence sur les forces de nos ennemis, sur
« notre faiblesse, sur l'origine et la cause de nos

« maux, et sur les moyens d'y porter remède. Notre
« seigneur le prince Boémond a très-bien et très-sa-
« gement parlé sur ce sujet; il n'a pas dédaigné de
« chercher lui-même les remèdes propres à guérir
« cette maladie, et de s'offrir pour médecin. Mais, ô
« grands, pourquoi donc faudrait-il faire ainsi? N'y
« a-t-il donc parmi nous personne qui puisse être
« envoyé, sans que nous voyions s'éloigner celui-là
« même qui devrait bien plutôt répondre sans cesse à
« nos acclamations? Lorsqu'une bande de loups en-
« toure une bergerie, il faut surtout que le berger
« soit là et non qu'il s'absente : présent il résiste au
« péril, anime les chiens, il éloigne les brigands, il dé-
« livre le troupeau; mais s'il est absent, les aboiemens
« sont suspendus, tout est bientôt livré au pillage, et
« tandis qu'il demeure en repos, le troupeau est dis-
« persé. Celui qui entendra dire que Boémond est
« parti et que Tancrède est resté chez lui, blâmera
« vivement et à bon droit ma paresse. A ce mot, je
« cède au sentiment qui me presse, et je vous déclare
« ouvertement ce que je sens dans le fond de mon
« cœur. Mes résolutions sont fixées, je ne comprime
« plus l'ardeur qui m'enflamme. C'est pour moi que
« je sollicite le péril qui doit assurer le salut de
« tous; je le brave avec confiance, je l'accepte comme
« un bienfait; et afin que ma demande me soit ac-
« cordée, je promets devant Dieu de persévérer dans
« ma fidélité, de revenir le plus promptement possi-
« ble, et de peur que quelque débauche ne trouble
« mon esprit, content de boire de l'eau, je saurai
« m'abstenir de vin, jusqu'à ce qu'Antioche m'ait vu
« de retour. Alors seulement qu'il me soit permis de

« prendre deux jours de repos sous le même toit ; jus-
« que là, que ce soit un crime pour moi. Si donc
« vous l'ordonnez, je chargerai très-volontiers mes
« épaules de ce fardeau, tout prêt que je suis à en
« accepter de plus lourds si vous m'en imposez de
« plus lourds. »

Boémond réplique alors :

« La chose dont il s'agit est grave, doit être traitée
« avec une grande maturité, et peut à peine être
« entreprise par la personne la plus considérable.
« Notre dessein est de faire un appel à de grandes
« puissances ; une telle tentative ne peut convenir à
« tout homme ; un homme revêtu de beaucoup d'au-
« torité peut seul entreprendre une aussi grande
« chose ; il faut un grand souffle du vent pour déra-
« ciner le chêne élevé. Ils n'écouteront point Tan-
« crède ; à peine hélas ! à peine écouteront-ils Boé-
« mond, et plaise à Dieu qu'ils le veuillent écouter,
« ceux qu'il s'agit d'appeler aux travaux de l'exil, et
« qui maintenant, jouissant des douceurs de la paix,
« commandent à tous les autres ! Que personne donc
« ne vienne imprudemment mettre obstacle à mes
« projets : j'ai résolu de partir, ce dessein ne peut
« être changé, il est inébranlable ; je veux acquitter
« le vœu par lequel je me suis engagé sur le fer de
« mon épée. Déjà l'approbation du bienheureux Léo-
« nard m'est acquise ; je remplirai le vœu que j'ai
« fait de l'aller visiter, ou je mourrai avant d'y par-
« venir. »

## CHAPITRE CLIII.

*Boémond laisse Tancrède dans Antioche, dénué de toutes ressources, et passe la mer.*

Dès lors on demeure en silence, et nul n'essaie plus de s'opposer aux volontés du prince, car on connaît ce proverbe populaire : « La loi suit le roi par- « tout où le roi veut conduire la loi. » On prépare aussitôt une flotte, dix vaisseaux à deux rangs de rames reçoivent leurs rameurs, et on en ajoute trois autres à un seul rang de rames. Boémond, content de ce nombre de vaisseaux, traverse la mer à la vue de la flotte grecque, laissant à Antioche le fils du Marquis. Il emporte de l'or, de l'argent, des pierres précieuses, des manteaux, et abandonne la ville à Tancrède, sans moyens de défense, sans argent, sans hommes à sa solde. Il me souvient que des hommes véridiques m'ont rapporté que, dans cette excessive pénurie, Tancrède s'abstint de boire du vin, et se réduisit à ne boire que de l'eau. Et comme on l'invitait par flatterie à boire au moins un peu de vin, à cause de son estomac : « Laissez-moi, répondit-il, vivre « dans l'abstinence avec ceux qui vivent dans l'absti- « nence ; j'ai fermement résolu de ne goûter du fruit « de la vigne que lorsque je pourrai en donner à tous. « Loin de moi donc que je me laisse amollir par l'a- « bondance, tandis que mes compagnons d'armes se- « raient amaigris par la disette. »

## CHAPITRE CLIV.

### Argent levé dans Antioche.

Déja cette pénurie durait depuis quarante jours environ, quand tout-à-coup la corne d'abondance reparut, et le ciel répandit une pluie d'or avec profusion. Un citoyen de la ville ayant appris la détresse de la cour, et touché de compassion, alla trouver Tancrède, lui demandant et obtenant aussitôt une récompense pour le soulager dans sa misère et lui porter secours. « Cette ville, lui dit-il, renferme des
« centaines de citoyens dont les bourses pourront fa-
« cilement te fournir des milliers de pièces d'or. Si
« on les leur demande, ils ne les retiendront pas;
« demande-les, seigneur, je te dirai les noms de
« ceux à qui tu devras t'adresser. » Tancrède se rend à cet avis; on lui nomme ceux qu'il faut inscrire, on inscrit ceux qu'il faut appeler, on appelle ceux à qui l'on peut adresser cette demande, et dès qu'ils se présentent on leur en fait la proposition. On insiste sur l'urgente nécessité pour excuser une pareille exigence; on ajoute à ces excuses la promesse de restituer l'argent, que l'on demande moins encore à titre de don qu'à titre d'emprunt; on parle des ennemis qui sont dans le voisinage, qui ne peuvent être repoussés si des hommes armés ne marchent à leur rencontre, et ceux-ci ne peuvent être rassemblés si on ne les attire à force d'or. Tant de motifs concourant à produire le même effet, on

parvient bientôt à rassembler la somme déterminée par avance. L'ayant reçue, le fils du Marquis, reprenant courage, rend le courage aux chevaliers, ranime ceux qui sont abattus, arme ceux qui sont désarmés, remplace ceux qu'il a perdus, et ne cesse d'augmenter ses forces que lorsque son argent est épuisé. Alors Antioche près de succomber se relève; elle était saisie d'effroi, elle va redevenir terrible. Aussitôt elle attaque la ville d'Artasie, qui, comme les autres, déchirait le sein de sa mère, et qui en outre était la plus cruelle, comme la plus voisine d'Antioche, entre toutes les villes de la Syrie. Ce fut donc Artasie que Tancrède investit d'abord. Les tours, ébranlées par les pierres, résistent avec peine aux efforts qu'il dirige contre elles. Instruit de cette attaque, Raduan[1], roi d'Alep, accourt avec trente mille hommes, se confiant en cette multitude, contre une si petite armée. Les gens d'Artasie se réunissent à lui, et tous s'unissent contre Antioche.

## CHAPITRE CLV.

### Tancrède chasse Raduan d'Artasie.

ENTRE les deux armées était une plaine, toute couverte de rochers, à travers laquelle les chevaux pouvaient bien marcher, mais n'avaient nullement la possibilité de courir; ou si parfois quelqu'un voulait essayer d'y faire courir son cheval, la corne ne pouvait protéger le pied, le fer ne pouvait garantir la corne, et les pierres pointues entraient dans les pieds

[1] C'est le Rodoan de Guillaume de Tyr.

du cheval, en sorte que le cavalier et le cheval roulaient également par terre. Tancrède ayant appris ce fait, se retira un peu en arrière, laissant aux ennemis la faculté de s'avancer vers le point où les aspérités du terrain leur devaient rendre la fuite plus difficile, et Raduan, méprisant ou ignorant ce danger, s'avança en effet vers la milice chrétienne, et l'attaqua. Celle-ci d'abord demeurant en place, soutint le premier choc, jusqu'à ce que le moment fût venu de se servir de la lance. Déjà les Turcs avaient dépassé le terrain rempli de ces aspérités, lorsque Tancrède, se réveillant comme d'un profond sommeil, s'élance tel que la foudre au milieu des ennemis; ceux-ci tournent promptement le dos, espérant pouvoir, selon leur usage, voltiger en fuyant et lancer des flèches en voltigeant. Mais leurs espérances furent déçues, et leurs artifices ordinaires déjoués; la lance et le terrain sur lequel ils marchaient leur furent également funestes, la première en les serrant de près, le second en ralentissant leur marche, l'une en les perçant dans le dos, l'autre en les empêchant d'avancer. Leurs chevaux deviennent inutiles; ils rejettent leurs carquois et leurs flèches, et ne se confiant plus qu'en leurs jambes, se défiant de celles de leurs coursiers, ils n'ont plus recours qu'à leurs propres efforts : ils sont hommes, ils voudraient en ce moment être cerfs. Raduan cependant, pour ne pas demeurer sans avoir rien fait, lança quelques flèches contre un petit nombre de Chrétiens, puis il ne songea plus qu'à la fuite; parmi les archers, les uns se sauvèrent, emportant des blessures, quelques autres tombèrent sous les coups des chrétiens.

## CHAPITRE CLVI.

Le vainqueur retourne à Antioche et va de là investir Apamie.

Tancrède vainqueur prend alors possession d'Artasie, et après l'avoir fortifiée il retourne à Antioche. La fidélité des Infidèles renaît au milieu des dépouilles des vaincus, elle ressuscite comme du sein des morts, elle se ranime et se réjouit du retour de fortune qui lui a rendu son prince. Lui cependant peut être comparé à l'épervier auquel on a long-temps refusé la faculté de voler, et dont le courage a été enchaîné dans une longue captivité; lorsqu'on l'envoie ravir quelque proie, il aspire à une seconde entreprise, et s'il découvre dans les airs un vol de grues, il échappe à celui qui le retient, et se lance de tous côtés au milieu du bataillon volant. Tancrède se montre enflammé d'une pareille ardeur, lorsqu'ayant saisi une première victoire il s'est enrichi des dépouilles du roi d'Alep. Déjà prêt à attaquer une nouvelle Laodicée, il reçoit l'invitation de renforcer sa véritable Laodicée par de nombreux combattans, tandis qu'il ira, lui-même, avec le reste de son armée investir la ville d'Apamie. Ainsi dit, ainsi fait. Tancrède rend aux Grecs ce qu'ils lui avaient fait en opposant un fort à un fort, à son tour il oppose des guerriers à des guerriers : quant à lui, il va envelopper Apamie, non point avec un grand nombre de chevaliers, mais avec de vaillans chevaliers, qui semblent tous dévoués à la mort, comme lui-même s'y dévoue. Non loin de lui sont Sysara, Hamah, Raphanie, et beaucoup d'autres forteresses encore, beaucoup d'autres villes, toutes remplies d'ennemis menaçans et qui frémissent autour de lui. Les Chrétiens assiégent une seule ville, un grand nombre de villes assiégent les Chrétiens. Si ceux-ci ont besoin d'aller chercher des vivres, ils ne le peuvent qu'en divisant leur armée : les uns demeurent au camp, les autres en sortent; ainsi séparés, ils échappent à un péril contre lequel ils peuvent à peine suffire étant réunis. De tels succès doivent être attribués à Dieu seul et non aux forces humaines. Le Christ combat ouvertement pour les Chrétiens.

## CHAPITRE CLVII.

### Extrême détresse des gens de Laodicée.

Cependant on annonce à Tancrède que ses gens enfermés dans Laodicée se trouvent dans une grande pénurie, qu'après lui avoir fourni des vivres ils sont eux-mêmes menacés d'en manquer, qu'il faut donc qu'on leur envoie au plus tôt des grains, sans quoi la troupe des hommes de guerre sera obligée de sortir de la place. Or les ennemis qui veillaient en grand nombre dans tous les environs, obstruaient les avenues de Laodicée. Troublé de ces nouvelles, le prince, qui savait bien que la faim seule livre les villes, et qu'un peuple à jeûn ne garde plus aucune mesure, le prince roule en son cœur des pensées diverses.

Doit-il préférer ce qu'il va posséder à ce qu'il possède, ce qu'il possède à ce qu'il va posséder? Il est dur de perdre Laodicée conquise au prix de tant de fatigues; il est dur aussi de renoncer à Apamie, qu'il peut si facilement conquérir; et cependant il semble presque impossible de poursuivre l'une de ces conquêtes sans abandonner l'autre. Mais le courage, qui seul change l'impossible en possible, fortifie enfin le chevalier. Il déclare qu'il va en toute hâte porter secours à ceux qui l'appellent, et les chevaliers qui demeureront pour la défense du camp, il leur adresse ces exhortations : « Courage, martyrs du Christ! pré-
« parez-vous à être vaincus et à verser votre sang pour
« lui; persévérez avec fermeté; vous avez bien com-
« mencé, achevez aussi bien. Ne vous laissez pas ef-
« frayer par votre petit nombre, la victoire ne réside
« pas dans le nombre, elle est en la puissance de
« Dieu! »


FIN DE L'HISTOIRE DE TANCRÈDE.

# HISTOIRE

DE LA

# PREMIÈRE CROISADE,

Par ROBERT, LE MOINE.

# PRÉFACE.

Je prie tous ceux qui liront cette histoire, ou l'entendront lire, et qui, l'ayant entendue, la comprendront, de me pardonner s'ils reconnaissent dans sa composition des choses sans élégance, car j'ai été obligé de l'écrire par obéissance. Un abbé nommé N....., recommandable par la science des lettres et la rectitude des mœurs, me montra une histoire sur ce sujet, mais dont il était grandement mécontent, partie en raison de ce qu'elle ne contenait pas le commencement du récit qui doit se prendre au concile de Clermont, partie pour ce que ces riches matériaux étaient jetés sans art, et que la composition littéraire du discours marchait incertaine et négligée. Il m'ordonna donc, comme j'avais assisté au concile de Clermont, d'attacher à cette narration la tête qui lui manquait, et d'en rendre la lecture plus agréable par un style plus soigné. N'ayant donc d'autre secrétaire que moi-même, moi-même j'ai dicté et écrit; en sorte que, sans interruption, ma main a obéi à mon esprit, ma plume à ma main, et mon feuillet à ma plume, ce qu'attestent suffisamment la négligence du travail et la diction peu chargée d'ornemens. Ainsi donc, si notre ouvrage déplaît à quelque homme nourri dans les études académiques, par la rustique simplicité du langage modeste que nous avons adopté plus que de raison, nous lui voulons notifier qu'il nous paraît plus raisonnable d'éclaircir grossièrement les choses cachées que d'obscurcir philosophiquement les choses claires. Un discours toujours soigné est toujours dépourvu d'agrément, car ce que l'intelligence comprend avec peine trouve l'oreille moins disposée à le recevoir. Nous voulons donc suivre dans le nôtre l'allure populaire, afin que quiconque l'entendra puisse espérer en faire autant, et que néanmoins, si par hasard il le tente, il se trouve en demeurer bien loin. Si quelqu'un desire connaître le lieu où a été composée cette histoire, qu'il sache qu'elle a été faite dans une cellule du cloître de Saint-Remi, en l'évêché de Rheims; et s'il veut savoir le nom de l'auteur, il s'appelle Robert.

# AVANT-PROPOS.

Entre tous les historiens du nouveau et de l'ancien Testament, le premier rang est à saint Moïse, lequel, doué d'un divin esprit prophétique, a décrit en lettres hébraïques, dont il est lui-même l'inventeur, le commencement du monde et les faits merveilleux du premier et du second âge de l'univers, et a mis devant nos yeux les actions des patriarches. A son exemple, Josué, Samuel et David ont écrit, le premier, le livre de Josué; le second et le troisième, l'histoire des Rois; d'où l'on l'on peut reconnaître clairement combien il est en effet agréable à Dieu que l'écriture fasse connaître à ses fidèles ses œuvres merveilleuses, lorsqu'il accomplit tout ce qu'il a résolu d'avance pour un certain temps. Mais après la création du monde, qu'y a-t-il de plus admirable si ce n'est ce qu'ont vu nos temps modernes en ce voyage des pélerins de Jérusalem? Laquelle chose, plus on s'applique à y penser, plus elle grossit et abonde dans l'esprit émerveillé, car ce ne fut pas œuvre humaine, mais divine; elle doit donc être exposée en des pages fidèles aux yeux des hommes, tant présens que futurs, afin qu'en Dieu s'affermisse leur chrétienne espérance, et que leur esprit s'excite plus vivement à sa louange : car quels rois ou princes auraient pu subjuguer tant de villes et forteresses, toutes fortifiées par la nature, l'art ou le travail de l'homme, si ce n'est la bienheureuse nation des Français, lesquels ont Dieu pour seigneur, et sont le peuple qu'il a choisi pour son héritage? que la sagesse de Dieu nous fournisse donc ce que nous devons dire à la louange de son nom; et que ceux qui liront ou entendront ces choses sachent que notre récit ne contiendra rien de frivole, rien de mensonger, nulle bagatelle, et nulle autre chose que la vérité.

# HISTOIRE

## DE LA

# PREMIÈRE CROISADE.

## LIVRE PREMIER.

L'an de l'incarnation 1095, s'assembla dans la Gaule un grand concile en la province d'Auvergne et en la ville appelée Clermont. Il fut présidé par le pape Urbain II, des cardinaux et des évêques ; ce concile fut très-célèbre par un grand concours de Français et d'Allemands, tant évêques que princes. Après y avoir réglé les affaires ecclésiastiques, le pape sortit sur une place spacieuse, car aucun édifice ne pouvait contenir ceux qui venaient l'écouter. Alors, avec la douceur d'une persuasive éloquence, s'adressant à tous :
« Hommes français, hommes d'au-delà des monta-
« gnes, nations, ainsi qu'on le voit briller dans vos
« œuvres, choisies et chéries de Dieu, et séparées des
« autres peuples de l'univers, tant par la situation de
« votre territoire que par la foi catholique et l'hon-
« neur que vous rendez à la sainte Église, c'est à
« vous que nous adressons nos paroles, c'est vers vous

« que se dirigent nos exhortations : nous voulons
« vous faire connaître quelle cause douloureuse nous
« a amené dans vos pays, comment nous y avons été
« attiré par vos besoins et ceux de tous les fidèles.
« Des confins de Jérusalem et de la ville de Constan-
« tinople nous sont parvenus de tristes récits; sou-
« vent déjà nos oreilles en avaient été frappées; des
« peuples du royaume des Persans, nation maudite,
« nation entièrement étrangère à Dieu, race qui n'a
« point tourné son cœur vers lui, et n'a point con-
« fié son esprit au Seigneur, a envahi en ces contrées
« les terres des Chrétiens, les a dévastées par le fer,
« le pillage, l'incendie, a emmené une partie d'entre
« eux captifs dans son pays, en a mis d'autres misé-
« blement à mort, a renversé de fond en comble les
« églises de Dieu, ou les a fait servir aux cérémonies
« de son culte; ces hommes renversent les autels,
« après les avoir souillés de leurs impuretés; ils cir-
« concisent les Chrétiens, et font couler le sang des
« circoncis, ou sur les autels, ou dans les vases bap-
« tismaux; ceux qu'ils veulent faire périr d'une mort
« honteuse, ils leur percent le nombril, en font sortir
« l'extrémité des intestins, la lient à un pieu; puis, à
« coups de fouet, les obligent de courir autour jus-
« qu'à ce que, leurs entrailles sortant de leur corps,
« ils tombent à terre, privés de vie. D'autres, attachés
« à un poteau, sont percés de flèches; à quelques au-
« tres, ils font tendre le cou, et, se jetant sur eux, le
« glaive à la main, s'exercent à le trancher d'un seul
« coup. Que dirai-je de l'abominable pollution des
« femmes? il serait plus fâcheux d'en parler que de
« s'en taire. Ils ont démembré l'empire grec, et en ont

« soumis à leur domination un espace qu'on ne pour-
« rait traverser en deux mois de voyage. A qui donc
« appartient-il de les punir et de leur arracher ce
« qu'ils ont envahi, si ce n'est à vous, à qui le Sei-
« gneur a accordé par dessus toutes les autres nations
« l'insigne gloire des armes, la grandeur de l'ame,
« l'agilité du corps et la force d'abaisser la tête de
« ceux qui vous résistent? Que vos cœurs s'émeuvent
« et que vos ames s'excitent au courage par les faits
« de vos ancêtres, la vertu et la grandeur du roi
« Charlemagne et de son fils Louis, et de vos autres
« rois, qui ont détruit la domination des Turcs et
« étendu dans leur pays l'empire de la sainte Église.
« Soyez touchés surtout en faveur du saint sépul-
« cre de Jésus-Christ, notre sauveur, possédé par des
« peuples immondes, et des saints lieux qu'ils dés-
« honorent et souillent avec irrévérence de leurs im-
« puretés. O très-courageux chevaliers, postérité sor-
« tie de pères invincibles, ne dégénérez point, mais
« rappelez-vous les vertus de vos ancêtres; que si
« vous vous sentez retenus par le cher amour de vos
« enfans, de vos parens, de vos femmes, remettez-
« vous en mémoire ce que dit le Seigneur dans son
« Évangile : « Qui aime son père et sa mère plus que
« moi, n'est pas digne de moi [1]. Quiconque abandon-
« donnera pour mon nom sa maison, ou ses frères,
« ou ses sœurs, ou son père, ou sa mère, sa femme,
« ou ses enfans, ou ses terres, en recevra le centuple,
« et aura pour héritage la vie éternelle [2]. » Ne vous
« laissez retenir par aucun souci pour vos propriétés
« et les affaires de votre famille, car cette terre que

[1] Évang. selon saint Matth., ch. 10, v. 37. — [2] Ibid., ch. 19, v. 29.

« vous habitez, renfermée entre les eaux de la mer et
« les hauteurs des montagnes, tient à l'étroit votre
« nombreuse population; elle n'abonde pas en riches-
« ses, et fournit à peine à la nourriture de ceux qui
« la cultivent : de là vient que vous vous déchirez et
« dévorez à l'envi, que vous élevez des guerres, et
« que plusieurs périssent par de mutuelles blessures.
« Éteignez donc entre vous toute haine, que les que-
« relles se taisent, que les guerres s'apaisent, et que
« toute l'aigreur de vos dissensions s'assoupisse. Pre-
« nez la route du saint sépulcre, arrachez ce pays des
« mains de ces peuples abominables, et soumettez-le
« à votre puissance. Dieu a donné à Israel en pro-
« priété cette terre dont l'Écriture dit « qu'il y coule
« du lait et du miel [1]; » Jérusalem en est le centre;
« son territoire, fertile par dessus tous les autres, of-
« fre pour ainsi dire les délices d'un autre paradis :
« le Rédempteur du genre humain l'a illustré par sa
« venue, honoré de sa résidence, consacré par sa Pas-
« sion, racheté par sa mort, signalé par sa sépulture.
« Cette cité royale, située au milieu du monde, main-
« tenant tenue captive par ses ennemis, est réduite en
« la servitude de nations ignorantes de la loi de Dieu:
« elle vous demande donc et souhaite sa délivrance,
« et ne cesse de vous implorer pour que vous veniez
« à son secours. C'est de vous surtout qu'elle attend
« de l'aide, parce qu'ainsi que nous vous l'avons dit,
« Dieu vous a accordé, par dessus toutes les nations,
« l'insigne gloire des armes : prenez donc cette route,
« en rémission de vos péchés, et partez, assurés de la
« gloire impérissable qui vous attend dans le royaume

---

[1] Nombres, ch. 13, v. 28.

« des cieux. » Le pape Urbain ayant prononcé ce discours plein d'urbanité et plusieurs autres du même genre, unit en un même sentiment tous ceux qui se trouvaient présens, tellement qu'ils s'écrièrent tous : *Dieu le veut! Dieu le veut!* Ce qu'ayant entendu le vénérable pontife de Rome, il rendit grâces à Dieu, les yeux élevés au ciel, et, de la main demandant le silence, dit : « Très-chers frères, aujourd'hui se mani-
« feste en vous ce que le Seigneur a dit dans son
« Évangile : Lorsque deux ou trois seront assemblés
« en mon nom, je serai au milieu d'eux. Car si le Sei-
« gneur Dieu n'eût point été dans vos ames, vous
« n'eussiez pas tous prononcé une même parole : et
« en effet, quoique cette parole soit partie d'un grand
« nombre de bouches, elle n'a eu qu'un même prin-
« cipe; c'est pourquoi je dis que Dieu même l'a pro-
« noncée par vous, car c'est lui qui l'avait mise dans
« votre sein. Qu'elle soit donc dans les combats votre
« cri de guerre, car cette parole est issue de Dieu :
« lorsque vous vous élancerez avec une belliqueuse
« impétuosité contre vos ennemis, que dans l'armée
« du Seigneur se fasse entendre généralement ce
« seul cri : « *Dieu le veut! Dieu le veut!* Nous n'or-
« donnons ni ne conseillons ce voyage ni aux vieil-
« lards, ni aux faibles, ni à ceux qui ne sont pas pro-
« pres aux armes; que cette route ne soit point prise
« par les femmes sans leurs maris, ou sans leurs frères,
« ou sans leurs garans légitimes, car de telles person-
« nes sont un embarras plutôt qu'un secours, et de-
« viennent plus à charge qu'utiles. Que les riches ai-
« dent les pauvres, et emmènent avec eux, à leurs
« frais, des hommes propres à la guerre; il n'est permis

« ni aux prêtres, ni aux clercs, quel que puisse être
« leur ordre, de partir sans le congé de leur évêque,
« car s'ils y allaient sans ce congé, le voyage leur se-
« rait inutile; aucun laïque ne devra sagement se
« mettre en route, si ce n'est avec la bénédiction de
« son pasteur; quiconque aura donc volonté d'entre-
« prendre ce saint pélerinage, en prendra l'enga-
« gement envers Dieu, et se dévouera en sacrifice
« comme une hostie vivante, sainte et agréable à Dieu;
« qu'il porte le signe de la croix du Seigneur sur son
« front ou sur sa poitrine; que celui qui, en accom-
« plissement de son vœu, voudra se mettre en mar-
« che, la place derrière lui entre ses épaules; il ac-
« complira par cette double action le précepte du
« Seigneur, qui a enseigné dans son Évangile : « Ce-
« lui qui ne prend pas sa croix et ne me suit pas, n'est
« pas digne de moi [1]. »

Ce discours terminé, tous se prosternèrent à terre.
Un des cardinaux, nommé Grégoire, prononça pour
eux le *Confiteor;* et alors tous, se frappant la poitrine,
obtinrent l'absolution des fautes qu'ils avaient com-
mises, et après l'absolution, la bénédiction, et après
la bénédiction, la permission de s'en retourner chez
eux; et afin qu'il parût à tous les fidèles que ce voyage
était l'arrêt de Dieu, et non des hommes, le même
jour où furent faites et dites ces choses, la renommée,
ainsi que nous l'avons appris de beaucoup de personnes, prenant soin de les publier, fit retentir par toute
la terre cette grande résolution; en sorte qu'il fut
connu dans les îles de l'Océan que le pélerinage de
Jérusalem avait été décidé dans le concile. Les Chré-

[1] Évang. selon saint Matth., ch. 10, v. 38.

tiens s'en glorifièrent, et en ressentirent des transports de joie : les Gentils, habitant la Perse et l'Arabie, tremblèrent et furent saisis de tristesse; l'ame des uns en fut élevée, l'esprit des autres frappé de crainte et de stupeur; et en telle sorte retentit la trompette céleste, qu'en tous lieux frémirent les ennemis du nom chrétien. Il est donc manifeste que ce ne fut pas l'œuvre de la voix de l'homme, mais l'esprit de Dieu, qui remplit toute la terre.

Chacun des laïques retourna chez soi, et le pape Urbain fit le lendemain siéger l'assemblée des évêques, pour délibérer de celui qu'il mettrait à la tête de cette multitude disposée à entreprendre le pélerinage, car il n'y avait encore parmi eux aucun des princes que nous allons bientôt nommer. Ils élurent unanimement l'évêque du Puy, tous affirmèrent qu'il était très-propre aux choses humaines comme aux choses divines, très-versé dans l'une et l'autre science, et clairvoyant dans ses actions. Celui-ci donc, comme un autre Moïse, accepta, bien que malgré lui et avec la bénédiction de monseigneur le pape et de tout le concile, la conduite et le gouvernement du peuple du Seigneur. Oh! combien d'hommes divers d'âge, de puissance et de fortune domestique, prirent la croix en ce concile, et s'engagèrent au voyage du saint sépulcre! De là se répandit sur toute la terre la renommée de ce vénérable concile, et ses honorables décisions parvinrent aux oreilles des rois et des princes ; cela plut à tous, et plus de trois cent mille personnes conçurent la résolution de prendre cette route, et se préparèrent à accomplir leur vœu selon les facultés que le Seigneur avait données à chacun. Déjà la race des Francs s'élançait toute entière par troupes, et déjà leur vertueux courage combattait en espérance contre les Turcs. Il était dans ces temps-là un ermite nommé Pierre, estimé parmi ceux qui entendent le mieux les choses de la terre, et supérieur en piété à tous les évêques et les abbés, car il ne se nourrissait ni de pain ni de chair, mais cependant se permettait le vin et tous les autres alimens, et cherchait ses plaisirs dans la plus haute abstinence. Il rassembla en ce temps autour de lui une grande multitude de cavaliers et de piétons, et prit sa route par la Hongrie. Il s'associa un duc des Teutons, nommé Godefroi, fils d'Eustache, comte de Boulogne, mais revêtu de la dignité de duc des Teutons. Il était beau de visage, haut de stature, agréable en ses discours, excellent dans ses mœurs, et en même temps d'une telle douceur qu'il paraissait avoir en lui plus du moine que du chevalier; cependant lorsqu'il se sentait en présence de l'ennemi, et quand approchait l'instant du combat, son ame se remplissait de volontés audacieuses, et, semblable à un lion frémissant, il ne craignait la rencontre de personne; et quelle cuirasse, quel bouclier pouvaient soutenir le choc de son épée! Il prit sa route par la Hongrie avec ses frères, Eustache et Baudouin, et une grande troupe de chevaliers; suivant le chemin par lequel Charlemagne, l'incomparable roi des Francs, avait ordonné à son armée de se rendre à Constantinople. L'ermite Pierre arriva d'abord à Constantinople avec les siens et un grand nombre d'Allemands. Il y trouva rassemblés beaucoup de Lombards et d'autres de pays divers et éloignés. L'empereur ne leur donna point permission d'entrer dans sa ville, car il avait toujours redouté le courage des guerriers chrétiens, et particulièrement des Francs; il leur permit cependant de venir acheter dans la ville, mais il leur interdit de dépasser le détroit voisin, appelé le Bras-de-Saint-George, jusqu'au moment où arriverait la formidable armée des Francs. Il y avait sur l'autre rive un nombre infini de Turcs qui aspiraient à leur arrivée avec une brutale impatience, et si, comme l'a prouvé ensuite l'événement, les hommes de l'ermite Pierre étaient tombés en leurs mains en l'absence des chefs des Francs, tous auraient été mis à mort. Cependant tout rassemblement d'hommes qui n'est point gouverné par l'autorité d'un bon commandant, mais suit un chef sans force, tombe en décadence, s'affaiblit chaque jour, et finit par trouver sa perte. A cause de cela, et parce qu'ils n'avaient pas un prince prudent pour les commander, ils faisaient des choses répréhensibles, détruisaient les églises et les palais des villes, emportaient ce qu'ils y trouvaient, arrachaient les plombs de la couverture et les vendaient aux Grecs, de quoi l'empereur nommé Alexis fut violemment irrité et leur ordonna de passer au-delà du Bras-de-Saint-George. Ayant donc été plus loin, ils s'élurent un chef, et mirent à leur tête un certain Renaud; mais, quoiqu'ils l'eussent pour commandant, ils ne cessaient pas de se livrer à la rapine; ils brûlaient les maisons qu'ils rencontraient sur leur chemin, et dépouillaient les églises de leurs ornemens et de tout ce qu'elles possédaient. Ils vinrent ainsi jusqu'à Nicomédie, et entrèrent dans la terre de Romanie : après y avoir erré trois jours, ils s'avancèrent au-delà de la ville de Nicée. Ils arrivèrent à un château nommé *Excerogorgo*[1], dans lequel il n'y avait personne; en y entrant ils y trouvèrent une grande abondance de froment, de viande, de vin, et de toutes les choses qui servent à soutenir la vie de l'homme. Les Turcs s'en étaient éloignés par crainte des Francs, mais avaient cependant envoyé leurs espions pour les instruire de l'arrivée des nôtres et de la manière dont ils se comportaient; ayant appris par eux que les Francs étaient venus ravir et non posséder, détruire et non garder, ils accoururent aussitôt contre eux, et assiégèrent le château dans lequel ils étaient. Il y avait une grande multitude de Turcs : devant la porte du château était un puits, et tout contre, de l'autre côté, une fontaine d'eau vive. Renaud, chef des Chrétiens, était sorti par là, et ayant placé des embuscades, attendait leur venue. Les Turcs se jetèrent sur lui sans hésiter, et tuèrent beaucoup de ceux qui étaient avec lui; les autres s'enfuirent dans le château. Les assiégeans les privèrent tout-à-fait d'eau, et réduisirent par là les Chrétiens à une grande détresse : c'était alors la fête de saint Michel, que doit célébrer avec vénération toute ame fidèle. La soif les réduisit à de telles extrémités qu'ils ouvraient les veines des chevaux, des bœufs, des ânes et autre bétail, en tiraient le sang et le buvaient; d'autres aspiraient l'humidité de la terre en y appliquant leur bouche, et tempéraient ainsi l'ardeur de leur soif; d'autres lâchaient leur urine dans des vases ou dans leurs mains, et, chose étonnante à dire, ils la buvaient. Que dirai-je de plus? ils n'éprouvaient aucun soulagement, et la mort seule venait à leur secours.

---

[1] Anne Comnène le nomme *Xérigordon*.

Alors leur chef, Renaud, fit secrètement alliance avec les Turcs, aimant mieux conserver une vie temporelle que de mourir pour le Christ en tel martyre. Ayant donc rangé ses troupes, il feignit de sortir pour aller combattre les ennemis, mais aussitôt qu'il fut sorti, il déserta vers eux avec beaucoup d'autres. Las! hélas! chevalier peureux, venu non du midi, mais du nord, qui combattit si lâchement et si mollement pour le roi et le royaume céleste, qui, avant même d'avoir été frappé d'un léger chalumeau de paille, eut horreur du martyre, et sain encore, chevalier et armé, renonça à la foi du Christ. A bon droit donc méritat-il de perdre et voir s'évanouir pour lui la gloire du séjour céleste, et tomba en partage à celui qui a choisi sa résidence au pays de l'aquilon. Ceux qui demeurèrent fidèles et ne voulurent pas abandonner la foi chrétienne souffrirent tous la mort : les Turcs, dans cette multitude, massacrèrent à leur gré les uns, à leur gré firent les autres captifs : ils attachaient ceux-ci à des poteaux et les perçaient de flèches, et faisaient par jeu souffrir toutes sortes d'outrages aux serviteurs de Dieu, lesquels aimèrent mieux mourir ainsi glorieusement que de vivre déplorablement avec les autres en reniant leur foi. Dieu, nous le croyons, les a reçus en l'enceinte de son éternel paradis, parce qu'ils n'ont pas voulu s'écarter de la foi qu'ils lui devaient.

La légion diabolique, enflée de sa victoire, alla livrer combat à Pierre l'ermite, lequel était en un château nommé Civitot : ce château était situé au dessus de la ville de Nicée. En marchant contre lui, les Turcs rencontrèrent Gautier, capitaine et commandant de la troupe de l'ermite; mais bien que cet excellent chevalier signalât en cette occasion tout l'honneur de la chevalerie, il ne fut pas en état de résister ; du moins sa précieuse mort se recommanda par le sang d'un grand nombre de Turcs. Il se précipita sur eux comme un ours affamé sur les bêtes des champs, renversa et priva de vie tous ceux qui se trouvèrent sur son passage; de même ce qu'il avait avec lui d'hommes d'armes vengèrent courageusement, tandis qu'ils vivaient encore, la mort qu'ils allaient recevoir, et tant que les armes les secondèrent, leurs ennemis n'eurent pas à se réjouir de la victoire ; mais ici fut vaincu le courage par la multitude, non la multitude par le courage, et pourtant le courage des nôtres avait réduit de cinq sixièmes le nombre des ennemis; mais enfin, leurs armes brisées et non leur vaillance, ils terminèrent ainsi leur vie dans le combat pour le nom de Dieu, par une mort louable, et les anges transportèrent leurs ames au séjour des cieux. Alors les Turcs, retournant les cadavres des leurs, reconnurent que ceux avec lesquels ils avaient combattu étaient des Francs; ils coururent au camp des Chrétiens, et y trouvant un prêtre qui célébrait la messe, le massacrèrent au pied de l'autel. O heureux martyre de cet heureux prêtre, à qui le corps du Seigneur servit de saint viatique et de guide vers les cieux ! ils tuèrent de même ou emmenèrent tout ce qu'ils trouvèrent; l'ermite Pierre s'en était allé et retourné à Constantinople. Dans ce château de Civitot cependant était demeurée une grande multitude de Chrétiens, et tous ceux qui s'étaient échappés vivans du camp ou du combat y avaient afflué. Les Turcs les ayant suivis, placèrent autour des amas de bois pour brûler ceux qui étaient dans le château; mais les assiégés, actifs à défendre leur vie, mirent le feu à ce bois, et par l'ordre de Dieu le souffle du vent excitant la flamme, plusieurs des ennemis furent brûlés. Cependant les Turcs emportèrent le château par force, et, selon leur plaisir, firent souffrir à ceux qui étaient dedans divers supplices, tuèrent les uns, et vendirent les autres comme esclaves : ceux qui eurent le bonheur et l'habileté de s'échapper, regagnèrent le Bras-de-Saint-George, et par l'ordre du très-méchant empereur de Constantinople, s'en retournèrent dans leur pays. Cet empereur se réjouit avec ses Grecs de la victoire des Turcs, et acheta cauteleusement toutes les armes des nôtres afin de les laisser sans défense. Après ceci nous allons terminer notre récit, et, retournant en arrière, exposer de quelle manière se rassemblèrent nos Francs, et sous quels chefs.

# LIVRE DEUXIÈME.

Pendant que tout ceci se passait, le Seigneur fit venir du nord des pays éloignés de l'Occident deux comtes d'un même sang, portant le même nom, égaux en puissance, armes et courage, également illustres par le rang de comte, savoir les comtes de Normandie et de Flandre, auxquels se joignit Hugues le Grand, frère de Philippe, roi des Français, qui tenait alors la France sous son empire. Hugues, par l'honnêteté de ses mœurs, sa beauté et sa vaillance, honorait le sang royal dont il était sorti; ils étaient aussi accompagnés d'Étienne, comte de Chartres, qui, d'un bon commencement, fit ensuite sortir une mauvaise fin. Ah! quelle foule innombrable de seigneurs et princes de moindre renom, tant de France que de la grande et la petite Bretagne, se joignit à ceux-ci! Des contrées du midi partit l'armée de l'évêque du Puy et de Raimond, comte de Saint-Gilles; celui-ci, possédant de grandes richesses, et comblé de biens temporels, vendit tout son avoir, et se résolut au voyage du saint sépulcre. Et voilà que présentement nous avons vu se réaliser ce qu'autrefois le Seigneur a promis par la bouche du prophète Isaïe : « Ne crai-
« gnez point, parce que je suis avec vous. J'amènerai
« des enfans de l'Orient, et je vous rassemblerai de

« l'Occident; je dirai à l'aquilon : Donnez-moi mes
« enfans, et au midi, ne les empêchez point de venir;
« amenez mes fils des climats les plus éloignés, et mes
« filles des extrémités de la terre [1]. » Et maintenant
nous voyons les fils et les filles de Dieu arriver à Jérusalem, des extrémités de la terre, et ni le vent du
sud, ni l'aquilon, n'osent arrêter ses enfans. Le Seigneur en effet s'est levé maintenant sur l'Occident,
car il repose dans l'esprit des Occidentaux. Maintenant l'Occident se prépare à éclairer l'Orient, et lui
envoie de nouveaux astres dissiper la cécité sous laquelle il gémissait. Si les yeux pouvaient soutenir
l'éclat terrible des armes qui brillent au milieu de
toutes ces multitudes, ils y verraient reluire la splendeur des courages : ils marchent unanimement au
combat, décidés, non à fuir, mais à mourir ou à vaincre; ils ne pensent pas que mourir soit perdre la vie,
et vaincre sera pour eux proclamer le secours divin.
Les princes dont nous avons parlé quittèrent dans le
même temps leurs demeures; mais, traversant leur
pays natal, ils passèrent les montagnes à des époques
diverses et par divers chemins; ils prirent leur route
par l'Italie, et sous la garde de Dieu, arrivèrent heureusement à Rome. O glorieuse milice du Christ, que
ne put contenir cette ville si spacieuse dans l'intérieur de ses murs et les demeures de ses habitans!
Plusieurs donc de ces princes dressèrent leurs tentes
hors de la ville; là, demeurant quelques jours, ils
parcoururent selon la coutume tous les lieux consacrés par de saints pèlerinages, et se recommandèrent
aux mérites et aux prières des saints apôtres et des

[1] Isaïe, ch. 43, v. 5 et 6.

autres saints. Après avoir reçu la bénédiction apostolique, ils quittèrent la ville, et dirigèrent leurs troupes par la Pouille : comme ils y entraient, le bruit d'une si grande armée parvint aux oreilles d'un certain prince de cette terre, Boémond, alors au siége d'Amalfi, située sur le rivage de la mer. Il fit demander par quel chef était commandée une si grande armée, de quelles armes elle était munie, dans quel ordre elle marchait, et si elle venait piller ou acheter les choses dont elle avait besoin. Ceux qu'il avait chargés de ses demandes lui rapportèrent que Hugues le Grand, frère de Philippe, roi des Français, était à la tête de toutes ces troupes, qui avaient pour chefs et seigneurs Robert, comte de Normandie; Robert, comte de Flandre; Étienne, comte de Chartres ; Raimond, comte de Saint-Gilles, et l'évêque du Puy. Cette armée marchait avec tant de dévotion et de gravité, que nul ne se pouvait trouver à qui elle eût fait tort. Les armes étaient dignes des chevaliers, ainsi qu'il convenait, en une si grande entreprise, à la milice du Seigneur. Quel œil mortel aurait pu, à l'éclat du soleil, soutenir la vue de tant de cuirasses, de tant de casques, de tant de boucliers, de tant de lances? Les fantassins étaient fournis d'armes, de traits de toutes les sortes, afin de frapper de terreur tout l'Orient, s'il venait à leur rencontre ; et, pourvus de tant de traits et d'armes, ils achetaient, comme de faibles pèlerins, toutes les choses dont ils avaient besoin.

Lorsqu'il eut entendu ceci, cet homme, sage et très-opulent en richesses, prononça devant tous les paroles suivantes : « Nous devons tous rendre grâces « à Dieu, qui tient les cœurs en sa puissance, et les

« incline du côté qu'il lui plaît. Comment tant de
« princes et de peuples se seraient-ils réunis, s'il n'eût
« lui-même dirigé leur volonté ? » Ayant demandé
quel signe portaient les pèlerins, on lui dit qu'ils portaient sur le front ou sur l'épaule droite l'image de la
sainte croix ; et que lorsque, s'exerçant dans les champs
aux travaux de la guerre, ils couraient, par jeu, les
uns contre les autres, en vibrant leurs lances, tous
d'une voix s'écriaient : *Dieu le veut! Dieu le veut!*
Lorsque cet homme prudent et de grand esprit entendit encore ce cri, il loua Dieu de plus en plus, car
il comprit que tout cela n'était pas seulement l'œuvre
de l'homme ; et aussitôt, enflammé d'une dévotion
pareille, il se fit apporter deux manteaux précieux,
et, les faisant couper en lanières, ordonna qu'on en
formât des croix ; puis il dit à tous ses hommes, tant
piétons que chevaliers : « Si quelqu'un appartient au
« Seigneur, qu'il se joigne à moi. O vous, mes cheva-
« liers, soyez les chevaliers de Dieu, et prenez avec moi
« la route du saint sépulcre, et servez-vous de tout ce
« qui m'appartient comme de votre bien ! ne sommes-
« nous pas de race française? nos pères ne sont-ils pas
« venus de France, et ne se sont-ils pas rendus maîtres
« de cette terre à main armée? O honte ! nos parens et
« frères iraient sans nous au martyre, sans nous au pa-
« radis! Si cette divine milice va combattre sans nous,
« nous et nos enfans serons à juste titre accusés dans
« tous les siècles à venir d'avoir rétrogradé et défailli
« du courage de nos ancêtres. » Lorsque le vaillant chevalier eut fini ce discours, et encore quelques autres
semblables, tous ceux qui étaient présens s'écrièrent
et dirent : « Nous irons avec toi, et promettons irrévo-

« cablement de faire le voyage du saint sépulcre. »
Alors cet homme sage et habile ordonna d'apporter les
croix qu'il avait fait faire ; et lorsqu'elles furent apportées, dit : « Si vous voulez joindre les faits à vos
« paroles, prenez chacun une de ces croix, et pren-
« dre une croix sera s'engager à faire le pélerinage. »
Alors tous vinrent en foule pour en prendre ; et tant
en voulurent que les croix manquèrent. Les grands
de la Pouille, de la Calabre et de la Sicile, apprenant
que Boémond avait pris la croix pour aller au saint
sépulcre, affluèrent tous autour de lui ; et, tant petits
que grands, vieux que jeunes, serfs que seigneurs,
promirent de faire le pélerinage du saint sépulcre.
Mais le duc de la Pouille, voyant et entendant ces
choses, fut grandement attristé, car il craignit de rester seul dans son duché avec les femmes et les petits
enfans. Ce duc était frère de Boémond, et tous deux
fils de Robert Guiscard.

Lorsque Boémond eut préparé les choses nécessaires au voyage, les Francs se rendirent dans les ports
de mer. Les uns s'embarquèrent à Brindes, les autres
à Bari, les autres à Otrante. Hugues le Grand et
Guillaume, fils du Marquis, se mirent en mer dans le
port de Bari, et naviguèrent jusqu'à Durazzo. Le gouverneur de ce lieu, apprenant leur arrivée, conçut
un inique dessein ; il ordonna de les saisir incontinent, et de les envoyer à Constantinople, car l'artificieux empereur avait donné ordre que tous les pélerins de Jérusalem fussent pris et envoyés vers lui à
Constantinople, voulant que tous lui fissent serment
de fidélité, et tinssent pour sien tout ce qu'ils acquerraient par les armes. Mais lorsque les prisonniers ar-

rivèrent à Constantinople, ils y trouvèrent un grand sujet de joie, car le duc Godefroi y était arrivé avec une grosse armée. Qui aurait vu Hugues le Grand et le duc Godefroi s'embrasser et baiser à l'envi, en eût pu pleurer de joie. Hugues le Grand se réjouissait de sa captivité, parce qu'elle lui avait été l'occasion de venir trouver le duc Godefroi; et le duc était joyeux d'embrasser son cousin et ami de cœur, et un noble homme tout généreux; et tous deux se félicitaient ensemble de renouveler les liens de leur amitié et de cette ancienne intimité qu'avait entre eux formée l'insigne éclat de leur vertu. Ce fut à l'égard de ces deux hommes que se laissa voir d'abord la fourberie de l'empereur telle qu'il la manifesta par la suite. Le duc Godefroi, qui avait pris son chemin directement par la Hongrie, arriva, de tous les chefs des Francs, le premier à Constantinople. Il y parvint deux jours avant la nativité du Seigneur, et voulut demeurer hors de la ville. Mais le rusé empereur le reçut dans l'enceinte des murs; le duc espérait cependant y pouvoir demeurer en sûreté jusqu'à l'arrivée des bataillons des Francs; et comme il commença à envoyer chaque jour ses compagnons pour acheter les choses dont il avait besoin, le fourbe empereur ordonna à ses Turcopoles et à ses Pincenates de se mettre en embuscade pour les attaquer et les tuer. Mais Baudouin, frère du duc, ayant connu leur perfidie, se cacha, et prévint leurs embûches; car, comme ils suivaient les siens pour les tuer, il les attaqua avec un grand courage et une mâle vigueur, et Dieu aidant, les vainquit, tua plusieurs d'entre eux, et en amena d'autres captifs au duc, son frère. L'empereur ayant appris ceci, fut en colère, parce qu'il vit que ses fourberies et ses embûches étaient dévoilées aux Francs. Lors le duc, connaissant que l'empereur était irrité contre lui et les siens, sortit des murs, et dressa ses tentes hors de la ville. Au soleil couchant, lorsque la nuit commença à couvrir la face de la terre, les satellites de l'empereur osèrent assaillir le duc; mais, par le secours de la grâce divine, ce fut à leur grand dommage, et à peine purent-ils échapper à son bras. Ils se jetèrent les uns sur les autres, mais les uns l'emportèrent sur les autres. Le duc, suivi des siens, semblable à un lion rugissant, les dissipa du premier coup, en tua sept, et poursuivit les autres jusqu'à la porte de la cité. Le duc revint à ses tentes, où, de ce moment, il demeura tranquille. L'empereur, par ses envoyés, lui demanda la paix et l'obtint, et permit à lui et à ses gens d'acheter dans la ville ce qui leur était nécessaire.

Cependant commencèrent à s'approcher de la cité royale les gens venus de France, l'évêque du Puy, le comte de Saint-Gilles, et aussi les comtes de Normandie, de Flandre, et Étienne, comte de Chartres.

Tandis que se passaient les choses que nous venons de raconter, Boémond de la Pouille, après avoir préparé à ses frais toutes les choses nécessaires à un tel voyage, entra en mer, et navigua heureusement jusqu'au pays de Bulgarie : avec lui étaient de nobles seigneurs; à savoir Tancrède, son neveu et fils du Marquis, le prince Richard, et tous les grands de ce pays, qui trouvèrent en Bulgarie une grande abondance de vivres, car le froment, le vin et l'huile y croissent à foison. De là, ils descendirent dans la vallée d'Andrinople, ils s'y reposèrent quelque temps, jusqu'à ce que tous eussent passé la mer. Boémond, homme prudent, défendit à son armée que personne prît violemment le bien d'autrui, et ordonna que chacun achetât ce qui lui était nécessaire. Tous ayant traversé la mer, ils entrèrent dans un pays très-abondant en toutes sortes de biens; et, passant de village en village, de château en château, de ville en ville, ils arrivèrent à Castorée, où ils célébrèrent la fête de la Nativité du Christ, et séjournèrent plusieurs jours. Lorsqu'ils demandaient aux gens du pays à acheter des denrées, ils n'en pouvaient rien obtenir, car tous pensaient que les nôtres venaient pour piller et dévaster toutes leurs terres. Les nôtres furent donc forcés, par disette d'alimens, de ravir et enlever les brebis, les bœufs, les béliers, les boucs, les porcs, et toutes les choses bonnes à leur nourriture. Sortis de Castorée, ils vinrent au pays de Pélagonie, et y trouvèrent un certain château d'hérétiques, qu'ils attaquèrent au son des trompettes; aussitôt volèrent les traits et les flèches; ils le prirent, enlevèrent tout ce qui s'y trouvait, et le brûlèrent avec ses habitans. Et cela ne leur fut pas imputé à tort, car la détestable parole de ces gens-là gagnait comme le chancre; déjà ils avaient rallié à leurs dogmes pervers les pays circonvoisins, et les enlevaient à la véritable foi, pour les attacher à leurs doctrines corrompues. Le jour suivant, les nôtres étant venus à la rivière de Bardarius, plusieurs la passèrent le même jour; d'autres, qui ne le purent avant le coucher du soleil, demeurèrent en arrière. Le lendemain, au point du jour, comme déjà reluisait l'aurore, l'armée de l'empereur attaqua ceux qui étaient demeurés de l'autre côté de la rivière; tandis qu'ils se défendaient courageusement, le bruit du combat parvint aux oreilles de Boémond et de Tancrède. Tancrède ne pouvant souffrir un seul instant l'outrage fait aux siens, vola vers le fleuve, de toute la vitesse de son cheval, s'y élança avec son cheval et ses armes, et fut suivi de deux mille chevaliers. Abordant aussitôt, ils trouvèrent les Turcopoles et les Pincenates aux mains avec nos gens; et, se jetant tout-à-coup sur eux comme des furieux, en tuèrent un grand nombre, en prirent et lièrent plusieurs, et les amenèrent à Boémond, ainsi chargés de liens. En les voyant, il rendit grâces à Dieu; et souriant d'un visage joyeux, il leur dit par interprète : « Gens de « peu de sens, pourquoi cherchez-vous à tuer nos « hommes, qui sont aussi ceux de Dieu? nous sommes « compagnons et serviteurs de la foi chrétienne et « chevaliers pèlerins du saint sépulcre; nous ne cher- « chons aucunement à vous faire dommage, et n'a- « vons point dessein de rien enlever à votre empe- « reur. » A cela ils lui répondirent : « Seigneur, nous « sommes des hommes d'armes à la solde de l'empe- « reur, et voulons gagner notre paie; nous allons où « il lui plaît, faisons ce qu'il ordonne, et lui obéis- « sons plus qu'à Dieu; nous reconnaissons bien ce- « pendant qu'il vaut mieux obéir à Dieu qu'aux hom- « mes; notre empereur redoute plus vos armées que « la foudre du ciel, car il est persuadé que vous avez « plutôt intention de le priver de son royaume que « volonté d'aller en pèlerinage; et partant, il ne cesse « de machiner pour vous faire quelque dommage; « mais, pour l'amour de Dieu, dont vous êtes les pé-

« lerins et les chevaliers, daignez nous prendre en
« miséricorde. » Cet homme excellent, touché de
compassion à ces paroles, leur donna la vie, et les
laissa aller sans leur faire de mal.

Pendant qu'il s'avançait ainsi par une marche prospère, l'armée des Francs se rassemblait de tous côtés à Constantinople, et attendait son arrivée, car on avait appris qu'il s'approchait. L'empereur voyant une telle affluence dans le camp du Seigneur, et l'armée qu'il avait envoyée contre Boémond ainsi dispersée, son esprit commença à s'agiter de soucis, et il roula dans son cœur des desseins de trahison. Cependant il dissimula sa pensée; et comme s'il eût été réjoui de l'arrivée de Boémond, il envoya au devant de lui des gens pour le recevoir gracieusement dans ses villes et ses châteaux, et le conduire vers lui avec de grands honneurs. Mais les nôtres avaient reconnu qu'il n'agissait point ainsi pour lui rendre un service d'amitié, mais pour cacher les sentimens de son cœur. Cependant les habitans du pays venaient en foule, par l'ordre de l'empereur, apporter à Boémond les vivres nécessaires, et les lui vendaient à haut prix. En arrivant à la ville appelée Suze, Boémond se sépara de son armée, et vint à Constantinople, accompagné d'un petit nombre de gens, pour conférer avec l'empereur. Tancrède demeura chef et chargé de l'armée; il ne voulut pas s'arrêter plus long-temps à Suze, parce qu'il n'y trouvait à manger que des alimens auxquels il n'était pas accoutumé, et qu'il lui fallait acheter; il conduisit son armée dans une vallée très-abondante en toutes sortes de biens et riche d'alimens propres à la nourriture du corps.

Cependant Boémond arrivant à Constantinople, une grande partie de l'armée des Francs vint à sa rencontre, et tous le reçurent comme une mère reçoit son fils unique. Boémond voyant tous ces princes, tous ces chefs, tous ces grands, venir au devant de lui, leva les mains au ciel; et la joie faisant couler ses larmes, il pleura abondamment. Après en avoir embrassé plusieurs, pouvant à peine contenir ses sanglots, dès qu'il fut en état de parler, il s'exprima en ces mots, d'un son de voix encore mêlé de larmes :
« O guerriers de Dieu, infatigables pélerins du saint
« sépulcre, qui vous a amenés en ces terres étrangères,
« si ce n'est celui qui conduisit à pieds secs, à travers
« la mer Rouge, les fils d'Israel sortant d'Égypte? Quel
« autre a pu mettre en vous la volonté de quitter
« ainsi vos biens et votre sol natal? Vous avez abandonné vos parens et vos alliés, vos femmes et vos
« enfans; vous avez renoncé à toutes les délices corporelles; vous êtes maintenant régénérés de nouveau par la confession et par la pénitence qu'attestent chaque jour vos rudes travaux. O heureux
« ceux qui mourront au milieu d'une telle œuvre, ils
« verront le paradis avant de revoir leur patrie! O ordre de chevalerie maintenant trois et quatre fois heureux, qui, jusqu'à présent, souillé d'un sang homicide, aujourd'hui participant des sueurs des saints,
« êtes couronné de lauriers comme les martyrs! Vous
« fûtes jusqu'à ce jour aux yeux de Dieu un sujet de
« colère; aujourd'hui vous réconciliez le monde à sa
« grâce, et devenez le rempart de sa foi; c'est pour« quoi, invincibles chevaliers, maintenant que nous
« commençons à combattre pour lui, ne nous glori-

« fions plus de nos forces et de nos armes, mais glori-
« fions le nom tout-puissant de Dieu, car c'est lui-
« même qui combat pour nous, et c'est lui qui soumet
« les peuples. » Boémond, par ce discours et plusieurs
autres de même sorte, se concilia les esprits de ceux
qui l'entendirent, et trouva faveur aux yeux de tous.
Tous allèrent avec lui à Constantinople, et le conduisirent à la maison que l'empereur avait ordonné de
lui préparer hors de la ville. L'empereur donc voyant
s'accroître et augmenter de jour en jour le camp du
Seigneur, faible en courage, pauvre de sens, et dénué
de sagesse, commença à s'enflammer d'une violente
colère ; il ne savait que faire, où se tourner, où fuir,
si la nécessité l'exigeait ; il craignait que cette puissante et redoutable armée ne s'élevât contre lui, car
l'esprit rempli de fraude est toujours agité d'inquié-
tude et de soucis ; et ce qu'il machine contre les autres, il craint toujours qu'on ne le machine contre
lui ; mais les nôtres n'y songeaient aucunement, car
ils ne voulaient pas combattre contre des Chrétiens.
Cependant il fit appeler vers lui Boémond, et tint en
cette sorte conseil avec lui et avec ses Grecs. Il requit les chefs des nôtres de lui prêter hommage,
c'est-à-dire de faire serment qu'ils lui garderaient la
paix, et promit de leur faire conduire, à travers les
régions désertes dans lesquelles ils allaient entrer, des
vendeurs de toutes denrées, et il leur assura la présence et le secours des siens dans leurs opérations
militaires ; il jura aussi de leur fournir tout ce qui
leur manquait en armes et vêtemens, et de ne plus
faire dommage à aucun pélerin du saint sépulcre, ni
souffrir qu'on leur en fît. Cette intention, lorsqu'il

l'eut fait connaître, plut sincèrement à tous, car plusieurs souffraient grande disette des choses temporelles. Ils lui prêtèrent donc hommage sous serment, à cette condition de le tenir tant qu'il garderait lui-même son serment et sa promesse. Mais le comte de Saint-Gilles, lorsqu'il fut requis de faire hommage, ne le voulut point; et si on l'eût cru, on aurait détruit toute cette ville avec ses habitans et son empereur. Mais ce n'était pas raison que de détruire une tant royale cité, tant de saintes églises de Dieu, et de brûler tant de corps saints, ou de les enlever des lieux de leur résidence. Le comte de Saint-Gilles, vaincu par les raisonnemens de ses compagnons, consentit à faire comme eux, et promit fidélité en ces termes : « Je jure à l'empereur Alexis qu'il ne perdra, par « moi ou les miens, ni la vie, ni l'honneur, ni rien « de ce qu'il possède aujourd'hui, justement ou in-« justement. » Ce fut ainsi qu'il fit sa promesse, et l'empereur consentit à la recevoir. L'empereur jura ensuite en ces termes : « Moi, l'empereur Alexis, je « jure à Hugues le Grand et au duc Godefroi, et aux « autres chefs francs ici présens, que jamais de ma vie « je ne porterai préjudice à nul pélerin du saint sépul-« cre, et ne permettrai qu'il leur en soit porté aucun, « et que je me joindrai à eux pour faire la guerre; et « autant que je le pourrai, leur ferai trouver partout « les denrées dont ils ont besoin. » Que personne ne s'étonne si tant et de si nobles Francs prêtèrent ainsi hommage presque forcément, car, en examinant la chose au poids de la raison, on verra ce qui les y contraignit. Ils avaient à entrer dans une terre déserte, sans routes, et entièrement dénuée de toutes sortes de productions ; et ils savaient que celui à qui manque la nourriture quotidienne ne peut suffire au travail journalier. Ce fut cette nécessité qui les obligea à accepter la condition de l'hommage ; mais dans l'esprit de l'empereur demeurèrent toujours des pensées de fraude. S'il eût de son côté gardé la foi promise, le pacte fait entre eux eût été suffisant ; mais il manqua à tout ce qu'il avait stipulé en paroles, et il aima mieux encourir les dangers du parjure que de ne pas éloigner de ses frontières la nation des Francs. Mais, afin que nous ne paraissions pas avoir traversé en silence la ville royale, nous en dirons ici quelque chose, car cela ne nous semble pas étranger à notre récit.

Nous lisons dans une certaine histoire que l'empereur des Romains, Constantin, étant endormi dans la ville dite Byzance, eut une vision qui lui apparut en la manière suivante. Vers lui venait une vieille, dépouillée de vêtemens, et ceinte d'une espèce de ceinture ; elle lui demandait le secours de ses richesses ; il lui fallait un habit pour se vêtir, un toit pour se mettre à l'abri, des alimens pour se nourrir ; elle lui promit qu'il deviendrait roi, et ne douta pas qu'il ne lui accordât ce qu'elle lui demandait. Ensuite la vision disparut. Alors cet homme puissant s'étant réveillé, roula en son esprit ce que pouvait être cette vision, et connut qu'elle lui venait du ciel, et que la ville qu'il habitait avait besoin de secours, et souhaitait qu'il la remît en meilleur état. Il la rebâtit donc depuis les fondemens, et l'appela de son nom Constantinople, l'égala à Rome par la hauteur des murailles et la construction de nobles édifices, et la rendit aussi grande en gloire et honneurs terrestres, afin qu'ainsi que Rome est la capitale de l'Occident, cette ville fût celle de l'Orient. Elle est située entre la mer Adriatique et le détroit maintenant appelé le Bras-de-Saint-George, sur lequel sont bâtis les murs de la cité ; elle est opulente par dessus toutes les autres villes par la fécondité de ses champs et toutes les richesses du commerce maritime. Nul donc ne saurait douter qu'elle n'ait été bâtie par l'ordre du ciel et parce que Dieu prévoyait les événemens futurs que nous avons vu s'accomplir ; et si en effet elle n'eût pas été construite, quel refuge auraient eu les Chrétiens d'Orient? Là ont trouvé asile les très-saintes reliques des saints prophètes et apôtres, et des innombrables saints martyrs transportés dans ce lieu, du séjour des païens. L'Asie et l'Afrique, aujourd'hui soumises au culte immonde des Gentils, furent autrefois chrétiennes. La ville royale de Constantinople a donc été élevée telle qu'elle est, afin de devenir, comme nous l'avons dit, la royale et sûre résidence des saintes reliques ; et par là elle devrait à juste titre être nommée l'égale de Rome en dignité sainte et majesté royale, n'était que Rome, élevée au dessus de toutes les autres par l'honneur suprême du pontificat, est ainsi la capitale et le chef de toute la chrétienté. Mais en voilà assez sur ce sujet.

# LIVRE TROISIÈME.

Lorsque les chefs des Francs eurent fait alliance avec l'empereur, celui-ci ordonna que les navires fussent amenés au port, afin que toute l'armée pût traverser le détroit sans grand délai. Les premiers passés furent le duc Godefroi et Tancrède, qui s'avancèrent ensuite jusqu'à Nicomédie, et là chomèrent trois jours. Le duc voyant qu'il ne découvrait aucune route par où il pût conduire une si grande armée, envoya en avant quatre mille hommes avec des haches et des socs de charrue et autres instrumens de fer, propres à ouvrir un chemin; car cette terre était tout-à-fait impraticable, par les obstacles que présentaient les sommets des montagnes, les creuses vallées et les enfoncemens de terres; ils ouvrirent donc avec beaucoup de travail, jusqu'à la ville de Nicée, une route assez commode aux hommes de pied, aux chevaux, enfin à tous les voyageurs; ils posèrent à toutes les sinuosités de la route des croix de bois pour témoigner à tous que cette route était celle des pélerins; par là passa toute la multitude des Francs, excepté Boémond, qui demeura avec l'empereur pour veiller près de lui à l'envoi des denrées promises. Mais l'empereur retardait outre mesure l'exécution de sa promesse, et avant son accomplissement ceux qui étaient les plus pauvres souffrirent les tourmens de la faim. Toute l'armée fut réunie à Nicée le sixième jour de mai, et avant qu'on lui apportât des vivres à acheter, un pain vint à se vendre vingt ou trente deniers; mais ensuite lorsque Boémond fut arrivé avec ses vivres, la disette cessa et l'armée eut abondance de toutes choses. Le jour de l'Ascension du Seigneur, les Francs mirent le siége devant la ville, et dressèrent les balistes, les béliers et tous les engins de cette sorte qui servent à combattre les habitans d'une cité. Du côté de l'orient, par où la ville paraissait plus inattaquable et mieux fortifiée, campèrent les troupes de l'évêque du Puy, du comte Raimond, de Hugues le Grand, du comte de Normandie, du comte de Flandre et d'Étienne, comte de Chartres. Au nord se posta le duc Godefroi, et Boémond au couchant; on ne mit personne au midi, parce que la ville était défendue de ce côté par un grand lac. Les habitans traversaient dans des navires et allaient par là chercher du bois, de l'herbe et les autres choses nécessaires : nos chefs, s'en étant aperçus, envoyèrent vers l'empereur pour qu'il leur fît amener des navires à Civitot, où se trouve un port, et envoyât en même temps des bœufs pour les traîner jusqu'au lac. Cela fut aussitôt fait que dit, et s'accomplit suivant la volonté des chefs. Que dirai-je de plus ? les troupes disposées autour de la ville, les adorateurs du Christ attaquent vaillamment; les Turcs, qui ont à défendre leur vie, résistent avec courage; ils lançaient aux Chrétiens des flèches empoisonnées, afin que, légèrement touchés, ils mourussent d'une mort cruelle; mais les nôtres, ne redoutant pas de mourir pour obtenir la vie, élèvent autour des murs des machines du haut desquelles ils puissent voir ceux qui sont dans la ville ; aux tours de pierre ils opposent des tours de bois, et déjà combattent de près avec l'ennemi à l'épée et à la lance : déjà ils lancent dans la ville des épieux, des torches et des pierres. L'ennemi s'effraie, car il commence à craindre la mort, et la ville retentit des clameurs et du tumulte de la multitude; de côté et d'autre fuyaient, avec leurs fils et leurs filles, les mères échevelées, cherchant des retraites cachées, car là seulement elles pouvaient conserver l'espoir de la vie. Déjà l'ennemi vaincu se préparait à se rendre, quand voilà que de loin on aperçoit venir soixante mille Turcs ; des messagers envoyés devant eux viennent dire à ceux de la ville qu'ils arrivent à leur secours, et entreront par la porte du midi. Les nôtres cependant sont venus en grand nombre se ranger devant cette porte; la garde en est commise à l'évêque du Puy et au comte de Saint-Gilles. Les Turcs, lorsqu'ils commencent à descendre des hauteurs, voyant de loin nos bataillons, sont frappés de crainte, et si ce n'était la confiance que leur inspire leur grand nombre, ils détourneraient les rênes de leurs chevaux et chercheraient leur salut dans la fuite : ils se partagent en trois troupes, dont deux doivent se précipiter ensemble sur la porte, et la troisième marcher librement à leur suite pour combattre en cas de besoin. Ainsi avaient disposé les Turcs ; mais, inspirés de Dieu, les nôtres, plus habiles, changèrent cette disposition, car l'armée de l'évêque du Puy et du comte Raimond, sitôt qu'elle les vit, quitta le siége et se jeta sur eux d'une course rapide, sans avoir plus peur de leur multitude que les chiens du lièvre qui s'enfuit. Oh! combien de milliers de chevaliers d'élite les suivirent, aspirant à arracher l'ame aux Turcs, avec plus d'ardeur que l'affamé n'aspire au festin des noces! Les Turcs, aussitôt que leurs yeux furent frappés de l'éclat de tant d'armes, que les rayons enflammés du soleil faisaient briller comme la foudre, lorsqu'ils virent arriver rapidement tant de chevaux hennissans, et tant de lances dirigées contre eux, tournèrent le dos et ne se montrèrent ni lents, ni paresseux à vouloir regagner la colline; mais tous ceux qui en étaient descendus ne la purent remonter, et plusieurs, grièvement maltraités, périrent d'une mort terrible. Ainsi, avec l'aide de Dieu, les nôtres furent glorifiés de la victoire et retournèrent joyeux vers la ville. Là, remontant sur leurs machines, afin de répandre parmi les ennemis une plus grande terreur, ils jetèrent dans les murs, avec leurs balistes, les têtes des Turcs qu'ils avaient tués. A cette même heure, sans plus de retard, arrivèrent les navires de Constantinople : cependant ils ne les firent point transporter dans le lac ce même jour, mais seulement pendant la nuit, et les remplirent de Turcopoles, gens à l'empereur, habiles et expérimentés dans la conduite des navires. Lorsque le lendemain matin, au lever de l'aurore, ceux de la ville aperçurent les vaisseaux, ils furent consternés d'une grande frayeur, et le courage leur manquant tout-à-fait, ils tombèrent à terre comme s'ils étaient déjà morts : tous poussaient des gémissemens, les filles avec les mères, les jeunes hommes avec les jeunes filles, et les vieux comme les jeunes; partout le deuil,

partout la détresse, car il n'y avait nulle espérance
d'échapper. Au dedans ce n'était que tristesse et abattement d'esprit, au dehors joie et triomphe : cependant ils trouvèrent un moyen de se sauver, faisant
savoir à l'empereur, par les Turcopoles, qu'ils lui
rendraient leur ville, s'il leur permettait de se retirer
sains et saufs avec leur avoir. La chose ayant été
annoncée à l'empereur lui fut infiniment agréable;
mais il en conçut dans son esprit un dessein de fraude
qui devait ensuite produire l'iniquité. Il ordonna que
la ville se rendît aux siens, que l'on donnât toute
sûreté aux Turcs, et qu'on les conduisît vers lui à
Constantinople; ce qu'il fit, comme l'a depuis montré l'événement, afin que, lorsque le temps en adviendrait, il les pût trouver tous prêts pour porter
dommage aux Francs. La ville fut donc rendue, et
les Turcs conduits à Constantinople. Cependant l'empereur ne laissa pas un si grand service sans récompense, il ordonna que d'abondantes aumônes fussent
distribuées aux pauvres de l'armée. Le siége de la
ville de Nicée avait duré sept semaines et trois jours,
et nulle force humaine n'aurait pu l'emporter sans
le secours de Dieu, car elle est munie de murs très-
épais et de très-hautes tours, et n'a point son égale
dans toute la Romanie dont elle est la capitale. Dans
cette ville s'étaient autrefois rassemblés, au temps de
l'empereur Constantin, trois cent dix-sept évêques,
pour traiter des vérités de notre foi, à cause de la
malice des hérétiques qui existaient en ce temps là;
et ils sanctionnèrent unanimement tous les dogmes
que tient aujourd'hui l'Église catholique; par cette
raison il était bien juste que cette ville fût enlevée

aux ennemis de notre sainte foi et réconciliée au Seigneur, et qu'elle rentrât dans le sein de notre sainte mère Église comme un de ses membres ; et Dieu pourvut à cette réintégration et la prépara lui-même, consacrant la ville par le martyre de plusieurs qui y furent tués : ce fut ainsi, comme nous l'avons dit, que fut délivrée la ville de Nicée, et qu'en fut banni l'empire du démon. Ces choses faites, les nôtres levèrent leurs tentes et se préparèrent à s'en retourner, quittant la ville, et renvoyant à Constantinople les messagers de l'empereur.

Après être partis de la ville, les nôtres marchèrent pendant deux jours, réunis en une seule troupe, et arrivèrent à un pont, près duquel ils chomèrent et se reposèrent deux jours, pendant lesquels leurs chevaux et leur bétail se refirent en mangeant de l'herbe fraîche. Comme ils allaient entrer dans une terre déserte et sans eau, ils délibérèrent de se séparer et partager en deux troupes, car une seule terre, une seule contrée ne suffisait pas à tant d'hommes, tant de chevaux, tant de bestiaux. La plus forte de ces troupes marcha sous le commandement de Hugues le Grand, l'autre suivit Boémond : dans la première étaient l'évêque du Puy, le comte Raimond, le duc Godefroi, et Robert, comte de Flandre ; dans la seconde étaient avec Boémond, Tancrède, Robert, comte de Normandie, et plusieurs autres princes dont les noms nous sont inconnus. Ils chevauchèrent à travers la Romanie sans mauvaise rencontre, et se croyaient déjà presqu'en sûreté, lorsqu'après le troisième jour révolu, le quatrième, à la troisième heure, ceux qui étaient avec Boémond virent arriver à eux trois cent mille Turcs, frappant l'air de cris bruyans et de je ne sais quelles paroles barbares. A la vue de cette immense multitude quelques-uns des nôtres commencèrent à hésiter, ne sachant s'ils devaient résister ou prendre le chemin de la fuite; alors Boémond, homme clairvoyant, et le comte de Normandie, vaillant chevalier, s'apercevant que le courage de quelques-uns commençait à chanceler, ordonnèrent à tous les chevaliers de mettre pied à terre et de planter les pieux des tentes. Près de là se trouvait un ruisseau d'eau courante; ils placèrent les tentes le long de ses bords, et le prudent Boémond fit partir en diligence un rapide messager, lui ordonnant d'aller de toute la vitesse de son cheval avertir les nôtres de marcher vers lui pour le combat qui allait se livrer. Cependant, avant que les tentes fussent dressées, cent cinquante Turcs, portés sur les chevaux les plus agiles, s'approchèrent des nôtres, et, tendant leurs arcs, leur envoyèrent des flèches empoisonnées; mais les nôtres poussant contre eux leurs chevaux les atteignirent, les prirent et les tuèrent. Les Turcs ont coutume en fuyant de tirer des flèches en arrière, et de blesser ainsi dans leur fuite ceux qui les poursuivent; mais il n'y avait pas de place pour la fuite, parce que la multitude des ennemis occupait tout le sommet de la montagne, de telle sorte que les nôtres les massacraient avec fureur à droite et à gauche, et que leurs arcs et leurs flèches leur étaient inutiles. Cependant les Francs ayant rompu leurs lances dans le corps des Infidèles, commencèrent à se servir de l'épée : oh! combien de corps on vit tomber privés de la tête ou mutilés en quelques-uns de leurs membres! on eût dit que, par le mouvement de cette multitude d'ennemis, ceux qui étaient derrière poussaient ceux du devant sous le glaive meurtrier des nôtres; mais pendant que l'on combat ainsi et que les premiers rangs des Turcs sont mis à mort, un autre parti qui a passé le ruisseau tombe tout-à-coup sur les tentes des Chrétiens; il les renverse, tue les mères avec leurs enfans, et tous ceux qu'il trouve sans armes et point préparés au combat. Les cris des mourans arrivent à l'oreille de Boémond, il comprend d'abord ce qui se passe, remet au comte de Normandie la conduite de la bataille, et court rapidement vers les tentes, suivi d'un petit nombre : dès que les Turcs les virent ils tournèrent le dos; Boémond voyant couchés là tant de morts, commença à se lamenter et à prier Dieu pour le salut des vivans et des morts; il retourna incontinent au combat, mais laissa des chevaliers dans les tentes pour les garder et les défendre. Avant qu'il arrivât au lieu où l'on combattait, les nôtres étaient déjà harassés de soif, de fatigue, et de la chaleur du jour, tellement que, si leurs femmes ne leur eussent porté à boire de l'eau du ruisseau qui coulait près de là, beaucoup eussent en ce jour succombé dans l'action. Déjà les nôtres fuyaient devant les Turcs, qui tous à la fois s'étaient précipités sur eux, et si le comte de Normandie n'eût aussitôt tourné son cheval, balançant dans sa main son enseigne dorée, et prononçant les mots adoptés pour cri de guerre : *Dieu le veut!* ce jour eût été grandement funeste aux nôtres; mais voyant revenir Boémond et le comte de Normandie, ils reprirent le courage et l'audace, et aimèrent mieux mourir que de continuer à fuir; les Turcs les pressaient de telle sorte et étaient tellement les uns sur les autres, qu'il n'y avait pas de place laissée à la fuite, et les nôtres, complétement enfermés, n'avaient d'espace vide qu'autour des tentes; beaucoup furent tués par les flèches des Turcs; aucun d'eux qui demeurât en repos et n'eût quelque fonction à remplir; les chevaliers et ceux qui étaient propres à la guerre combattaient, les prêtres et les clercs pleuraient et priaient, et les femmes traînaient sous les tentes avec des lamentations les corps de ceux qui venaient d'être tués. Tandis que les nôtres sont ainsi resserrés, et que les flèches volant en l'air l'obscurcissent comme d'un nuage, arrivent à toute course le duc Godefroi et Hugues; parvenus à la colline avec quarante mille chevaliers d'élite, ils voient les tentes des leurs environnées d'une foule de Turcs, leurs compagnons continuant à combattre, et les femmes dans les tentes poussant de grandes clameurs; leur courage s'enflamme, et tel que l'aigle qui fond sur sa proie excité par les cris de ses petits à jeun, brûlans de colère ils pénètrent au sein de cette foule pressée. Oh! comme on entend retentir les armes qui se choquent, le bruit des lances qui se rompent, les cris des mourans et la voix joyeuse des Francs qui combattent, faisant résonner hautement de leurs cris de guerre les profondes vallées, les sommets des montagnes, les fentes des rochers qui reçoivent ces mots réunis et les rendent comme ils les ont reçus; malheur à ceux que les Francs ont rencontrés les premiers! hommes il n'y a qu'un instant, ils ne sont plus que des cadavres; la cuirasse ni le bouclier n'ont pu les protéger, à rien ne leur ont servi leurs flèches et leurs arcs sinueux : les mourans se lamentent, gémissent, broient la terre de leurs talons, ou, tombant en avant, coupent l'herbe de leurs dents. Ces bruits sont arrivés soudainement à ceux qui combattent loin de là ; les uns se réjouissent, les autres sont saisis de tristesse ; les Francs ont reconnu le cri de guerre de leurs compagnons, les Turcs les gémissemens lamentables des leurs mourans ; la main des Infidèles s'arrête consternée, le bras fatigué des Chrétiens se ranime. Cependant au moment où les Turcs, aux prises avec les nôtres, tournent les yeux vers la colline, ils voient l'évêque du Puy et le comte Raimond descendre la hauteur avec le reste des chevaliers et des gens de pied de leur armée, et se jeter sur les leurs. Un frisson de terreur courut par toute cette multitude de combattans, ils crurent que du séjour céleste pleuvaient sur eux des guerriers, ou qu'ils s'élevaient contre eux du sein de la montagne. Le combat se renouvelle, plusieurs milliers de Turcs sont renversés. Qu'ont à faire maintenant les Turcs, ce peuple immonde de tout point, si ce n'est de tourner le dos et de s'en aller par où ils sont venus? Celui donc qui était à la queue commence à se trouver à la tête, de telle sorte que la tête suit la queue, qui fuit devant les fuyards ; les nôtres cependant, jusqu'à ce moment enfermés dans leurs tentes, se raniment, reprennent courage, et vengent sur les ennemis leurs blessures et leurs affronts ; ceux qui les pressaient tout-à-l'heure fuient maintenant par toutes les routes qu'ils peuvent trouver, et ne s'embarrassent pas de quel côté ils tournent ; les champions du Christ les abattent par une

mort cruelle; le sang mouille la terre, rougit de tous côtés les flancs de la montagne, et le ruisseau est grossi du sang qui se mêle à ses eaux; les corps de ceux qui ont été massacrés, étendus sur la terre, la couvraient de telle sorte qu'à grand' peine un cheval à la course trouvait-il la place de poser le pied. Le combat dura sans relâche depuis la troisième heure du jour jusqu'au crépuscule de la nuit, et l'on pouvait s'émerveiller d'où avaient été rassemblés tant de gens; ceux qui croyaient le bien savoir assuraient qu'il s'était réuni en ce lieu des Persans, des Publicains, des Mèdes, des Syriens, des Chaldéens, des Sarrasins, des Angoulans, des Arabes et des Turcs, et ils couvraient la superficie de la terre comme d'innombrables essaims de locustes et de sauterelles : la nuit interrompit le combat, et ce leur fut un grand secours, car si les ténèbres ne les eussent cachés, il en eût survécu bien peu de toute cette multitude. Que pour une telle et si grande victoire louanges soient rendues à Dieu, qui anéantit les méchans et glorifie les siens! Contraints par les ténèbres, les nôtres retournèrent à leurs tentes; les prêtres et les clercs adressèrent à Dieu leurs hymnes en ces mots :
« Tu es glorieux dans tes saints, ô Seigneur! et tu es
« admirable dans ta sainteté; à toi appartiennent la
« terreur et les louanges, et de toi viennent les mer-
« veilles; ta droite, ô Seigneur! a frappé l'ennemi, et
« tu as écrasé tes adversaires sous le poids de ta gloire :
« l'ennemi avait dit : Je les poursuivrai et je les pren-
« drai; je partagerai leurs dépouilles, et mon ame sera
« gonflée de joie; je tirerai mon glaive, et ma main
« leur donnera la mort : mais tu as été avec nous,

« Seigneur, comme un guerrier courageux, et dans ta
« miséricorde tu t'es fait le chef et le protecteur de ton
« peuple, que tu as racheté; maintenant, Seigneur,
« nous connaissons que c'est ta force qui nous porte
« à ta sainte demeure, c'est-à-dire à ton saint sépul-
« cre. » Ces paroles dites, ils firent silence et se reposèrent cette nuit sans craindre les ennemis. Le lendemain matin, lorsque la flamboyante lumière du soleil vint embellir le monde, ils coururent tous sur le champ de bataille, et trouvèrent parmi les morts un grand nombre des leurs, et sans les croix qu'ils portaient, à peine aurait-on pu les retrouver parmi les autres. Les hommes capables de juger sainement les choses les révérèrent comme martyrs du Christ, et les ensevelirent le plus honorablement qu'il leur fut possible; les prêtres et les clercs accompagnèrent leurs funérailles avec les chants d'usage, et on entendit les douloureux gémissemens des mères pour leurs fils, des amis pour leurs amis. Ces choses accomplies, on s'occupa de dépouiller les cadavres des ennemis; et qui pourrait rapporter l'abondance des vêtemens, la quantité d'or et d'argent trouvés sur le champ de bataille : ô quelle multitude de chevaux, de mulets, de mules, de chameaux et d'ânes tombèrent au pouvoir des nôtres! Pauvres naguère, Dieu aidant, ils se trouvèrent riches; auparavant demi nus, maintenant ils se vêtirent de soie; ils ramassèrent des traits et des flèches, et en remplirent leurs carquois vidés. On donna des soins aux blessés, et on les confia aux mains des médecins; ainsi de tout le jour nos gens ne marchèrent point en avant. Celui qui voudra considérer cet événement des yeux de l'intelligence y

reconnaîtra avec de hautes louanges Dieu toujours admirable dans ses œuvres : « Il a rempli de biens « les siens, qui étaient affamés, et il a renvoyé vides « les autres qui étaient riches [1]; il a arraché les « grands de leurs trônes, et il a élevé les petits [2], » plongeant les puissans dans la bassesse, et élevant les humbles à la gloire, ainsi qu'il l'avait promis par son prophète Isaïe à sa bien-aimée Jérusalem : « Je vous « établirai dans une gloire qui ne finira jamais, et « dans une joie qui durera dans la succession de tous « les âges ; vous sucerez le lait des nations, vous serez « nourris de la mamelle des rois, et vous connaîtrez « que je suis le Seigneur qui vous sauve, et le fort « de Jacob qui vous rachète [3]. » La gloire des siècles, c'est la noblesse des hommes illustres, et les mamelles des rois s'entendent de leurs riches trésors enfouis dans la terre ; et cette noblesse tire sa nourriture des mamelles des rois tant qu'elle est assujétie à leur pouvoir terrestre ; et de là elle tire sa joie et sa félicité, non pas seulement dans le temps présent, mais à travers la succession des siècles à venir.

Le jour suivant, qui était le troisième du mois de juillet, les Francs levèrent leurs tentes dès le grand matin, et se hâtèrent de suivre les traces des Turcs fugitifs ; mais ceux-ci fuyaient devant eux comme la tremblante colombe devant l'épervier. Lorsqu'ils eurent fui ainsi de çà de là pendant quatre jours, il

---

[1] Voici le passage textuel, auquel l'auteur a ajouté quelques mots pour en faire l'application : « Il a rempli de biens ceux qui étaient « affamés, et il a renvoyé vides ceux qui étaient riches. » Évang. selon saint Luc, ch. 1, v. 53.

[2] Évang. selon saint Luc, ch. 1, v. 52. — [3] Isaïe, ch. 60, v. 15 et 16.

arriva que leur chef, Soliman, rencontra dix mille Arabes venant à son secours. Ce Soliman était fils de Soliman l'ancien, qui avait enlevé à l'empereur toute la Romanie. Après s'être enfui de la ville de Nicée, il avait rassemblé toute cette armée, et l'avait amenée contre les Chrétiens, pour venger son injure. Lorsque les Arabes l'eurent vu, et lui les Arabes, se laissant, par grande douleur, tomber à bas de son cheval, il commença à gémir à haute voix et à déplorer son malheur et son infortune. Les Arabes, ignorant le désastre qui lui était survenu, dirent : « O le plus déhonté de tous
« les hommes, pourquoi fuis-tu ainsi? Tu dégénères
« grandement, car ton père n'a jamais fui le combat.
« Que le courage rentre dans ton ame ; et viens com-
« battre, car nous arrivons à ton secours. » Mais lui, d'une voix interrompue par des soupirs, leur dit :
« Votre esprit est troublé d'une grande folie ; vous
« n'avez pas connu jusques ici la force des Francs,
« vous n'avez pas éprouvé leur courage ; cette force
« n'est point humaine, mais céleste, ou diabolique,
« et ils ne se fient pas tant en eux-mêmes qu'au
« secours divin. Cependant nous les avions déjà vain-
« cus, tellement que nous préparions des liens de
« cordes et de roseaux pour les leur passer au cou.
« Mais soudainement une troupe innombrable d'hom-
« mes, ne craignant pas la mort, et ne redoutant au-
« cun ennemi, s'est élancée des montagnes, et a pé-
« nétré sans hésiter dans nos bataillons. Quels yeux
« pourraient supporter la splendeur de leurs armes
« terribles? leurs lances brillaient commes des étoi-
« les étincelantes ; leurs casques et leurs cuirasses
« comme les rayons que darde l'aurore, à mesure

« qu'elle se lève. Le retentissement de leurs armes
« était plus épouvantable que le son du tonnerre ;
« lorsqu'ils se préparent au combat, ils marchent gra-
« vement, les lances dressées vers le ciel, et en si-
« lence, comme s'ils étaient privés de voix ; mais
« lorsqu'ils approchent de leurs adversaires, ils lâ-
« chent les rênes de leurs chevaux, et se précipitent
« avec impétuosité, semblables à des lions poussés
« par une longue faim et altérés du sang des animaux ;
« alors ils s'écrient, grincent des dents, et remplissent
« l'air de leurs clameurs ; étrangers à la miséricorde,
« ils ne font point de prisonniers, tout est mis à mort.
« Comment pourrais-je exprimer la cruauté de ces
« peuples ? il n'est personne qui leur puisse résister,
« personne qui puisse trouver moyen de leur échap-
« per par la fuite, car ils sont appuyés du secours du
« ciel ou du diable ; tous les autres peuples tremblent
« de frayeur devant nos arcs et redoutent nos traits ;
« ceux-ci, couverts de leurs cuirasses, ne craignent
« pas plus les flèches qu'un chalumeau de paille,
« n'ont pas plus de peur des traits que d'un bâton.
« Hélas ! hélas ! nous avons été trois cent soixante
« mille, et nous voilà tous, ou tués, ou dispersés par
« la fuite ; voici le quatrième jour depuis que nous
« avons commencé à fuir devant eux, et nous ne som-
« mes pas moins tremblans de frayeur qu'au premier
« moment. Que vous dirai-je ? si vous voulez suivre
« un conseil salutaire, sortez de la Romanie aussi
« promptement que vous le pourrez, et prenez les
« plus grandes précautions pour que leurs yeux ne
« vous aperçoivent pas. » Lorsque les Arabes eurent
entendu ces paroles, ils commencèrent aussitôt à fuir

comme Soliman. Les Chrétiens suivaient avec une grande sagacité les traces des fuyards, mais ceux-ci avaient soin de changer de contenance; et, malgré le trouble de leurs esprits, lorsqu'ils arrivaient, en fuyant, à quelque ville ou château appartenant aux Chrétiens, ils prenaient un visage joyeux, comme s'ils eussent remporté la victoire; ils disaient : « Réjouis- « sez-vous, et ouvrez-nous vos portes avec joie, « car nous avons tué tous les Francs qui venaient « vous ruiner vous et vos terres; il n'en reste pas un « seul, tous sont morts ou captifs dans nos liens. So- « liman, notre chef, marche par une autre route, et « emmène avec lui les prisonniers. » Ceux qui se laissaient prendre à leurs paroles et leur ouvraient, portaient bien rudement la peine de s'être laissé séduire, car ils dévastaient toutes leurs possessions, brûlaient leurs maisons, les tuaient ou les emmenaient, attachés par des courroies; ils voulaient que les Francs qui les poursuivaient trouvassent le pays dévasté, et dans la disette de toutes choses, fussent forcés de renoncer à la poursuite. Ils agirent prudemment en cela, et cette conduite leur fut grandement utile et fort dommageable à notre armée, car les nôtres trouvèrent le passage désert, sans eau, et vide de tout. Ils arrachaient les épis des moissons presque mûres; et, les froissant dans leurs mains, tâchaient, par cette nourriture, d'apaiser leur faim. La plupart de leurs chevaux moururent, et beaucoup de chevaliers devinrent alors gens de pied. Ils montaient à cheval sur les bœufs et les vaches, et sur les chiens et les béliers, qui sont dans ce pays d'une grandeur et d'une force extraordinaires. Ils traversèrent ce pays le plus vite qu'ils purent, entrèrent dans la Lycaonie, pays très-abondant en toutes sortes de biens, et vinrent à Iconium. C'est une ville très-opulente en richesses terrestres, et de laquelle l'apôtre Paul a parlé dans ses épîtres. Après avoir erré dans les déserts et à travers les pays privés d'eau, ils trouvèrent l'hospitalité dans cette ville commode; et là, par l'inspiration du Seigneur, ils furent comblés de tous les biens de la terre. Lorsqu'ils en voulurent partir, ils prirent, à la persuasion des habitans, de l'eau dans des vases et des outres, parce qu'ils n'en devaient pas trouver jusqu'au lendemain. Mais le jour suivant, dans la soirée, ils arrivèrent vers un fleuve, et y demeurèrent deux jours. Le jour d'après, les coureurs qui précédaient l'armée arrivèrent à une cité nommée Héraclée, dans laquelle s'était rassemblée une grande multitude de Turcs. Dès qu'ils aperçurent de loin les enseignes des Francs, flottant par les airs, ils commencèrent à fuir, comme un jeune daim échappé des lacs, ou comme une biche qu'une flèche a blessée. Les nôtres, louant le Seigneur, entrèrent sans obstacle dans la cité, et y passèrent quatre jours; le cinquième, ils en sortirent tous. Alors le comte Baudouin, frère du duc Godefroi, et Tancrède se séparèrent des autres avec leurs chevaliers, et tournèrent vers la ville de Tarse. Il s'y trouvait beaucoup de Turcs, qui sortirent au devant d'eux pour les combattre, mais ne les arrêtèrent pas long-temps, car ils ne pouvaient supporter l'agile impétuosité des nôtres, ni leur choc furieux, ni les coups terribles qu'ils en recevaient. Après avoir perdu beaucoup des leurs, ils se retirèrent dans la ville. Les nôtres assirent leur camp devant les murs, et placèrent des sentinelles; mais les Chrétiens qui étaient dans la ville vinrent au camp au milieu de la nuit, les appelant avec de grands cris de joie, et disant : « Levez-vous, invincibles chevaliers « francs, car les Turcs fuient de la ville, et n'osent « plus vous livrer combat. » Cependant les nôtres ne voulurent pas les poursuivre, parce que c'était la nuit, temps fort peu propre à la poursuite. Mais lorsque le jour vint à luire, ils entrèrent dans la ville, et les citoyens les y reçurent de très-bon cœur. Il s'éleva un différend entre le comte Baudouin et Tancrède pour savoir lequel des deux posséderait la cité, ou s'ils la gouverneraient tous deux ensemble, ce que Tancrède refusa, voulant l'avoir pour lui; cependant il céda à Baudouin, parce que l'armée de celui-ci était la plus forte. On leur rendit dans un court intervalle de temps deux cités, l'une appelée Adène, et l'autre Mamistra, et un grand nombre de châteaux. Ils avançaient ainsi d'une marche prospère, parce que les Turcs ne se montraient pas aux champs, mais se tenaient cachés en de fortes citadelles. La plus grande partie des Francs était entrée dans le pays d'Arménie, aspirant avec ardeur à abreuver la terre du sang des Turcs. Tout le pays demeurait tranquille en leur présence; les Arméniens venaient à leur rencontre, et les recevaient dans leurs villes et châteaux. Ils parvinrent à un certain château tellement fortifié par sa position naturelle qu'il ne craignait ni armes, ni machines de guerre; mais ils ne voulurent pas demeurer long-temps à l'assiéger, voyant tout le reste du pays se soumettre à eux et se donner par affection. Il y avait dans l'armée un fort et vaillant chevalier, né dans le pays, qui demanda aux chefs de lui accorder cette terre, pour la garder et défendre, afin qu'elle lui servît à subsister et soutenir son honneur, leur promettant toute fidélité à Dieu et au saint sépulcre, ainsi qu'à eux. Les chefs y consentirent unanimement, parce qu'ils le savaient fidèle, courageux et propre à la guerre. Ils vinrent ensuite heureusement à Césarée de Cappadoce. La Cappadoce est un pays situé à l'entrée de la Syrie, et qui s'étend vers le nord. Les habitans de cette ville vinrent à leur rencontre, et les reçurent avec bienveillance. Sortis de Cappadoce, ils arrivèrent sans obstacle à une ville très-belle et assez riche, que les Turcs avaient attaquée peu de temps auparavant et assiégée trois semaines durant sans pouvoir la prendre; lorsqu'ils y arrivèrent, ses citoyens vinrent au devant d'eux avec une grande joie, et les reçurent affectueusement. Un autre chevalier nommé Piere d'Alpi demanda à son tour cette ville, et l'obtint très-promptement des chefs. Cette même nuit, un conteur de balivernes vint à Boémond, et lui dit qu'une armée de vingt mille Turcs s'approchait, ne sachant nullement l'arrivée des Francs. Celui-ci, croyant à ces paroles trompeuses, prit avec lui des chevaliers d'élite, et les conduisit au lieu où on lui avait dit qu'étaient les Turcs. Mais comme le nouvelliste n'était pas un homme de sens, il arriva que leurs recherches furent vaines. De là, ils vinrent à une certaine ville nommée Cosor, pleine de toutes les choses utiles à la vie de l'homme. Ils y furent reçus très-obligeamment par les Chrétiens qui s'y trouvaient, et y chômèrent trois jours. Là, chacun pourvut à ses besoins ; ceux qui étaient fatigués y trouvèrent le repos ; les affamés la nourriture ; ceux qui avaient soif, de quoi se désaltérer ; ceux qui étaient nus, des vêtemens pour se couvrir : Dieu pourvut à ce qu'ils rencontrassent un pareil séjour, pour leur donner la force de mieux supporter les grands tourmens que devait ensuite leur causer la faim. Cependant on vint annoncer au comte Raimond que les Turcs, consternés de frayeur, avaient fui d'Antioche, et avaient abandonné cette ville sans aucune défense. Il délibéra donc d'y envoyer cinq cents chevaliers pour en occuper la citadelle, avant que d'autres fussent instruits de la chose. Lorsque ces chevaliers arrivèrent dans une vallée voisine d'Antioche, ils apprirent d'abord qu'il n'était pas vrai que les Turcs eussent quitté la ville, mais qu'au contraire ils s'apprêtaient à la défendre de tous leurs efforts. Ils passèrent donc jusqu'au château des Publicains ; et, après l'avoir soumis, prirent sans obstacle un autre chemin. Ils arrivèrent dans la vallée de Rugia, où ils trouvèrent beaucoup de Turcs et de Sarrasins, qu'ils vainquirent en un combat et passèrent au fil de l'épée ; ce que voyant les Arméniens, habitans de ce pays, ils furent réjouis de ce que les Chrétiens avaient si vaillamment mis à mort les Turcs et les Publicains, et ils se donnèrent incontinent à eux, ainsi que leur pays. Les Francs prirent la ville de Rusa, et soumirent à leur domination plusieurs châteaux. Tout le reste de l'armée se mit en route, et voyagea, avec de déplorables souffrances, par des montagnes où l'on ne trouvait nul chemin, si ce n'est pour les bêtes sauvages et les reptiles, et où les passages n'avaient de large que la place nécessaire pour poser un seul pied ; dans des sentiers resserrés de côté et d'autre par des rochers, des buissons épineux et d'épaisses broussailles. La profondeur des vallées semblait descendre jusque dans l'abîme, et le sommet des montagnes s'élever au firmament. Chevaliers et hommes d'armes marchaient d'un pied mal assuré, portant leurs armes suspendues à leur cou, tous alors devenus fantassins, car aucun d'eux ne pouvait marcher à cheval. Plusieurs d'entre eux, s'ils eussent trouvé chaland, eussent volontiers vendu leur casque, leur cuirasse, leur bouclier; plusieurs, défaillant de lassitude, les jetaient, pour marcher plus légèrement. On ne pouvait faire passer les chevaux chargés; et au lieu de chevaux, c'était en plusieurs endroits les hommes qui portaient les fardeaux. Nul ne pouvait s'arrêter ou s'asseoir, nul ne pouvait aider son compagnon, si ce n'est que celui qui marchait derrière pouvait prêter assistance à celui qui marchait devant lui. Quant à celui-ci, à grand'peine pouvait-il se retourner vers celui qui le suivait; cependant, après avoir traversé cette route si pénible, ou plutôt ces lieux privés de route, ils arrivèrent à une ville nommée Marasie, dont les habitans les reçurent avec joie et honneur. Ils y trouvèrent abondance des choses de la terre, par quoi ils reçurent soulagement en leur misère et disette. On avait cru que la queue de l'armée y arriverait plus tôt, mais il se passa un jour entier avant qu'elle se pût rejoindre à la tête; enfin, étant rassemblés, ils se reposèrent un jour, et le lendemain, arrivèrent dans la vallée où se trouve située Antioche, ville et résidence royale, bâtie par le roi Antiochus, et qui a reçu de lui son nom; c'est la métropole et la capitale de tout le pays de Syrie, qu'autrefois le bienheureux Pierre, prince des apôtres, a rendue illustre par le culte de la foi catholique. Il y érigea un siége épiscopal, et y consacra les apôtres Barnabé et Paul. Pour montrer aux yeux des hommes qu'il n'est point « de force ni de puissance « qui ne vienne de lui [1], » le Seigneur a voulu d'abord la conquérir humblement par les paroles de ses prédicateurs, et maintenant il a voulu la recouvrer hautement par la force des armes de ses hommes de guerre. Les nôtres donc, soutenus de la force de Dieu, arrivant à la ville, vinrent au pont de fer, et y trouvèrent un grand nombre de Turcs qui voulaient passer le pont, pour porter secours à ceux de la ville. Mais il n'appartient pas aux hommes de diriger leur propre marche; ce pouvoir est accordé à celui qui tient toutes choses sous son empire. Les nôtres se précipitèrent sur eux tous à la fois, n'en épargnèrent aucun, et passèrent au fil de l'épée une multitude d'entre eux; les autres s'enfuirent consternés, afin de pourvoir au salut de leur vie terrestre. Les Chrétiens ayant ainsi remporté la victoire, y gagnèrent un grand butin, tel que des chevaux, des ânes, des chameaux chargés de vin, de froment, d'huile et des autres choses nécessaires à des assiégés. Ensuite ils assirent leur camp sur le rivage du fleuve, qui n'est pas éloigné des remparts de la ville. Le lendemain, chargés de richesses, ils se disposèrent à marcher vers la ville; et, y étant arrivés, sous la conduite du Seigneur, se séparèrent en trois camps, et coupèrent toute communication entre la ville et la montagne, afin de fermer

---

[1] Ép. de saint Paul aux Rom., ch. 13, v. 1.

accès à toutes les ruses de guerre. Le mercredi, vingt et unième jour d'octobre, le siége fut mis autour d'Antioche, à la gloire et louange future de notre Seigneur Jésus-Christ, toujours admirable dans ses œuvres.

# LIVRE QUATRIÈME.

Comme la ville d'Antioche était, non seulement fortifiée par sa situation naturelle, mais aussi par de très-hauts remparts, des tours très-élevées, et de nombreux ouvrages construits sur le haut de ses murailles, les chefs se résolurent de l'attaquer non par la force, mais par l'art, par la science, et non par la violence de la guerre, par des machines, et non par le combat. Ils placèrent donc un pont sur le fleuve afin de le pouvoir passer plus aisément lorsqu'ils en auraient besoin; car ils trouvaient dans le voisinage de la ville une grande abondance des productions de la terre, de copieuses vendanges, des fosses remplies de froment et d'orge, et les autres choses nécessaires à la nourriture, et des arbres couverts de toutes sortes de fruits; parmi eux s'introduisaient les Arméniens qui étaient dans la ville, et qui venaient les trouver du consentement des Turcs, laissant dans la ville leurs femmes et leurs enfans. Ces Arméniens, bien que chrétiens, agissaient en ceci par trahison, avertissant les Turcs, qui étaient dans la ville, de tout ce que disaient et faisaient les nôtres. Les Chrétiens construisirent des machines de guerre propres à l'attaque, des tours de bois, des balistes, des faux, des béliers, des taupes, des traits, des pieux et des frondes, et tout ce que l'art peut encore inventer : mais à quoi servait tout cela contre une ville imprenable? surtout lorsqu'elle renfermait un si grand nombre de défenseurs qu'ils eussent pu combattre les nôtres en bataille rangée. Après donc que l'étoile du matin eut annoncé le lever de la rougissante aurore, lorsque l'aurore eut répandu sa blanche rosée, et que le soleil commença à orner le monde de ses rayons flamboyans, les chefs se levèrent, et avec eux se levèrent leurs troupes, et tous prenant leurs armes coururent vers les remparts de la ville; des bras vigoureux combattirent et du dedans et du dehors, et les ennemis se défendirent tandis que les nôtres lançaient des javelots, des traits, des bâtons, des pierres et des épieux ; ce travail fut immense, mais le résultat fut vain; ils se retirèrent, ne pouvant abattre des tours et des murs tels qu'aucune force ne les pouvait renverser; les nôtres voyant qu'ils n'avançaient en rien renoncèrent au combat, mais continuèrent le siége. Les Turcs, se confiant dans la force de leur invincible cité, sortaient de nuit par les portes de la ville et venaient lancer des flèches dans notre camp; il arriva qu'ils tuèrent ainsi une femme devant les tentes du prince Boémond; ce qui fit qu'on plaça, pour garder le camp, de plus vigilantes sentinelles, chargées de surveiller les portes par où ils avaient coutume de sortir. Les chefs et les grands de l'armée jugèrent aussi devoir se construire un château où ils pussent être plus en sûreté, s'ils venaient à être vaincus par les ennemis qui affluaient comme des abeilles sortant de la ruche; cela fut ainsi fait.

Cependant les vivres de chaque jour commençaient

à devenir rares; on résolut donc d'en faire chercher, et d'envoyer des hommes d'armes et des chevaliers pour escorter ceux qui les iraient prendre; mais ceux qui voulurent butiner furent tués ou faits prisonniers, car non loin de la ville était dans la montagne un château nommé Harenc, plein de Turcs infidèles qui tendirent des embûches aux nôtres, en blessèrent beaucoup, en tuèrent plusieurs, en emmenèrent plusieurs prisonniers, et forcèrent le reste de rentrer au camp honteusement maltraités. Lorsque l'armée de Dieu connut ce malheureux événement, elle en eut une grande douleur, mais prit ensuite un conseil salutaire; on envoya en avant, dans la vallée dont on vient de parler, mille hommes d'armes, que suivirent Boémond et le comte de Flandre, avec une troupe de chevaliers d'élite, vers lesquels devaient fuir les hommes d'armes s'ils étaient poursuivis par les Turcs; ce qui arriva tout aussitôt, car les Turcs les voyant venir de loin lâchèrent les rênes de leurs chevaux, et, les pressant des talons, coururent sur les nôtres qu'ils mirent en fuite : ceux-ci se réfugièrent vers leurs camarades, comme vers un sûr asile, et y trouvèrent l'assistance du secours divin. Les Turcs, arrivés très-près, voyant nos chevaliers préparés au combat, hésitèrent d'abord et eussent volontiers cédé le terrain s'ils eussent été les maîtres de se retirer. Cependant, reconnaissant que les Chrétiens étaient moins nombreux qu'eux, ils en vinrent aux mains malgré leur effroi, se confiant en leur nombreuse multitude; mais que sert le combat contre ceux qu'assiste le ciel? Dieu est fort, Dieu est puissant, il est le Seigneur tout-puissant dans les combats : nous n'eûmes que deux des nôtres de tués, mais de ces innombrables Turcs, repoussés de la main de Dieu, on ne saurait compter combien demeurèrent sur la place. On en conduisit un grand nombre prisonniers au camp, auxquels on coupa la tête sous les yeux des habitans de cette fameuse ville qui voyaient ce spectacle du haut des murailles ; et pour les frapper encore plus de crainte et de douleur, les balistes lancèrent ces têtes dans la ville. A compter de ce moment, les nôtres purent se rendre plus facilement dans les villages et bourgs des Arméniens pour y chercher des vivres, et ces mêmes Arméniens ainsi que les indigènes nous en apportèrent à acheter.

Sur ces entrefaites, survint le très-saint jour de la Nativité du Seigneur, que Dieu a rendu très-célèbre parmi ses fidèles par cette raison qu'ayant donné naissance à toutes les créatures, il n'a voulu naître que pour les hommes seuls. Les Chrétiens en firent la fête aussi bien qu'ils le pouvaient sous les tentes : il y avait beaucoup plus de joie dans le camp que dans les remparts de l'illustre ville ; je l'appelle illustre, non comme l'immonde demeure des Gentils, mais sous le rapport de sa situation dans le monde, et surtout parce que là se réconcilia avec Dieu le bienheureux Pierre, prince des apôtres. La fête célébrée, les nôtres tinrent conseil sur ce qu'ils avaient à faire : Les vivres manquaient dans le camp, et la froidure de l'hiver ne permettait pas à ceux qui pouvaient en vendre de venir en apporter ; en même temps ceux de la ville nous attaquaient d'autant plus violemment qu'ils nous savaient plus accablés de la disette. Nous étions donc tourmentés et par l'inclémence de la saison, et par les besoins de la famine, et par les attaques de nos ennemis; et, comme il arrive d'ordinaire en une multitude assemblée, il ne manquait pas de gens qui murmuraient, et l'on ne doit pas s'étonner si l'humaine fragilité succombait sous le poids de tant de souffrances. Un grand nombre, dépourvus de tout abri, avaient à supporter la violence de la grêle, de la neige, de la glace, le souffle des tempêtes : quoi d'étonnant, lorsque les tentes étaient pour ainsi dire à flot, si ceux qui n'avaient pas de tentes étaient prêts à perdre l'esprit? On tint donc conseil, comme nous l'avons dit, sur ce qu'il y avait à faire, et l'on s'arrêta à ceci. Boémond et le comte de Flandre s'offrirent à chercher les secours dont on avait besoin; leur offre plut à tous et fut acceptée très-volontiers. Ils choisirent donc trente mille chevaliers et hommes de pied, et entrèrent avec eux dans le pays des Sarrasins. O Dieu! médiateur de toutes choses, tu viens à temps porter assistance dans leurs périls et nécessités à ceux qui travaillent pour toi, afin que soit accompli ce qu'a écrit Salomon dans ses Proverbes : « Le bien du pé-« cheur est réservé pour le juste [1]. » Il s'était rassemblé à Jérusalem, à Damas, à Alep, et en d'autres lieux, un grand nombre de Persans, d'Arabes, de Mèdes, qui se disposaient à venir à Antioche pour la défendre contre les Chrétiens. Mais il en avait été autrement ordonné par le ciel, qui renversa toutes leurs dispositions. Lorsqu'ils apprirent qu'une partie des Chrétiens étaient entrés dans leur territoire, ils se réjouirent grandement, croyant déjà les tenir pris dans

---

[1] Prov., c, 13, v. 22.

leurs chaînes. Ils se partagèrent en deux troupes, afin d'entourer les nôtres de manière à ne leur laisser aucun moyen de fuir. Cette séparation fut insensée, car la folie habite à demeure dans le cœur des incrédules. Lorsque les deux armées s'aperçurent mutuellement, elles se précipitèrent sans hésiter l'une sur l'autre, car l'une se confiait dans sa multitude, l'autre dans la toute-puissance de Dieu; aussi l'événement du combat fut-il pour toutes deux bien différent. Nos chevaliers, lorsqu'ils vinrent à la rencontre des ennemis, les abattirent comme le moissonneur abat les épis. Mais lorsqu'après la première course, ils voulurent retourner sur eux, ils ne trouvèrent plus à frapper que des fuyards qui, tombant entre les mains de nos gens de pied, rencontrèrent encore plus sûrement leur perte, selon cet adage connu à la guerre : « Que « les fantassins vont au carnage de plus rude manière « que les chevaliers. » La troupe des ennemis, qui s'était séparée du corps de l'armée pour entourer les nôtres, ayant entendu les cris des combattans et le cliquetis des armes, lâcha les rênes pour accourir au secours des siens; mais, lorsqu'elle connut le malheur qui leur était arrivé et les vit en fuite, saisie à son tour d'une violente frayeur, elle se mit à fuir de compagnie. Qu'avaient les nôtres à faire, si ce n'est de les poursuivre? car, comme le dit le proverbe populaire, « A qui fuit ne manque pas qui le poursuit; » et tous les nôtres prenaient part à cette poursuite, vu que ceux qui étaient venus à pied se trouvaient montés. En un mot, qui put s'échapper en fut content et réjoui; qui fut atteint mourut misérablement. Combien furent pris d'ânes, de chameaux, de chevaux chargés de froment, de vin et d'autres choses nécessaires à la nourriture, acquisition très-agréable à l'armée de Dieu, mourant de faim! Que de réjouissances, que de sauts de joie se firent ce jour-là dans l'armée, en recevant ces dons du suprême pourvoyeur! C'était une chose merveilleuse et satisfaisante de voir comme le Seigneur soulageait la misère de ses fidèles, au moyen des denrées amenées de loin par ses ennemis, et il comblait les siens, affamés, des biens qu'il enlevait à ses adversaires: c'est ainsi qu'il en agit autrefois envers les fils d'Israel lorsqu'ils voulaient traverser les terres des rois gentils et que ceux-ci leur refusaient passage sur la grande route. De même tous ceux qui prenaient contre eux le glaive périssaient par le glaive, et il leur donnait en propriété leurs biens et leurs terres. Tels sont encore aujourd'hui les dispositions du Seigneur envers ceux qui s'opposent aux siens, afin qu'ils croient que les choses se sont passées à leur égard, ainsi qu'il en a été écrit. Que Dieu soit béni en toutes choses comme il le doit être, car nous ne pouvons rien sans lui!

Sur ces entrefaites, et durant l'absence de ces illustres chefs, ceux de la ville en sortirent soudainement, attaquèrent les nôtres dans le camp et en tuèrent plusieurs. En ce jour, l'évêque du Puy perdit son maître-d'hôtel, qui avait coutume de porter la bannière de sa troupe, et sans la rivière qui coulait entre la ville et le camp, ils auraient été plus et plus souvent insultés par l'ennemi. Plusieurs des nôtres, abattus de l'événement de ce combat, et plus encore de la famine, avaient fait dessein de s'en aller, car il leur était dur de subir ainsi un jeûne forcé; ils avaient donc com-

ploté de s'enfuir du siége. Boémond, homme doué de faconde et de paroles agréables, leur parla ainsi, et leur dit : « O hommes de guerre, jusqu'ici éminem-
« ment sortis victorieux, par la grâce de Dieu, des
« périls d'un grand nombre de combats, vous qu'il
« a enrichis et illustrés des dons de l'expérience,
« pourquoi murmurez-vous maintenant contre le Sei-
« gneur, parce que vous souffrez des besoins de la
« disette? lorsqu'il vous tend la main vous vous gon-
« flez de joie, lorsqu'il vous la retire vous vous déses-
« pérez, montrant en cela que vous aimez, non le
« donateur, mais le don, non le bienfaiteur, mais le
« bienfait de ses largesses : quand Dieu vous donne,
« vous le regardez en ami, lorsqu'il s'arrête, on le
« dirait un ennemi et un étranger. A quel peuple
« Dieu a-t-il accordé de livrer en si peu de temps un
« si grand nombre de combats, de vaincre tant d'enne-
« mis terribles, de partager tant de dépouilles des na-
« tions, de s'illustrer de tant de palmes triomphales?
« Voilà que nous avons abattu d'innombrables en-
« nemis, voilà que nous vous apportons leurs dé-
« pouilles; d'où vient cette méfiance, lorsque chaque
« jour nous sommes vainqueurs? Il n'est pas loin de
« vous celui qui combat ainsi pour vous; il envoie
« souvent des épreuves à ses fidèles, afin de faire
« briller leur amour pour lui; maintenant il vous
« éprouve par les souffrances de la famine, par les
« continuelles attaques de vos ennemis. S'ils nous
« avaient fait autant de mal que nous leur en
« avons fait, s'ils avaient tué des nôtres autant que
« nous avons abattu des leurs, ceux de nous qui
« resteraient en vie auraient droit de se plaindre.

« Mais certes, nul ne se plaindrait, car il ne resterait
« personne. Quittez donc cette méfiance, reprenez
« courage, car soit que vous viviez pour la victoire,
« soit que vous mouriez dans le combat, le bonheur
« vous attend. » Par ces discours et autres semblables,
il rendit la vigueur à ces âmes énervées, et fit rentrer
un mâle courage dans ces esprits efféminés. Cependant, peu de jours après, les rigueurs de l'hiver devinrent plus cruelles et l'abondance disparut du camp;
ceux qui avaient coutume de vendre des vivres, empêchés par les neiges et les glaces, ne pouvaient plus
y arriver; les coureurs de l'armée, quoiqu'ils pénétrassent jusque dans les terres des Sarrasins, n'y trouvaient rien, car tous les habitans avaient fui loin du
pays, ou s'étaient cachés dans les cavernes et les creux
des carrières; les Arméniens et les Syriens, voyant les
nôtres en tel danger par la famine, allaient par le pays
qu'ils connaissaient, cherchant avec soin s'ils trouveraient quelque chose à leur apporter; mais ce qu'ils
trouvaient était peu considérable et ne pouvait suffire
à une telle multitude : aussi ce qu'un âne pouvait
porter de froment se vendait sept livres, un œuf
douze deniers, une noix un denier; en un mot, et
sans entrer dans le détail, les choses les plus viles se
vendaient à grand prix. Il en arriva que plusieurs
moururent de faim, parce qu'ils n'avaient pas de quoi
acheter, et parmi eux commença à s'élever une grande
inconstance d'esprit, le courage leur manqua, et ils
perdirent toute espérance. Et comment s'étonner si
les pauvres et les faibles chancelaient, lorsqu'ils
voyaient défaillir ceux qui auraient dû se montrer
les colonnes de l'armée? Pierre l'Ermite et Guillaume

Charpentier prirent la fuite de nuit et se séparèrent de la sainte société des fidèles de Dieu.

Nous dirons ici ce qu'était Guillaume, car nous avons déjà parlé de Pierre. Guillaume était sorti de race royale et venu du château de Melun, dont il était vicomte; le surnom de Charpentier lui vint de ce que dans les combats il ne souffrait pas que personne tînt devant lui; il n'était casque, ni cuirasse, ni bouclier qui pût soutenir les rudes coups de sa lance ou de son épée. Ce fut donc une chose digne d'étonnement et déplorable autant que surprenante que de voir un tel abrutissement d'esprit s'emparer d'un homme si puissant, qu'il pût honteusement quitter le camp et les hommes illustres dont il était rempli; nous voulons croire que ce ne fut pas par la crainte des combats, mais parce qu'il n'avait pas été accoutumé à supporter à ce point les souffrances de la faim. Lorsque Tancrède, chevalier courageux et plein de droiture, eut appris cette fuite, il s'en affligea avec véhémence, se mit à la poursuite de Guillaume, le reprit, le força honteusement de revenir et le conduisit à la maison de Boémond. Il n'est pas besoin de dire si cet homme qui avait pris la fuite le premier et quand personne ne fuyait encore, fut alors couvert d'ignominie; plusieurs qui le connaissaient le plaignaient, d'autres, ignorant qui il était, l'outrageaient de paroles; cependant lorsqu'on l'eut accablé d'injures, par égard pour Hugues le Grand, dont il était parent, et en mémoire des combats qu'il avait loyalement soutenus avec les autres, on lui accorda son pardon; mais il lui fallut jurer devant tous qu'il ne s'enfuirait plus; il ne tint pas long-temps son serment, et s'échappa secrètement le plus tôt qu'il le put. Dieu permit cette cruelle famine pour éprouver les siens et pour répandre la terreur de son nom par toutes les nations de la terre; car tandis que la disette accablait les siens, leur glaive exterminait les nations voisines; mille tombaient d'un côté et dix mille de l'autre[1]; il ne faut donc jamais désespérer d'un tel seigneur, car, quelque chose qu'il fasse, il le fait tourner à bien à ceux qui l'aiment, et c'était afin qu'ils ne vinssent pas à s'enorgueillir de tant de victoires qu'il les accablait des tourmens de la disette. On ne pouvait trouver dans l'armée mille chevaux en état de combattre; il voulait par là leur faire connaître qu'ils ne devaient pas se fier dans la force de leurs chevaux, mais en lui, par lequel il remportaient la victoire quand il le voulait et comme il le voulait.

Il y avait dans l'armée un chevalier nommé Tatin, riche entre les siens et renommé, bien connu au pays de Romanie, et qui savait se dissimuler sous le voile d'un élégant badinage; il vint trouver les chefs et leur dit : « D'où vient que nous nous engourdissons ici de cette sorte? pourquoi ne cherchons-nous pas à nous procurer les choses qui nous seraient utiles? Si vous le trouvez bon, j'irai au pays de Romanie et vous amènerai, en accomplissement de la promesse de l'empereur, une grande abondance de vivres à acheter; je vous ferai conduire par mes vassaux et par terre des chevaux, des mulets et des mules chargés de toutes sortes de choses, comme froment, vin, huile, orge, viande, farine,

---

[1] Mille tomberont à votre gauche, et dix mille à votre droite. Ps. 90, v. 7.

« fromage; n'ayez aucune méfiance de moi, je vous
« laisse ici mes tentes et tout ce qui m'appartient,
« sauf ce que je porte avec moi, et si ce n'est pas
« assez pour vous rassurer, je vous ferai serment de
« revenir promptement. » Les chefs crurent à ses paroles mensongères et reçurent son serment; mais il ne tint ni son serment, ni les promesses contenues dans son discours. Je rapporte ici l'action de ces deux chevaliers, afin de faire connaître quelle disette régnait dans le camp, puisqu'elle poussait les riches même à fuir, et à se parjurer. Lorsqu'ils se virent dans cette détresse, et que toute humaine espérance vint à leur manquer, la plupart de ceux de l'armée demandèrent aux chefs la permission de s'en retourner, et ceux-ci, tous d'une voix, la leur accordèrent en pleurant : pourquoi les auraient-ils retenus, lorsqu'ils ne pouvaient les soulager?

Tandis que la désolation s'étendait ainsi dans le camp et que personne ne savait quel parti prendre, la miséricorde divine vint à leur secours, ainsi qu'elle avait accoutumé. Un messager annonça que d'innombrables milliers de Turcs s'approchaient et devaient, ainsi qu'il l'assura, se réunir à ce château voisin, nommé Harenc, dont on a déjà parlé; ils venaient secrètement, et en grand silence, pour surprendre au dépourvu les Chrétiens dans leur camp. Cette nouvelle fut bientôt connue de tous, et réveilla les esprits qu'elle avait trouvés ensevelis dans le sommeil de la paresse. On vit se lever et sauter des hommes qui auparavant ne pouvaient marcher; la vie se ranima en des corps que tenait assoupis le défaut d'alimens : ils louent Dieu les mains élevées au ciel, et les frappant, en signe d'applaudissement, comme s'ils avaient déjà remporté la victoire; car ils aimaient mieux mourir glorieusement dans les combats que de périr dans les tourmens de la famine. Les grands de l'armée décidèrent qu'une partie des leurs demeurerait dans le camp pour le garder, et que les autres iraient à la rencontre des ennemis qui s'approchaient, pour leur livrer combat. Ceux-ci sortant du camp pendant la nuit, se mirent en embuscade en attendant le passage des ennemis; ils se placèrent entre le fleuve et le lac. Au petit point du jour, au moment où l'aurore apportait la lumière à la terre, ils envoyèrent des éclaireurs pour reconnaître l'armée ennemie et leur rapporter sa contenance. Les éclaireurs leur vinrent raconter qu'ils n'avaient jamais vu ensemble tant de milliers d'hommes, et l'on vit accourir du côté du fleuve, sur des chevaux très-rapides, une multitude séparée en deux troupes : alors les nôtres, placés sur le penchant d'une colline, font, avec leurs armes, le signe de la croix, et, tendant les mains vers le ciel, se confient en Dieu et implorent avec ardeur son assistance. Aussitôt les ennemis survenant tombent sur les nôtres, et frappant de la pointe du fer ceux qu'ils rencontrent, les renversent sur la terre; d'autres voltigent épars autour du champ de bataille, et font pleuvoir une grêle de flèches empoisonnées; ils grincent des dents et font entendre des aboiemens à la manière des chiens, s'imaginant par là effrayer leurs adversaires, mais les nôtres s'en rient, et, protégés de leurs boucliers, de leurs cuirasses, de leurs casques, méprisent tous ces traits; mais lorsque cette innombrable multitude approcha les nôtres de plus près, elle les attaqua avec une telle fureur qu'ils commencèrent quelque peu à fuir; ce que voyant, Boémond, qui faisait la garde sur les derrières de l'armée, se lança avec sa troupe au milieu de la bataille, et, ralliant ses compagnons, la fit tourner à mal pour les ennemis, car lorsqu'ils virent flotter sur leurs têtes les bannières des Francs, et les nôtres courir au milieu d'eux comme des lions rugissans, mettant en pièces à la ronde tout ce qu'ils rencontraient, ils s'effrayèrent et se troublèrent, et, tournant les rênes de leurs chevaux, reprirent le plus vite qu'ils purent le chemin du pont de fer. Qu'avaient à faire les Francs, si ce n'est de les poursuivre en les frappant de près? la route est jonchée des corps des mourans, l'air rempli de voix gémissantes, les pieds des chevaux enfoncent dans la terre humectée de sang. Arrivés au pont, le passage devient trop étroit pour les fuyards, il ne peut les recevoir tous; plusieurs se précipitent dans le fleuve, et ceux qu'ont reçus les ondes sont promptement engloutis dans leurs rapides tourbillons. Pourquoi m'arrêter aux détails? il en périt davantage qu'il n'en échappa, il y en eut de tués plus qu'il n'en demeura de vivans; ceux qui s'en échappèrent s'allèrent réfugier au château dont nous avons parlé, mais ils n'y demeurèrent pas long-temps, et après l'avoir pillé, ils l'abandonnèrent et prirent la fuite; les nôtres s'en emparèrent, y mirent du monde pour le garder, et aussi pour la garde du pont. Les Arméniens et les Syriens poursuivirent les fuyards, et, leur coupant la retraite dans les passages resserrés, en tuèrent beaucoup, en prirent beaucoup prisonniers, en sorte que, comme ils le méritaient, les fils du démon tombèrent de péril en péril, et y trouvèrent leur perte. Les nôtres retournèrent au camp en grande joie, emmenant avec eux des chevaux, des mulets, des mules, et beaucoup de dépouilles, et une infinité d'autres choses dont avaient grand besoin ces pauvres compagnons : ils apportèrent aussi un grand nombre de têtes de morts qu'ils placèrent devant la porte de la ville où étaient postés les émirs de Babylone : ceux de leurs camarades qui étaient demeurés dans le camp les reçurent avec une satisfaction infinie; ils s'étaient battus toute la journée contre ceux qui étaient sortis de la ville, et avaient emporté la palme de la victoire : ce double triomphe leur donnant une double joie, fit de ce jour un jour de fête, et ranima ces hommes auparavant presque consumés de tristesse et de misère. Les Arméniens et les Syriens apportèrent des vivres au camp, et se vinrent féliciter avec les nôtres de cet heureux événement; mais il arriva que ceux de la ville, sortant et s'allant cacher dans les rochers des montagnes, attendaient en embuscade ceux qui portaient des vivres, et tuaient tout ce qu'ils en pouvaient attraper; grandement attristés de ceci, les chefs de l'armée tinrent conseil et apportèrent remède à cette calamité : ils construisirent devant la porte de la ville, sur le pont situé près de la mahomerie, un fort qui contint les ennemis, en sorte que de ce moment nul n'osa plus sortir par le pont; et comme ceux qui étaient dans le camp ne suffisaient pas à cet ouvrage, Boémond et le comte de Saint-Gilles se rendirent au port Saint-Siméon pour tâcher d'en amener des ouvriers à prix d'argent; lorsqu'ils les eurent amenés, les Turcs étant sortis de la ville pendant la nuit, se mirent en embuscade et attaquèrent subitement les nôtres avec tant d'audace, que ceux qui étaient à cheval s'enfuirent dans la montagne sans ombre de combat. Les fantassins ne pouvant fuir furent misérablement mis à mort, destin plus rude et par là plus glorieux. Il y en eut là près de mille de tués; mais ceux qui les avaient tués ne s'en réjouirent pas long-temps; le récit de ce massacre étant arrivé au camp, émut les chefs et les principaux de l'armée, et, montant à cheval, ils ordonnèrent à leurs troupes de prendre les armes, et volèrent venger la mort des leurs : ils trouvèrent encore les ennemis sur le champ de bataille, occupés à couper la tête à ceux qu'ils avaient tués, et qui, sans éprouver aucune frayeur, se confiant en leur multitude, s'avancèrent au combat. Mais les nôtres, se livrant de leur côté à toute la vaillance de leur cœur, parvinrent bientôt, lorsque les gens de pied eurent rejoint les chevaliers, à remporter la victoire; car les ennemis voyant accourir ceux qu'ils avaient forcés à fuir dans la montagne, et la troupe des nôtres se grossir considérablement, et, à mesure qu'elle grossissait, combattre plus vigoureusement, ils tournèrent le dos et prirent la fuite vers le pont; mais ils furent grandement empêchés dans cet étroit passage, ne pouvant ni fuir ni revenir sur leurs pas; retourner en arrière était impossible, car l'ennemi les pressait; se séparer de droite et de gauche, le peu de largeur du chemin ne le leur permettait pas; aller en avant, l'épaisse multitude des fuyards leur en ôtait le pouvoir; ainsi, par la volonté du ciel, ils étaient dévoués à ne pouvoir ni fuir ni combattre. Là ne servaient de rien au Turc ni ses flèches empoisonnées, ni la rapidité de ses chevaux; les gens de pied firent ici un plus grand carnage que ceux qui poursuivaient à cheval, car ils abattaient réellement les ennemis comme le faucheur l'herbe des prés, ou les épis de la moisson : les épées et les traits pouvaient se rassasier du sang des Turcs; mais, forgés dans le pays des Francs, ils ne pouvaient ni s'émousser ni s'assouvir de carnage; les nôtres combattaient, les autres supportaient les coups; les nôtres frappaient, les autres mouraient; et la main fatiguée ne pouvait mettre en pièces tout ce qui s'offrait au tranchant de l'épée; les morts demeuraient entre les vivans debout, soutenus par la foule, trop pressée pour leur permettre de tomber; et telle était la souffrance qui les pressait qu'ils s'étouffaient l'un l'autre jusqu'à la mort, saisis d'une si grande frayeur, que ceux qui suivaient poussaient, afin de fuir, ceux qui se trouvaient devant eux. Le duc Godefroi, illustre honneur de la chevalerie, voyant que l'on n'en pouvait frapper aucun que dans le dos, lança son cheval pour leur fermer l'entrée du pont. Et quelle langue suffirait à raconter le carnage que fit ce seul duc de ces Infidèles! Ils commençaient à fuir en jetant leurs armes, effrayés du glaive du duc comme de la mort, mais ils ne pouvaient l'éviter. Les bras découverts, l'épée nue, il abattait leurs têtes, tandis qu'eux, presque sans résistance, lui offraient malgré eux leurs corps désarmés : la colère, le lieu, le glaive, sa main puissante, tout ici combattait contre eux, et tout portait la mort dans les membres de ces misérables. Un d'eux, plus audacieux que les autres, remarquable par la masse de son corps, et comme un autre

Goliath, redoutable par sa force, voyant le duc s'acharner sur les siens sans miséricorde, dirigea son cheval vers lui, le pressant de ses talons ensanglantés, et, levant son glaive, il fendit l'écu du duc, placé au dessus de sa tête, et si la bosse du bouclier n'eût fait glisser le coup et ne l'eût détourné d'un autre côté, le duc ne pouvait échapper à la mort. Mais Dieu garda son chevalier et le mit sous l'abri de son bouclier. Le duc, enflammé d'une violente colère, se prépare à lui rendre la pareille, et pour lui abattre la tête il lève son épée et le frappe avec une telle vigueur, vers l'épaule gauche, qu'il lui pourfend la poitrine par le milieu, tranche l'épine du dos et les intestins, et que son épée dégouttante de sang ressort tout entière au dessus de la jambe droite, tellement que la tête et la partie droite du corps tombe et s'engloutit dans le fleuve, et que le reste demeure sur le cheval qui le remporte à la ville. A cet horrible spectacle, tous ceux de la ville accourent et le voient avec étonnement, avec trouble, avec terreur; l'épouvante les saisit; on entend des cris de douleur comme de femmes qui enfantent, et des voix qui s'élèvent en gémissant, car il avait été un de leurs émirs ; alors ils tirèrent leurs glaives, tendirent leurs arcs, préparèrent des flèches dans leurs carquois pour les lancer au duc, voulant, si on les laissait faire, éteindre cette grande lumière de l'armée chrétienne ; mais Dieu ne permit pas que ce criminel desir fût accompli; le duc, ne pouvant soutenir long-temps cette grêle de traits et de flèches, retourna en arrière. O bras invincible du duc, bras digne qu'on chante ses louanges, force suprême de ce cœur valeureux ! il faut louer aussi cette épée qui, demeurée entière en sa main, sans se rompre, brandit de côté et d'autre et dirige ceux qui le suivent. Mais quelle voix peut faire entendre, quelle langue peut narrer, quelle main pourrait écrire, quelles pages pourraient contenir les faits des autres princes qui concoururent avec lui à toutes les victoires remportées dans ces combats? Les exploits du duc brillèrent par dessus tous les autres, car cette moitié de corps, demeurée sur le champ de bataille, fut un témoignage à sa louange; au lieu que le fleuve qui engloutit tant de cadavres cacha les admirables coups des autres chefs; mais de même que les tourbillons du vent courbent les branches des vieux arbres, de même tombaient coupés les membres des mourans; dans ce combat « un seul en poursuivait « mille, et deux en faisaient fuir dix mille[1]; » les fuyards se plongeaient dans le cours rapide du fleuve, puis en sortaient et embrassaient les piles de bois du pont; mais de dessus le pont les nôtres les perçaient, les tuaient de leurs lances; leur sang colorait les eaux du fleuve, et tous ceux qui en étaient témoins se sentaient saisis d'horreur; l'amas des cadavres interrompait le cours du fleuve et le forçait de remonter vers sa source; qui s'en étonnerait? cinq mille hommes furent tués sur le pont et précipités dans les eaux; et qui pourrait compter le nombre de ceux que le fer menaçant força de s'élancer dans le fleuve? Dans ce combat fut tué Cassien, fils du puissant roi d'Antioche, et douze émirs du roi de Babylone, qu'il avait envoyés avec son armée porter secours au roi d'Antioche: ceux qu'ils nomment émirs sont des rois,

[1] Macchabées.

lesquels gouvernent les provinces. Une province est une étendue de pays avec un métropolitain, douze comtes et un roi. Il s'était réuni des troupes d'autant de provinces qu'il y eut d'émirs de tués. Les prisonniers furent au nombre de sept mille; il serait impossible de garder le souvenir de tout ce qu'on gagna dans ce combat, de vêtemens, d'armes, et autres ornemens de parure. Lorsqu'ainsi les Francs eurent valeureusement vaincu les Turcs, on cessa d'entendre ce bruit confus de leurs voix, leurs grincemens de dents, et ces injurieuses clameurs chaque jour renouvelées; ils marchaient le visage abattu, et plusieurs perdant tout-à-fait l'espérance sortirent secrètement de la ville et prirent la fuite. La nuit qui survint termina le combat, et les nôtres, vainqueurs, retournèrent au château. Les ennemis rentrèrent dans la ville et fermèrent leurs portes. Le lendemain, dès les premiers rayons du jour, ils rassemblèrent ce qu'ils purent trouver des cadavres de leurs morts et leur donnèrent la sépulture; ce qu'ayant appris, les valets de l'armée chrétienne coururent en grand nombre au cimetière, et ceux que les Turcs avaient ensevelis avec de grands honneurs, ils les en jetèrent dehors avec beaucoup d'ignominie; car les Turcs les avaient enterrés au-delà du pont, à la mahomerie placée devant la porte de la ville, les avaient enveloppés de plusieurs étoffes, et avaient mis en terre avec eux des byzantins d'or, des arcs, des flèches et beaucoup d'autres choses; car leur coutume est d'enterrer ainsi leurs morts: celle des nôtres est de leur enlever joyeusement toutes ces choses. Lorsqu'ils eurent déterré tous les cadavres, ils leur coupèrent la tête afin de savoir le nombre de ceux qui avaient été tués sur le bord du fleuve; ils portèrent au camp toutes ces têtes et laissèrent les cadavres, pour les inhumer, aux oiseaux et aux bêtes sauvages. Les Turcs, témoins de ce spectacle du haut de leurs murs et du sommet de leurs tours, en conçurent une violente douleur, et se déchirant le visage, s'arrachant les cheveux, commencèrent à implorer l'assistance de leur docteur Mahomet; mais Mahomet ne pouvait réparer ce qu'il avait plu au Christ de détruire par la main de ses guerriers.

# LIVRE CINQUIÈME.

Tandis que ces vicissitudes se pressaient avec rapidité, un homme vint au camp annonçant pour le lendemain l'arrivée des envoyés du prince de Babylone et demandant pour eux aux chefs des sûretés afin qu'ils les vinssent trouver. Ils les leur accordèrent volontiers et les mirent par de solennelles assurances hors de toute crainte; ils parèrent leurs tentes de divers ornemens, attachèrent des écus à des pieux fixés en terre pour s'y exercer le lendemain au jeu de la quintaine [1], c'est-à-dire à la course à cheval. Ils ne manquèrent point de préparer des dés et des échecs, se livrèrent à la course de leurs chevaux agiles, qu'ils faisaient voltiger en tournoyant, et à des attaques simulées, courant avec leurs lances les uns sur les autres; toutes actions faites pour montrer que des gens qui s'occupaient ainsi n'avaient aucune peur. Tels étaient les exercices de la jeunesse; les hommes plus mûrs par l'âge et le sens, assis ensemble, s'entre-

---

[1] Le jeu de la quintaine se jouait en courant à cheval sur une figure d'homme armé, tenant à la main gauche un bouclier, à la droite une épée ou un bâton. Il fallait que le chevalier frappât de la lance la poitrine de ce mannequin; si le coup portait ailleurs, le mannequin, placé sur un pivot, tournait et frappait le maladroit de son bâton ou de son bouclier.

tenaient des choses que demandaient la sagesse et la prudence. Lorsqu'en s'approchant les envoyés babyloniens aperçurent ces jeunes gens qui se divertissaient avec tant de gaîté, ils furent saisis d'étonnement, car le bruit avait couru jusques à Babylone qu'ils étaient tourmentés par la faim et consternés de frayeur. Conduits devant les chefs, les envoyés exposèrent leur mission en ces mots : « Notre maître
« l'émir de Babylone nous a chargés de vous porter
« à vous, chefs des Francs, salut et amitié si vous vou-
« lez obéir à sa volonté ; un nombreux conseil s'est
« rassemblé à cause de vous à la cour du roi des
« Persans, notre maître ; ils ont délibéré pendant sept
« jours sur ce qu'ils avaient à faire ; ils s'étonnent
« que vous veniez ainsi armés chercher le sépulcre
« de votre Dieu, chassant les peuples de notre roi
« des pays qu'ils ont possédés si long-temps ; bien
« plus, ce qui est mal séant à des pèlerins, les pas-
« sant au fil de l'épée : si dorénavant vous y voulez
« venir avec le bâton et la besace, on vous y fera
« passer avec de grands honneurs et abondance de
« toutes choses. Les gens de pied deviendront cava-
« liers, les pauvres ne souffriront de la faim ni dans
« le chemin, ni dans le retour, et s'il vous plaît de
« séjourner un mois au sépulcre il ne vous y man-
« quera aucune chose ; on vous accordera la liberté
« d'aller dans toute la ville de Jérusalem, afin que
« vous y puissiez honorer à votre gré, et de la ma-
« nière qu'il vous plaira, le temple et le sépulcre.
« Que si vous méprisez les choses qu'on veut bien
« vous accorder, et vous confiez en vos armes et
« dans la grandeur de votre courage, voyez à quels

« périls vous allez vous exposer. C'est à nos yeux une
« étrange témérité, à quelque puissance humaine que
« ce puisse être, de s'attaquer aux Babyloniens et au
« roi des Persans : dites-nous maintenant ce qui vous
« convient dans ces propositions, et faites-nous con-
« naître ce qui vous en peut déplaire. » Les princes
répondirent d'un commun accord : « Aucun de ceux
« qui savent les choses ne peuvent s'étonner si nous
« venons en armes au sépulcre de Notre-Seigneur, et
« si nous chassons vos peuples de ces frontières, car
« ceux des nôtres qui y sont venus jusqu'à ce jour
« avec le bâton et la besace ont été ignominieusement
« insultés, et après avoir souffert la honte et les ou-
« trages ont été enfin mis à mort; cette terre n'ap-
« partient point aux peuples qui l'habitent, quoiqu'ils
« l'aient possédée durant de longues années; nos
« ancêtres l'ont tenue dans les temps anciens; elle
« leur a été enlevée par la méchanceté et l'injustice
« de vos peuples ; vous n'y avez donc pas droit parce
« que vous l'habitez depuis long-temps; l'arrêt du
« ciel dans sa miséricorde est qu'aujourd'hui soit ren-
« du aux fils ce qui fut injustement enlevé aux
« pères. Que votre nation ne s'enorgueillisse pas d'a-
« voir vaincu les Grecs efféminés, car, par l'ordre de la
« divine puissance, le glaive des Francs va vous payer,
« sur vos têtes, le prix de cette victoire; c'est ce que
« peuvent savoir ceux qui n'ignorent point qu'il ap-
« partient, non aux hommes, mais à celui par qui
« règnent les rois, de renverser les royaumes. Ils di-
« sent qu'ils veulent bien nous permettre de passer,
« si cela nous convient, au sépulcre avec le bâton et
« la besace : qu'ils reprennent leur indulgence, car,

« soit qu'ils le veuillent ou non, leurs trésors enrichi-
« ront ou banniront notre misère : Dieu nous a accordé
« Jérusalem ; qui pourra nous l'enlever ? Il n'est pas
« de courage humain qui puisse nous effrayer, car
« mourir, pour nous c'est naître, et en perdant la vie
« temporelle nous en acquérons une éternelle. Allez
« donc rapporter à ceux qui vous ont envoyés que,
« même Jérusalem en notre puissance, nous ne dé-
« poserons pas les armes que nous avons prises dans
« notre pays; nous nous confions en celui qui a ins-
« truit notre main à combattre et rend notre bras
« ferme comme un arc d'airain ; le chemin s'ouvrira à
« nos épées, les scandales seront effacés, et Jérusalem
« sera prise ; elle nous appartiendra alors, non par la
« bonté des hommes, mais par le décret de la justice
« céleste, car c'est de la face de Dieu qu'émane cet
« arrêt qui va nous donner Jérusalem. »

Les envoyés ne trouvèrent rien à répondre, mais
furent grandement scandalisés de ces paroles ; ils entrèrent dans Antioche, avec la permission des nôtres.

Le troisième jour après ce combat les Francs commencèrent à construire, auprès de la mahomerie, sur
le cimetière, le fort dont nous avons parlé, qui devait
commander l'entrée du pont et la porte de la ville. Ils
détruisirent tous les tombeaux et en prirent les pierres
pour élever le fort ; de quoi on loua grandement l'illustre Raimond, comte de Saint-Gilles. Ce fort gêna
beaucoup ceux qui étaient dans la ville et qui ne pouvaient sortir de ce côté ; les nôtres allaient en sûreté
partout où il leur plaisait. Alors les grands de l'armée
choisirent des hommes très-courageux et les chevaux
les plus agiles, et, passant le fleuve non loin de la ville,

trouvèrent un grand butin de chevaux et de cavales, de mulets et de mules, d'ânes et de chameaux et autre bétail au nombre de cinq mille ; ils menèrent au camp tout ce beau troupeau, et ce fut une grande réjouissance parmi les Chrétiens. Ce malheur consterna les gens de la ville, car cette abondance, qui fortifiait les nôtres, était pour eux une perte qui les affaiblissait. Là où avait été pris ce butin était un antique château tombé en ruine par l'effet de la vieillesse et du défaut d'entretien; un monastère y florissait encore ; nos grands jugèrent à propos, pour gêner davantage les ennemis, de le rebâtir et de l'entourer de puissantes fortifications : cela fut bientôt fait, et l'on chercha qui serait chargé de le défendre ; comme on délibérait sur ce point, et que plusieurs perdaient leurs paroles au vent, Tancrède, prince illustre et noble jeune homme, prompt en paroles comme en actions, se leva au milieu des autres, et dit : « Je défendrai le château si l'on me paie conve-
« nablement le prix de la défense. » Ils convinrent tous ensemble du prix, et l'on donna à Tancrède quarante marcs d'argent. Il entra dans le château, qui fut encore plus fortifié par le courage de ce puissant chevalier et de ses fantassins, que par les autres remparts ; et, Dieu aidant, il le tint avec grand bonheur, car le jour même où il y était entré les gens d'Arménie et Syrie arrivèrent à la ville, apportant aux citoyens des vivres abondans. Tancrède s'étant mis en embuscade les prit tous ; mais comme ils étaient Chrétiens, il ne voulut pas les tuer, et les conduisit avec leurs charges dans le château : il les laissa aller ensuite sans leur faire aucun mal, à condition qu'ils

lui jureraient, foi de Chrétiens, d'apporter aux Chrétiens, pour un prix convenable, ce qui leur serait nécessaire jusqu'à ce qu'ils eussent pris Antioche ; ce que les Arméniens accomplirent fidèlement, comme ils l'avaient promis.

Cependant Tancrède fermait tellement les routes et les passages à ceux qui étaient dans la ville, qu'aucun n'osait plus sortir. Ils demandèrent donc une trêve, disant que, pendant le temps de sa durée, on traiterait des conditions pour qu'ils se rendissent aux Chrétiens, eux et la ville. Les chefs se fièrent à ce qu'ils leur disaient; on dressa les articles, on régla le temps, et on se fit mutuellement serment d'observer la trêve. Les portes de la cité furent ouvertes, et les gens des deux partis eurent réciproquement la liberté d'aller se trouver les uns les autres. Les Francs parcouraient sans obstacle l'intérieur des murs, et se tenaient avec les citoyens sur les remparts; les citoyens prenaient plaisir à venir au camp. Cependant le temps de la trêve écoulé, et le jour où elle devait expirer, un chevalier chrétien nommé Walon, et renommé entre les premiers, se fiant à cette nation perfide, se promenait parmi les buissons, et repaissait ses regards de l'agrément de ces lieux ; voilà que ces chiens viennent armés contre lui qui était sans armes, le mettent en pièces, et le déchirent misérablement. Hélas! hélas! par la mort de Walon, la paix fut rompue, la foi des sermens violée, les portes de la ville furent fermées, et les perfides Gentils se cachèrent de nouveau dans le fond de leurs remparts et de leurs tours. Il y eut un grand deuil dans le camp; tous, hommes et femmes, déplorèrent avec beaucoup de sanglots la mort

de Walon; et ce qui excitait les larmes générales, c'était sa femme, qui se déchirait le corps avec une violence extraordinaire; et l'on ne pouvait, sans être ému de douleur, entendre ses soupirs et ses sanglots si pressés qu'ils ne lui permettaient de parler ni de crier. Elle était née d'un seigneur de très-haute noblesse, et, selon la faiblesse de la chair, belle au dessus de toutes les autres. On la voyait immobile comme une colonne de marbre, en telle sorte que plus d'une fois on l'aurait crue morte, si l'on n'eût senti son sein palpitant animé encore d'une chaleur vitale. On sentait aussi battre une veine cachée sous cette peau dégarnie de poil qui recouvre l'intervalle des deux sourcils. Lorsqu'elle recommença à respirer, oubliant la pudeur de son sexe, elle se roulait par terre, se déchirait le visage avec les ongles, et arrachait sa chevelure dorée; les autres matrones accourent, l'empêchent de se traiter de la sorte, et veillent pieusement autour d'elle. Dès qu'elle put parler, elle éclata en ces mots : « Roi des cieux, qui es un en
« trois personnes, aie pitié de Walon, et donne-lui
« la vie éternelle, toi qui es un seul Dieu. Comment
« Walon a-t-il pu mériter de mourir sans combat?
« Vierge, mère des hommes, purge Walon de ses
« fautes; tu l'as arraché à tous les hasards de la guerre,
« et cependant tu as permis qu'il subît le martyre.
« Hélas! combien il avait desiré voir ton sépulcre :
« il a pour cela méprisé tout ce qu'il possédait et sa
« propre personne. Par quelle cruelle infortune s'est-
« il trouvé séparé de son épée, qu'il portait toujours
« à son côté? Oh! que j'eusse été heureuse si j'eusse pu,
« à son dernier soupir, lui fermer les yeux, laver ses

« blessures de mes larmes, en baigner ses mains et
« ses vêtemens, et confier au sépulcre ses membres
« chéris! » Son frère, Éverard, vint s'unir à ses
plaintes, et la calma autant que le permettait la violence de sa douleur. On ne doit point omettre ce qui
s'était passé avant la mort de Walon ou durant le
temps où la trêve avait été fidèlement respectée. Il y
avait dans la ville un émir, turc de naissance, avec
lequel Boémond avait eu pendant cette suspension
d'armes plusieurs conférences particulières; celui-ci
lui demanda un jour entre autres choses où était placé
le camp de ces innombrables guerriers vêtus de blanc,
qui, dans tous les combats, venaient leur porter
secours; il lui dit que les siens ne pouvaient jamais
soutenir l'approche de ces nouveaux combattans, et
qu'aussitôt qu'ils les voyaient, ils se sentaient saisis
de frayeur, car ils les renversaient comme un tourbillon de vent, ou les accablaient de blessures, écrasaient les uns, et tuaient les autres : sur quoi Boémond lui dit : « Crois-tu donc que ce soit une autre
« armée que celle que tu vois ici? — Oui, répondit
« l'autre, je te le jure par notre docteur Mahomet, car,
« s'ils étaient tous ici, toutes ces plaines ne les pour-
« raient contenir; ils ont tous des chevaux blancs
« d'une merveilleuse vitesse; leurs vêtemens, leurs
« écus, leurs bannières, sont de la même couleur;
« peut-être se cachent-ils ainsi pour ne pas nous faire
« connaître toutes vos forces; mais par ta foi en
« Jésus, dis-moi, je t'en conjure, où est leur camp. »
Boémond, éclairé de l'esprit de Dieu, comprit que
l'autre lui parlait d'une vision céleste qui lui était apparue, et qu'il ne l'interrogeait pas pour l'induire en

tentation, mais à bonne intention. Il lui répondit donc en ces paroles : « Quoique tu sois étranger à
« notre loi, comme je te vois porté envers nous de
« bonne volonté et animé d'un bon esprit, je te dé-
« couvrirai quelques-uns des mystères de notre foi ;
« si tu avais l'intelligence de ces choses profondes,
« tu devrais rendre grâces au Créateur de tous les
« hommes de ce qu'il t'a laissé voir cette blanche ar-
« mée. Sache qu'elle n'habite pas sur la terre, mais a
« sa demeure dans les hautes régions du royaume cé-
« leste; ce sont ceux qui ont souffert le martyre pour
« la foi du Christ, et ont sur toute la terre combattu
« les incrédules. Les principaux d'entre eux, et qui
« portent les bannières, sont George, Maurice, Dé-
« métrius, qui, durant cette vie temporelle, menèrent
« une vie guerrière, et reçurent la mort pour la foi
« chrétienne. Toutes les fois que nous en avons be-
« soin, ils viennent, par l'ordre de notre Seigneur
« Jésus-Christ, nous porter secours; et c'est par eux
« que nos ennemis sont vaincus. Et pour que tu sa-
« ches que je t'ai dit la vérité, enquiers-toi aujour-
« d'hui et demain, et le jour suivant, si dans tout
« le pays on pourra trouver leur camp : si on le
« trouve, accuse-moi en face de mensonge, et fais-
« moi rougir; et après que dans tout le pays tu n'au-
« ras pu le trouver, si demain nous en avons besoin,
« tu les verras arriver. D'où donc peuvent-ils venir,
« si ce n'est des hautes régions qu'ils habitent? » A quoi Pyrrhus, c'était le nom de l'émir, répondit : « Et,
« s'ils viennent du ciel, où ont-ils trouvé tant de che-
« vaux blancs, tant de boucliers, tant de bannières?
« — Tu me demandes, lui dit Boémond, de grandes

« choses et au dessus de mon intelligence; mais si tu
« le veux, je ferai venir mon chapelain, qui te ré-
« pondra là-dessus. » Alors le chapelain lui dit :
« Lorsqu'il plaît au tout-puissant Créateur d'envoyer
« sur terre ses anges ou les esprits des justes, ils
« prennent des corps aériens, afin de se manifester à
« nos yeux, qui ne les pourraient apercevoir dans
« leur essence spirituelle. Ils nous apparaissent donc
« armés maintenant pour nous indiquer qu'ils vien-
« nent nous secourir dans le combat. Si nous les
« voyions vêtus en pélerins ou comme des prêtres
« couverts d'étoles blanches, ils annonceraient, non
« la guerre, mais la paix. Lorsqu'ils ont fini l'affaire
« pour laquelle ils sont venus, ils retournent au sé-
« jour céleste d'où ils étaient descendus, et déposent,
« dans la matière où ils les ont puisés, les corps qu'ils
« avaient pris pour se rendre visibles à nos yeux. Et
« ne t'étonne pas si le Créateur tout-puissant, qui de
« rien a donné l'être à toutes choses, peut à son gré
« donner l'apparence qui lui plaît à la matière par
« lui créée. » Alors Pyrrhus lui dit : « Par ce Créateur
« que tu professes, tu me dis ici des choses merveil-
« leuses et raisonnables, dont jusqu'ici nous n'avions
« pas ouï parler. » Alors Boémond continua, et lui
dit : « O Pyrrhus, ne vois-tu pas qu'il y a là un
« grand miracle, et que notre Seigneur Jésus, en
« qui nous croyons, combat à notre aide? car autant
« nous vous sommes inférieurs en nombre, autant
« nous sommes plus forts; autant vous êtes plus nom-
« breux que nous, autant vous êtes plus faibles; à
« qui peux-tu attribuer une telle vertu, aux hommes
« ou à la Divinité? L'homme ne s'appartient pas à

« lui-même, mais à son Créateur, de qui il tient l'être
« et la puissance; de là tu peux conjecturer d'où il
« vient qu'un même Créateur nous ayant formé vous
« et nous, il nous remplisse de sa vertu plus abon-
« damment que vous; nous sommes certains que par
« sa vertu nous nous mettrons en possession, non
« seulement d'Antioche, mais encore de toute la Ro-
« manie, de la Syrie, et de Jérusalem même, car
« cela nous a été promis par Jésus le Tout-Puissant,
« Fils de Dieu. » Pyrrhus comprit avec sagesse ces
paroles de Boémond, et d'autres semblables, et Boémond l'attira à lui par une très-vive affection. Lors
donc qu'à l'instigation de l'ennemi du genre humain,
il arriva qu'à cause de la mort de Walon, Pyrrhus perdit la liberté de s'entretenir avec son cher Boémond,
il envoya secrètement des messagers lui dire ceci :
« Je t'ai reconnu pour un noble homme et un fidèle
« chrétien; je me remets à ta foi, moi et ma maison,
« et je te livrerai, à toi et à ton peuple chrétien, trois
« tours et une porte d'Antioche confiées à ma garde;
« et afin que tu ne croies pas ma promesse vaine, et
« n'en aies point de méfiance, je t'envoie mon fils uni-
« que, que j'aime uniquement, et le remets, ainsi que
« moi, à ta foi. » Ce qu'ayant vu et entendu, Boémond
fut transporté d'une grande joie, et sentit un grand
accroissement dans sa dévotion envers Dieu; d'abondantes larmes coulèrent de ses yeux, et, rendant
grâces à Dieu, il tendit les mains vers le ciel. Il
convoqua sans retard les chefs de l'armée, leur parla
ainsi, et leur dit : « Illustres princes et hommes de
« guerre, vous savez tous les maux que nous avons eu
« à supporter durant ce siége, tout ce que nous avons

« souffert et souffrirons encore long-temps, si telle
« est la volonté de Dieu. Dans le cas où, par une in-
« vention quelconque, Dieu la ferait tomber entre
« les mains d'un de nous, dites si vous consentiriez
« à la lui céder. » Alors plusieurs s'écrièrent à la fois,
et dirent : « Nous voulons la posséder tous ensem-
« ble, puisque tous nous avons eu part aux travaux
« et aux souffrances. » Alors Boémond souriant légèrement leur dit : « Malheur à la ville régie par tant
« de maîtres ! ne parlez pas ainsi, mes frères, mais
« soumettez-la à la domination de celui qui saura
« l'acquérir. » Cependant, voyant que ses paroles ne
servaient de rien, il retourna à son camp, et retint les
messagers que lui avait envoyés Pyrrhus. Boémond
parti, les chefs tinrent conseil entre eux, et dirent :
« Nous n'avons pas agi prudemment lorsque nous
« avons contredit les paroles de Boémond, cet homme
« si sage ; si dès le premier jour que nous vînmes ici
« telle chose avait pu arriver, il nous en serait re-
« venu de grands avantages : aucun de nous n'a
« quitté son pays par ambition de conquérir la ville
« d'Antioche ; qu'elle appartienne à qui Dieu la voudra
« donner, et ne tendons qu'à une seule chose, la dé-
« livrance du saint sépulcre. » Ce conseil plut à tous :
Boémond fut appelé, et tous, de bonne volonté, lui
cédèrent Antioche, s'il pouvait s'en rendre maître.
Alors Boémond, sans perdre de temps, renvoya à l'entrée de la nuit, vers son ami, des messagers fidèles,
pour qu'il lui fît savoir par eux la manière et le moment d'exécuter ce dont ils étaient convenus. Pyrrhus
lui fit dire d'éloigner le lendemain l'armée des Francs,
comme si elle voulait aller butiner sur les terres des

Sarrasins, et ensuite, lorsque la nuit commencerait à s'obscurcir, de la ramener au camp de ce côté de la ville, « où je veillerai, dit-il, l'oreille attentive. Ap-
« prochez des murs bien armés, ajouta-t-il, et ne
« craignez rien. » Boémond confia le conseil qui lui était donné à quelques-uns de ses amis, Hugues le Grand, le duc Godefroi, l'évêque du Puy, et le comte Raimond, leur disant : « Vienne la nuit, et avec
« l'aide de la grâce divine, Antioche nous sera li-
« vrée : » puis il leur exposa le message de Pyrrhus; tous l'ayant entendu se félicitèrent et bénirent le Seigneur. Le lendemain ils assemblèrent les chefs de guerre et de grosses troupes de cavaliers, ainsi qu'un très-grand nombre de gens de pied, et étant sortis du camp ils passèrent la montagne comme pour aller butiner sur les terres des Sarrasins; mais la nuit arrivée, ils revinrent en grand silence et se préparèrent remplis d'espoir. Boémond cependant marcha avec ses hommes de guerre vers le lieu désigné par son ami, et demeurant à une certaine distance des murs, accompagné d'un petit nombre d'entre eux, il envoya les autres au pied de la muraille avec une échelle, laquelle pouvait, étant dressée, atteindre le haut des remparts. Lorsqu'elle fut dressée, il ne se trouva dans cette multitude nul qui osât monter le premier. Tandis que tous hésitaient, un chevalier nommé Foucher, natif de Chartres, dit : « Au nom
« de Jésus-Christ, je vais monter le premier, prêt à
« recevoir ce que Dieu m'a destiné, ou le martyre ou
« la palme de la victoire : » lorsqu'il fut monté les autres le suivirent et parvinrent promptement au haut des murailles. Pyrrhus s'y tenait, attendant leur arri-

vée, et impatient de leur retard. Ne voyant point Boémond il demanda où il était, et comme on lui répondit qu'il était proche, Pyrrhus, vivement affligé de son absence, dit : « Que fait ce paresseux, que « tarde-t-il, qui l'arrête? Envoyez quelqu'un qui lui « dise de venir promptement; envoyez quelqu'un « qui lui dise que la lumière du jour approche, et « que le chant des oiseaux déjà plus vif annonce l'au- « rore. Choisissez un messager qui nous envoie Boé- « mond. » Ces paroles ayant été rapportées à Boémond, il accourut en hâte, mais en arrivant à l'échelle il la trouva rompue; cependant Foucher était monté avec soixante jeunes hommes armés, et après la tour de Pyrrhus il en avait emporté trois autres de vive force, et y avait tué deux frères de Pyrrhus. Pyrrhus, quoiqu'il ne l'ignorât point, ne fut point empêché par là de tenir ce qu'il avait promis, et lorsqu'il apprit que l'échelle était rompue, il ouvrit les portes à Boémond et à toute la multitude des Francs; et quoiqu'il poussât du fond de son cœur de douloureux gémissemens et de longs soupirs, cependant l'injure qu'il avait soufferte ne le détourna point de la foi qu'il avait promise. Lorsque Boémond entra, il le salua à la porte, la tête baissée; celui-ci le remercia du service qu'il lui rendait, mais apprenant la cause de ses gémissemens, il en eut une grande douleur, et lui laissa une troupe fidèle de ses chevaliers pour garder ce qui lui appartenait. On ne doit pas oublier que cette nuit on vit briller au ciel, parmi les autres astres, les rayons rougeâtres d'une comète, présage de la chute des empires, et qu'entre le septentrion et l'orient le ciel était resplendissant de la couleur du feu, signes évidens qui éclataient dans le ciel. Lorsque l'aurore rapporta la lumière à la terre, l'armée du Seigneur entra dans les portes d'Antioche par la vertu de celui qui a mis en poudre les portes d'airain de l'enfer et a brisé leurs verroux de fer, et dont la puissance vit dans les siècles des siècles. *Amen.*

## LIVRE SIXIÈME.

Fidèles, comptez sur la fidélité de ce Pyrrhus, et en attendant observez, sans y manquer en rien, la foi que vous lui avez promise pour sa foi. Ni le souvenir de la mort de ses frères, ni la force de sa douleur, ni les instigations de son chagrin ne purent ébranler en lui la fermeté de la foi promise, et les conventions qu'il avait jurées eurent sur lui plus de force que la cruelle mort de ses deux frères; et si nous voulons rappeler l'énigme proposée anciennement par Samson, nous en pourrons ici opposer une du même genre. Samson avait dit : « La nourriture est sortie de « celui qui mangeait et la douceur est sortie du fort[1]. » Maintenant d'un Infidèle est sortie la foi, et d'un étranger une affection intime et sincère; mais pour ne pas nous égarer en de fastidieuses digressions, nous allons revenir à notre propos.

Le deuxième jour de juin les Chrétiens entrèrent dans la ville d'Antioche et vengèrent la mort de leurs compagnons par le tranchant de l'épée. Foucher et ceux qui avec lui étaient montés sur les murs et s'étaient rendus maîtres des tours, percèrent de leurs épées les gardes imprudentes qu'ils trouvèrent livrées au sommeil, et les jetèrent du haut des

---

[1] Juges, ch. 15, v. 14.

tours en bas: ceux de la ville qui dormaient dans leurs maisons, éveillés par le bruit, sortirent pour savoir ce qui se passait, et ne rentrèrent pas chez eux, mais se trouvèrent pris au dépourvu par le glaive tout prêt à les percer. Les habitans chrétiens faisaient entendre le *Kyrie eleison* et d'autres louanges de Dieu, afin que les nôtres connussent par là qu'ils étaient chrétiens et non Turcs. Les places de la cité étaient jonchées çà et là des corps des mourans, car nul ne résistait plus, tous cherchaient des asiles cachés ou la fuite; on n'avait égard à personne : les jeunes garçons étaient tués avec les jeunes filles, les vieux comme les jeunes, les mères avec leurs filles; ceux qui pouvaient fuir sortaient par les portes, sans pour cela échapper à la mort, car ils tombaient entre les mains de ceux qui venaient du camp. Il arriva cependant que Cassien, seigneur et roi de la ville, se sauva parmi les fuyards, caché sous de vils habits, et parvint en fuyant sur les terres de Tancrède; mais pour son malheur, des Arméniens le reconnurent; ils lui coupèrent aussitôt la tête, et la portèrent au chef de l'armée avec son baudrier, qu'ils évaluèrent quarante byzantins. Une grande partie des habitans se réfugia dans le château qui domine la ville, et est tellement fortifié par sa position et la nature des lieux, qu'ils ne craignaient aucune machine; le mont sur lequel il est situé, contigu à la ville, porte son sommet jusqu'aux astres, en sorte qu'à peine les yeux fixés sur le faîte le peuvent apercevoir : on voit de là tout le pays d'alentour; dans ce château se réfugia une multitude de Turcs qui n'avaient plus d'autre asile. Près de là était une tour, dont Boémond s'était déjà emparé à la tête des siens, et de laquelle il se préparait à attaquer le château; mais les assiégés ayant repris courage, lancèrent sur les nôtres, d'une tour du château beaucoup plus haute, des flèches et des traits pressés comme la grêle, en sorte que les nôtres ne purent songer à les attaquer, mais seulement à se couvrir de leurs boucliers et à s'efforcer de se défendre par les armes : gênés dans un lieu étroit, les nôtres étaient accablés d'en haut par l'ennemi; les combattans n'avaient d'autre route que l'espace que leur fournissait la largeur d'un mur; il arriva donc que les Turcs, se précipitant contre la tour, se poussaient l'un l'autre sans avoir la faculté de retourner en arrière, ni de s'écarter à droite ni à gauche, et l'impulsion de la foule les poussant sur les nôtres, ceux-ci les recevaient sur la pointe de leurs lances, de leurs épieux, de leurs épées, et les jetaient en bas blessés; les blessés en tombant écrasaient ceux qui s'efforçaient de saper la tour par le bas, en sorte que le mort portait la mort au vivant et que ceux à qui manquait la vie de l'ame offraient une image corporelle de la mort. Dans ce combat, Boémond fut grièvement blessé d'une flèche dans la cuisse, en sorte qu'il ne pouvait plus marcher qu'en boitant, et le sang commençant à couler en abondance de sa blessure, le cœur de ce noble chevalier commença à défaillir de sa vertu première; sans le vouloir et malgré lui, il se retira dans une autre tour. Sa faiblesse fut la chute du courage de tout le reste, car chacun s'affligea grandement de la malheureuse aventure du chef; tous quittèrent le combat, laissant les Turcs et la tour: un seul demeura sur le haut de cette tour, et fit pleurer à toute l'armée son illustre mort; se voyant laissé seul, mais portant en lui un courage invincible, il commença à se défendre de côté et d'autre, comme l'ours entre les chiens Molosses; il arrachait les pierres et le ciment de la tour, et les jetait sur les assaillans; cependant accablé de mille flèches, et voyant qu'il ne pouvait éviter la mort, il en hâta le moment, se jeta couvert de ses armes et de son bouclier au plus épais des ennemis, et fit payer cher sa vie à ceux qui le tuèrent.

Il n'est pas de langue mortelle capable de raconter ce que le bras des Francs fit périr dans ce combat; et si les remparts du château n'eussent pas été si forts, le Seigneur en ce jour les mettait à l'abri de la plupart des calamités qu'ils avaient encore à subir; mais Dieu voulut que la ville d'Antioche leur fût difficile à acquérir, afin qu'une fois prise, elle leur devînt plus chère, car les choses promptement obtenues perdent de leur prix, et nous embrassons avec plus d'ardeur celles que nous avons long-temps desirées.

La nuit survenant interrompit le combat et apporta du relâche au travail du jour; mais la nécessité qui avait forcé de suspendre ne donna pas aux combattans fatigués la liberté de se livrer au sommeil, car l'ennemi était encore dans les murs, on ne pouvait songer à prendre de repos : le lendemain, vendredi, comme les uns s'occupaient à traîner hors des murs les cadavres de ceux qui avaient été tués, les autres à combattre du haut de la tour, à coups de flèches et de traits, ceux qui étaient dans le château, voilà que du haut des tours et des murs quelques-uns voient de loin s'élever un immense nuage de poussière, et, jugeant diversement de ce qui le causait, les uns disaient que c'était l'empereur de Constantinople qui venait à leur secours; les autres pensaient avec plus de vérité que c'était l'armée des Persans; ceux qui s'avançaient les premiers, dès qu'ils furent en vue d'Antioche, se réunirent en un corps, attendant le gros de leur armée qui venait derrière eux : c'était Corbahan, chef de l'armée du roi des Persans, qui depuis long-temps s'était occupé à rassembler cette troupe formée de diverses nations; il y avait des Persans et des Mèdes, des Arabes et des Turcs, des Azimites et des Sarrasins, des Curdes et des Publicains et beaucoup d'autres peuples; il y avait trois mille Agoulans qui ne portaient d'autre arme offensive que leur seule épée; entièrement couverts de fer, ils ne craignaient aucune des armes de leurs adversaires; leurs chevaux ne s'effrayaient ni de la vue des lances, ni de celle des enseignes, et se jetaient avec fureur sur ceux qui les portaient. Lorsque toute l'armée se fut réunie, des coureurs se dirigèrent vers la ville provoquant les nôtres au combat et les excitant à sortir, mais ceux-ci, fatigués de la bataille de la veille, jugèrent qu'il valait mieux pour eux demeurer entre les remparts que d'aller combattre au dehors; les ennemis parcouraient les champs et la plaine, nous défiant et nous accablant d'injures outrageantes; ils jetaient dans l'air leurs lances et leurs glaives, et les recevaient dans leurs mains en riant et se jouant; mais voyant qu'ils ne pouvaient attirer au dehors aucun des nôtres, ils se décidèrent à retourner dans leur camp; comme ils s'en allaient, un des nôtres, Roger de Barneville, les suivit avec trois autres hommes d'armes, espérant en attirer quelques-uns au combat ; mais ils ne voulaient pas se mesurer à égalité avec les Francs dont ils avaient déjà entendu raconter beaucoup de faits d'armes ; ils se mirent donc en embuscade sous le creux d'une roche, et envoyèrent quelques-uns des leurs harceler Roger pour l'attirer. Lorsque les nôtres passèrent devant le lieu où ils étaient ainsi en embuscade, ces brigands sortirent de leur caverne et les attaquèrent par derrière ; les nôtres se retournèrent pour leur faire tête et se dirigèrent contre eux d'une course rapide, mais, voyant qu'ils étaient entourés, ils tournèrent bride cherchant leur salut dans la fuite, mais ils ne purent trouver aucune issue : Roger fit passer les siens devant lui, et rejetant en arrière son bouclier, soutint une multitude de coups : déjà il était presque parvenu à s'échapper, déjà il se voyait presque en lieu de sûreté, lorsque son cheval tomba et l'entraîna dans sa chute sans qu'il lui fût possible de se relever, parce qu'il était tombé dessous. Hélas ! quelle douleur, quels grincemens de dents n'y eut-il pas alors sur les murs d'Antioche, lorsque toute cette généreuse jeunesse des Francs vit ces chiens furieux tuer avec atrocité cet excellent chevalier et le mettre en pièces ; tous détournaient les yeux, et ne pouvaient supporter de le voir ainsi déchiré par morceaux : enfin, ils lui coupèrent la tête, et l'ayant placée sur un pieu, l'emportèrent à leur camp comme une enseigne triomphale. Leur camp était assez près du pont de fer ; Samsadol, fils du roi d'Antioche tué récemment, était allé trouver Corbahan, et se jetant à ses pieds en suppliant, l'avait conjuré d'avoir pitié de lui, et de lui prêter secours contre les Francs qui avaient tué son père et l'avaient dépouillé de la noble ville qui était son héritage : il n'avait d'autre refuge que la citadelle, toute la ville étant soumise à la domination des Francs : « Mon « père, dit-il, lorsqu'il était encore vivant, t'avait « envoyé un messager pour te prier de le secourir, « promettant, ou de t'enrichir par de grands pré- « sens, ou de tenir de toi comme vassal la ville d'An- « tioche et tout le royaume : je te promets de même, « si tu peux recouvrer Antioche, de la tenir de toi « en vasselage, et de te faire serment de fidélité ; si « tu ne le peux, il faut que tu fuies, et avec toi tous « les gens de notre nation, car il ne suffit pas aux « Francs de la Romanie, de la Syrie et de Césarée ; « ils disent que Jérusalem leur appartient, ainsi que « le royaume de Damas. » Là étaient présens les rois de ces provinces qui entendaient les paroles de Samsadol; Corbahan lui répondit : « Si tu veux que je te « secoure et te rétablisse dans ton royaume, remets « entre mes mains la citadelle que tu possèdes encore, « afin que par son moyen je reprenne Antioche. » Samsadol répliqua : « Si tu parviens à chasser les « Francs de la ville et à me livrer leurs têtes coupées, « je te remettrai la citadelle et te rendrai hommage. » Ils s'accommodèrent, et Samsadol remit la citadelle; Corbahan la donna en garde à un de ses fidèles, avec cette convention que, si les Francs étaient vaincus, il y demeurerait, et, s'ils étaient vainqueurs, il fuirait avec les autres et laisserait le fort, « car, disait Cor- « bahan, si nous sommes vaincus que ferions-nous « du fort ? il est convenable qu'il appartienne aux

« vainqueurs, étant le plus beau fruit de la victoire. »
Cela fait, Corbahan termina la conférence et alla s'occuper d'autres choses. Tandis qu'il était assis à terre, on lui apporta une épée franque, tout-à-fait mauvaise et émoussée, et couverte d'une affreuse rouille; on lui apporta en même temps une lance en aussi mauvais état, si même à force d'être gâtée elle ne faisait paraître l'épée meilleure. Corbahan l'ayant vue, dit :
« Qui nous apprendra où l'on a trouvé ces armes, et
« pourquoi on les vient apporter en notre présence ? »
A quoi ceux qui les apportaient répondirent : « Glo-
« rieux prince, honneur du royaume des Persans,
« nous avons dérobé ces armes aux Francs, et nous
« te les apportons, afin que tu voies et connaisses avec
« quelles armes ces déguenillés prétendent nous dé-
« pouiller, nous et notre pays, et veulent même dévas-
« ter toute l'Asie. » alors Corbahan souriant dit : « Il
« est clair que ces gens sont insensés, et font peu d'u-
« sage de leur raison, puisqu'ils s'imaginent avec de
« telles armes pouvoir subjuguer le royaume des
« Persans; cette nation est présomptueuse et grande-
« ment ambitieuse de s'approprier le bien des autres;
« elle se fie en son courage; mais, par Mahomet, à la
« malheure est-elle entrée dans les frontières de la
« Syrie, et dans les murs de la royale ville d'An-
« tioche. » Après avoir ainsi parlé, il ordonna qu'on
fît venir son secrétaire. Celui-ci venu, il lui dit :
« Prends plusieurs cédules, et écris à notre saint pape
« le calife et au roi des Persans, soudan glorieux par
« dessus tous les autres, et aussi aux principaux
« grands du royaume des Persans; souhaite-leur une
« longue vie, une paix continuelle, et la santé du

« corps long-temps maintenue : dis-leur : La fortune
« nous sourit et tout nous prospère ; d'heureux succès
« nous favorisent; je tiens l'armée des Francs renfer-
« mée dans les murs d'Antioche, et j'ai entre les
« mains le château qui commande la ville; soyez
« donc assurés, quelque bruit que vous en ayez en-
« tendu, que ce ne sont pas des gens tels qu'on vous
« l'a dit, car jamais, le loup n'a fait autant de mal
« qu'il y a de cris après lui. Ainsi que vous me l'avez
« ordonné, je les effacerai de dessus la terre, mon
« glaive les privera de la vie; mais ne vous irritez
« pas contre moi, si je vous envoie quelques-uns
« des principaux entre les vaincus, car ce sera alors
« à vous à décider s'il vous convient de les faire
« mourir ou de les laisser vivre ; il me paraît
« convenable que ceux qui venaient pour nous
« mettre en captivité demeurent captifs et souffrent
« près de nous une dure servitude, car il sera très-
« honorable au royaume des Persans que le frère du
« roi des Francs y vive exilé. Cependant vivez en
« paix et parfaite tranquillité, livrez-vous à toutes les
« voluptés corporelles; ne cessez d'engendrer sans re-
« lâche des fils qui résistent un jour, s'il est néces-
« saire, à d'autres Francs et nous remplacent lorsque
« les forces viendront à nous manquer; je ne verrai
« point votre face que je n'aie soumis à votre domi-
« nation toute la Syrie, la Romanie et la Bulgarie. »
Ainsi parlait Corbahan dans son orgueil et son illusion,
qui se tournèrent ensuite en ignominie et en confusion. Alors vint vers lui sa mère, triste et dolente et
portant un visage consterné; lorsqu'ils furent retirés
seuls dans sa chambre, elle lui dit : « Mon fils, conso-

« lation de ma vieillesse et unique gage de mes affec-
« tions, je viens à toi en hâte et fatiguée d'une lon-
« gue route; j'étais dans Alep, la grande ville, lorsque
« mes oreilles ont été frappées de fâcheux discours
« sur ton compte, et qui m'ont atteint le cœur d'une
« grande douleur : on a dit que tu rangeais tes trou-
« pes et voulais combattre les Chrétiens; je suis donc
« venue en hâte vers toi, voulant savoir de toi-même
« si cela était véritable ou non. » Le fils dit à sa
mère : « Ma mère, on ne vous a jamais rien dit de
« plus vrai. » Et la mère répondit à son fils : « Mon
« fils, qui t'a donné ce conseil plein d'iniquité? tu
« n'as pas encore éprouvé le courage des Chrétiens,
« et surtout de la nation des Francs; si tu avais lu
« les écrits des prophètes et des antiques sages, tu
« n'ignorerais pas que leur Dieu est le Tout-Puissant
« et le Dieu de tous les dieux. Si tu combats contre
« les Chrétiens, tu auras à combattre lui-même et
« ses anges; mais c'est être hors de sens que de se
« vouloir attaquer au Tout-Puissant lui-même, car
« c'est chercher sa propre perte. C'est de ce Dieu in-
« vincible que le Prophète a dit : « Je tue et je fais
« vivre, je frappe et je guéris, il n'est personne qui
« puisse échapper à ma main. J'aiguiserai mon glaive
« comme la faux, et ma main exécutera le jugement.
« Je prendrai vengeance de mes ennemis, et je ren-
« drai la pareille à ceux qui m'ont haï. Je marquerai
« mes flèches de sang, et mon glaive dévorera les
« chairs. » Il est terrible d'entrer en guerre contre
« celui qui sait ainsi affiler son glaive et lorsqu'il l'a
« affilé l'enivrer de sang, et lorsqu'il l'a enivré ma-
« cérer les chairs. O mon fils! qui a renversé Pha-

« raon, avec son armée, dans la mer Rouge [1]? qui
« a chassé Séon, roi des Amorrhéens, Og, roi de Ba-
« sam et de tous les royaumes de Chanaan, et a donné
« leurs terres en héritage aux siens [2]? Ce même Dieu a
« montré de quel amour il chérit son peuple, et de
« quelle protection il l'environne lorsqu'il a dit : « Et
« voilà que j'enverrai mon ange pour vous prendre
« et vous garder sans cesse ; observez et écoutez ma
« voix, et je serai l'ennemi de vos ennemis, et j'affli-
« gerai ceux qui vous haïssent, et mon ange mar-
« chera devant vous. » Ce Dieu est irrité contre
« notre nation, parce que nous n'écoutons pas sa
« voix et ne faisons pas sa volonté : il a donc envoyé
« contre nous son peuple des pays les plus éloignés
« de l'Occident, et lui a donné en propre tout ce pays ;
« nul n'est en état de repousser cette nation, per-
« sonne n'est assez fort pour l'exterminer. » Alors le
fils dit à sa mère : « Je crois, ma mère, que tu as perdu
« la raison, ou que les furies d'enfer t'agitent ; qui
« t'a dit qu'on ne pouvait exterminer ce peuple ? ce
« que j'ai avec moi de grands et d'émirs surpasse en
« nombre tous les Chrétiens réunis ensemble ; dis-
« moi, ma mère, Hugues leur porte-enseigne, et Boé-
« mond de la Pouille, et Godefroi porte-glaive, sont-
« ils donc leurs dieux ? ne se nourrissent-ils pas
« comme nous d'alimens terrestres ? leur chair n'est-
« elle pas, comme la nôtre, susceptible d'être entamée
« par le fer ? » A quoi la mère répondit : « Ceux que
« tu nommes ne sont pas des dieux, mais des hommes,
« et les champions du Dieu Très-haut, qui leur donne
« le courage, exalte leurs forces, et les rend ma-

---

[1] Ps. 135, v. 15. — [2] Ibid. 134, v. 11 et 12.

« gnanimes, comme il le dit lui-même par la bouche
« du Prophète : « Un de vous en poursuivra mille,
« et deux en mettront en fuite dix mille; » ce qui
« a déjà été éprouvé lorsqu'ils ont chassé les nôtres
« de toute la Romanie. C'est pourquoi, mon fils, je t'en
« conjure, au nom de tous nos dieux, évite leur pré-
« sence et ne leur livre point combat; il est insensé,
« comme je te l'ai déjà dit, de s'élever contre le
« Tout-Puissant, et de s'attaquer violemment aux
« siens. » Et le fils répondit à sa mère : « Mère très-
« chérie, ne pleure pas, ne t'épuise pas en gémisse-
« mens multipliés, car quand même je saurais que
« je dois périr dans le combat, tu ne pourrais par
« adresse, ni inventions quelconques, me faire chan-
« ger de dessein. » Alors la mère encore plus affligée
répliqua à son fils : « Je sais que tu combattras et
« ne mourras pas encore, mais avant que l'année
« soit écoulée tu quitteras cette vie; tu jouis mainte-
« nant dans tous les pays de l'Orient d'une honorable
« renommée, tu n'as point d'égal à la cour du roi des
« Persans; mais lorsque tu auras été vaincu, autant ta
« gloire est maintenant élevée, autant sera grande ton
« ignominie; car celui qui a surpassé les autres en
« grandeur n'en est que plus méprisé lorsqu'il tombe
« dans la honte; maintenant qu'abondent autour de toi
« la fleur et les richesses de l'Orient, et que tu te vois
« environné des innombrables bataillons de tes sa-
« tellites, si tu es vaincu, comment pourras-tu ensuite
« hasarder le combat à nombre égal ou même supé-
« rieur? toi qui autrefois avais coutume de mettre en
« fuite un grand nombre d'hommes avec peu de
« guerriers, apprends maintenant à fuir à la tête des

« forces d'une armée nombreuse, et prends ta course
« avec tant de guerriers devant un petit nombre,
« comme les lièvres devant un chien ! » Alors le
fils irrité de colère, et ne pouvant supporter plus
long-temps les paroles de sa mère, l'interrompit en
lui disant : « Pourquoi, ma mère, frapper l'air de
« vaines paroles, et m'ennuyer de discours absurdes?
« aucun courage ne saurait nous résister, aucune
« armée n'est en état de l'emporter sur la nôtre ; mais
« dis-moi, ma mère, d'où sais-tu que nous devons
« être vaincus dans ce combat, et que je ne périrai
« pas ici, mais que je mourrai de mort subite avant
« l'année révolue, et que les Chrétiens deviendront
« les maîtres de notre pays? » A quoi sa mère répondit : « Depuis cent ans nos pères ont appris par
« les oracles sacrés de nos dieux, par les sorts, la di-
« vination et les entrailles des animaux, que la nation
« des Chrétiens devait venir nous attaquer et nous
« vaincrait; les aruspices, les mages, les devins et les
« oracles de nos dieux s'accordent tous en ceci, avec
« les paroles des prophètes qui ont dit : « Du lever
« du soleil et du couchant, du nord et de la mer mé-
« ridionale [1], vos frontières s'étendront et nul ne
« pourra tenir contre vous. » Nous y croyons parce
« que nous avons vu arriver toutes ces choses ; mais
« nous ne savons pas si l'événement est prochain;
« cependant quelques-uns des nôtres pensent qu'il
« n'est pas éloigné, parce que ces prédictions et les
« signes observés dans les astres annoncent la ruine
« prochaine des choses de ce monde : quant au com-
« bat que tu vas livrer et à l'époque de ta mort, ce

[1] Ps. 106, v. 3.

« que je te dis est la vérité, telle que j'en ai eu con-
« naissance; car dès le moment que tu as commencé
« à assembler des troupes pour la guerre, j'ai recher-
« ché avec une inquiète sollicitude tout ce qui pou-
« vait m'instruire de l'avenir. Tout s'est accordé à me
« prédire que tu ne pourrais en aucune manière rem-
« porter la victoire sur les Chrétiens; j'ai contemplé, avec
« les astrologues et les secours de la science, le cours
« des astres, c'est à savoir les sept planètes et les douze
« signes; et tout ce qui pouvait être consulté selon les
« lois de la physique, je l'ai examiné avec les aruspices,
« et recherché dans les entrailles et les mouvemens
« des animaux; j'ai pratiqué les sortiléges, et tout ce
« que j'ai vu s'unit pour promettre aux Francs tous
« les honneurs de la victoire, et t'annoncer la mort,
« comme je te l'ai dit. » Alors il lui dit : « Ma mère,
« n'en parlons plus, je combattrai les Francs le plus
« tôt qu'il me sera possible. » Voyant qu'elle ne pouvait rien gagner sur lui, elle s'en retourna au lieu
d'où elle était venue, et emporta avec elle tout ce
qu'elle put enlever de dépouilles.

Nous rapporterons maintenant ce qui s'était passé
à la ville dans ces entrefaites. Les Turcs pouvaient
librement entrer dans le château et en sortir; ils
défiaient jour et nuit les nôtres au combat, à coups
de traits et de flèches; et lorsque les forces manquaient à leurs combattans, ils en faisaient approcher
de nouveaux, en sorte que ces survenans augmen-
taient sans cesse le courage des autres, tandis que les
Francs succombaient sous les fatigues de chaque jour;
ils ne pouvaient prendre aucun repos, ne dépo-
saient point leurs armes, et demeuraient toujours

en attirail de combat : les places de la ville étaient obstruées de traits et de flèches, et les toits des maisons en étaient chargés; chaque jour, il y avait devant le château un nouveau combat, et les nôtres se mêlaient souvent avec les ennemis; cependant, par la protection de Dieu, peu des nôtres mouraient et il en tombait une foule des leurs. Avec le temps, la faim, le plus cruel de tous les ennemis, vint attaquer les Francs, et de jour en jour exténuer leurs forces: leurs visages s'amaigrissaient, leurs bras perdaient leur vigueur, et leurs mains tremblantes avaient à peine la force d'arracher les herbes de la terre, les feuilles des arbres et les racines qui croissent dans l'humidité des bois; ils faisaient cuire et mangeaient toutes ces choses; une jambe d'âne se vendait soixante sols, et celui qui l'achetait n'était point réputé dissipateur de son bien; un petit pain coûtait un byzantin; on mangeait la chair des ânes, des chevaux, des chameaux, des bœufs, des buffles, et on les cuisait sans leur ôter la peau; les mères suspendaient à leurs mamelles leurs enfans mourant de faim, mais les enfans n'y trouvaient rien; et on les voyait, faute de lait, haleter les yeux fermés. Un jour Corbahan attira les nôtres au combat hors de la ville, du côté du château; mais chevaliers et chevaux, épuisés de faim, ne purent long-temps soutenir l'impétueuse attaque des ennemis réunis en un seul corps; ils jugèrent plus sûr de regagner la ville; mais pressés comme ils l'étaient par les Turcs, la porte se trouva trop étroite, en sorte que plusieurs y périrent écrasés par la foule; ainsi l'on combattait et dedans et dehors, et les nôtres, mourant de faim, ne pouvaient trouver aucun repos.

Plusieurs de nos chevaliers, abattus outre mesure de tout ceci, s'échappèrent de nuit par la fuite en attachant, au haut des remparts, des cordes le long desquelles ils descendirent en s'arrachant toute la peau des mains, et gagnèrent à pied le rivage de la mer : en y arrivant, ils dirent à ceux qui étaient sur les navires de fuir, parce que tous les Chrétiens étaient morts ou vaincus : ceux-ci se mirent en mer pleins de douleur pour se soustraire à la puissance des Turcs. Étienne, comte de Chartres, estimé grand entre les autres chefs, sage en ses conseils et illustre par l'honnêteté de sa vie, s'était trouvé, avant la prise d'Antioche, retenu par une grave maladie, et s'était retiré à un château qui lui appartenait, nommé Alexandrette ; lorsqu'il eut entendu de ceux qui fuyaient le récit de la situation des nôtres, il monta sur une montagne fort élevée pour reconnaître ce qui en était, et savoir si la relation était véritable. Lorsqu'il eut vu de loin les innombrables troupes des Turcs et compris que les nôtres étaient enfermés dans la ville, saisi de crainte il s'enfuit, et retournant à son château, le dépouilla de fond en comble, et commença à chevaucher vers Constantinople. Cependant, les assiégés de la ville desiraient avec ardeur son arrivée, pensant qu'il amènerait avec lui l'empereur et en même temps les secours dont ils avaient besoin ; mais lui, conduit par un tout autre dessein, étant arrivé à Philomène, il y trouva l'empereur, et lui dit en secret : « Seigneur
« empereur, les nôtres sont effectivement maîtres d'An-
« tioche, mais les Turcs possèdent encore le château
« qui commande la ville ; leurs innombrables troupes
« assiégent les Francs au dehors, et ils ont à soutenir

« les attaques de ceux qui sont dans le château.
« Qu'ai-je à te dire de plus, si ce n'est ou qu'ils ne
« sont déjà plus ou qu'ils vont tous bientôt périr:
« ainsi, vénérable empereur, si tu crois mon conseil,
« tu ne passeras pas plus avant, mais retourneras dans
« ta ville; aucune puissance humaine ne peut plus
« les secourir, et si tu avances, tu cours le risque
« d'y demeurer avec ton armée. » Après avoir ouï
ces paroles, l'empereur devint fort triste et déclara
ouvertement à ses grands et à ses magistrats ce que
le comte de Chartres lui avait dit en secret; tous
s'affligèrent et pleurèrent le trépas des nôtres. Là était
un chevalier nommé Gui, qui s'était fait à la guerre
un nom célèbre, et grand ami de Boémond; lorsqu'il
eut ouï ces choses, il fut saisi d'une telle douleur
qu'il tomba à terre comme s'il était mort, et lorsque
reprenant ses sens il revint de l'égarement de son
esprit, il commença à pleurer immodérément, se déchirant le visage avec ses ongles, s'arrachant les cheveux, tellement qu'il forçait tout le monde à partager
son deuil, et il disait : « O Dieu tout-puissant, où est
« ta vertu? Si tu es le Tout-Puissant, comment as-tu
« consenti à cela? n'étaient-ils pas tes champions et
« tes pélerins? quel roi, quel empereur ou puissant
« seigneur a jamais permis que l'on tuât ainsi ses gens,
« lorsqu'il était le moins du monde en son pouvoir
« de les secourir? qui voudra désormais être ton che-
« valier ou ton pélerin? O Boémond! honneur des
« autres chefs, couronne des sages, gloire des che-
« valiers, recours des affligés, force de l'armée et
« insigne ornement du monde, pourquoi es-tu tombé
« en un tel malheur, que les Turcs aient fait de toi à

« leur plaisir? Hélas! hélas! pourquoi m'est-il accordé
« de vivre après toi? car quelque peu que je survive,
« quelle lumière du jour pourra m'être agréable,
« quelle beauté pourra me plaire, quelle gloire me
« charmer? Qui me rendra la vie joyeuse? O Dieu!
« si cela est vrai ce que nous rapporte ce comte sot et
« fuyard, qu'adviendra-t-il des voyages à ton sépulcre,
« puisque c'est pour y avoir été que tes serviteurs
« ont été tués comme s'ils n'avaient pas de maître?
« O Boémond! qu'est-il arrivé de cette foi que tu as
« toujours eue en ton Sauveur, notre Seigneur Jésus-
« Christ? O empereur, illustres chevaliers, qui pleu-
« rez avec moi tant et de telles morts, pouvez-vous
« bien croire qu'une telle armée ait ainsi péri? certes
« quand tous les peuples de l'Orient les eussent cer-
« nés en rase campagne, avant d'être tous tués,
« ils eussent été tous vengés; et maintenant qu'ils
« avaient une ville où ils pouvaient se défendre, on
« les aura ainsi exterminés! O empereur! aie pour
« certain que si les Turcs ont tué les nôtres, il doit
« rester peu de Turcs; ne crains donc pas d'aller en
« avant, car tu pourras reprendre Antioche. » L'empereur prêtant grande foi aux vaines paroles du comte
fugitif, ne voulut pas suivre le conseil de Gui, et se
résolut de retourner sur ses pas. Il ordonna de ra-
vager la Bulgarie, afin que, si les Turcs y arrivaient,
ils ne trouvassent rien : Gui lui-même et tous ceux
qui accompagnaient l'empereur s'en retournèrent avec
lui, car ils n'osèrent aller en avant; les nôtres demeurèrent donc destitués de tout secours humain, et pendant vingt jours entiers ils eurent à combattre l'ennemi et la faim, le glaive et la disette.

# LIVRE SEPTIÈME.

Si la suprême miséricorde ne veillait sur ceux qui sont privés de secours humain, il ne fût pas demeuré en vie un seul des Francs enfermés dans Antioche; mais comme ils ne comptaient plus sur la vie et attendaient de tous côtés la mort, il plut à Jésus-Christ, Dieu sauveur et roi des rois, d'apparaître à un de ses prêtres, tandis qu'une nuit il dormait dans l'église de sa chaste et sainte Mère : avec le Seigneur était sa mère, la vierge Marie, et le bienheureux apôtre Pierre, qu'il a chargé du soin de son troupeau; il dit au prêtre : « Me connais-tu ? — Non, répondit « celui-ci; qui es-tu, seigneur? » Alors, derrière la tête du Sauveur commença à paraître la croix, et il demanda de nouveau au prêtre : « Maintenant, ne me « connais-tu pas? » A quoi le prêtre répliqua : « Je « te connais seulement à la croix que je vois derrière « ta tête, comme j'ai coutume de la voir aux images « faites en l'honneur de notre Seigneur Jésus-Christ. » Alors le Seigneur lui dit : « Voilà, c'est moi-même. » Le prêtre, ayant ouï que c'était le Seigneur, se prosterna aussitôt à ses pieds, le conjurant avec supplication de venir au secours de ses Chrétiens travaillés de la faim et de l'ennemi : « Ne te paraît-il pas, lui « dit le Seigneur, que je les ai bien assistés jusqu'ici?

« je leur ai mis entre les mains la ville de Nicée, et
« les ai fait vaincre dans tous les combats qui ont eu
« lieu ; je me suis affligé de leurs misères devant An-
« tioche, mais cependant, à la fin, je leur ai permis
« d'entrer dans la ville ; j'ai consenti à toutes les tri-
« bulations et les obstacles qu'ils ont à subir, parce
« qu'il s'est fait, avec les femmes chrétiennes et païen-
« nes, beaucoup de choses criminelles qui me bles-
« sent grandement les yeux. » Alors la mère de miséricorde, la Vierge très-compatissante, et le bienheureux Pierre, tombèrent aux pieds du Seigneur, le
conjurant d'avoir pitié de son peuple, et le bienheureux apôtre ajouta de plus à sa prière les paroles suivantes : « Je te rends grâces, Seigneur, d'avoir remis
« mon Église entre les mains de tes serviteurs, après
« que, pendant de si longues années, tu avais permis
« qu'à cause de la méchanceté de ceux qui l'habi-
« taient, elle fût souillée de toutes les païennes im-
« mondices ; tes saints anges et les apôtres, mes com-
« pagnons, s'en réjouissent dans le ciel. » Alors le
Seigneur dit à son prêtre : « Va, et dis à mon peu-
« ple qu'il retourne vers moi, et je retournerai vers
« lui [1], et que dans cinq jours, je lui enverrai un se-
« cours suffisant ; que cependant, durant cet inter-
« valle, il faut qu'il chante chaque jour ce répons :
« Nos ennemis se sont assemblés contre nous, et se
« glorifient de leurs forces, » avec tout le verset. »
Cette vision finie, le vénérable prêtre s'éveilla, et, se
levant, étendit ses mains vers le ciel, et se mit en
oraison pour demander au Saint-Esprit le don de l'é-

---

[1] Revenez à moi, et je retournerai vers vous, dit le Seigneur des armées. Mal., ch. 3, v. 7.

loquence. Ce même jour, à la troisième heure, il alla vers les chefs de l'armée, et les trouva devant le château aux mains avec les ennemis; et les deux partis se battant à l'envi, il rassembla les nôtres, et leur dit, avec un visage riant et plein de satisfaction : « O « guerriers du roi éternel! je vous annonce, de la « part de notre Sauveur, joie et triomphe ; il vous « envoie sa bénédiction qui, si vous lui obéissez, « sera suivie de sa grâce. » Alors tous écoutant avec attention, et accourant de tous côtés autour de lui, il leur exposa gravement toute sa vision. Après l'avoir racontée, il ajouta : « Si vous ne croyez à cette « vision et la soupçonnez de fausseté, je ferai de sa « vérité telle épreuve que vous jugerez à propos ; et « si vous me trouvez menteur, infligez à mon corps « telle peine qu'il vous plaira. » Alors l'évêque du Puy ordonna de porter la croix et le saint Évangile, afin que devant tous, le prêtre jurât qu'il avait dit la vérité : ce qui fut fait; et la divine bonté voulant accumuler bienfait sur bienfait et réjouir de plus en plus ses tristes serviteurs, il se trouva là un pélerin nommé Pierre qui, devant tous, rapporta cette vision : « Oyez ma voix, dit-il, peuple du Seigneur, et vous, « nobles hommes, serviteurs de Dieu, et prêtez l'o- « reille à mes paroles. Tandis que nous assiégions « cette ville, l'apôtre saint André m'a apparu une « nuit en vision, en disant : « Honnête homme, « écoute et comprends. » Et je lui dis : « Qui es-tu, « seigneur? » Et il me répondit : « Je suis l'apôtre « André. » Il ajouta : « Mon fils, lorsque vous serez « entrés dans la ville et que vous l'aurez en votre « puissance, marche en toute diligence à l'église de

« Saint-Pierre ; et dans le lieu que je te montrerai, tu
« trouveras la lance qui a percé le côté de notre Sau-
« veur. » L'apôtre ne me dit pas autre chose, et je
« n'osai le révéler à personne, croyant que c'était
« une vaine vision. Mais il m'a apparu de nouveau
« cette nuit, et m'a dit : « Viens, et je te montrerai,
« ainsi que je te l'ai promis, le lieu où est cachée la
« lance ; hâte-toi de venir la retirer, car ceux qui la
« porteront seront suivis de la victoire. » Et le saint
« apôtre m'a montré l'endroit. Venez avec moi la
« chercher et la retirer. » Tous voulant courir à l'église de Saint-Pierre, il ajouta : « L'apôtre saint An-
« dré m'a chargé de vous dire : Ne craignez point,
« mais confessez vos fautes et faites-en pénitence, et
« dans cinq jours, vous triompherez de nouveau de
« vos ennemis. » Alors tous unanimement glorifièrent Dieu, qui avait daigné les consoler dans leur
douleur ; ils courent aussitôt à l'église de Saint-Pierre
pour voir le lieu où ils devaient trouver la lance. Là,
treize hommes fouillèrent depuis le matin jusqu'au
soir, tellement que, par la volonté de Dieu, ils la trouvèrent à la fin. Alors il y eut une grande joie parmi
le peuple, et un grand nombre de voix faisaient résonner le *Te Deum laudamus* et le *Gloria in excelsis Deo*. Alors tous à la fois jurèrent qu'aucune
tribulation ne pourrait obliger aucun d'entre eux à
fuir la mort, ni à renoncer au voyage du saint sépulcre ; et tout le peuple fut très-réjoui de ce serment
prêté par les grands, et ils s'excitaient les uns les autres à conserver un mâle courage, et se félicitaient de
l'assistance divine, que chacun attendait avec confiance. La nuit étant venue, il apparut dans le ciel

une flamme partant de l'Occident, qui alla tomber dans l'armée des Turcs. Ce signe frappa de stupeur tous les esprits, mais surtout ceux des Turcs, dans les tentes desquels la flamme était venue tomber, car ils commencèrent à en tirer présage de l'événement qui arriva ensuite, disant que ce feu descendu du ciel signifiait la colère de Dieu; que comme il venait de l'Occident, il désignait l'armée des Francs, par le moyen desquels s'exerçaient les vengeances du ciel irrité; en sorte que les principaux d'entre les Turcs commencèrent à adoucir quelque peu leur férocité, et l'ardeur qu'ils avaient d'abord montrée commença à se calmer. Mais comme il y avait dans leur armée un grand nombre d'insensés, ils défiaient les nôtres au combat, et ne reposaient ni jour ni nuit. Les chefs de notre armée jugèrent donc à propos d'élever un mur qui leur permît un peu de respirer. Un jour les Turcs se précipitèrent sur les nôtres avec tant de violence que trois de ceux-ci demeurèrent enfermés dans une tour située devant le château; deux ayant été blessés et forcés de sortir de la tour, les Turcs leur coupèrent la tête; un d'eux cependant résista avec courage jusqu'au soir, et en tua deux d'entre eux, et ensuite finit sa vie par l'épée. Tandis qu'ils vivaient encore, Boémond ayant voulu les secourir, put à peine faire sortir quelques hommes, car ils n'étaient pas pressés par l'ennemi autant qu'accablés par la faim. Irrité, il ordonna de mettre le feu aux maisons qui étaient de ce côté, et où se trouvait le palais de Cassien, afin que ceux qui ne voulaient pas sortir de bonne volonté y fussent forcés malgré eux. Il s'éleva, au moment où on mit le feu, un très-grand vent qui excita tellement la flamme qu'elle consuma jusqu'à deux mille maisons et églises. Boémond, voyant la flamme gagner avec tant de violence, se repentit vivement de ce qu'il avait fait, craignant beaucoup pour l'église de Saint-Pierre et celle de Sainte-Marie, mère de Dieu, et plusieurs autres. L'incendie dura depuis la troisième heure jusqu'au milieu de la nuit; alors le vent venant de la droite, la flamme fut repoussée sur elle-même.

La lance ayant été, comme nous l'avons dit, trouvée selon l'indication divine, les chefs et principaux de l'armée tinrent conseil et décidèrent d'envoyer un message à Corbahan, avec un interprète pour lui traduire en sa langue le message et le résultat du conseil : on chercha quelqu'un pour porter ce message, mais dans le grand nombre de ceux que l'on voulut envoyer, on ne trouva personne qui consentît à s'en charger ; à la fin, cependant il y en eut deux, Héloin et Pierre l'Ermite ; ils se dirigèrent avec un interprète vers le camp des Turcs, et arrivèrent aux tentes de Corbahan : les Turcs s'y rassemblèrent pour entendre ce que diraient les envoyés chrétiens. Corbahan était assis sur un trône, entouré de la pompe royale et revêtu d'habits magnifiques ; en arrivant devant lui, ils ne s'inclinèrent aucunement, et demeurèrent la tête droite; ce que voyant les Turcs, ils en furent très-offensés, et si ce n'eussent été des envoyés, ils les eussent punis de l'insulte qu'ils leur faisaient par cette fière contenance; mais les envoyés sans se troubler aucunement, quoique autour d'eux tout frémît de colère, parlèrent ainsi à ce superbe chef : « Corbahan, les grands « de l'armée des Francs te font dire ceci : D'où t'est venue

« cette ivresse d'audace d'arriver contre eux à main
« armée, lorsque toi et ton roi et ta nation, vous êtes
« tous coupables, à leurs yeux, d'avoir, par une cupidité
« immodérée, envahi les terres des Chrétiens, et d'avoir
« fait mourir ceux-ci avec toutes sortes d'outrages!
« Tes dieux infernaux ne pouvaient te déshonorer plus
« honteusement qu'en t'envoyant combattre contre
« les Francs; si tu avais quelque idée de la justice et
« que tu voulusses agir envers nous selon les lois
« de l'équité, nous raisonnerions avec toi, les droits
« de l'honneur réservés, et te montrerions d'une ma-
« nière incontestable ce qui doit appartenir aux Chré-
« tiens. Que si le droit et la raison ne peuvent l'em-
« porter auprès de toi sur la satisfaction de ta volonté,
« qu'entre quelques-uns des tiens et des nôtres se
« livre un combat singulier, et que sans verser plus de
« sang, tout ce pays appartienne aux vainqueurs; si
« tu ne veux accepter ni l'un ni l'autre, ou prenez
« incontinent la fuite ou préparez vos têtes à tomber
« sous le tranchant de nos épées. » Après ces paroles,
l'interprète se tut; mais Corbahan était tellement transporté par la colère qu'il pouvait à peine parler; cependant il éclata à la fin par ces paroles : « Certes, cette
« nation franque est une nation orgueilleuse, mais nos
« épées réprimeront cette superbe. Ils nous deman-
« dent un combat entre un certain nombre de chaque
« parti, et que celui qui aura la victoire obtienne
« l'empire, afin que sans verser plus de sang ils
« soient les maîtres du pays, ou le livrent entre nos
« mains; mais ils n'ont pas suivi un conseil salutaire
« lorsqu'ils ont pris les armes en faveur d'un peuple
« efféminé; allez donc, et répondez-leur que s'ils veu-

« lent renier leur Dieu et renoncer à leur qualité de
« chrétiens, nous les recevrons en grâce et leur don-
« nerons cette terre et encore une beaucoup meil-
« leure, et que nous les ferons tous chevaliers; que
« s'ils refusent la proposition, tous sous peu rece-
« vront la mort, ou seront menés captifs et enchaînés
« dans notre pays. » Alors Héloin, qui savait la langue
des Turcs, dit : « O chef, non de milice, mais de ma-
« lice! si tu savais à quel point est hors de sens celui
« qui dit à des Chrétiens, « Renie Dieu, » jamais
« une telle parole ne serait sortie de ta bouche im-
« monde. Nous savons certainement, par une révé-
« lation de ce Dieu que tu veux nous persuader de
« renier, que notre salut et votre perte, notre joie et
« votre ruine sont tout proches. Qui vous a envoyé
« hier au soir ce feu dont vous avez été si effrayés,
« et qui est venu vous troubler au milieu de vos ten-
« tes? Ce signe est arrivé sur vous comme un présage
« effrayant, et pour nous comme un présage de salut,
« car notre Dieu nous en a envoyé l'avis certain. » Corbahan ne put supporter plus long-temps les outrages
d'Héloin, et ordonna qu'on l'éloignât de sa présence;
ceux-qui étaient là lui dirent de se retirer sur-le-
champ, qu'autrement son titre d'envoyé n'empêcherait
pas qu'il ne fût aussitôt mis à mort. Il se retira avec
ses compagnons et s'en retourna à la ville. On ne
doit pas oublier que tandis qu'ils s'en allaient, Corbahan dit aux siens : « Avez-vous entendu ces dégue-
« nillés, ces gens de mauvaise mine, ces petits hom-
« mes sans figure, avec quelle assurance ils ont parlé,
« sans craindre ni notre colère, ni la menace de nos
« dards? Ils sont tous de même, car ils sont désespé-

« rés et veulent mourir, et ils aiment mieux mourir
« que de demeurer captifs; c'est pourquoi, ô très-
« courageux chevaliers, lorsqu'ils viendront au com-
« bat, entourez-les de tous côtés, sans laisser à aucun
« de place pour s'échapper, ni le temps de prolonger
« sa vie; car si vous les laissez vivre quelque temps,
« avant d'être tous tués, ils auront fait un grand car-
« nage des nôtres. » En cela Corbahan fit voir qu'il
était dépourvu de sens, puisque, parlant ainsi, il
frappait de terreur l'esprit des siens; mais il n'est pas
étonnant que, privé de sagesse, il parlât follement,
car l'esprit de sagesse n'entre pas dans une ame per-
verse. Pierre l'Ermite et Héloin retournèrent vers les
chefs de l'armée et leur rapportèrent ce qu'avait répondu Corbahan : alors de l'avis et du consentement
de tous, l'évêque du Puy ordonna un jeûne de trois
jours; chacun se confessa en toute sincérité de cœur,
et ceux qui avaient quelque chose à manger le distribuèrent à ceux qui n'avaient rien. Ils passèrent trois
jours à se rendre en procession dans toutes les églises,
en implorant avec humilité et pureté de cœur la miséricorde du Seigneur. Lorsque le troisième jour vint
à luire, des messes furent célébrées dans toutes les
églises et tous reçurent en communion le corps de
Notre-Seigneur; on forma ensuite d'un commun accord, au dedans de la ville, six troupes séparées, et l'on
décida lesquelles marcheraient devant, et lesquelles
iraient après; la première fut commandée par Hugues
le Grand et le comte de Flandre; la seconde fut celle
du duc Godefroi; dans la troisième fut le comte de
Normandie avec les siens; la quatrième fut celle de
l'évêque du Puy, qui portait avec lui la lance de notre

Sauveur, et avec lui marchait la plus grande partie de l'armée du comte de Saint-Gilles, qui restait à la garde de la ville; la cinquième troupe fut celle de Tancrède, et Boémond conduisit la sixième, composée des hommes les plus propres à combattre à pied, et des chevaliers que la nécessité avait forcés à vendre leurs chevaux. Les évêques, les prêtres, les clercs, les moines, vêtus des ornemens sacrés, sortirent des portes de la ville avec les hommes de guerre, portant en leurs mains des croix dont ils signaient le peuple de Dieu; et les mains élevées vers le ciel ils s'écriaient à haute voix : « Sauvez, « Seigneur, votre peuple, et bénissez votre héritage; « conduisez-les et élevez-les jusque dans l'éternité [1]. « Soyez-leur, ô Seigneur, une tour de défense en « face de leurs ennemis! » Ils chantaient ainsi ces psaumes et plusieurs autres, choisissant particulièrement ceux qui s'accordaient avec leurs tribulations. Les guerriers demeurés dans les tours et sur le mur en faisaient de même, et chantaient comme les autres. Les champions du Christ sortirent donc par la porte qui fait face à la mahomerie pour marcher contre les satellites de l'antechrist. Cependant Corbahan se tenait debout sur un monticule à les regarder sortir, et disait pendant qu'ils sortaient : « Demeurez tranquilles, « mes chevaliers, et laissez-les sortir tous, afin que « nous puissions mieux les entourer. » Il avait auprès de lui un certain Aquitain, de ceux que nous appelons Provençaux, qui avait renoncé à notre foi, et, poussé par la voracité de sa bouche, était passé dans le camp des ennemis : celui-ci disait des nôtres un grand nombre d'indignités, qu'ils mouraient de faim

[1] Ps. 27, v. 12.

et que tous avaient fait dessein de s'enfuir; qu'ils avaient mangé leurs chevaux; que, vaincus et desséchés par la famine, il ne leur restait plus qu'à fuir ou à se soumettre à la domination de Corbahan. Tandis que l'armée sortait de la ville en diverses troupes, chacune dans son rang, Corbahan demandait ce qu'était chacune d'elles, et l'Aquitain le lui disait par ordre. Cependant le soleil dardant ses rayons sur les cuirasses dorées et sur les lances en envoyait la réverbération dans les yeux des regardans, et portait la terreur dans le cœur de l'ennemi; car ainsi que le témoignent les divines Écritures, « rien n'est terrible comme une ar« mée rangée en bataille [1]. » Lors donc qu'il vit tous les Francs ensemble, Corbahan frémit au dedans de lui-même, et dit à ceux qui l'entouraient : « Ces gens sont « nombreux et noblement armés ; il ne me paraît pas « qu'ils veuillent fuir, mais plutôt tenir ; ils n'ont pas l'air « de vouloir plier devant nous, mais bien courir après « nous. » Et se tournant vers son apostat, il lui dit : « Coquin, le plus scélérat de tous les hommes, quels « contes frivoles nous as-tu faits sur ces gens-là? qu'ils « avaient mangé leurs chevaux, et qu'accablés de la « faim, ils se préparaient à la fuite? Par Mahomet, ta « tête me paiera ce mensonge, et tu vas subir ton sup« plice! » Ayant alors appelé son porte-glaive, celui-ci obéit à l'ordre du tyran, et tirant l'épée du fourreau coupa la tête de l'Aquitain ; mort bien digne de son bavardage et de son apostasie! Alors Corbahan fit dire à celui de ses émirs qui gardait son trésor, que s'il voyait un feu allumé en tête de son armée, il prît promptement la fuite, emportant avec lui tout ce

---

[1] Cant. des cant., ch. 6, v. 9.

qui appartenait à son maître, et qu'il obligeât les autres à fuir de même, car il connaîtrait par ce signal que son seigneur était aux mains avec les Francs et que la fortune lui était contraire.

Sitôt que nos guerriers furent arrivés à une certaine plaine, ils s'arrêtèrent, sur l'ordre de l'évêque du Puy, et écoutèrent son sermon dans un profond silence. L'évêque était couvert d'une cuirasse; de la main droite, il tenait élevée la lance du Sauveur, et sa bouche leur fit entendre les paroles suivantes : « Tous, tant que nous sommes, baptisés au nom du « Christ, nous sommes fils de Dieu et frères les uns « des autres; que ceux donc qu'unit un lien spirituel « se joignent dans une même affection. En de telles « extrémités, il nous faut combattre d'un commun « accord ainsi que des frères pour le salut de nos « ames et de nos corps; vous devez vous rappeler « toutes les tribulations qu'ont attirées sur vous vos « péchés, comme a daigné vous le faire connaître en « une vision le Seigneur notre Dieu. Mais maintenant « que vous êtes purifiés et entièrement réconciliés « avec Dieu, que pourriez-vous craindre? il ne vous « saurait arriver aucun malheur; celui qui mourra « ici sera plus heureux que s'il était demeuré en vie, « car, à la place d'une vie temporelle, il obtiendra « les joies éternelles; celui qui survivra remportera la victoire sur ses ennemis, s'enrichira de « leurs trésors, et n'aura plus à souffrir de la disette. « Vous savez ce que vous avez enduré et ce qui est « maintenant devant vous; le Seigneur a fait arriver « sous vos yeux, que dis-je, sous votre main, les ri-« chesses de l'Orient; prenez courage, et montrez-

« vous hommes de cœur, car déjà le Seigneur envoie
« les légions de ses saints, qui vont vous venger de
« vos ennemis; vous les verrez aujourd'hui de vos
« yeux; et lorsqu'ils viendront, ne craignez pas leur
« bruit terrible; ce ne doit pas vous être une vision
« inaccoutumée, car ils sont venus une autre fois à
« votre secours; mais les yeux des hommes s'effraient
« à la venue de ces citoyens d'en haut. Vous voyez
« comme vos adversaires, le cou tendu à la manière
« de cerfs et de biches craintives, attendent votre ar-
« rivée, plus prêts à la fuite qu'au combat, car vous
« connaissez bien leur manière de combattre, et savez
« qu'après avoir tiré leurs flèches, ils se fient plus
« à la fuite qu'au combat. Marchez donc contre eux
« pour les attaquer au nom de notre Seigneur Jésus-
« Christ, et Dieu, notre tout-puissant Seigneur, soit
« avec vous. » Tous répondirent *Amen*, puis déployèrent leurs légions. Devant eux marchait, la bannière haute, Hugues le Grand, ainsi surnommé à
juste titre par une distinction que lui avaient méritée
ses exploits et ses mœurs; les autres suivirent dans
l'ordre qu'on a dit; ils présentaient une grande étendue, touchant d'un côté à la montagne, et de l'autre
au fleuve, qui sont séparés par un intervalle de deux
milles. Alors Corbahan commença à se retirer et à se
rapprocher des montagnes; les nôtres le suivaient peu
à peu, tous marchant à petits pas; les Turcs se séparèrent alors en deux troupes; l'une s'avança vers la
mer; l'autre, plus considérable, demeura dans le
camp; ils avaient ainsi le projet d'enfermer les nôtres
entre deux et de les accabler de flèches par derrière;
mais on commanda une septième troupe pour aller

HISTOIRE DE LA PREMIÈRE CROISADE; LIV. VII. 419

combattre celle qui s'était séparée du gros de l'armée ; on composa cette troupe de chevaliers du duc Godefroi et du comte de Normandie, et on en donna le commandement à un nommé Renaud : ils allèrent donc combattre des ennemis séparés, ils en vinrent aux mains, et il y en eut beaucoup de tués des deux côtés. Les six autres troupes ayant approché des Turcs à la portée de l'arc, ceux-ci refusèrent d'aller en avant, et leur décochèrent leurs flèches, mais en vain, parce que le vent qui soufflait obliquement les détourna du but; ce que voyant les Turcs, ils retournèrent bride, et s'enfuirent; en sorte que la première troupe demanda vainement le combat et ne l'obtint point, chercha qui frapper et de qui recevoir les coups, et ne le trouva point.

Cependant Boémond avait envoyé à Hugues le Grand un messager pour lui demander secours, parce qu'il était rudement pressé par les Turcs. Alors Hugues, se retournant vers les siens, leur dit : « O hom-« mes de guerre! le combat nous fuit, cherchons le « combat; allons trouver Boémond, cet illustre chef; « là est la bataille que vous demandez, là tient ferme « un ennemi opiniâtre, ainsi que vous le desirez. » Ces paroles dites, il vole promptement avec les gens de sa suite, et ils rejoignent ensemble l'illustre comte. Lorsque le duc Godefroi, chef de l'armée, vit son grand ami Hugues partir ainsi d'une course rapide, à la tête de tous les siens, il le suivit, manquant aussi d'ennemis à combattre. Et c'était grande raison que Godefroi et Hugues se rendissent au lieu où ils allaient, car là était la plus grande force et le plus grand effort de l'armée des Persans. Chacun de ces

27.

deux était pour l'autre comme un second lui-même, car leur amitié était pareille. Lorsque Hugues le Grand arriva le premier à l'endroit où l'on se battait, il vit un des ennemis, plus audacieux que les autres, qui les exhortait à grands cris au combat; celui-ci dirigea contre Hugues son cheval écumant, mais Hugues lui perça le gosier d'un coup de lance, et ainsi lui coupa la respiration. Le malheureux sans plus se mouvoir tomba à terre, et livra son ame aux dieux infernaux. Il nous arriva ensuite une chose très-fâcheuse; Eudes de Beaugenci, qui portait la bannière, fut atteint d'une flèche empoisonnée; et la douleur de sa blessure s'augmentant, il tomba à terre avec le drapeau. Mais Guillaume de Bélesme s'ouvrant, l'épée à la main, un chemin à travers les ennemis, releva la bannière. Ce que firent ici le général duc Godefroi, Boémond et toute cette noble jeunesse, aucune langue ne saurait le dire, aucune main ne pourrait l'écrire, aucune page ne suffirait à le contenir. Nul des nôtres ne se montra indolent ou timide, car il n'y avait pas moyen, et l'ennemi, fort supérieur en nombre, pressait chacun de se défendre. Plus on en tuait, plus on les voyait se multiplier; ils se rassemblaient sur ce point comme on voit les mouches sur une matière en putréfaction. Pendant que l'on combattait ainsi et que le combat se prolongeait de manière à faire craindre qu'on ne vînt à s'en lasser, sans que le nombre des ennemis parût décroître en rien, on vit descendre des montagnes une armée innombrable de guerriers entièrement blancs, dont on dit que les chefs et porte-enseignes étaient George, Maurice et Démétrius; l'évêque du Puy les vit le premier, et s'écria à haute voix : « O

« guerriers, voici venir le secours que Dieu vous a
« promis. » Et certes, sans l'espoir qu'ils avaient dans
le Seigneur, les nôtres eussent été saisis d'une très-
grande crainte. Alors se répandit parmi les ennemis
un violent tremblement; ils tournèrent le dos, couvrant leurs épaules de leurs boucliers; et qui put
trouver la place de fuir prit la fuite. Ceux qui combattaient du côté de la mer, voyant la déroute des
leurs, mirent le feu à un champ couvert d'herbes des-
séchées par l'ardeur de l'été, en sorte qu'elles s'en-
flammèrent promptement; ce qu'ils firent afin qu'à ce
signal ceux qui étaient dans les tentes se hâtassent
de fuir, et emportassent avec eux les plus riches dépouilles. Ceux qui étaient alors dans la montagne,
reconnaissant le signal, se mirent à fuir en toute diligence avec tout ce qu'ils purent emporter de dépouilles, mais cela ne leur servit de rien, car ils ne
purent les emporter loin. Les Arméniens et les Syriens, voyant qu'ils étaient vaincus et poursuivis par
les nôtres, venaient à leur rencontre et les tuaient.
Cependant Hugues le Grand, le duc Godefroi et le
comte de Flandre chevauchaient avec leurs troupes le
long de la mer, au lieu où était le plus fort et le plus
épais de l'armée des ennemis; ils commencèrent à les
presser si vivement que ceux-ci ne purent regagner
leurs tentes, comme ils s'efforçaient de le faire; et, pour
les poursuivre plus promptement, les nôtres prenaient
les chevaux de ceux qui mouraient, laissant sur le
champ de bataille, la bride sur le cou, leurs propres
chevaux, décharnés et épuisés de faim. O admirable
vertu! immense pouvoir du Dieu tout-puissant! tes
chevaliers, affligés d'un long jeûne, poursuivent des

ennemis boursoufflés de graisse et de nourriture, et les pressent tellement qu'ils n'osent aller pourvoir aux richesses qu'ils laissent derrière eux; ton esprit remplissait l'ame de tes guerriers et donnait des forces à leur corps, de l'audace à leur cœur; ils ne sont retardés, ni par la cupidité du butin, ni par l'avidité de s'emparer de rien de ce qu'ils voient, car leur ame est surtout altérée de la victoire; de même que dans une boucherie on a coutume de dépecer les corps des animaux, de même, à bon droit, les nôtres détranchaient les corps des Turcs. Le sang jaillissait des corps des blessés; la poussière s'élevait sous les pieds des chevaux qui parcouraient le champ de bataille, l'air en était rempli comme d'un nuage, et on l'eût dit obscurci par le crépuscule. Il arriva que les fuyards, ayant atteint une certaine colline, espérèrent y tenir contre nous. Gérard de Mauléon le vieux, depuis long-temps malade dans la ville assiégée, arriva, porté par un cheval rapide, et tomba sur eux à l'improviste; mais, percé d'un de leurs traits, il mourut ainsi d'une digne mort. En le voyant tomber, ceux qui le suivaient de plus près, comme Éverard de Puiset, Pains de Beauvais, Dreux, Thomas et Clairembault, et plusieurs autres jeunes gens de la troupe de Hugues le Grand, se jetèrent sans hésiter sur les ennemis, et trouvèrent une forte résistance; cependant, Dieu aidant, et leur troupe s'augmentant, ils parvinrent vaillamment à dissiper les ennemis. Là, il y eut grande effusion de sang, et tombèrent en grand nombre les têtes de tels qui, s'ils eussent continué à fuir comme ils l'avaient commencé, pouvaient bien échapper. On les poursuivit jusqu'au pont de fer et au château de Tancrède, mais on ne put aller plus loin, parce que l'obscurité de la nuit mit fin à la poursuite; il périt ce jour-là cent mille de leurs cavaliers, mais l'ennui de compter a empêché que l'on ne connût le nombre de morts qu'il y eut parmi les gens de pied. Les chevaliers fatigués, se voyant loin de la ville, se rendirent aux tentes de leurs ennemis, et y trouvèrent en abondance à manger autant qu'ils en eurent besoin. Les ennemis, avant que Dieu envoyât l'effroi dans leur cœur, avaient préparé des viandes et mets de toutes sortes, dans des poêles, des marmites, des chaudières et des pots; mais les malheureux qui avaient apprêté tout cela ne purent ni le cuire, ni le manger. On eût vu ce vénérable prêtre, l'évêque du Puy, couvert de la cuirasse, la sainte lance à la main, qui, dans l'excès de sa joie, laissait couler sur son visage d'abondantes larmes; il exhortait les siens à rendre grâces à Dieu, par qui ils avaient vaincu; il leur disait : « Depuis « qu'il y a des guerriers, on n'en a pas vu de pareils « à vous, car il n'en est point qui, en si peu de « temps, aient combattu en tant de batailles que vous « en avez livré depuis que vous avez traversé la mer « de Constantinople. Il est donc bien étranger à la « foi chrétienne, celui qui voit ce que vous avez vu « aujourd'hui, et ne demeure pas constant en l'amour « de Dieu. » C'était par ces discours, et d'autres semblables, que le vénérable pontife instruisait les hommes confiés à ses soins, et modérait leurs rires et leurs jeux; l'effet de sa présence se réfléchissait sur tous, et nul devant lui n'eût osé proférer une vaine parole.

La nuit se passa ainsi, et le lendemain on trouva quinze mille chameaux et des chevaux, des mules, des ânes, des brebis, des bœufs et du bétail de toute sorte, en telle abondance qu'il serait impossible de le compter : on trouva des vases d'or et d'argent en quantité, un grand nombre de manteaux, de nombreuses dépouilles de grand prix et de diverses sortes ; alors les nôtres revinrent triomphans à la ville, où ceux qui y étaient demeurés, clercs, prêtres et moines, vinrent solennellement les recevoir en procession ; l'émir qui était dans le château, voyant son prince et ceux qui se trouvaient avec lui sur le champ de bataille mis en déroute, et voyant aussi d'innombrables milliers de chevaliers blancs parcourir la plaine avec une bannière blanche, fut saisi d'une telle terreur, qu'il demanda qu'on lui donnât pour sauvegarde une de nos bannières. Le comte de Saint-Gilles, qui était demeuré à la garde de la ville, lui donna la sienne, que l'émir accepta avec reconnaissance et attacha au mur de son château ; mais ayant appris de quelques Lombards que ce n'était pas la bannière de Boémond, auquel avait été cédée toute la ville, il la rendit au comte et demanda celle de Boémond ; Boémond la lui envoya ; en la recevant, il manda à Boémond de le venir trouver ; celui-ci suivit de près les envoyés, et écouta ce que l'émir avait à lui dire. Le Gentil demanda pour condition que ceux qui étaient avec lui et voudraient s'en aller n'eussent à souffrir aucun mal et fussent conduits jusque dans le pays des Sarrasins ; que ceux qui voudraient se faire chrétiens en eussent la liberté. Boémond, rempli d'une joie infinie, dit : « Ami, nous t'accordons vo-

« lontiers ce que tu nous demandes, mais attends
« un peu que j'aille rapporter ceci à nos princes, et
« je reviendrai promptement vers toi. » Il courut en
grande hâte, et ayant rassemblé les chefs, il leur rapporta les paroles du Gentil : tous les agréèrent, et rendirent grâces à Dieu tout-puissant. Boémond s'en retourna vers le Gentil, naguère maître du château, et confirma la promesse des conditions par lui requises ; mais l'émir se soumit à l'évêque du Puy et à la sainte loi du christianisme avec trois cents de ses chevaliers, tous jeunes et beaux. Il y eut, parmi les Chrétiens, plus de joie de leur conversion que de la reddition du château ; Boémond reçut le château, et conduisit dans les terres des Sarrasins ceux qui ne voulurent pas se faire chrétiens. Après trois jours de jeûne, les Gentils furent baptisés avec une grande joie, et par là s'accrurent la gloire de Dieu et la renommée des Chrétiens. Ils avaient coutume de raconter ensuite que, comme ils étaient à regarder le combat du haut du fort, ils avaient vu tout-à-coup d'innombrables milliers de chevaliers blancs, que cette vue les avait frappés d'une violente frayeur, et cela n'est pas étonnant, car au même moment le château fut ébranlé de fond en comble. Lors donc qu'ils virent cette troupe blanche réunie aux Chrétiens, et les leurs avoir le dessous et prendre la fuite, ils comprirent aussitôt que c'étaient des esprits célestes, et qu'on ne pouvait l'emporter sur le Dieu des Chrétiens ; alors leurs cœurs furent touchés et ils promirent de se faire chrétiens. Ce combat fut livré le vingt-huitième jour de juin, la veille de la fête des apôtres Pierre et Paul : ainsi Dieu, nous regardant d'un œil de miséricorde, termina cet

orage de tribulations qui pendant dix mois s'était accumulé sur nous à Antioche; et cette ville royale, depuis si long-temps soumise au joug d'une diabolique captivité, recouvra la liberté première qui lui avait été enlevée; les ennemis qui l'avaient réduite en servitude devinrent eux-mêmes captifs et se dispersèrent dans les retraites des forêts, dans les cavernes des rochers et les creux des montagnes; les Arméniens et les Syriens, habitans du pays, allèrent les cherchant pendant plusieurs jours; et ils les trouvaient, les uns demi-morts, les autres blessés, ceux-ci pansant quelque partie de leur tête, ceux-là tenant les mains sur leur ventre, pour empêcher les entrailles d'en sortir; et ils les tuaient, après les avoir dépouillés. Ainsi furent détruits les ennemis de Dieu, et les Chrétiens, ses serviteurs élus, se réunirent avec joie et triomphe dans cette glorieuse ville; ils se rassemblèrent un jour et délibérèrent d'envoyer des messagers à l'empereur de Constantinople, pour lui annoncer qu'il pouvait venir se mettre en possession de sa ville. O douleur! tous jugèrent qu'envoyant vers un souverain, ils devaient choisir un envoyé de maison royale, et ils élurent Hugues le Grand, homme de race et de mœurs vraiment royales, ce qu'ils n'eussent pas fait s'ils eussent su qu'il ne devait pas revenir. Après avoir accompli son ambassade vers l'empereur, il fut surpris par la mort, et ne put à la fin de sa vie retourner où il avait dessein de se rendre.

Ce renard d'empereur de Constantinople n'osa pas venir se mettre en possession de cette grande ville, car il reconnaissait qu'il avait violé la foi jurée avec serment, et dont les Francs et lui s'étaient donné des gages; qu'il n'avait gardé aucune des conventions faites avec eux, et qu'ainsi elles étaient anéanties. Cependant ceux qui étaient dans la ville commencèrent à s'occuper de reprendre leur route vers le saint sépulcre, et délibérèrent sur le moment de leur départ, et sur l'époque où ils devaient terminer leur voyage. Il fut convenu d'un commun accord qu'on attendrait pour partir les calendes d'octobre; la chaleur de l'été était brûlante et le pays des Sarrasins, où ils allaient entrer, aride et sans eau. Ils attendirent donc le moment où devait venir l'humidité et où recommenceraient à jaillir les sources cachées dans la terre; il fallait aussi décider ce que ferait dans l'intervalle tout ce peuple, où et de quelle manière on le nourrirait : lorsqu'on se fut décidé, on fit chercher le crieur public, afin qu'il publiât ce qui avait été décidé. Le crieur ayant été trouvé, monta sur un lieu élevé et publia que tous ceux qui étaient dans le besoin demeureraient dans la ville, et serviraient à des conditions ceux qui étaient plus riches: les princes se séparèrent et se rendirent dans leurs villes et châteaux.

Il y avait dans l'armée du comte de Saint-Gilles, un certain chevalier nommé Raimond, surnommé Pelet, vaillant de cœur et beau de corps; il avait les Turcs en très-grande haine, et ne put supporter long-temps qu'on les laissât en repos. Il rallia une nombreuse multitude de chevaliers et de gens de pied, et les conduisit dans les terres des Sarrasins; ils traversèrent le territoire de deux villes et arrivèrent à un certain château, nommé Talaminie, qui appartenait aux gens de Syrie; les Syriens reçurent les nôtres et se soumirent de très-bon cœur à leur domination. Ils y passèrent huit jours, puis marchèrent à un autre château, dans lequel était renfermée une grande multitude de Sarrasins : y étant arrivés, ils l'attaquèrent à main armée, et, combattant tout le jour sans relâche, l'emportèrent sur le soir. Lorsqu'ils l'eurent pris, ils tuèrent tous ceux qui étaient dedans, excepté ceux qui reçurent le baptême ; après ce massacre, ils retournèrent à Talaminie, et après y avoir passé deux jours, en sortirent le troisième, et marchèrent à la ville nommée Marrah. Là s'était rassemblée, attendant leur arrivée, une troupe assez nombreuse de Turcs et de Sarrasins, venus d'Alep et des autres villes et châteaux d'alentour; comme ils approchaient, les barbares sortirent à leur rencontre, mais ne furent pas en état de soutenir long-temps le combat contre les nôtres ; ils prirent la fuite et se réfugièrent dans la ville : les nôtres cependant ne purent demeurer long-temps en ce lieu, l'excessive chaleur de l'été les tourmentait violemment, et ils ne trouvaient point de quoi boire : vers le soir donc, ils retournèrent au château de Talaminie. Avec les nôtres étaient allés à Marrah plusieurs Chrétiens, habitans du pays, mais qui, n'ayant pas voulu suivre la même route qu'eux pour s'en retourner, tombèrent dans une embuscade des Turcs, qui les prirent et les tuèrent ; ils moururent par leur folie, car s'ils étaient retournés avec les nôtres, aucun d'eux n'aurait péri : mais comme dit le commun proverbe, « les fous ne crai- « gnent rien, jusqu'à ce que le malheur tombe sur eux. » Raimond ne retourna pas à la ville de Marrah, parce qu'il n'avait pas une armée suffisante pour l'assiéger, mais il demeura dans son château jusqu'au temps marqué des calendes d'octobre, et, pendant tout cet intervalle, tint en grande gêne le pays des Sarrasins. Ceux qui étaient demeurés à Antioche passèrent le temps en grande tranquillité et joie, jusqu'au moment où ils perdirent leur seigneur, l'évêque du Puy. Il tomba malade au mois de juillet, l'armée étant en parfaite paix, mais sa maladie ne dura pas long-temps, car Dieu ne permit point qu'il fût tourmenté d'une longue souffrance; aux calendes d'août, son ame sainte, délivrée des liens de la chair, passa dans le paradis, le jour de la glorieuse fête de saint Pierre, dit aux liens; et afin qu'en ceci se vît clairement le décret de la divine justice, le jour où les liens du prince des apôtres furent portés de Jérusalem à Rome, fut celui où l'ame du pontife se délivra des liens de son corps. Nulle tribulation n'avait causé dans l'armée du Seigneur une tristesse égale à celle qu'y causa cette mort; tous le pleurèrent à bon droit, car il était le conseil des riches, le consolateur des affligés, le soutien des faibles, le trésor des indigens, le conciliateur des différends; il avait coutume de dire aux chevaliers : « Si vous voulez triompher et être amis de Dieu, con- « servez la pureté de votre corps et ayez pitié des « pauvres; nulle chose ne vous préservera de la mort « autant que l'aumône, elle garantit mieux qu'un bou- « clier, elle est aux ennemis plus aiguë qu'une lance : « que qui ne sait pas prier fasse l'aumône, et il « priera pour lui-même. » Ses œuvres et ses discours en ce genre l'avaient rendu cher à Dieu et à tout le peuple; mais pour énumérer toutes les vertus dont il était doué, il se faudrait trop éloigner de la suite de cette histoire.

Lorsqu'il eut été honorablement enterré dans l'église de Saint-Pierre, le comte de Saint-Gilles passa dans le pays des Sarrasins, et arriva à une ville qu'on appelle Albar; ce vaillant chevalier l'entoura de ses troupes et l'attaqua; il se livra long-temps, entre son armée et ceux de la ville, un combat à coups de traits et de flèches; mais voyant que cela n'avançait de rien, il fit dresser des échelles contre les murs, des chevaliers y montèrent couverts de leurs cuirasses et forcèrent les ennemis à prendre la fuite. Les chevaliers qui étaient montés sur le rempart se trouvèrent plus élevés que leurs adversaires, qui leur furent par là inférieurs en force; ils descendirent du mur sur les toits des maisons, et des maisons sautèrent dans les rues. De tous côtés s'enfuirent les vieillards, les enfans, les jeunes gens, mais la fuite ne leur servit de rien; le comte ordonna de décapiter tous ceux qu'on prendrait et qui refuseraient de croire en Jésus-Christ. On vit tomber plusieurs têtes; plusieurs jeunes garçons et jeunes filles perdirent une vie qu'ils auraient pu conserver encore long-temps. Ceci se fit par un jugement de Dieu, car cette ville avait appartenu aux Chrétiens, et les Turcs la leur avaient enlevée, en leur infligeant à plaisir une semblable mort. On ne sauva de toute cette multitude que ceux qui, embrassant volontairement la foi du Christ, reçurent le baptême : ainsi la ville fut purifiée et rendue à notre culte. Le comte tint conseil avec ses grands, pour nommer un évêque qui l'aidât et le conseillât dans le gouvernement de la ville, et affermit la foi de Jésus-Christ dans le cœur des nouveaux baptisés. On élut un homme sage et renommé, puissant en la science des lettres et en toutes les autres, et il fut envoyé à Antioche pour être sacré.

# LIVRE HUITIÈME.

Comme l'été commençait à passer, que l'ardeur du soleil devenait moins vive, et que le nombre des heures de la nuit l'emportait sur celui des heures du jour, les chevaliers du Christ revinrent des lieux où ils avaient passé le temps des chaleurs; ils se réunirent à Antioche aux calendes de novembre, jour où l'on célébrait la fête de tous les saints, et bénirent le roi des cieux de ce qu'à ce retour leur troupe était plus nombreuse qu'elle ne l'était au moment où ils s'étaient séparés, car de toutes les parties du monde, plusieurs renommés chevaliers et gens de pied avaient suivi leurs traces, et l'armée chrétienne s'augmentait tous les jours. Lorsqu'ils se furent ainsi réunis et eurent déterminé la route qu'ils prendraient pour aller au saint sépulcre, Boémond requit l'accomplissement de ce qu'on lui avait promis au sujet de la ville d'Antioche; le comte de Saint-Gilles disait qu'on ne pouvait la lui concéder, à cause du serment qu'ils avaient fait, au nom de Boémond, à l'empereur de Constantinople; on se rassembla donc plusieurs jours dans l'église de Saint-Pierre, et il y eut de part et d'autre un grand combat de paroles. Comme on ne parvenait point dans l'assemblée générale à prendre aucune décision qui pût ramener la paix, les évêques et les abbés, et les plus sages ducs et comtes du conseil entrèrent dans le lieu où est la chaire de Saint-Pierre et discutèrent entre eux de quelle manière ils pourraient tenir leur promesse à Boémond et leurs sermens à l'empereur. En sortant du lieu du conseil, ils ne voulurent pas déclarer à tous ce qu'ils avaient décidé; mais on le révéla en particulier au comte de Saint-Gilles, qui approuva le parti qu'on avait pris, pourvu cependant que Boémond continuât avec eux le voyage commencé. Boémond, en étant requis, y consentit; le comte de Saint-Gilles et lui jurèrent, sur leur foi, entre les mains des évêques, qu'ils ne se sépareraient point de ceux qui allaient au Saint-Sépulcre, et ne troubleraient l'armée d'aucun des différends qu'ils pourraient avoir entre eux: alors Boémond fortifia le château qui commande la ville, et le comte, de sa part, fortifia le palais Cassien et la tour qui est sur la porte de la ville, du côté du port Saint-Siméon.

Comme Antioche nous a arrêté par un long récit et que les nôtres se sont fatigués huit mois durant à l'assiéger, sans que ni force, ni habileté, ni aucun art humain pût parvenir à s'en emparer, nous voulons dire quelque chose de la situation et de la grandeur de cette ville, afin d'en donner une certaine connaissance à ceux qui ne l'ont jamais vue. Antioche, ainsi que nous l'atteste son histoire, a été fondée par soixante-quinze rois, qui tous se reconnurent soumis à sa domination; elle est entourée d'un double mur; le premier est construit de grandes pierres carrées, polies avec un travail précieux: on compte, rangées sur ce mur, quatre cent soixante tours. La construction de la ville plaît aux yeux par sa beauté, et son étendue est très-spacieuse; dans l'enceinte des murs sont quatre grandes montagnes d'une haute élévation; sur la plus haute est construite la citadelle, tellement forte par sa position naturelle qu'elle ne craint d'être emportée ni par assaut, ni par l'art des machines. Antioche comprend dans son territoire trois cent soixante églises, et son patriarche a sous sa juridiction cent cinquante-trois évêques. Du côté de l'orient elle est défendue par de hautes montagnes, elle est baignée à l'occident par un fleuve nommé le Farfar; cette ville a été fondée par le roi Antiochus, et, comme nous l'avons dit, par les soixante-quinze rois qui lui obéissaient, et il lui a donné son nom. Nos chevaliers pèlerins assiégèrent pendant huit mois et un jour cette ville si fameuse, et y furent tenus renfermés pendant trois semaines par les Perses, lesquels ayant été vaincus par le secours divin, ils s'y reposèrent ensuite quatre mois et huit jours : ce temps écoulé, Raimond, comte de Saint-Gilles, sortit le premier d'Antioche avec ses gens, et arriva à une ville nommée Ruga ; le jour suivant il arriva à une autre ville nommée Albar; son armée soumit en peu de temps ces deux villes à son empire et les assujétit à la foi du Christ : il en sortit le quatrième jour de novembre, et vint à la ville nommée Marrah, qu'avait attaquée avant lui Raimond Pelet, mais dont il s'était retiré, ayant été vigoureusement repoussé. Cette ville était peuplée et fort encombrée de tous les gens qui s'y étaient retirés du pays d'alentour ; ces ennemis voyant de loin les nôtres qui leur parurent en petit nombre comparativement au leur, ils les méprisèrent et voulurent les combattre hors de la ville ; mais ils comprirent bientôt qu'une grosse multitude ne vaut pas une petite troupe courageuse, surtout lorsque celle-ci se compose d'hommes qui mettent leur espoir et leur confiance dans le nom du Seigneur. Les nôtres, les voyant préparés à résister, placèrent leurs boucliers sur leurs poitrines, portèrent en avant la pointe de leurs lances, et se précipitèrent sur eux tellement que, tombant sur le milieu de leur troupe, ils la rompirent. Le Seigneur, par la puissance du bouclier, du glaive et de l'attaque, rendit inutile en ce lieu la puissance de l'arc; car lorsqu'on en vient à combattre au glaive, l'arc ni les flèches ne servent plus de rien; ceux qui se trouvaient les plus proches des portes de la cité se regardaient comme les plus heureux; ceux qui en étaient loin auraient désiré de tout leur cœur, ou être plus près, ou que la porte s'approchât d'eux. Cet asile servit à un grand nombre, parce que le combat avait eu lieu près des portes de la ville; cependant de ceux qui étaient sortis en bonne santé, tous ne rentrèrent pas de même, et le retour fut dur à ceux qui avaient eu à essuyer les premiers le choc des nôtres; ils tuèrent à coups de flèches plusieurs de nos chevaux, mais laissèrent à terre beaucoup de leurs cavaliers. Lorsqu'ils furent rentrés dans les murs, les nôtres dressèrent leurs tentes à une portée d'arc de la ville; ils y passèrent cette nuit sans se coucher, et lorsque le lendemain l'étoile du matin commença à se confondre dans les premiers feux du soleil, les nôtres, rangés en bataille, entourèrent la ville de tous côtés et l'attaquèrent par un rude combat : alors commencèrent à voler les traits, les épieux, les pierres, les feux et les torches qui brûlaient au dedans les toits des maisons : mais comme cette immense multitude d'ennemis continuait à résister, les nôtres ne remportèrent ce jour-là aucun avantage et s'en retournèrent fatigués à leurs tentes. Ce jour arriva Boémond avec ses gens et suivi de plusieurs autres comtes; ils placèrent leur camp autour de la ville; ce que voyant ceux qui étaient dans les murs, ils furent saisis d'une grande terreur, et encombrèrent de pierres toutes les portes de la ville : les comtes reconnurent alors qu'il n'y aurait pas de combat en plaine, et ordonnèrent que l'on fabriquât des béliers, c'est-à-dire des poutres armées de fer, et attachées à des cordes auxquelles se suspendaient par les mains les hommes de guerre, qui ainsi les tiraient, puis les poussaient contre les murs, en sorte que leurs coups multipliés renversaient les murailles. On fit aussi une tour de bois, beaucoup plus haute que les tours de pierre, et dépassant de beaucoup toutes les machines qui étaient dans l'intérieur de la ville; elle avait trois étages, tous bien garnis d'écus et de poulies : dans les deux étages supérieurs étaient des guerriers armés de cuirasses et fournis de traits, de pieux, de flèches, de pierres, de javelots et de torches; au dessous étaient des hommes sans armes, qui poussaient les roues sur lesquelles était placée cette tour; d'autres ayant fait la tortue, s'approchèrent du mur et comblèrent le fossé qui était fort large, afin de pouvoir amener la tour contre le mur, et de parvenir ainsi à l'abri du même rempart, à le percer, ce qui fut fait : mais les malheureux assiégés firent pour se défendre un certain instrument avec lequel ils jetaient contre la tour de grosses pierres et lançaient dessus des feux grégeois pour la brûler. Cependant, par la grâce protectrice du Seigneur, tous leurs efforts furent déjoués, et toutes leurs machines inutiles; car à l'endroit où la tour était près du mur, comme elle dominait tous ceux qui étaient sur ce mur, elle les renversait tous.

Guillaume de Montpellier était avec plusieurs autres dans l'étage supérieur; avec lui était un certain chasseur nommé Everard, habile à tirer les sons du cor, tellement qu'imitant le son d'un tumulte de voix, il effrayait ses ennemis et excitait les siens au combat. En même temps Guillaume et les siens détruisaient tout ce qui se trouvait autour d'eux, jetaient des masses de pierres qui brisaient jusqu'aux toits des maisons; ceux qui étaient en bas de la tour perçaient le mur, d'autres élevaient une échelle contre les remparts; lorsqu'elle fut élevée, nul n'osant monter le premier, Gauffier de la Tour, chevalier plein d'honneur, ne put souffrir ce retard, et monta incontinent sur les murs, où le suivirent alors plusieurs hommes courageux. Les Gentils voyant les nôtres montés sur les murs, émus d'une violente colère, se portèrent contre eux, et les accablèrent de tant de traits et de flèches, que quelques-uns des nôtres se jetèrent à terre, croyant éviter la mort, qu'ils trouvèrent en se brisant contre terre : lorsque notre illustre jeunesse vit Gauffier combattre ainsi sur les murs avec un petit nombre de compagnons, s'oubliant eux-mêmes, et ne pensant qu'à leurs camarades, ces jeunes gens montèrent sur les murs que la multitude couvrit en partie. Contre la tour étaient aussi les prêtres et le clergé, ministres du Seigneur, qui invoquaient pour les combattans chrétiens Jésus-

Christ, Fils de Dieu, et disaient : « Seigneur, ayez
« pitié de nous, soyez notre bras au matin, et notre
« salut dans les tribulations. Répandez abondamment
« votre colère sur les nations qui ne vous connaissent
« pas, et sur les royaumes qui n'invoquent point
« votre nom [1]. Dispersez-les par la force et renversez-
« les, Dieu notre protecteur. » Tandis qu'ainsi les
uns combattaient, que les autres pleuraient et psalmodiaient, et que d'autres perçaient les murs, Gauffier livrait à grande fatigue un plus pénible combat, car tous les ennemis se réunissaient contre lui et ses compagnons, et il était seul avec les siens contre tous. Son bouclier était le ferme rempart de tous les siens, c'est-à-dire de ceux qui étaient sur le mur. Le peu de largeur de l'espace qu'ils occupaient sur ce mur étroit ne permettait pas qu'aucun des siens se tînt à côté de lui, et ne laissait avancer qu'un ennemi à la fois : aucun ne triompha de Gauffier, tandis qu'au contraire il triompha de plusieurs d'entre eux; c'est pourquoi aucun n'osait plus venir l'attaquer, chacun craignant pour soi le sort qu'avait fait éprouver aux autres son épée; ils lui lançaient des traits, des flèches, des épieux, des pierres, et son bouclier en était si chargé que la force d'un homme ne suffisait plus à le soulever : déjà ce très-courageux chevalier se sentait fatigué, la sueur coulait de tout son corps, il devenait grandement nécessaire qu'on vînt prendre sa place, lorsque ceux qui avaient percé le mur entrèrent avec une grande impétuosité, taillant en pièces tout ce qu'ils rencontrèrent d'abord. Cet événement imprévu pétrifia d'étonnement tous ceux qui étaient sur le

[1] Ps. 78, v. 6.

mur; la chaleur vitale abandonna leurs os, et la froide crainte s'empara de leurs cœurs. Quelle ressource demeurait à des gens dévoués à la mort, les sens égarés, et que leurs ennemis pressaient au dedans et au dehors des murs? Gauflier, l'instant d'auparavant défaillant de fatigue, avait dans l'intervalle repris de nouvelles forces, et sans casque ni bouclier, mais son épée sanglante à la main, poursuivait rapidement les ennemis en fuite; plusieurs perdirent la vie plutôt par la terreur qu'il leur inspirait que par son glaive, car en fuyant ils se précipitèrent du haut du mur. Il y avait sur la porte une tour qui paraissait plus forte et plus éminente que les autres; Boémond fit dire par un interprète aux plus riches citoyens de s'y réfugier, parce qu'il les préserverait de la mort, s'ils s'en voulaient racheter; ils le firent et s'en remirent à sa foi. La poursuite cessa, parce que la nuit étant venue, les ténèbres empêchèrent de la prolonger davantage; et ensuite le dimanche survenant, ni vainqueurs ni vaincus ne purent cependant prendre de repos: le comte envoya par la ville des sentinelles, et en mit dehors et dedans, afin que personne ne s'enfuît et n'emportât les dépouilles. Le lendemain, lorsque le jour commença à luire, les nôtres coururent aux armes, et parcoururent les rues, les places, les toits des maisons, faisant carnage comme une lionne à qui on a enlevé ses petits; ils taillaient en pièces et mettaient à mort les enfans et les jeunes gens et ceux qu'accablait la longueur de l'âge, et que courbait le poids de la vieillesse; ils n'épargnaient personne, et pour en avoir plus tôt fait, en pendaient plusieurs à la fois à la même corde. Chose étonnante, spectacle merveilleux! de voir cette multitude si nombreuse et armée se laisser tuer impunément, sans qu'aucun d'eux fît résistance. Les nôtres s'emparaient de tout ce qu'ils trouvaient; ils ouvraient le ventre aux morts et en tiraient des byzantins et des pièces d'or. O détestable cupidité de l'or! par toutes les rues de la ville coulaient des ruisseaux de sang, et tout était jonché de cadavres; ô nations aveugles! et toutes destinées à la mort! d'une telle multitude il n'y en eut pas un seul qui voulût confesser le nom de Jésus-Christ. Enfin Boémond fit venir ceux qu'il avait invités à se renfermer dans la tour du palais; il ordonna de tuer toutes les vieilles femmes, les vieillards décrépis, et tous ceux que la faiblesse de leur corps rendait inutiles; il fit réserver tous les adultes en âge de puberté et au dessus, tous les hommes vigoureux de corps, et ordonna qu'ils fussent conduits à Antioche pour être vendus. Ce massacre des Turcs eut lieu le 12 décembre, jour de dimanche; cependant tout ne put être fait ce jour-là : le lendemain les nôtres mettaient encore à mort tous ceux qu'ils trouvaient quelque part que ce fût; il n'y avait pas dans la ville un seul lieu, pas un fossé qui ne fût rempli de cadavres, ou imbibé de sang.

La ville ainsi conquise et délivrée des Turcs rebelles, Boémond demanda la paix au comte de Saint-Gilles, le priant de lui laisser Antioche absolument sous sa domination et de lui permettre de la posséder en paix; mais le comte dit que cela ne se pouvait sans parjure, attendu le serment qui avait été fait par son entremise à l'empereur Alexis. Boémond retourna donc à Antioche, et se sépara de ses compagnons. L'armée des Francs demeura dans cette ville l'espace d'un mois et quatre jours; durant cet intervalle, mourut d'une sainte mort l'évêque d'Orange. Ils hivernèrent pendant un trop long espace de temps; et là, ne pouvant rien trouver à manger, ni à se procurer de force, poussés par l'excès de la faim, il arriva, chose horrible à dire, qu'ils découpèrent en morceaux les corps des Gentils, et les mangèrent. Fatigué de tant de souffrances, le comte de Saint-Gilles manda à tous les princes qui étaient à Antioche de se réunir à Ruga pour y délibérer entre eux du voyage du Saint-Sépulcre. Ils s'y rassemblèrent en effet, mais ne parlèrent aucunement de la chose pour laquelle ils étaient venus; ils s'occupèrent à rétablir la paix et la concorde entre le comte et Boémond; n'ayant pu les réconcilier, tous les chefs retournèrent à Antioche, laissant là le comte et le voyage du Saint-Sépulcre. Avec lui cependant demeurèrent non seulement les siens, mais un grand nombre de jeunes gens possédés du desir de faire ce pélerinage. Le comte donc, se confiant plus au Seigneur qu'aux chefs de l'armée, retourna à Marrah, où l'attendaient les pélerins; la dissension des chefs causa une grande douleur dans toute l'armée des Chrétiens; cependant tous savaient que la pure justice était du côté de Raimond, et que ni affection, ni ambition, ne le pouvaient détourner de son devoir. Cependant celui-ci voyant que c'était lui qui empêchait le pélerinage au Saint-Sépulcre, il en fut grandement affligé, et s'en alla pieds nus de Marrah jusqu'à Capharde; lorsqu'il y eut passé quatre jours, les chefs s'étant de nouveau rassemblés, et la discussion s'étant rétablie de

nouveau sur le même sujet, le comte Raimond dit :
« Mes frères et seigneurs, qui avez renoncé à tout et
« à vous-mêmes pour l'amour de Dieu, montrez-moi
« si je puis sans parjure m'accommoder avec Boémond
« comme il le requiert; ou, si cela ne se peut,
« apprenez-moi si, pour l'amour de lui, je dois me
« parjurer. » Personne n'osa se rendre juge de cette
question; tous louèrent la concorde; et, personne ne
disant comment elle devait se rétablir, ils se séparèrent, et retournèrent à Antioche. Mais le comte de
Normandie, sachant et comprenant que la justice
était du côté de Raimond, demeura près de lui avec
les siens; les deux comtes ayant fait ranger leurs troupes, marchèrent vers Césarée, car le roi de Césarée
avait souvent déclaré au comte de Marrah et de Capharde qu'il voulait vivre en paix avec lui et l'aider
de ses services; ils marchèrent donc dans cette confiance, et placèrent leur camp près de la ville; mais
le roi, voyant l'armée des Francs tout près de lui, en
fut vivement saisi d'effroi et de douleur, et défendit
qu'on leur portât aucune denrée. Le lendemain, le
comte envoya deux des siens pour trouver le gué de
la rivière et le conduire en un lieu où il pût faire du
butin. Cette rivière avait nom Farfar. Ils le conduisirent dans une vallée très-agréable et riche en toutes
sortes de biens; elle était dominée par un château
très-bien fortifié; les nôtres trouvèrent vingt mille
bestiaux paissant dans cette fertile vallée, et dont ils
s'emparèrent; lorsqu'ils voulurent assiéger le château, les gens qui l'habitaient se rendirent sur-le-
champ, convinrent de tenir à jamais alliance avec les
comtes, et promirent sur leur foi, et jurèrent sur

leur religion de ne plus faire aucun dommage aux pélerins chrétiens et de fournir aux comtes et à leurs gens des denrées et des logemens. Les comtes y demeurèrent cinq jours; le sixième, ils en partirent joyeux, emmenant des chameaux et des chevaux chargés de froment, de farine, d'huile, de fromages et autres choses propres à la nourriture; ils arrivèrent à une certaine forteresse arabe. Le seigneur de cette forteresse, usant d'un sage conseil, vint au devant du comte Raimond, et traita avec lui; de là, ils marchèrent vers une ville que les habitans nomment Céphalie. Elle est bien fortifiée de murs et de tours, et située dans une belle et spacieuse vallée, et très-abondamment remplie de productions de toutes sortes. Les habitans de cette ville, ayant ouï le bruit de l'arrivée des Francs, saisis de frayeur, abandonnèrent leurs demeures, et s'enfuirent en d'autres lieux, car les malheurs d'Antioche et de Marrah avaient frappé chacun de terreur, et faisaient fuir de partout les habitans. Lorsque les nôtres voulurent placer les tentes autour de la ville et l'assiéger de tous côtés, ils s'étonnèrent de ne voir personne sortir d'une si grande cité pour venir à leur rencontre, et de ce qu'aucun des habitans ne paraissait dans les tours élevées et sur les fortifications des remparts; ils remarquaient aussi qu'il régnait dans l'intérieur un profond silence, et qu'ils n'en entendaient sortir aucun bruit; alors ils envoyèrent des éclaireurs pour reconnaître avec soin les lieux et venir leur rapporter ce qu'ils auraient vu. Ceux-ci s'étant approchés, trouvèrent une porte ouverte, mais ne virent personne en dedans; alors, mettant leurs boucliers devant leur visage, ils entrèrent avec quelque hésitation, mais ne rencontrèrent dans la ville ni hommes, ni femmes, ni animaux d'aucune sorte; cependant ils y trouvèrent tout de belle apparence, des greniers remplis de blé, des pressoirs regorgeant de vin, des coffres remplis de noix, de fromages, de farine; ils revinrent alors promptement vers les comtes, et leur rapportèrent ce qu'ils avaient trouvé : il ne fut pas besoin de dresser les tentes, car Dieu les faisait réussir dans leur entreprise sans fer ni combat. Là, fut accompli ce qu'on voit dans les Proverbes de Salomon : « Le bien des pécheurs fut conservé pour le juste [1]; » ils trouvèrent les jardins pleins d'herbages, de fèves et d'autres légumes qui mûrissaient déjà malgré la saison peu avancée. Ils s'y reposèrent trois jours ; et, après avoir laissé des gens à la garde de la ville, ils montèrent une montagne très-roide, puis descendirent dans une vallée extrêmement agréable et remplie en abondance de fruits et de toutes sortes de productions; ils y demeurèrent quinze jours. Près de cette vallée était un château peuplé d'une multitude de Sarrasins; un jour que les nôtres s'en étaient approchés, les Sarrasins leur jetèrent quantité de brebis et autres pièces de bétail, pensant que les nôtres ne cherchaient qu'à manger; ils les reçurent de très-grand cœur, et les conduisirent à leurs tentes. Le lendemain, ils plièrent leurs pavillons et se dirigèrent vers le château ; mais en y arrivant, ils le trouvèrent entièrement vide; les Sarrasins l'avaient quitté durant la nuit, et y avaient laissé grande abondance de fruits, de productions de toutes sortes, de lait et

---

[1] Prov. de Sal.

de miel. Les nôtres célébrèrent en ce lieu la Purification de sainte Marie, mère de Dieu, et glorifièrent le Seigneur, qui les comblait de tant de biens.

Le roi de la ville de Camèle envoya vers les comtes pour leur demander de demeurer en paix avec eux; il fit précéder ses envoyés de présens très-desirables, des chevaux et de l'or; il envoya un arc d'or, des vêtemens précieux et de brillans javelots; les nôtres prirent le tout, mais ne rendirent aucune parole positive. Le roi de Tripoli, saisi d'une égale terreur, leur envoya dix chevaux et quatre mules, les priant de même de demeurer en paix avec lui; mais, après avoir pris ses dons, ils lui firent répondre qu'ils ne pouvaient avoir de paix avec lui, à moins qu'il ne se fît Chrétien, car le comte de Saint-Gilles desirait beaucoup sa terre, qui était excellente, et son royaume, qui était honorable par dessus tous les autres. Ainsi, au bout de quatorze jours, ils sortirent de la fertile vallée, et marchèrent à un très-antique château nommé Archas; bien qu'on le nommât château, il eût pu, par sa situation, par ses remparts et la hauteur de ses tours, être égalé à une ville considérable. Comme ce lieu, à cause de sa force, ne craignait ni ennemis, ni armes, ni machines d'aucune espèce, il s'y était réfugié une grande quantité de gens; cependant les nôtres l'ayant promptement entouré, y mirent le siége, et se hâtèrent d'aller à l'assaut, mais les gens du château soutinrent courageusement l'attaque; les nôtres la renouvelèrent souvent avec toute espèce de traits et de machines pour lancer des pierres, mais ils ne purent parvenir à l'emporter, et perdirent dans ces attaques plus qu'ils n'y gagnèrent; alors quatorze de nos chevaliers, incapables de demeurer sans rien faire, marchèrent vers Tripoli, et trouvèrent en chemin soixante Turcs qui conduisaient devant eux un grand nombre de captifs et plus de quinze cents bestiaux qu'ils avaient enlevés; ce que voyant les nôtres, quelque peu nombreux qu'ils fussent, levant les mains au ciel et invoquant le roi desarmées, ils attaquèrent les Turcs les armes à la main, et Dieu aidant, les vainquirent et en tuèrent six, prirent leurs chevaux, et retournèrent triomphans au camp avec une joie insigne et un immense butin. Il y eut de grandes réjouissances dans l'armée pour une si grande victoire et un si grand butin remportés par un petit nombre. D'autres, voyant cela, sentirent s'enflammer l'ardeur de leurs cœurs, et quittèrent l'armée de Raimond, ayant à leur tête Raimond Pelet et le vicomte Raimond; et les armes hautes et bannières déployées, ils chevauchèrent vers la ville de Tortose, et, y étant arrivés, l'attaquèrent vigoureusement; mais ils ne firent rien ce jour-là. La nuit étant survenue, ils se retirèrent dans un certain coin, où ils firent toute la nuit des feux énormes, comme si toute l'armée chrétienne était derrière eux. La vue de ces masses de flammes effraya tellement les gens de la ville, à qui elles firent croire que tous les nôtres étaient là, qu'ils s'enfuirent soudainement, et laissèrent leur ville pleine de richesses. Cette cité ne manque jamais de rien, étant construite sur un très-bon port de mer. Le lendemain, lorsque les nôtres vinrent l'attaquer, ils la trouvèrent entièrement vide; ils y entrèrent, rendant hautement grâces à Dieu, et y demeurèrent tout le temps que dura le siége d'Archas.

Non loin de là est une autre ville nommée Méraclée, dont le prince traita avec eux et reçut leur bannière dans sa ville. O admirable vertu et merveilleuse puissance de Dieu ! tandis que les chefs qui paraissaient gouverner et substanter l'armée, demouraient éloignés, le Seigneur commença à vaincre les rois par le moyen du petit nombre et des moindres de son peuple, afin que la présomption humaine ne pût dire : C'est nous qui avons soumis Antioche et les autres villes, c'est nous qui avons vaincu en tant et de si grands combats; car certainement ils n'eussent jamais remporté la victoire, s'ils n'eussent eu avec eux celui par qui règnent les rois. Lorsque Godefroi, le chef des chefs, le chevalier des chevaliers, eut appris cet insigne triomphe de ces guerriers, animés du desir de la victoire, lui, le comte de Flandre et Boémond, levèrent le camp d'Antioche, et vinrent à la susdite ville. Là, Boémond se sépara d'eux et de toute l'armée de Dieu; le duc et les comtes dirigèrent leurs troupes vers une ville nommé Gibel, et l'assiégèrent. En ce même temps vint au comte de Saint-Gilles la nouvelle que les Turcs se préparaient à l'attaquer, et qu'il allait avoir à livrer un des plus rudes et plus terribles combats. Aussitôt le comte envoya un messager au duc et au comte de Flandre pour qu'ils vinssent très-promptement prendre part au combat et lui porter secours. Le duc, ayant reçu son message, accorda au prince de la ville de Gibel la paix que celui-ci lui avait plus d'une fois demandée. Cette paix conclue et les présens reçus, conformément aux promesses qui avaient été faites, les Francs volèrent au combat annoncé, et se réunirent au siège que l'on avait mis devant Archas. Cependant le duc, voyant qu'il n'avançait nullement, dirigea son armée contre Tripoli, et y trouva les ennemis préparés à le recevoir. Ils vinrent à la rencontre des nôtres, l'arc tendu; mais les nôtres, plaçant leurs boucliers au devant d'eux, méprisèrent leurs arcs et leurs flèches, comme des brins de paille. Le combat commença alors, mais non pas à armes égales, car, selon leur coutume, les ennemis, après avoir lancé leurs flèches, voulurent prendre la fuite; mais les nôtres se placèrent entre eux et la cité. Mais pourquoi m'étendrai-je en plus de paroles? Il y eut dans ce lieu tant de sang humain répandu, qu'il rougit les eaux qui coulaient dans la ville, et remplissaient leurs citernes; les plus nobles de la cité y furent tués, et ceux qui demeurèrent en vie gémirent de ce que leurs citernes avaient été ainsi souillées. Après ce carnage, les nôtres, très-peu contens, car ils n'y avaient rien gagné que des javelots et des habillemens, parcoururent la vallée dont on a parlé, et y prirent une quantité innombrable de brebis, de bœufs, d'ânes, de bétail de différentes sortes, et enlevèrent en même temps trois mille chameaux. Ils s'émerveillèrent grandement d'où pouvait venir tant de bétail, car il y avait quinze jours qu'ils habitaient cette vallée. Ils ramenèrent au camp tout ce butin. Ils ne souffrirent durant le siége aucune disette, attendu que les vaisseaux arrivaient à un certain port, et leur apportaient tout ce qui leur était nécessaire. Ils y célébrèrent la Pâque du Seigneur le 10 du mois d'avril. Le siége dura trois mois moins un jour : ils y perdirent Anselme de Ribaumont, homme digne d'éloges par beaucoup de vertus, l'un des premiers en valeur chevaleresque, et qui durant sa vie avait fait beaucoup de choses dignes d'être rapportées, au dessus desquelles doit se mettre ceci, qu'il fut en tout l'infatigable soutien du monastère d'Aix. Aussi mourut à ce siége Pons de Balazun ou de Baladun qui fut frappé à la tempe d'un coup de pierre lancée d'une baliste; on y perdit encore Guillaume le Picard, et Guérin de Pierremore; le premier d'un coup de javelot, le second d'une flèche. Après la mort de ceux-ci, les nôtres quittèrent le siége, parce que c'était une forteresse inexpugnable, et qui ne craignait nullement qu'on la pût emporter par force; ils plièrent donc leurs tentes, marchèrent vers Tripoli, et accordèrent au roi et aux citoyens de cette ville la paix que ceux-ci leur avaient depuis long-temps demandée. Lorsqu'ils se furent donnés mutuellement la main, nos chefs se fièrent à ce point à la foi des habitans, qu'ils entrèrent dans la ville et jusque dans le palais du roi; et le roi, pour leur donner plus de confiance en sa fidélité à observer la paix, délivra de leurs chaînes trois cents pèlerins, et les rendit aux chefs de l'armée. Il leur donna aussi quinze mille byzantins, et quinze chevaux très-honorablement harnachés; il envoya aussi à toute l'armée des vivres abondans, ce qui la mit entièrement à l'abri du besoin; il convint aussi avec eux et leur jura que, s'ils pouvaient se rendre maîtres de Jérusalem et remporter la victoire sur l'émir de Babylone, qui menaçait de les attaquer, il se ferait chrétien et se soumettrait à la domination du roi de Jérusalem. Ils demeurèrent trois jours à Tripoli; puis les grands et les hommes de guerre, voyant que le temps des nouvelles moissons était proche, décidèrent d'un commun accord qu'il fallait prendre le chemin de Jérusalem, et, laissant tout autre soin, tenir pour y arriver la voie la plus droite. On était au quatrième jour de mai lorsqu'ils sortirent de Tripoli, et montant une montagne très-escarpée, arrivèrent à un château nommé Bettalon ; le lendemain ils vinrent à une ville nommée Sébaris, dans le territoire de laquelle ils ne purent trouver d'eau pour étancher leur grande soif : il faisait très-chaud, et les chevaux, ainsi que cette grande multitude d'hommes, étaient fort altérés. Le lendemain ils arrivèrent à la rivière nommée Braïm ; ils y passèrent la nuit et soulagèrent leur soif. La nuit suivante fut celle de l'Ascension du Seigneur, et ils firent leur ascension sur la montagne par une route très-étroite dans laquelle ils pensaient rencontrer les ennemis ; mais Dieu, qui fut leur seul guide, et qui n'était pas pour eux un Dieu étranger, leur fit traverser la montagne sans encombres. Ils arrivèrent à la ville de Béryte, située sur la mer, puis à une autre nommée Saïd ; puis de là une autre mommée Sur, de là à Accaron, et d'Accaron à un château nommé Caïpha, puis à Césarée, grande ville de Palestine, où l'on dit que l'apôtre Philippe a fait sa demeure, dans une maison que l'on montre encore aujourd'hui. On y montre aussi les chambres de ses filles, qui ont été douées du don de prophétie ; elle est située sur le bord de la mer, et s'appelait autrefois Pyrgos, c'est-à-dire tour de Straton. Le roi Hérode l'augmenta et l'embellit, et la défendit par des travaux des efforts de la mer : elle fut nommée Césarée, en l'honneur de César-Auguste. Hérode bâtit aussi dans cette ville un temple de marbre blanc, dans lequel son neveu Hérode fut frappé de l'ange, où Corneille fut baptisé, et où le prophète Agab fut attaché avec la ceinture de Paul. Les nôtres dressèrent leurs tentes près de cette ville, et y célébrèrent la sainte fête de la Pentecôte; ensuite ils marchèrent vers la ville de Romose, que les Sarrasins saisis de crainte abandonnèrent et laissèrent vide. Près de cette ville était l'église renommée de Saint-George le martyr, dans laquelle repose le corps très-saint de ce bienheureux qui subit dans ce lieu même le martyre pour la foi du Christ. Les chevaliers chrétiens, en l'honneur du chevalier du Christ, choisirent pour cette ville un évêque, s'y établirent, et lui donnèrent la dîme de tout ce qu'ils possédaient; et il était bien juste que George, ce chevalier invincible, le porte-enseigne de toute leur armée, reçût cet honneur. L'évêque demeura donc en cette ville avec les siens, riche en or, argent, chevaux et bétail, et l'armée prit aussitôt le chemin de la ville de Jérusalem, au nom de celui qui y est mort, qui a été enseveli, est ressuscité le troisième jour, et est avec le Père et le Saint-Esprit égal en puissance et gloire éternelle. *Amen.*

# LIVRE NEUVIÈME.

O bon Jésus! quand tes guerriers virent les murs de cette terrestre Jérusalem, que de ruisseaux de larmes coulèrent de leurs yeux! le corps incliné, ils saluèrent aussitôt ton saint sépulcre du bruit qu'ils firent en tombant la face contre terre, et ils t'adorèrent, toi qui as été renfermé dans ce sépulcre, et qui es maintenant assis à la droite de ton Père, d'où tu viendras pour juger tous les hommes; alors réellement tu arrachas de leur sein un cœur de pierre, pour y substituer un cœur de chair, et tu mis en eux ton Saint-Esprit, et en ce moment ils combattaient contre tes ennemis, depuis long-temps en possession de cette ville, beaucoup plus efficacement par leurs larmes qu'ils ne l'eussent fait en lançant leurs javelots, car ainsi ils t'excitaient à venir à leur secours, et leurs larmes, quoiqu'elles coulassent à terre, montaient abondamment vers toi, leur défenseur. Leur oraison finie, ils s'avancèrent vers la royale cité, et la trouvant occupée par les ennemis du roi du ciel, ils dressèrent leurs tentes à l'entour dans l'ordre suivant : au septentrion campèrent les deux comtes de Normandie et de Flandre, près de l'église de Saint-Etienne, premier martyr, lapidé en ce lieu par les juifs; le duc Godefroi et Tancrède occupèrent le côté de l'occident ; le comte de Saint-Gilles dressa ses tentes au midi, sur la montagne de Sion, vers l'église de Sainte-Marie, mère du Seigneur, lieu où il fit la cène avec ses disciples. Les tentes ainsi disposées autour de Jérusalem, tandis qu'ils se reposaient de la fatigue et des travaux du voyage, et préparaient des machines pour attaquer la ville, Raimond Pelet et Raimond de Taurine, et plusieurs autres sortirent du camp pour éclairer le pays d'alentour, de peur que les ennemis ne vinssent sur eux à l'improviste, et ne les prissent au dépourvu. Ils trouvèrent trois cents Arabes, les combattirent, les vainquirent, en tuèrent plusieurs et emmenèrent trente chevaux. Les Chrétiens attaquèrent Jérusalem le dixième jour de juin, seconde férie de la deuxième semaine, mais ils ne la prirent pas ce jour-là ; cependant leur attaque ne fut pas inutile, ils abattirent tellement le rempart de la ville, qu'ils dressèrent une échelle contre le mur principal, et que s'ils avaient eu une quantité suffisante d'échelles, cette première attaque eût été la dernière, car ceux qui montèrent à l'échelle combattirent long-temps de près avec les ennemis, à l'épieu et à l'épée. Il périt dans ce combat beaucoup des nôtres, mais encore beaucoup plus des leurs ; les heures du soir, peu propres au combat, interrompirent la lutte, et la nuit survenant rendit le repos aux deux partis. Cependant les nôtres, pour avoir été cette fois repoussés, eurent à subir de longues et cruelles souffrances, car ils furent dix jours sans pouvoir trouver du pain à manger, jusqu'à ce qu'enfin il en arriva au port de Jaffa des navires chargés ; ils furent grandement tourmentés de la soif, parce que la fontaine de Siloé, qui jaillit au pied de la montagne de Sion, suffisait à peine pour désaltérer les hommes, et qu'il fallait, pour envoyer boire ailleurs les chevaux et autres bestiaux, six mille hommes accompagnés d'une forte escorte de chevaliers; l'eau était donc fort chère parmi eux, et se vendait à haut prix. Les chefs ayant tenu conseil, choisirent des chevaliers pour aller aux navires, et les défendre contre les étrangers; ainsi donc, au petit point du jour, sortirent du camp cent chevaliers de l'armée du comte de Saint-Gilles; entre autres Raimond Pelet, familier à tous les travaux de la guerre, et ennemi de l'oisiveté; avec lui venaient un autre Raimond de Taurine, Achard de Montmerle et Guillaume de Sabran; ils marchaient vers le port, tout prêts au combat; en route ils détachèrent trente d'entre eux pour reconnaître les petits chemins et découvrir si les ennemis s'approchaient : ces trente, après avoir avancé quelque peu, aperçurent de loin soixante et dix Turcs et Arabes. Quoiqu'en petit nombre, ils n'hésitèrent pas à les attaquer, mais les ennemis étaient si nombreux que cette poignée des nôtres ne leur put résister; les nôtres cependant envoyèrent à la mort éternelle ceux qui avaient soutenu leur premier choc. Ils avaient cru, après cette première attaque, pouvoir se retirer, mais entourés par la foule des ennemis, ils ne purent accomplir leur dessein : là périt Achard, éminent et vaillant homme de guerre, et avec lui des gens de pied. Avant que le combat commençât, un messager avait couru sur un cheval rapide, annoncer à Raimond Pelet que les Arabes et les Turcs avaient attaqué les nôtres; ce qu'ayant ouï Raimond, il partit sans délai, donnant des talons dans le ventre de son cheval : cependant il n'arriva pas assez tôt, Achard était déjà mort; mais avant d'expirer, il avait fait payer sa vie de beaucoup de sang, et sa mort de la mort de plusieurs. Lorsque les ennemis virent de loin arriver les nôtres, ils se prirent à fuir, comme la colombe fuit d'une aile tremblante devant le vautour ; ils tournèrent le dos aux nôtres, qui les poursuivirent et en tuèrent beaucoup; ils retinrent un Turc vivant, afin qu'il leur découvrît les ruses de ses camarades, et les avertît de ce qu'ils comptaient faire contre eux. Ils prirent cent trois chevaux qu'ils envoyèrent au camp, et allèrent aux vaisseaux accomplir la mission dont on les avait chargés. Ils apaisèrent leur faim sur ces navires chargés de vivres, mais n'y trouvèrent pas de quoi soulager leur soif; cette soif était telle dans l'armée des assiégeans, qu'ils creusaient la terre et y appliquaient leurs bouches pour en sucer l'humidité, et qu'ils léchaient la rosée sur les pierres : ils cousaient ensemble les peaux fraîches des bœufs et des buffles et des autres animaux, et lorsqu'ils allaient faire boire les chevaux, ils les accompagnaient jusqu'au nombre de six mille guerriers armés, remplissaient d'eau ces peaux, et buvaient cette eau fétide; plusieurs se privaient de manger autant qu'il était possible, parce que cette diète calmait l'ardeur de leur soif : et qui eût pu croire que la faim servît à quelque chose! que la douleur chassât la douleur! Tandis qu'ils étaient livrés à ces souffrances, les chefs faisaient apporter de lieux très-éloignés des poutres et des bois pour construire des tours et des machines propres à attaquer la ville. Lorsqu'elles furent arrivées, Godefroi, le chef de l'armée, fit construire sa tour et ordonna qu'on la conduisît sur la plaine située à l'orient; en même temps le vénérable comte de Saint-Gilles ayant élevé une tour du même genre, la fit approcher de la ville du côté du midi. La cinquième férie, les nôtres célébrèrent un jeûne, et distribuèrent des aumônes aux pauvres, et la sixième férie, lorsque commença à briller la pure lumière de l'aurore, d'excellens hommes de guerre montèrent dans les tours et appliquèrent des échelles aux remparts; les Infidèles, habitans de cette illustre ville, furent saisis de stupeur et de tremblement lorsqu'ils se virent entourés d'une telle multitude; et reconnaissant que leur dernier jour était proche, et que la mort était suspendue sur leurs têtes, ils commencèrent à se défendre avec âpreté et à combattre comme des hommes sûrs de mourir. Au dessus de tous paraissait dans sa tour le duc Godefroi, non pas alors comme chevalier, mais comme archer; le Seigneur dirigeait son bras dans la mêlée et ses doigts dans le combat, et les flèches qu'il lançait perçaient le sein des ennemis et les traversaient de part en part : près de lui étaient ses deux frères, Eustache et Baudouin, comme deux lions aux côtés d'un lion, soutenant de rudes coups de traits et de pierres, dont ils rendaient avec usure quatre fois la valeur. Et qui pourrait raconter tout ce qu'ont fait ces courages invincibles, quand l'éloquence de tout ce qu'il existe aujourd'hui d'orateurs ne peut suffire à tant de louanges? Tandis qu'ainsi l'on combattait sur les remparts, une procession marchait autour de ces mêmes remparts, portant des châsses de saints, des reliques et de saints autels[1]. Tout le jour on se porta des coups mutuels, mais lorsqu'approcha l'heure où le Sauveur des hommes se soumit à la mort, un certain chevalier nommé Lutold, s'élança le premier hors de la tour et fut suivi de Guicher, guerrier qui avait de sa propre main abattu un lion et l'avait tué; deux de ses chevaliers le suivirent, et tous ensuite vinrent après leurs chefs; alors furent mis de côté les arcs et les flèches, et ils saisirent leurs foudroyantes épées; ce que voyant les ennemis, ils quittèrent aussitôt la muraille, et s'élancèrent à terre où les guerriers de Christ les suivirent d'un pas rapide et avec de grands cris : le comte Raimond ayant entendu ces cris au moment où il s'occupait à se rapprocher du mur, il comprit aussitôt que les Francs étaient dans la ville : « Que faisons nous ici ? dit-il à « ses chevaliers; les Francs prennent la ville et font « entendre le bruit de leurs grands cris et de leurs « grands coups. » Alors il marcha rapidement avec sa troupe vers la porte située contre la tour de David, et appelant ceux qui étaient dans le fort, leur dit de lui ouvrir : aussitôt l'émir qui gardait le fort, connaissant qui c'était, lui ouvrit la porte, et commit à sa foi lui et les siens pour les protéger, afin qu'ils échappassent à la mort; mais le comte dit qu'ils n'en feraient rien, à moins qu'il ne lui remît la tour; l'émir y consentit de bonne grâce, et le comte lui fit toutes les promesses qu'il avait demandées; mais le duc Godefroi n'ambitionnait ni fort, ni palais, ni or, ni argent; et à la tête des Francs il s'appliquait à faire

---

[1] Le texte porte *crines* pour *crinea* ou *scrinia*.

payer aux ennemis le sang des siens répandu autour de Jérusalem et à venger les outrages et les ignominies dont ils avaient accablé les pélerins. Dans aucun combat il n'avait trouvé tant d'occasions de tuer, non pas même sur le pont d'Antioche où il pourfendit le géant infidèle; lui et Guicher, ce chevalier qui avait coupé en deux le lion, et des milliers d'autres chevaliers d'élite, allaient détranchant des corps d'hommes de la tête aux pieds, de droite à gauche et par tous les bouts. Les ennemis ne pouvaient fuir; cette multitude confuse se faisait empêchement à elle-même; ceux qui cependant purent échapper à un tel massacre entrèrent dans le temple de Salomon, et s'y défendirent l'espace d'un long jour; mais comme le soir approchait, les nôtres craignant que le soleil ne vînt trop tôt à se coucher, redoublèrent d'efforts, et faisant irruption dans l'intérieur du temple, s'y précipitèrent, et tous ceux qui étaient dedans furent misérablement mis à mort. Là se répandit tant de sang humain que les mains et les bras, séparés du corps, nageaient sur le pavé du temple, et, portés par le sang de côté et d'autre, s'allaient joindre à d'autres corps, de manière qu'on ne pouvait discerner à quel cadavre appartenaient les membres qui se venaient unir à un cadavre mutilé. Les guerriers qui exécutaient ce carnage étaient eux-mêmes incommodés des chaudes vapeurs qui s'en exhalaient; après avoir accompli cette boucherie impossible à décrire, ils se laissèrent quelque peu adoucir aux sentimens de la nature et conservèrent la vie à quelques jeunes hommes et quelques jeunes femmes, qu'ils attachèrent à leur service; puis parcourant les rues et les places, ils enlevèrent tout ce qu'ils trouvèrent, et chacun garda pour lui ce qu'il avait pris. Jérusalem était alors remplie de biens temporels et il ne lui manquait rien que les félicités spirituelles. Aucun donc des pèlerins venus à Jérusalem ne demeura dans la pauvreté; enrichis de tant de biens, ils marchèrent d'un pas joyeux au Saint-Sépulcre du Seigneur, et rendant grâces à celui qui y avait reçu la sépulture, ils allèrent y déposer leurs péchés mortels. Ce jour, ainsi qu'il avait été prédit par le prophète, « glorifia le sépulcre du Seigneur : » Tous s'avancèrent, non pas sur leurs pieds, mais prosternés sur leurs genoux et leurs coudes, et inondèrent le pavé d'une pluie de larmes; après cette offrande d'une solennelle dévotion, ils se rendirent dans leurs maisons, à eux destinées par le Seigneur, et, cédant aux besoins de la nature, accordèrent à leurs corps brisés des alimens et du sommeil. Le lendemain, lorsque l'aurore montra à la terre ses premiers rayons, pour qu'il ne demeurât dans la ville aucun lieu propre à des embûches, ils coururent en armes au temple de Salomon pour y exterminer ceux qui étaient montés sur le faîte; il s'y était réfugié une grande quantité de Turcs, qui alors en auraient fui volontiers s'ils eussent pu prendre des ailes et s'envoler; mais la nature, qui leur avait refusé des ailes, leur fournit l'issue malheureuse de leur misérable vie : voyant les nôtres venir à eux sur le faîte du temple, ils se jetaient au devant des épées nues, aimant mieux succomber par une très-prompte mort, que de périr longuement sous le joug d'une cruelle servitude; et ils se précipitaient aussi en bas du temple, et la terre, qui donne à tous les alimens de la vie, leur donnait la mort. Cependant les nôtres ne tuèrent pas tous ceux qu'ils trouvèrent, mais en réservèrent plusieurs à la servitude. Ensuite on ordonna de nettoyer la ville, et il fut enjoint à ceux des Sarrasins qui demeuraient en vie, d'en retirer les morts et de purifier la ville de toutes les souillures d'un si grand carnage. Ils obéirent promptement, emportèrent les morts en pleurant, et élevèrent hors des portes des bûchers élevés comme des citadelles ou des bâtimens de défense; ils rassemblèrent dans des paniers les membres coupés, les emportèrent dehors, et lavèrent le sang qui souillait le pavé des temples et des maisons.

Après avoir ainsi purgé de tout ennemi la ville dite pacifique, il fallut que les nôtres s'occupassent de faire un roi, en choisissant l'un d'entre eux pour gouverner une si grande ville et un peuple si nombreux. Du jugement de tous, d'un vœu unanime, et du consentement général, Godefroi fut élu le huitième jour après celui où ils avaient attaqué la ville. A bon droit se réunit-on sur un pareil choix, car il se montra tel dans son gouvernement qu'il fit plus d'honneur à la dignité royale qu'il n'en reçut d'elle; soit que nous contemplions, nous indignes, les royales facultés de son corps, ou les richesses plus que royales de son ame, nous pensons qu'il a été égal à la dignité qui lui a été conférée sur la ville de Jérusalem. Il se montra si excellent et si supérieur en royale majesté que, s'il se pouvait faire que tous les rois de la terre se vinssent réunir autour de lui, il serait, au jugement de tous, reconnu le premier en vertus chevaleresques, beauté de visage et de corps, et excellence de noble vie. Il était convenable qu'ensuite après avoir élu l'honorable chef qui devait gouverner honorablement leurs corps, il se choisissent un guide de leurs ames, qui fût de même sorte : ils élurent donc un certain clerc nommé Arnoul, très-versé dans la science des lois divines et humaines. Cette élection eut lieu le jour de la fête de Saint-Pierre-aux-Liens, laquelle fête s'appliquait parfaitement à cette immaculée cité, qui, si long-temps enchaînée dans les liens du démon, fut, du jour qu'elle eut un évêque, libre et déliée. C'est ainsi que, comme on l'a dit, la nation des Francs pénétra à force de combats jusqu'au sein de l'Orient, et, avec l'aide divine, purifia Jérusalem de l'ordure des Gentils, qui l'avaient souillée pendant environ quatre cents ans. La consécration canonique d'un saint évêque en cette ville et l'élévation d'un roi rendit le nom des Francs célèbre par tout l'Orient, et fit reluire, même aux yeux des Infidèles, la toute-puissance de Jésus-Christ, crucifié en ce lieu. Après que l'évêque et le roi eurent été joyeusement consacrés, des députés de la ville de Naplouse vinrent, attirés par la splendeur de cette lumière de grâce, vers le roi Godefroi, et lui apportèrent un message de leurs concitoyens, le priant de leur envoyer quelqu'un des siens pour les recevoir eux et leur ville sous son gouvernement et sa domination, car ils voulaient que son empire s'étendît sur eux, parce qu'ils aimaient mieux être gouvernés par lui que par d'autres. Naplouse est une ville de la Carie, province d'Asie; le roi ayant tenu conseil, leur envoya son frère Eustache et Tancrède accompagnés d'une grande troupe de chevaliers et de gens de pied; ils les reçurent avec toutes les marques d'un grand respect et se remirent eux et leur ville sous la domination de Godefroi. Lorsqu'ils eurent ainsi fait, ce serpent tortueux et rampant, qui envie toujours les félicités des fidèles, sentit une violente douleur de voir s'étendre ainsi la gloire du nom chrétien et s'agrandir le royaume de Jérusalem régénérée. Il excita violemment contre eux l'émir de Babylone, Clément ou plutôt l'Insensé [1], et souleva avec lui tout l'Orient. Il espérait, cet audacieux auteur de toute malice, les exterminer entièrement eux et leur ville, et effacer complétement la mémoire du sépulcre du Seigneur. Mais de même que sont vaines les pensées des hommes, de même s'évanouit leur puissance, Clément rassembla tout ce qu'il put de gens et marcha vers Ascalon en pompeux appareil : lorsqu'il y fut arrivé, un messager vint en toute diligence en apporter au roi la nouvelle. Le roi, sans tarder, fit savoir à ceux qu'il avait envoyés à Naplouse, qu'ils se hâtassent de venir prendre part au combat qu'allait leur livrer l'émir de Babylone, car il était déjà à Ascalon avec une troupe innombrable, et se préparait à assiéger Jérusalem. Eustache et Tancrède, et les autres hommes de guerre, ayant ouï ce message, firent connaître aux citoyens de Naplouse que la guerre était imminente, et leur disant adieu, s'en séparèrent joyeux et de bon accord. Les nôtres aspirant à rencontrer les Turcs, montèrent la montagne, et, marchant toute la nuit, vinrent sans se reposer jusqu'à Césarée. Le lendemain matin ils côtoyèrent le rivage de la mer, et arrivant à une certaine ville nommée Ramla, y trouvèrent beaucoup d'Arabes qui

---

[1] Il y a ici une espèce de jeu de mots qu'il a fallu renoncer à rendre, *Clementem imo Dementem.*

venaient en avant de l'armée. Les nôtres les ayant vigoureusement poursuivis, en prirent plusieurs, qui leur déclarèrent avec vérité l'état des forces de l'ennemi. L'ayant appris, ils envoyèrent au roi sur le champ des messagers, montés sur des chevaux très-rapides, pour lui mander qu'il se mît en marche sans délai et vînt combattre auprès d'Ascalon. Ascalon est une ville considérable de la Palestine, située à vingt-cinq milles de Jérusalem; elle fut autrefois bâtie par les Philistins, qui la nommèrent Ascalon, du nom de Ceslon, petit-fils de Cham, et fils de Mésraïm. Elle fut toujours ennemie de Jérusalem, et, quoique dans son voisinage, ne voulut jamais avoir avec elle aucune relation d'amitié; c'était là qu'était l'émir de Babylone, lorsque les messagers vinrent trouver le roi et lui rapportèrent ce que l'on vient de dire. Lorsque le roi l'eut entendu, il fit appeler le patriarche, et, d'après son conseil, ordonna de publier par toute la ville que tous eussent à se rendre le lendemain de grand matin à l'église, et, après avoir entendu la sainte messe, à recevoir le corps de Notre-Seigneur, pour chevaucher ensuite vers Ascalon. Ce bruit, répandu dans la ville, ne troubla nullement les esprits, mais la nuit suivante leur parut plus longue et plus lente qu'à l'ordinaire; au matin, dès que parurent les premiers rayons de l'aurore, le son de la cloche les appela tous à la messe. Après les prières de la messe, le peuple s'associa au Seigneur, reçut la bénédiction en même temps que le saint présent de l'Eucharistie, sortit ensuite de l'église, courut aux armes, et, avide de combattre, marcha à jeûn à l'ennemi. Les trompettes de l'armée sonnèrent toutes à la fois dès que le roi fut sorti de la ville; et leurs sons, répétés dans les sinuosités des montagnes et par les échos des vallées, frappaient les ennemis de terreur. Ce fut ainsi que les Chrétiens marchèrent au combat, portant en eux-mêmes le corps et l'esprit du Dieu victorieux, et ne craignant aucune multitude, car ils ne se fiaient point en eux-mêmes, mais dans la vertu du Seigneur. Le patriarche laissa en son lieu Pierre l'Ermite pour faire dire des messes, ordonner des oraisons et conduire des processions au saint sépulcre, afin que l'Homme-Dieu qui y fut déposé prît la défense de son peuple. Le roi, étant arrivé avec son armée à la rivière qui coule aux environs d'Ascalon, y trouva plusieurs milliers de bœufs, de chameaux, d'ânes, mulets et mules, qui n'appartenaient pas seulement à la ville, mais étaient venus en partie avec l'armée de l'émir; ils étaient gardés par cent Arabes; et ceux-ci ne virent pas plutôt les nôtres qu'ils leur laissèrent tout ce butin, et cherchèrent leur salut dans la fuite; les nôtres les poursuivirent, mais n'en purent prendre que deux; ils enlevèrent tout ce butin, dont ils approvisionnèrent abondamment Jérusalem. Comme on était déjà sur le soir, le roi fit crier par un héraut que tous prissent du repos et se levassent ensuite au petit point du jour pour marcher au combat; et le patriarche prononça anathême contre quiconque chercherait à faire aucun butin avant qu'on eût complétement remporté la victoire. La nuit passée, l'aube commença à blanchir, plus brillante qu'à l'ordinaire, et réveilla les nôtres de leur sommeil. C'était la sixième férie, jour auquel le Sauveur du genre humain abattit sous le trophée de la croix le diable, roi de Babylone; et ce jour-là de nouveau, le Seigneur, par le bras de ses guerriers, vainquit encore son émir de Babylone. Le roi, comme nous l'avons dit, traversa le fleuve; mais le patriarche demeura en deçà avec les évêques et les autres ecclésiastiques, tant grecs que latins. Le roi descendit avec tous les siens dans une vallée belle et spacieuse, et passa sur le rivage de la mer, où il rangea son armée en bataille; il donna le premier rang à sa troupe, le second à celle du comte de Normandie; celle du comte de Saint-Gilles fut la troisième; celle du comte de Flandre la quatrième; celle du comte Eustache, de Tancrède et de Gaston de Béziers fut la cinquième; les gens de pied se placèrent avec des flèches, des traits et des javelots en avant des chevaliers; ainsi rangés, ils commencèrent à marcher à la rencontre des Babyloniens. Le comte de Saint-Gilles fut à la droite, près de la mer, et le roi à la gauche, au lieu où se trouvait la plus grande force de l'ennemi; tout le reste se plaça entre eux deux. Mais on ne doit pas passer sous silence les paroles de l'émir Clément, lorsqu'on lui rapporta que les nôtres s'avançaient vers lui au combat. On ne lui avait rien dit du butin qu'ils avaient fait la veille, car personne n'osait lui annoncer d'autres nouvelles que des nouvelles agréables et favorables, vu qu'il voulait être toujours en joie; ainsi quiconque lui annonçait des choses fâcheuses ne pouvait plus jamais trouver grâce devant ses yeux. Cependant il s'inquiétait fort peu de perdre quelque chose de son bien, tant il était riche encore de ce qui lui restait; et qu'on ne regarde pas comme un vain conte ce que nous allons rapporter, car nous l'avons appris d'un Turc qui l'a ensuite raconté à Jérusalem, où il se fit chrétien de son propre mouvement, et reçut au baptême le nom de Boémond. Lors donc qu'au point du jour on dit à l'émir que les Francs, préparés au combat, s'avançaient contre lui et étaient déjà proche, cet insensé, à ce qu'on rapporte, répondit au messager : « Que me dis-tu ? je ne puis croire que je « les trouve même m'attendant dans leurs murs. » A quoi le messager répliqua : « Seigneur, que ta gran- « deur sache pour certain qu'ils viennent tout prêts « à combattre et sont déjà proche. » Alors il ordonna que tous prissent les armes et marchassent au combat. Lorsque tous se furent préparés, et qu'il fut instruit par lui-même de l'approche des nôtres : « O royaume « de Babylone ! dit-il, royaume illustre par dessus « tous les autres, quelle honte aujourd'hui pour toi « en ce jour que contre toi osent marcher de si petites « gens, que je n'avais pas même imaginé les trouver « à l'abri des remparts d'une ville ! et maintenant « voilà qu'ils ont l'audace de venir à ma rencontre : « ou ils ont perdu le sens, ou ils sont déterminés à « décider ici de leur vie ou de leur mort. Je vous or- « donne donc, ô guerriers babyloniens, de les ex- « terminer tous de dessus la terre ; que votre œil « n'en épargne aucun, n'ayez pitié de personne. » On en vint aux mains ; le comte de Normandie, chevalier sans peur, commença le combat, faisant face à cette partie de l'armée ennemie où était la bannière de l'émir, qu'ils appellent étendard ; se faisant une route, l'épée à la main, à travers les bataillons, il arriva, faisant un grand carnage, jusqu'à celui qui portait cet étendard ; il le renversa aux pieds de l'émir, et prit la bannière. L'émir s'échappa à grand'peine ; et, fuyant vers Ascalon, s'arrêta devant la porte de la ville ; de là, le malheureux vit de loin le déplorable massacre des siens ; le roi et les autres comtes se jetèrent avec une égale audace sur ceux qu'ils avaient en tête, et firent à droite et à gauche un grand carnage de tout ce qu'ils trouvèrent devant eux ; les arcs des Turcs ne leur servirent de rien, car le choc des nôtres fut si rapide et si pressé, qu'aucun n'eut le loisir de tirer sa flèche, mais songea seulement à prendre la fuite. Il mourut ici des milliers d'hommes, qui n'eussent pas trouvé la mort s'ils eussent pu parvenir à fuir ; mais la foule était si grande que ceux qui étaient derrière poussaient ceux de devant sous le glaive mortel des nôtres. Tancrède et Eustache comte de Boulogne se précipitèrent sur leurs tentes, et firent là beaucoup de grandes actions dignes de mémoire, si elles étaient écrites. Aucun des nôtres ne fut trouvé lent ni craintif ; mais tous, animés d'un même esprit, poursuivaient unanimement les ennemis de la croix du Christ ; car, chose admirable, cette multitude de gens armés n'effrayait pas le petit nombre des nôtres ; bien au contraire, l'appui de la grâce divine augmentait de plus en plus leur force et les disposait à l'opiniâtreté. On combattit donc jusqu'à ce que le soleil fût monté au plus haut point du ciel, à l'heure où notre Seigneur Jésus avait été élevé sur la croix ; en ce moment, toute la vigueur des ennemis les abandonna, car ils étaient hors de sens de voir qu'ils ne pouvaient ni fuir, ni combattre ; ils montaient sur les arbres, pensant s'y mettre à l'abri des nôtres et n'en être pas aperçus. Les nôtres les abattaient à coups de flèches comme le chasseur abat les oiseaux; et, lorsqu'ils étaient tombés à terre, ils les tuaient, comme dans la boucherie le boucher tue les animaux. D'autres, l'épée à la main, se jetaient aux pieds des nôtres; et, prosternés à terre, n'osaient se lever contre les Chrétiens.

Déjà la première partie de l'armée des Babyloniens était totalement en fuite, que l'arrière-garde doutait encore à qui appartenait la victoire; car il n'était rien à quoi ils se fussent moins attendus qu'à la victoire des Chrétiens et à la fuite des leurs, et voyant leurs compagnons courir par la plaine en fuyant, ils pensaient qu'ils poursuivaient les Chrétiens pour les tuer; mais lorsqu'ils comprirent que la victoire était aux Chrétiens, la joie qu'ils avaient eue fut changée en tristesse; alors, saisis de frayeur, ils prirent la fuite de compagnie avec les autres et à leur tête; et comme le vent dissipe les nuages ou comme le tourbillon disperse des monceaux de paille, de même les nôtres dispersaient le gros de l'armée et les ailes des ennemis en fuite. Pendant que ceci se passait, que les champions du Christ exterminaient ainsi les satellites du diable, et que le comte de Saint-Gilles qui combattait sur le rivage de la mer en tuait une quantité innombrable, et en forçait plusieurs à se précipiter dans la mer, voici ce que disait Clément, cet émir insensé, qui se tenait devant la porte d'Ascalon; et nous l'avons su du susdit converti, lequel était près de lui comme homme de sa suite et esclave domestique. L'insensé Clément donc disait pendant que les Chrétiens mettaient ses gens en pièces : « O Ma-
« homet, notre docteur et patron, où est ta vertu, où

« est la vertu des puissances célestes dans lesquelles
« tu te glorifies? où est cette vertu de puissance
« créatrice qui accompagne toujours ta présence?
« Pourquoi as-tu ainsi abandonné ton peuple et le
« laisses-tu disperser, détruire et tuer sans miséri-
« corde par une race misérable, déguenillée, par des
« peuples étrangers, par une engeance scélérate, la lie,
« l'écume et le rebut des nations? Des gens qui avaient
« coutume de venir nous demander du pain, ne pos-
« sédant rien que leur bâton et leur besace! que de fois
« nous leur avons fait l'aumône, que de fois nous avons
« eu pitié d'eux! Hélas! hélas! pourquoi avons-nous
« pris compassion de leur misère? Nous voyons bien
« maintenant qu'ils venaient, non pas véritablement
« pour adorer, mais pour espionner avec perfidie; ils
« ont vu l'éclat de notre félicité, ils ont convoité nos
« richesses, ont rapporté la convoitise avec eux dans
« leur pays et nous ont envoyé ceux-ci, qui altérés
« de notre or et de notre argent sont venus pour cette
« raison répandre si cruellement notre sang; mais
« sont-ce bien des hommes que ceux qui déploient
« tant de puissance, ne sont-ce pas plutôt des dieux
« infernaux? Peut-être l'enfer s'est ouvert, et ce peu-
« ple s'en est élancé contre nous. L'abîme a crevé, et
« son bouillonnement a jeté au dehors cette nation,
« car elle n'a en rien des entrailles humaines, et on ne
« voit en elle nul signe de compassion; si c'étaient des
« hommes, ils craindraient la mort; mais ils ne sont
« nullement épouvantés de retourner dans l'enfer d'où
« ils ont surgi. O gloire du royaume de Babylone!
« que tu es honteusement déshonorée en ce jour où
« tu as envoyé ces guerriers énervés, eux qu'on a vus

« jadis si courageux! quelle nation pourra désormais
« résister à cette nation scélérate, si tes peuples ne
« peuvent aujourd'hui s'en défendre? Hélas! hélas!
« ils fuient maintenant, eux qui n'avaient jamais ap-
« pris à fuir! les voilà honteusement renversés, eux
« qui avaient coutume de renverser les autres. O dou-
« leur! toutes choses nous arrivent à l'inverse de notre
« coutume; nous avions accoutumé de vaincre et nous
« sommes vaincus, nous passions nos jours dans la
« joie du cœur, et nous voilà dans la tristesse. Que
« sert de contenir les larmes qui coulent de nos yeux,
« de réprimer les sanglots qui éclatent du fond de
« notre cœur? depuis long-temps j'ai consacré tous
« mes soins à rassembler cette armée avec grande sol-
« licitude; j'y ai consumé en vain beaucoup de temps,
« j'ai fait venir avec des dépenses incalculables les
« plus courageux chevaliers de tout l'Orient, et les ai
« conduits à cette guerre; et voilà que maintenant
« j'ai perdu eux et ce qu'ils m'ont coûté; j'ai dépensé
« beaucoup d'argent à ramasser des bois propres à
« construire des tours et des machines de tout genre
« pour en entourer Jérusalem et les assiéger, et ils sont
« venus à ma rencontre bien loin en avant de Jéru-
« salem! Quel honneur puis-je désormais espérer
« dans mon pays, lorsque je suis ainsi couvert d'igno-
« minie par des étrangers, de nouveaux venus! O
« Mahomet, Mahomet! qui t'a jamais rendu un plus
« beau culte en des temples enrichis d'or et d'argent,
« merveilleusement décorés de tes images et honorés
« par toutes les cérémonies et les solennités de ta
« sainte religion? Les Chrétiens nous disent d'ordi-
« naire avec insulte que ton pouvoir est moindre que

« celui du Crucifié, car il est puissant dans le ciel et
« sur la terre : il paraît bien maintenant que ceux qui
« se fient en lui obtiennent la victoire, que ceux qui te
« révèrent sont vaincus; nous ne pouvons l'attribuer
« à notre négligence, car ta sépulture est enrichie
« de bien plus d'or, de pierreries et de toutes choses
« précieuses que ne l'est celle du Christ. La ville
« ennoblie par ton corps n'a jamais été privée de ses
« honneurs et s'est au contraire agrandie chaque jour
« en toutes sortes de gloires; elle a été illustrée par
« la vénération de tous tes serviteurs; celle au con-
« traire dans laquelle fut enseveli le Crucifié n'a reçu
« depuis aucun honneur ; elle a été détruite et fou-
« lée aux pieds et plusieurs fois réduite à rien. En
« punition de quelle faute sommes-nous donc ainsi
« dégénérés? et quand nous te rendons ainsi toutes
« sortes d'honneurs, pourquoi n'obtenons-nous rien
« en retour? O Jérusalem, ville séductrice et adultère,
« s'il arrive jamais que tu rentres dans nos mains,
« je te raserai au niveau du sol et j'exterminerai de
« fond en comble le sépulcre de celui que tu as en-
« seveli. » C'était ainsi que l'émir Clément gémissait
d'une voix plaintive : les nôtres cependant n'oubliant
pas leur courage accoutumé se précipitèrent, devant la
porte de la ville, avec tant d'impétuosité sur les Babyloniens, qu'ils n'en laissèrent hors de la porte aucun
qui ne fût mort ou couvert de blessures. Ce fut ainsi
que la vertu divine vainquit dans ce combat et illus-
tra les nôtres par la victoire. Et qui pourrait rapporter le nombre de ceux qui périrent dans l'étroit passage de la porte? Clément put alors à bon droit
pleurer, lorsqu'il vit devant lui tant de cadavres des

siens; d'autres à leurs derniers momens, et encore palpitans, maudissaient Clément qui les avait amenés, et l'on rapporte qu'alors Clément pleura avec des lamentations et maudit les nôtres.

Cependant, sur la mer voisine de la cité, étaient des barques et navires venus des contrées maritimes environnantes, qui par l'ordre de l'émir apportaient toutes les choses qui pouvaient fournir l'opulence pour le siége de Jérusalem : lorsqu'ils virent les leurs ainsi que leur maître dans une si honteuse déroute, saisis de crainte, ils déployèrent leurs voiles et gagnèrent la haute mer, tandis que les nôtres, les mains élevées vers le ciel, rendirent grâce à Dieu du fond du cœur et retournant aux tentes des ennemis y trouvèrent de l'or et de l'argent, d'innombrables habillemens, des alimens en abondance, des animaux de toute espèce, des assortimens d'armes. Ils trouvèrent aussi des chevaux et des jumens, des mulets et des mules, des ânes et des ânesses, et un dromadaire : que dirai-je? des brebis, des béliers et des autres bestiaux rassemblés pour la nourriture; on y trouva aussi des casseroles, des chaudières, des marmites, des lits avec leurs garnitures, des coffres remplis d'or et d'argent, des vêtemens dorés, et tout ce qui servait à la parure; et ceux qui eurent pour leur partage les tentes de l'émir, pleines d'un luxe royal, furent enrichis d'un magnifique butin. Le comte de Normandie porta au sépulcre du Seigneur l'étendard de l'émir, dont le bâton en argent était terminé par une pomme d'or, et qui fut estimé vingt-deux marcs; un autre eut une épée de soixante byzantins. Les nôtres revenant en triomphe trouvèrent des troupes de paysans portant des vases de vin et d'eau, dont ils jugeaient que leurs maîtres auraient besoin au siége : saisis de stupeur, ils demeuraient comme des brutes, et au lieu de fuir, attendaient prosternés l'épée des nôtres : plusieurs se roulaient dans le sang des morts et se cachaient comme morts entre les cadavres. Les nôtres en arrivant à la rivière où ils avaient laissé le patriarche, s'arrêtèrent fatigués, pour prendre quelque sommeil : lorsque l'aurore rendit ensuite le jour à la terre, ils se levèrent et reprirent leur route : arrivés environ à deux milles de la ville, ils commencèrent à faire retentir le son triomphal des trompettes, des fifres et des cors, et de toutes sortes d'instrumens de musique, afin que les échos des collines et des montagnes leur répondissent par une semblable harmonie, et se réjouissent avec eux dans le Seigneur. Alors s'accomplit réellement ce que Isaïe avait écrit dans le sens spirituel de l'Église des fidèles : « Les montagnes et les « collines retentiront devant vous des cantiques de « louanges[1]. » C'était une harmonie délectable et d'une grande et agréable douceur, que celle des voix des guerriers et des sons des trompettes renvoyés par l'écho des montagnes, des roches creuses et des profondes vallées. Lorsqu'ils arrivèrent devant les portes de la ville, ceux qui y étaient demeurés firent retentir les louanges de Dieu dans les hauteurs non de la terre, mais du ciel, et ils louèrent Dieu à bon droit de voir Jérusalem, les portes ouvertes, recevoir avec acclamations ses pélerins, qui autrefois n'y arrivaient qu'au travers de grandes difficultés, beaucoup d'outrages, et même à force de présens. C'est de ces pé-

---

[1] Isaïe, ch. 55, v. 12.

lerins et de ces portes que le Seigneur a dit par la bouche d'Isaïe : « Des portes leur seront toujours ou-« vertes, elles ne seront fermées ni le jour ni la nuit [1]; » Et cette prophétie s'est accomplie de nos temps, car maintenant s'ouvriront aux fils des pèlerins les portes de Jérusalem qui leur étaient précédemment fermées le jour et la nuit. Ce combat se livra, à la louange de Jésus-Christ, le 12 du mois d'août.

Comme ce discours historique a traité dès son commencement, dans son milieu et sa fin, de la ville de Jérusalem, il ne paraîtra inconvenant à personne qu'on expose à la fin de cet ouvrage qui a d'abord fondé cette ville et lui a donné son nom. On raporte que Melchisédec, que les Juifs assurent avoir été fils de Noé, la bâtit, après le déluge, dans la Syrie, et l'appela Salem. Il y régna long-temps, et elle fut ensuite occupée par les Jébuséens, qui y ajoutèrent une partie de leur nom, à savoir *Jébu* et en firent un seul nom qui, en changeant le *b* en *r*, est devenu Jérusalem. Elle fut ensuite plus noblement ornée par Salomon, qui y bâtit le temple du Seigneur, sa résidence royale, la remplit d'autres édifices, jardins et piscines, et l'appela Hiérosolyme ; ce qu'il faut entendre Hiérosalomonie, comme si elle eût été appelée du propre nom de Salomon. De là, les poètes l'ont appelée, par corruption, Solyme, et elle a été nommée par les prophètes Sion, qui, dans notre langue, veut dire sentinelle [2], parce que, bâtie sur une montagne, elle peut de loin apercevoir ceux qui viennent. Jérusalem, en notre langage, se traduit par pa-

---
[1] Isaïe, ch. 60, v. 11.
[2] *Scher*, de *Schen*, voir.

cifique. Nous trouvons écrit dans le livre des Rois, au sujet de son ancienne et glorieuse opulence, que Salomon fit en telle sorte qu'il y eût à Jérusalem autant d'argent que de pierres. Elle est illustrée aujourd'hui par de beaucoup plus abondantes richesses, car c'est là que, pour la rédemption du genre humain, le Fils de Dieu a été attaché à la croix; les astres du ciel s'obscurcirent, la terre trembla, les pierres se fendirent, les tombeaux s'ouvrirent, et plusieurs corps des saints qui dormaient se levèrent : en quelle ville s'accomplit jamais un si merveilleux mystère, d'où est sorti le salut de tous les fidèles? C'est de là qu'il a été conjecturé que cette ville, ayant été illustrée par la glorieuse mort du Fils de Dieu, avec la permission de nos ancêtres, elle ne devait pas se nommer Jérusalem, mais plutôt, changeant l'r en b, Jébusalem ; en sorte qu'elle pourrait se traduire dans notre langage par salut de paix. Ce sont ces faits et autres faits emblématiques qui nous ont présenté Jérusalem comme la forme et la figure mystique de la Jérusalem céleste, de laquelle il est dit : « Sion est « la ville de notre force et de notre salut; on y met- « tra un second rempart. Ouvrez les portes, et la race « des justes y entrera pour garder la vérité. »

Nous ne pouvons rapporter tout ce qui a été dit à sa louange par les prophètes et les docteurs de la loi. La Jérusalem terrestre a été de nos jours délaissée de Dieu, et prise en haine à cause de la méchanceté de ses habitans. Mais, lorsqu'il a plu à ce même Dieu, il a amené la nation des Francs des extrémités de la terre, et par eux, l'a voulu délivrer des immondes Gentils, ce qui avait été dès long-temps prédit par le prophète Isaïe, lorsqu'il dit : « Je ferai venir « vos enfans de loin, et avec eux leur argent et leur « or, au nom du Seigneur votre Dieu et du saint d'Is- « rael qui vous a glorifiée. Les enfans des étrangers « bâtiront vos murailles, et leurs lois vous rendront « service [1]. » Nous trouvons ces paroles et beaucoup d'autres dans les livres des prophètes, toutes se rapportant à l'événement de la délivrance qui a été opérée de nos jours. Pour toutes ces choses, et par dessus tout, soit béni Dieu, dont la justice frappe et blesse, et dont la gratuite bonté, quand il le veut, et comme il le veut, nous prend en miséricorde et nous guérit !

[1] Isaïe, ch. 60, v. 9 et 10. Voici le texte de la Vulgate : *Me enim insulæ expectant, et naves maris in principio, ut adducam filios tuos de longè, argentum eorum et aurum eorum cum eis, nomini Domini*, etc. L'auteur n'a cité qu'à partir du mot *adducam*, ce qui change le sens, ensorte qu'il a fallu traduire dans le sens qu'on a adopté, et non se servir, comme on a coutume de le faire, de la version de Sacy.

FIN DE L'HISTOIRE DE LA PREMIÈRE CROISADE.

# TABLE DES MATIÈRES

CONTENUES

DANS CE VOLUME.

| | Pages. |
|---|---|
| Notice sur Raoul de Caen et Robert le moine. | v |

### RAOUL DE CAEN. HISTOIRE DE TANCRÈDE.

| | |
|---|---|
| Préface. | 1 |
| Chap. I<sup>er</sup>. Parens de Tancrède. | 5 |
| Chap. II. Éloge de Boémond. | 8 |
| Chap. III. Tancrède conclut un traité avec Boémond. | 9 |
| Chap. IV. Il traverse avec les siens le fleuve Bardal, et triomphe des Grecs. | 11 |
| Chap. V. Les Grecs attaquent la portion de l'armée de Boémond qui n'avait pas encore traversé le fleuve. | 14 |
| Chap. VI. Tancrède, se lançant dans le fleuve, met les Grecs en fuite. | 15 |
| Chap. VII. On célèbre la victoire de Tancrède. | 18 |
| Chap. VIII. L'arrivée et la victoire de Boémond et de Tancrède sont annoncées à l'empereur Alexis. | 20 |
| Chap. IX. | 21 |
| Chap. X. Boémond, séduit par les promesses d'Alexis, se laisse entraîner à lui rendre hommage. | 23 |
| Chap. XI. Tancrède déplore en secret le malheur de Boémond. | 25 |
| Chap. XII. Tancrède évite de se présenter à Alexis. | 27 |
| Chap. XIII. Tancrède envoie des messagers à Boémond. | 29 |

Pages.

Chap. xiv. Du siége de Nicée, et d'abord des chefs assiégeans, et principalement de Godefroi de Bouillon. 32

Chap. xv. Énumération des chefs de l'expédition. 34

Chap. xvi. La ville est investie. Tancrède le premier de tous tue un Turc et en met d'autres en fuite. 37

Chap. xvii. La ville se rend. Tancrède se présente devant Alexis. Discours de Tancrède à l'empereur. 39

Chap. xviii. Tancrède demande la tente de l'empereur lui-même, et celui-ci en témoigne de l'indignation. 42

Chap. xix. Tancrède et Boémond s'échappent des mains de l'empereur. 45

Chap. xx. L'armée chrétienne se sépare à l'entrée de deux routes. 47

Chap. xxi. Les Latins et les Barbares se rencontrent et volent réciproquement aux armes. 48

Chap. xxii. Les Chrétiens sont mis en fuite. Le comte Robert de Normandie relève les courages. 50

Chap. xxiii. Grand massacre des fidèles. 52

Chap. xxiv. Tancrède résiste avec acharnement. 53

Chap. xxv. Son frère Guillaume combat avec la même ardeur. Ils massacrent les ennemis. 54

Chap. xxvi. Mort de Guillaume. 57

Chap. xxvii. Hugues le Grand attaque les ennemis. 59

Chap. xxviii. Il met les Turcs en fuite. 60

Chap. xxix. Robert, comte de Flandre, vient à son aide. 61

Chap. xxx. Godefroi se précipite sur les ennemis. 64

Chap. xxxi. Il s'empare d'un tertre et poursuit les fuyards. Une montagne voisine les protége. 65

Chap. xxxii. Hugues le Grand va au secours du duc et gravit la montagne avec le comte Raimond. La frayeur s'empare des Turcs. 67

Chap. xxxiii. L'ennemi dispersé, les chefs se dirigent vers Antioche. Audace de Tancrède. 69

Chap. xxxiv. Tancrède assiége Tarse et dispose une embuscade. 71

## TABLE DES MATIÈRES.

Pages.

Chap. xxxv. Il massacre et met en fuite les ennemis. 73
Chap. xxxvi. Tancrède attaque la ville. 75
Chap. xxxvii. Il est effrayé par l'arrivée inopinée de Baudouin. Éloge de Baudouin. *Ibid.*
Chap. xxxviii. Injustice de Baudouin envers Tancrède. 77
Chap. xxxix. Des hérauts d'armes sont envoyés à Tancrède pour traiter de la reddition d'une ville. 79
Chap. xl. Habileté d'Ursin. Son histoire est racontée. 80
Chap. xli. Les citoyens d'une ville viennent trouver Tancrède. 86
Chap. xlii. Baudouin se retire de Tarse. Après avoir établi son camp devant Adène il demande la paix à Tancrède, et celui-ci la lui accorde ainsi que la faculté de commercer. 87
Chap. xliii. La paix est rompue. Combats singuliers. 90
Chap. xliv. La paix est rétablie. 93
Chap. xlv. Tancrède se rend à Artasie et délivre Baudouin que les gens d'Antioche avaient enveloppé. Artasie est attaquée par les ennemis. 95
Chap. xlvi. Mars favorise les Turcs. 98
Chap. xlvii. Artasie est confiée aux soins de Baudouin. 99
Chap. xlviii. On va assiéger Antioche. Description du site de cette ville. 101
Chap. xlix. Ordre des assiégeans. 103
Chap. l. Difficultés du siège. 106
Chap. li. Tancrède détruit un corps de sept cents Turcs qui étaient sortis pour enlever du butin. 108
Chap. lii. Tancrède transperce trois Turcs dans un combat singulier. 111
Chap. liii. Patience des Chrétiens pendant ce siége rude autant que long. 114
Chap. liv. Cruelles angoisses des assiégeans. 116
Chap. lv. Confiance admirable des Chrétiens. 118
Chap. lvi. Une poignée d'hommes attaque les ennemis et les met en fuite. 120

|  | Pages. |
|---|---|
| Chap. LVII. Indication de la patrie de l'auteur de cette histoire. Famine dans la ville assiégée. | 122 |
| Chap. LVIII. Un grand nombre de chefs abandonnent le siége d'Antioche. | 124 |
| Chap. LIX. Résidences des chefs de l'armée assiégeante. | 125 |
| Chap. LX. Grande famine dans l'armée. | 127 |
| Chap. LXI. Mœurs des Provençaux. | 129 |
| Chap. LXII. Dureté de Cassien envers un Arménien. | 131 |
| Chap. LXIII. La ville est trahie. | 132 |
| Chap. LXIV. Boémond porte cette nouvelle à l'évêque du Puy. | 134 |
| Chap. LXV. On promet le gouvernement de la ville à celui par qui on pourra s'en rendre maître. | 137 |
| Chap. LXVI. La ville est livrée par trahison. | 138 |
| Chap. LXVII. Massacre des citoyens. | 140 |
| Chap. LXVIII. Le prince d'Antioche, Cassien, cherche son salut dans la fuite. | 141 |
| Chap. LXIX. Il est frappé de mort par un paysan. | 143 |
| Chap. LXX. Tancrède se plaint de n'avoir pas été informé de cette expédition. | 145 |
| Chap. LXXI. Événement fort extraordinaire. | 146 |
| Chap. LXXII. Les Chrétiens s'étant emparés de la ville sont assiégés par d'innombrables troupes d'Infidèles. | 149 |
| Chap. LXXIII. Ils sont en proie à une nouvelle famine. | 151 |
| Chap. LXXIV. Ils résistent et construisent des redoutes. | 152 |
| Chap. LXXV. Tandis qu'ils se livrent au sommeil l'ennemi les attaque. | 153 |
| Chap. LXXVI. Robert met le feu à la ville, afin de rassembler promptement les chevaliers. | 154 |
| Chap. LXXVII. L'incendie consume les palais et les temples. | 155 |
| Chap. LXXVIII. Les murs ainsi sauvés, l'ennemi n'en presse pas moins les assiégés. | 156 |
| Chap. LXXIX. La famine toujours croissante pousse quelques nobles de l'armée assiégée à sortir de la ville. | 158 |

## TABLE DES MATIÈRES.

Pages.

Chap. lxxx. Les assiégés mangent des alimens qui donnent la mort. 160

Chap. lxxxi. Ils font proposer aux Perses un combat singulier par la bouche de Pierre l'Ermite. 161

Chap. lxxxii. Réponse des Perses. 163

Chap. lxxxiii. Les fidèles méditent une sortie. 164

Chap. lxxxiv. Ils attaquent les ennemis. 166

Chap. lxxxv. Description du rang qu'occupe chaque chef dans cette attaque. *Ibid.*

Chap. lxxxvi. La frayeur s'empare des Perses. 168

Chap. lxxxvii. Suite de la bataille. 169

Chap. lxxxviii. Les Turcs effrayés prennent la fuite. 171

Chap. lxxxix. La victoire est incertaine. 172

Chap. xc. Les Chrétiens reprennent l'avantage. 173

Chap. xci. Tancrède poursuit les vaincus et fait un carnage étonnant. 175

Chap. xcii. Nouvelle rencontre. 177

Chap. xciii. Le château d'Artasie se rend. 179

Chap. xciv. L'évêque du Puy, mourant, adresse un discours à l'armée. 180

Chap. xcv. Épitaphe de l'évêque. 181

Chap. xcvi. Tancrède assiége la ville de Marrah, avec les comtes de Normandie et de Provence. 182

Chap. xcvii. Horrible famine dans le camp des fidèles. 185

Chap. xcviii. Altercation entre Tancrède et Raimond. 186

Chap. xcix. Origine de cette querelle. 187

Chap. c. Discussion au sujet de la lance du Seigneur. 189

Chap. ci. Suite du précédent. 192

Chap. cii. Boémond soupçonne quelque fourberie dans l'affaire de la lance. 193

Chap. ciii. Ces paroles déplaisent à Raimond. 195

Chap. civ. Prise de Marrah. 196

Chap. cv. Siége d'Archas. 198

Chap. cvi. Vision admirable qui annonce à Anselme sa mort prochaine. 200

# TABLE DES MATIÈRES.

Pages.

Chap. cvii. Les habitans d'Archas résistent vigoureusement. 202

Chap. cviii. L'épreuve du feu démontre l'imposture au sujet de la lance. 204

Chap. cix. Obstination de Raimond. 205

Chap. cx. On propose de faire une image du Sauveur, en or. 206

Chap. cxi. L'armée marche vers Jérusalem. 207

Chap. cxii. Tancrède tout seul contemple la ville du haut de la montagne des Oliviers. 209

Chap. cxiii. Un ermite se présente devant lui. 211

Chap. cxiv. Il repousse seul des chevaliers sortis de la ville. 213

Chap. cxv. Description de la ville. 215

Chap. cxvi. Position des assiégeans. 216

Chap. cxvii. Boémond et plusieurs autres chefs sont absens. 218

Chap. cxviii. On prépare des machines. 219

Chap. cxix. Assaut contre la muraille. 220

Chap. cxx. Après avoir cherché en vain des bois propres à un assaut, on en trouve comme par une faveur du ciel. 222

Chap. cxxi. Robert de Flandre est chargé de protéger les ouvriers. 224

Chap. cxxii. Ruse de guerre. 226

Chap. cxxiii. Cruelle famine parmi les assiégeans. Les machines étant préparées sont transportées vers les murailles. 227

Chap. cxxiv. Le bélier attaque les tours. 229

Chap. cxxv. Les assiégés déjouent les efforts des machines par leurs artifices. 231

Chap. cxxvi. Bernard de Saint-Valeri, Lethold et Engelbert parviennent sur les remparts. 234

Chap. cxxvii. Les Chrétiens s'emparent de la ville. 236

Chap. cxxviii. Tancrède. 238

# TABLE DES MATIÈRES.

|  | Pages. |
|---|---|
| Chap. cxxix. Il pille le temple. | 239 |
| Chap. cxxx. Il distribue les dépouilles aux chevaliers. | 240 |
| Chap. cxxxi. Il frappe et massacre les ennemis. | 241 |
| Chap. cxxxii. Sac de la ville. Les ennemis vaincus reprennent courage. | 242 |
| Chap. cxxxiii. La victoire est disputée. Les fidèles sont mis en fuite. Éverard du Puiset rallie les fuyards. | 244 |
| Chap. cxxxiv. Horrible massacre des Infidèles. | 246 |
| Chap. cxxxv. Tancrède encourt la haine d'Arnoul. Discours prononcé contre Tancrède en présence des grands. | 247 |
| Chap. cxxxvi. Réponse de Tancrède. | 253 |
| Chap. cxxxvii. Décision des grands. | 257 |
| Chap. cxxxviii. Les Francs sont vainqueurs sous Ascalon. | 258 |
| Chap. cxxxix. Tancrède fortifie le château de Bezan. | 259 |
| Chap. cxl. Boémond et Baudouin se rendent à Jérusalem. | 261 |
| Chap. cxli. Boémond fait lever le siége de la ville de Mélitène. A la suite du combat il est fait prisonnier et emmené par les Turcs. | 262 |
| Chap. cxlii. Mort du roi Godefroi. | 264 |
| Chap. cxliii. Baudouin succède à Godefroi dans le royaume de Jérusalem. Tancrède est placé à Antioche et conquiert les villes de Mamistra, d'Adène et de Tarse. | 265 |
| Chap. cxliv. Il attaque Laodicée. | 266 |
| Chap. cxlv. Le comte Raimond assiége Tripoli. Il demande du secours à l'empereur. Il est pris et conduit à Antioche avec ses richesses. | 270 |
| Chap. cxlvi. Prise de Laodicée après un an et demi de siége. | 273 |
| Chap. cxlvii. L'archevêque de Milan et le comte de Poitou sont battus par Donisman. Boémond est racheté. | 275 |
| Chap. cxlviii. Les Assyriens entrent en campagne, investissent Édesse et livrent une bataille. | 277 |
| Chap. cxlix. Baudouin est fait prisonnier ainsi que l'archevêque Benoît, mais celui-ci est délivré par Tancrède. | 279 |

Chap. cl. Les Chrétiens prennent la fuite. 280

Chap. cli. La ville d'Édesse est confiée à Tancrède pour être par lui défendue. Les ennemis, après s'être emparés des villes voisines, entrent aussi dans Artasie. 283

Chap. clii. Boémond rappelle Tancrède. 284

Chap. cliii. Boémond laisse Tancrède dans Antioche, dénué de toutes ressources, et passe la mer. 288

Chap. cliv. Argent levé dans Antioche. 289

Chap. clv. Tancrède chasse Raduan d'Artasie. 290

Chap. clvi. Le vainqueur retourne à Antioche et va de là investir Apamie. 292

Chap. clvii. Extrême détresse des gens de Laodicée. 292

# ROBERT LE MOINE. HISTOIRE DE LA PREMIÈRE CROISADE.

Préface. 297
Avant-propos. 299
Livre premier. 301
Livre second. 314
Livre troisième. 329
Livre quatrième. 352
Livre cinquième. 373
Livre sixième. 388
Livre septième. 406
Livre huitième. 432
Livre neuvième. 452

FIN DE LA TABLE DES MATIÈRES.

www.ingramcontent.com/pod-product-compliance
Lightning Source LLC
Chambersburg PA
CBHW071621230426
43669CB00012B/2021